EVITA

Felipe Pigna

Evita

Jirones de su vida

Pigna, Felipe
 Evita: jirones de su vida. - 4ª ed. - Buenos Aires : Planeta, 2012.
 384 p. ; 23x15 cm.

 ISBN 978-950-49-2879-9

 1. Duarte de Perón, María Eva. Biografía. I. Título
 CDD 923.2

Diseño de cubierta: Departamento de Arte de Editorial Planeta
Diseño de interior: Orestes Pantelides

Colaboración en la investigación histórica:
Mariana Pacheco
Mariel Vázquez
Mariano Fain

Tipeo de textos y documentos:
Soledad Vázquez

© 2012, Felipe Isidro Pigna

Todos los derechos reservados

© 2012, Grupo Editorial Planeta S.A.I.C.
Publicado bajo el sello Planeta®
Independencia 1682 (1100) C.A.B.A.
www.editorialplaneta.com.ar

4ª edición: noviembre de 2012
3.000 ejemplares

ISBN 978-950-49-2879-9

Impreso en Artesud,
Concepción Arenal 4562, Ciudad Autónoma de Buenos Aires,
en el mes de noviembre de 2012.

Hecho el depósito que prevé la ley 11.723
Impreso en la Argentina

A Mabel Pigna, mi hermana

Introducción

En este libro intento contarles lo más detallada y analíticamente posible la vida de una mujer que se convirtió en una de las figuras célebres de la humanidad. Se ha escrito mucho sobre Eva Perón, como podrán ver en la Bibliografía. No pocos autores se han dedicado a subestimarla, a estudiarla como a un fenómeno folklórico, como ocurre con las tradiciones y los mitos populares. Pero Evita fue un sujeto político y compartió con Perón el liderazgo carismático del peronismo, demostró una gran capacidad de conducción y construcción política, llegando a manejar dos de las tres ramas del movimiento: la femenina y la sindical. A esta influencia decisiva se sumó su tarea social en la Fundación que la ubicó definitivamente en los sentimientos y en las razones de sus descamisados, llegando con su obra y también con su proselitismo hasta los últimos rincones del país.

Contra ese poder innovador y disruptivo construido por Evita con el imprescindible aval de Perón, fue que se alzaron las voces de sus enemigos más peligrosos, que le dejaban al resto de los opositores las críticas por su pasado de actriz, sus modos, su lujosa vestimenta y su «insolencia». Advertían el peligro que para sus intereses representaba «esa mujer» que no se detenía ante nada y no confiaban en que Perón pudiera convertirse en su barrera de contención en la medida que le fuera útil a su proyecto político y no intentara volar más alto que él.

La historia liberal clásica, devenida últimamente en la llamada «historia social», ni siquiera hace el esfuerzo por comprender históricamente al peronismo, sino que lo estudia como un «fenómeno» al que intenta escamotear o disimular en sus libros como parte del proceso de los «populismos latinoamericanos». Comprender no quiere decir justificar, sino exactamente entender la complejidad de un período que cambió la historia y atravesó la producción política contemporánea. Se parte en esos textos de una ajenidad aparentemente dada por la pertenencia al campo intelectual y a partir de allí se procede a juzgar aquel proceso como una anormalidad institucional y social.

En cambio, a las etapas anteriores se las estudia indulgentemente desde la perspectiva de la historia institucional, pasando por alto el fraude, la miseria, la marginación y la represión de esos períodos modélicos que se rescatan acríticamente; así ocurre con la Argentina de 1910, puesta como ejemplo de épocas añoradas durante los debates del Bicentenario por los más eminentes representantes actuales de la llamada «historia social». Esa indulgencia con el modelo liberal agroexportador que excluía, según las estadísticas oficiales, a más de la mitad de la población que vivía en la miseria, se vuelve aguda crítica frente al peronismo y sus protagonistas en general y a Eva Perón en particular. Se la ve, en el mejor de los casos, como un emergente, como un producto de Perón, fanatizado e incapaz de producir política.

La buena noticia es que en los últimos tiempos se va afirmando la tendencia de una producción académica que comienza a tratar a Evita como a un sujeto político y han aparecido algunas obras, elogiosas o críticas de su trayectoria, en las que ya aparece algo fundamental: el protagonismo político de Evita, su capacidad de conducción y de elaboración política, la mayoría de las veces complementaria a la de Perón, pero a veces en competencia con el líder. Este libro recorre estos aspectos, teniendo muy en cuenta que es saludable volver sobre la pasión de Evita, en las dos acepciones de la palabra, sus contradicciones y aciertos, sus amigos y enemigos, lo que ella dijo y lo que dijeron de ella, de aquella mujer que sólo pidió que la recordaran como Evita y que se convirtió con el tiempo en la argentina más conocida en el mundo entero. Pero también este libro le da la palabra a Evita para que el lector conozca de primera mano sus impresiones y pensamientos en los distintos momentos de su vida.

Evita, sin dudas, reúne todas las condiciones para ser un mito: llegó a lo más alto partiendo desde muy abajo, murió joven y en el esplendor de una vida donde la historia se tiñe con el rosa y el negro de las respectivas leyendas. Despertó hacia ella todos los sentimientos menos uno: la indiferencia. Para unos era el «hada rubia», la «abanderada de los humildes», la «compañera Evita»; para otros, «esa mujer», «la Eva». No había lugar para los grises en aquella dinámica política y social que marcó los años del primer peronismo, que incluyó aceleradas transformaciones como la socialización del espacio público, la masividad de la enseñanza media y superior, la garantía estatal del cumplimiento de los derechos laborales y el acceso a niveles inéditos de salud, servicio, ocio y consumo para los sectores populares; pero también el uso intensivo de la propaganda oficial en paralelo con la exclusión de la oposición de los medios masivos de comunicación, la persecución de los opositores y el culto a la personalidad de los dos máximos referentes del movimiento. Aquellos años dejaron saldos positivos y negativos perdurables y una división en la sociedad argentina que parecía irreconciliable. O se era peronista o se era antiperonista. Y, como no podía ser de otra manera, este maniqueísmo se aplicó intensamente a uno de los símbolos más claros del movimiento: Eva Perón. En ella se depositaron amores y odios añejos y nuevos que seguramente la excedían, que no tenían que ver necesariamente con ella, sino con su condición de mujer en una sociedad machista; con la historia de una sociedad dinámica y conservadora a la vez; con su discurso rupturista y de barricada; con su reconocido −hasta por sus enemigos− compromiso con sus ideas; con su intransigencia y su obsesión por la justicia social, que quienes no la querían llamaban resentimiento.

El amor de su pueblo, de sus descamisados, la sobrevivió y la convirtió primero en una Santa y luego en un ícono de la revolución social de una Juventud Peronista que no dudaba en gritar a los cuatro vientos que si hubiese llegado viva a los '70 hubiese abrazado la causa montonera.

El odio de sus encarnizados enemigos la sobrevivió. Dinamitaron el lugar donde murió para evitar que se convirtiera en un sitio de culto, prohibieron su foto, su nombre y su voz, pasaron con sus tanques por las casitas de la Ciudad Infantil hasta convertirla en ruinas, abandonaron la construcción del hospital de niños más grande de América porque llevaría su nombre, echaron a los ancianos de los hogares modelo, quemaron hasta las frazadas de la Fundación, destrozaron pulmotores porque tenían el escudo con su cara, secuestraron e hicieron desaparecer su cuerpo por 16 años. Pero como sospechaban los autores de tanta barbarie, todo fue inútil.

Cholita

El mundo estaba agitado allá por 1919. El 28 de junio, las grandes potencias vencedoras de la sangrienta Primera Guerra Mundial se pondrían finalmente de acuerdo en el Salón de los Espejos del Palacio de Versalles. Allí decidirían el reparto de Europa y se unirían para combatir al naciente primer Estado socialista del mundo, que luego sería conocido como la Unión Soviética. A los ojos de esas potencias, la Rusia bolchevique amenazaba extender la revolución a toda la Tierra. El primer intento se había producido en Alemania, en enero de ese mismo año, de la mano de la Liga Espartaco, dirigida por Karl Liebknecht y Rosa Luxemburgo. La revolución fracasó y sus líderes fueron asesinados. Sin embargo, los soviéticos y sus partidarios de todo el mundo, habían fundado en Petrogrado[1] la Tercera Internacional.[2] Las potencias reunidas en Versalles, al tiempo que decidían cobrarle a la derrotada Alemania sumas impagables en concepto de «reparaciones de guerra», promovieron y organizaron fuerzas expedicionarias contra la Rusia soviética, que debió sobrellevar tres años de guerra civil.

Los sueños de fraternidad universal –expresados, por ejemplo, en el utópico idioma esperanto–[3] se hacían añicos contra la mezquindad de los poderosos del mundo, que teniendo en cuenta el llamado a la

---

[1] Fundada como San Petersburgo en 1703 por el zar Pedro el Grande, entre 1914 y 1924 se llamó Petrogrado («ciudad de Pedro») y Leningrado entre 1924 y 1991. Tras la disolución de la Unión Soviética, un plebiscito decidió devolverle el nombre original. Fue capital de Rusia desde 1712 hasta 1918 (reemplazada entonces por Moscú) y principal escenario de las revoluciones de 1905 y 1917.

[2] Su nombre oficial fue Internacional Comunista (abreviado como «Comintern» por su denominación en ruso, inglés y alemán). Se la conoció como la «Tercera», en referencia a la «Primera» (la Asociación Internacional de los Trabajadores, que funcionó entre 1864 y 1876) y la «Segunda» o Internacional Socialista, fundada en 1889.

[3] Idioma pretendidamente universal creado en 1887 por el médico y lingüista polaco Ludwik Lejzer Zamenhof, que firmaba con el seudónimo «Esperanto».

unidad lanzado por Marx a los proletarios de todas las latitudes hacía unas décadas,[4] decidieron compactarse frente al enemigo común: los verdaderos creadores de la riqueza que ellos disfrutaban.

El miedo burgués empezaba a alumbrar la reacción. Mientras Benito Mussolini fundaba en Italia el Partido Nacional Fascista, un mediocre cabo llamado Adolf Hitler participaba de la fundación del por entonces ignoto Partido Nacional Socialista Alemán de los Trabajadores. En Estados Unidos, la única potencia que podía llamarse con todas las letras vencedora en la Guerra (la que menos bajas sufrió, cuyo territorio no se vio afectado en lo más mínimo por la contienda y que terminó por imponerse como la gran proveedora y prestamista de vencedores y vencidos), embriagada por el triunfo y por el auge del consumo, el gobierno federal sancionó la más notable ley a favor del alcohol que jamás se haya aprobado. La llamada Ley Seca, que prohibía su consumo en todas las formas, terminó estimulándolo y generando verdaderos imperios mafiosos que operaban bajo la mirada más que tolerante de los poderes de turno.

Durante ese mismo año moría asesinado el entrañable Emiliano Zapata, líder de los campesinos del sur de México que reclamaban la reforma agraria durante la primera gran Revolución del siglo XX, la Mexicana.

Mientras tanto, en Buenos Aires, hacía dos años que el tango ya era canción, desde que a Pascual Contursi se le había ocurrido ponerle letra a *Lita*, que a partir de entonces pasó a llamarse *Mi noche triste* y en poco tiempo abrió el camino de Carlos Gardel, quien en aquel año estrenaba *Margot* del enorme Celedonio Flores. Gobernaba Yrigoyen pero el poder no había cambiado de manos, aquellas manos que perpetraron una masacre obrera que pasaría a la historia como la «Semana Trágica».[5] Terminada la matanza, las damas de caridad y la

---

[4] El *Manifiesto comunista* de Karl Marx y Friedrich Engels, de 1848, concluía con el llamado: «Proletarios de todos los países, ¡uníos!»

[5] La huelga se declaró en enero de 1919, durante el primer gobierno de Hipólito Yrigoyen, en el establecimiento metalúrgico Pedro Vasena, por un reclamo de mejoras en las condiciones laborales. La policía y matones a sueldo de la empresa asesinaron a cuatro trabajadores, lo que desató la huelga general en solidaridad que se cumplió durante varios días y afectó todas las actividades productivas y de servicios de la Capital. Los factores de poder coaligados formaron grupos de choque que operaron bajo el nombre de Liga Patriótica Argentina. Estos grupos, que actuaban con total impunidad, asaltaron barrios populares, bibliotecas, locales

jerarquía de la Iglesia católica lanzaron una colecta para reunir fondos para «darle limosnas a los pobres». Lo hacían evidentemente en defensa propia, según ellas mismas confesaban: «Dime: ¿qué menos podrías hacer si te vieras acosado o acosada por una manada de fieras hambrientas, que echarles pedazos de carne para aplacar el furor y taparles la boca? Los bárbaros ya están a las puertas de Roma».

Sonaba el tango y resonaban los ecos de aquella masacre cuando en el campo «La Unión», cercano a la pequeña localidad bonaerense conocida como Los Toldos, en el partido de General Viamonte, a las cinco de la mañana del lluvioso 7 de mayo de 1919 nacía María Eva, la futura Eva Perón.

De la naturaleza de los hijos naturales

Los Toldos es una pequeña localidad ubicada a unos 200 kilómetros de la Capital Federal. Había sido fundada un par de veces pero se consolidó en 1892 cuando don Electo Urquizo diseñó el pueblo que se afianzaría con la llegada del ferrocarril. Debía su nombre a la proximidad con la toldería del *lonco* Ignacio Coliqueo. Este jefe mapuche y su gente pudieron instalarse en la zona gracias al apoyo que brindaron a las tropas del general Bartolomé Mitre contra las de Justo José de Urquiza en la batalla de Pavón en 1861.[6]

María Eva fue bautizada por el cura Carlos Micote en la capellanía vicaria de Nuestra Señora del Pilar de Los Toldos el 21 de noviembre de 1919.

Desde chica, en su familia la apodaron «Cholita». Andando el tiempo, Perón, de entrecasa, la llamaría «Chinita». Curiosamente, los dos sobrenombres tienen un origen histórico racista,[7] aunque para

---

sindicales e imprentas socialistas y anarquistas. La acción represiva, conjunta y coordinada de las fuerzas legales y los grupos terroristas encolumnados en la Liga Patriótica, logró «pacificar» la ciudad y produjo centenares de muertos y miles de detenidos.

[6] Esta batalla, librada el 17 de septiembre de 1861 a orillas del río Pavón (provincia de Santa Fe), implicó el sometimiento del interior a Buenos Aires, traducido en la unificación nacional que dio lugar a una nueva etapa histórica, conocida como la «Organización Nacional», inaugurada con el acceso de Mitre a la presidencia.

[7] Desde tiempos coloniales, «cholo» era el nombre despectivo dado a los «mestizos» (hijos de madre indígena y padre «blanco») en toda la región andina, donde

entonces, en el uso habitual bonaerense, ya habían perdido esa connotación. En algún momento, Perón pensó que tenía que aclararlo y
le confesó a su biógrafo Enrique Pavón Pereyra:

> Obviamente, el mote de «Chinita» no obedece a ningún antece-
> dente biológico ni, tampoco, puede prestarse a equívoco alguno.
> Mi mujer no era negra, ni mulata, ni zamba, ni tenía otra relación
> con los orígenes en cuyo ámbito había venido al mundo —en la
> reserva de Los Toldos— que el haber sido amamantada por una
> madre indígena, de la etnia de los Coliqueo. En rigor de verdad,
> Eva lucía un cutis de alabastro y su tez era translúcida, amarfilada,
> casi blanquinosa. ¿Me entenderá usted si le digo que era de físico
> transparente?[8]

Acaso esta necesidad de «purificar» los orígenes de Evita obe-
deciese a su condición de «hija natural», en momentos en que esto
representaba un estigma social. Muchos son los mitos alrededor de
su nacimiento, los que se fueron transformando a través del tiempo.

El acta de matrimonio con Juan Domingo Perón indica que Evita
nació en Junín, el 7 de mayo de 1922, «hija legítima de doña Juana
Ibarguren de Duarte y de su esposo, Juan Duarte»; pero por investigaciones posteriores pudo saberse que la partida de nacimiento que
consignaba esa fecha era falsa y que la original, inscripta en el Registro
Civil de General Viamonte, había sido arrancada y destruida. Esta
adulteración pretendía reparar su condición de «hija natural», producto de la negativa de su padre a reconocerla. Fue inscripta por su madre
como María Eva Ibarguren. El cambio en la partida de la condición
civil de sus padres, de concubinos a casados, debía ir necesariamente
acompañado de la modificación de la fecha de nacimiento de María
Eva, porque Duarte estaba casado, no precisamente con Juana, y recién en 1922 cambió su estado civil por el de viudo. Esta alteración
en la fecha eliminaba entonces la condición de «hija adulterina» de

---

sigue teniendo esa connotación. En el Río de la Plata se usaba «chino» o «achi-
nado», con un sentido similar; en el caso femenino, en quechua *china* significa
«hembra» y antes de la conquista sólo era usado para animales; después, fue una
forma despectiva de decir «sirvienta».

[8] Enrique Pavón Pereyra, *Vida íntima de Perón. La historia privada según su
biógrafo personal*, Planeta, Buenos Aires, 2011, pág. 93.

Evita. La modificación se produjo en 1945, en los días previos a la boda con Perón, cuando Evita fue anotada con estos datos ficticios en el acta número 728, documento que originariamente correspondía a un bebé muerto a los dos meses de vida, llamado Juan José Uzqueda.

Incluso las circunstancias del parto son motivo de dudas. Héctor Daniel Vargas aporta algunos datos al afirmar que según «la versión más generalizada, Juana Rawson de Guayaquil, comadrona de la tribu mapuche de Coliqueo, ayudó durante el parto a Juana Ibarguren, de 25 años».[9] Por el contrario, Erminda Duarte, una de las hermanas de Eva, asegura que a su madre la atendió el doctor Eugenio Bargas, amigo de la familia y director del Hospital Municipal del pueblo, «el mismo que nos trajo a las dos al mundo».[10]

El semanario *Primera Plana*, en su número del 20 de julio de 1965, publicó una carta de lectores firmada por el abogado Darío Rodríguez del Pino, cuyo hermano Evaristo, escribano, estaba a cargo de la delegación del Registro Civil de General Viamonte, en la que decía:

> Corrían los primeros meses de 1945,[11] cuando un día se presentó al despacho del Jefe del Registro Civil de Los Toldos una de las hermanas, de nombre Elisa, de la que más tarde sería principal figura de esa época. Venía a pedir un testimonio de la partida de nacimiento de María Eva y otro a su nombre, haciendo notar que debía figurar con el apellido Duarte; contestó mi hermano que a nombre de ese apellido no había partida alguna porque eran hijas adúlteras y, por lo tanto, sólo figuraban con el de la madre. La peticionante insistió y le rogó que le hiciera ese gran favor, que sería bien recompensado, pues María Eva se iba a casar con Perón, y que éste sería presidente de la República. Con la exigencia por parte de la hermana de María Eva, mi hermano Evaristo vino a Buenos Aires, para informarse de ese pedido, y estando en casa recibió otra carta de ella ordenando se le extendiera ese documento.

[9] Héctor Daniel Vargas, «¿Dónde y cuándo nació Evita?», *Todo es Historia*, Nº 384, julio de 1999, págs. 50-54.

[10] Erminda Duarte, *Mi hermana Evita*, Ediciones Centro de Estudios Eva Perón, Buenos Aires, 1973, pág. 53.

[11] De ser cierto este dato, sería interesante en cuanto a su relación con Perón, ya que sugeriría que su intención de casarse fue anterior a las jornadas de octubre de 1945.

Personalmente fuimos a ver al director general del Registro Civil, en La Plata, y mi hermano le dijo que como funcionario no podía fraguar un instrumento público, dejando al criterio del director, por si él lo quería otorgar. Cuando estábamos en esa conversación, yo le propuse que si esá persona que había hecho el pedido, o la que convivía con Perón, preguntaba por las partidas, le dijera que a su nombre no había asiento alguno y, por lo tanto, correspondía hiciera una información sumaria. Y así quedó archivado el asunto, sabiendo más tarde, que quien fraguó las partidas, haciendo figurar como que todos habían nacido en Junín, fue nombrado alto funcionario del Banco de la Provincia de Buenos Aires.[12]

El acta adulterada decía lo siguiente:

En la ciudad de Junín, provincia de Buenos Aires, a cinco de julio de 1922, ante mí, Jesús Melián, Jefe del Registro Civil, Juana Ibarguren de Duarte, de treinta y dos años, casada, argentina, domiciliada en la calle San Martín setenta, hija de Joaquín Ibarguren y de Petrona Núñez, declara: que el día siete de mayo del corriente año, a las cinco horas, en la casa de la exponente dio a luz una criatura del sexo femenino, a quien vi en dicho domicilio que había recibido el nombre de María Eva, hija legítima de la declarante y de su esposo Juan Duarte, de treinta y dos años, casado, argentino, hacendado, domiciliado en la misma casa, hijo de Francisco Duarte y de Juana Echegoyen.[13]

Como se ve en el acta se dan por ciertos el casamiento de Juana y Juan y el estatus de «legítima» de Evita, cuestiones que legalmente no eran ciertas; también se cambia la edad de Duarte, que había nacido el 1 de noviembre de 1858 y por lo tanto tenía, en mayo de 1922, 63 años.

[12] *Primera Plana*, 20 de julio de 1965, Sección «Cartas de Lectores», citado por Vargas, *op. cit.*
[13] En Benigno Acossano, *Eva Perón. Su verdadera vida*, Lamas, Buenos Aires, 1955.

En nombre del padre

En aquel pueblo agrícola-ganadero de Los Toldos, que hacia 1919 tenía unos 3.000 habitantes,[14] vivieron doña Juana Ibarguren y sus cinco hijos: Blanca, Elisa, Juan Ramón, Erminda Luján y María Eva. Su padre, Juan Duarte Manechena Etchegoyen, era miembro de una familia acomodada de Chivilcoy y había llegado a General Viamonte para administrar la estancia «La Unión». Ésta era propiedad de los Malcolm, punteros locales del caudillo conservador Marcelino Ugarte, quien había sido gobernador de Buenos Aires hasta que el presidente Hipólito Yrigoyen decidió intervenir la provincia en 1917. El intendente Malcolm fue reemplazado por el radical José Vega Muñoz, complicando política y económicamente la vida de Duarte, quien en tiempos conservadores había llegado a ser suplente del juez de Paz.

No se sabe muy bien por qué Don Juan se negó a reconocer a Eva como hija legítima. Duarte, como muchos hombres de su clase y de su tiempo, creía ejercer plenamente su masculinidad manteniendo las formas que exigían la «moral y las buenas costumbres». En su pueblo natal había formado una familia «legal, respetable y bien constituida» junto a una prima suya, Adela D'Uhart.[15] Ambos tenían el mismo apellido D'Uhart[16] pero, gracias a la «creatividad» de algún funcionario del puerto, al antepasado directo de Juan lo anotaron como Duarte.

Juan Duarte, con su esposa Adela, había tenido hijos que gozaban del estatus de legítimos. Con doña Juana —a la que había conocido en «La Unión» en 1908— tuvo sus otros hijos, los «naturales», siempre cercanos a aquel mote de bastardos, terriblemente insultante en aquellas épocas en las que la condición de «natural» era un pasaporte a la discriminación social y jurídica.

[14] Félix Luna (dir.), *Eva Duarte de Perón*, Colección Grandes Protagonistas de la Historia, Planeta, Buenos Aires, 2000, pág. 23.

[15] El apellido Grisolía, frecuentemente adjudicado a la mujer de Duarte, corresponde en realidad al apellido de casada de una de sus hijas, Adelina D'Uhart de Grisolía.

[16] Las grafías tradicionales españolas de este apellido vasco son *Duarte* y *de Huarte*, mientras que las francesas son *D'Huarte* y *D'Uharte* (cuya e final los franceses convierten en «muda»). Los genealogistas no se ponen de acuerdo en si deriva de una deformación de *Ur-arte* («entre aguas») o de un patronímico (*Eduarten*, «hijo de Eduardo»). Es apellido registrado desde muy antiguo en Vizcaya, Navarra, Aragón y Gascuña.

Aquella doble moral, obscena y machista, aceptaba y hasta feste-
jaba en secreto estas dobles vidas, entendiendo como «necesidades
masculinas» el mantenimiento de dos relaciones paralelas. Pero para
«la segunda» y sus hijos no había piedad. María Eva era una hija
natural. Lo natural no era bueno por entonces, y los «hijos naturales» quedaban fuera de aquella peculiar naturaleza humana. Desde
chiquita, Eva tuvo que ubicarse por ahí, en los suburbios de la vida.

Doña Juana

Los orígenes europeos del padre de Eva, que Perón insistía en resaltar,
se contraponen a los avatares de la rama materna. Doña Juana y su
hermana Liberata eran hijas de Petrona Núñez, nacida en 1872 en
Bragado. El padre de Juana fue el vasco Joaquín Ibarguren, de oficio
carrero, que se dedicaba al traslado de mercaderías desde aquella zona
de la provincia de Buenos Aires hacia General Acha.

La pedagogía de la injusticia

La infancia de *Cholita*, como la llamaban sus hermanas, no fue muy
distinta de la de millones de chicos argentinos, atravesada por las
privaciones y las ilusiones de salir de esa situación, de soñar con el
imposible juguete o el viaje a la gran ciudad.

El Estado de entonces estaba muy lejos de ser benefactor,[17] y para
todos regían las leyes del mercado, con sus pocas ofertas y todas las
demandas.

La pobreza en toda su dimensión será una marca indeleble para
Evita. A ella nadie se la contó, aprendió muy a su pesar a convivir con
las necesidades, a sobrevivirlas:

Para ver la pobreza y la miseria no basta con asomarse y mirarla.
La pobreza y la miseria no se dejan ver así tan fácilmente en toda

---

[17] El llamado «Estado de Bienestar» o «Benefactor», con políticas de intervención
para asegurar niveles mínimos de trabajo, consumo, salud, educación, vivienda y
seguridad al conjunto de la población, recién se iniciaría en nuestro país con el
primer gobierno de Perón.

la magnitud de su dolor porque aun en la más triste situación
de necesidad el hombre y más todavía la mujer saben imaginár-
selas para disimular, un poco al menos, su propio espectáculo.
[...] Allí donde cuando hay cama no suele haber colchones, o
viceversa; o ¡donde simplemente hay una sola cama para todos...! ¡Y todos suelen ser siete u ocho o más personas: padres,
hijos, abuelos...! Los pisos de los ranchos, casillas y conventi-
llos suelen ser de tierra limpia. ¡Por los techos suelen filtrarse
la lluvia y el frío...! ¡No solamente la luz de las estrellas, que
esto sería lo poético y lo romántico! Allí nacen los hijos y con
ellos se agrega a la familia un problema que empieza a crecer.
Los ricos todavía creen que cada hijo trae, según un viejo pro-
verbio, su pan debajo del brazo; y que donde comen tres bocas
hay también para cuatro. ¡Cómo se ve que nunca han visto de
cerca la pobreza! Yo también los he visto volver a casa con el
hijo muerto entre los brazos para dejarlo allí sobre una mesa
y salir luego a buscar un ataúd como antes buscaron médico y
remedios: desesperadamente.
Los ricos suelen decir: —No tienen sensibilidad, ¿no ve que ni
siquiera lloran cuando se les muere un hijo?
Y no se dan cuenta que tal vez ellos, los ricos, los que todo lo
tienen, les han quitado a los pobres hasta el derecho de llorar.[18]

Un velorio de película

El 8 de enero de 1926, Juan Duarte murió a los 67 años en un accidente
automovilístico. Apenas se enteró del hecho a través de una llamada
de un pariente cercano del muerto, Juana Ibarguren partió hacia Chivilcoy con sus cinco hijos en un auto de alquiler y se presentó en el
velorio a darle el consabido último adiós.

Todas las miradas se clavaron en Juana y su prole. Las señoras y los
señores «respetables» no podían creer lo que veían. «Cómo se atreve»,
era en aquella tórrida mañana de verano la frase menos original, que
competía con «qué coraje» y «qué descaro».

[18] Eva Perón, *La razón de mi vida*, Peuser, Buenos Aires, 1951. Entre las numero-
sas ediciones posteriores, puede consultarse *La razón de mi vida y otros escritos*,
Planeta, Buenos Aires, 1997.

Sin embargo, la familia «legítima» —y no, como se ha dicho errónea-
mente, su esposa, que había fallecido hacía cuatro años—[19] no se opuso
a tolerar la presencia de la familia de Los Toldos. Los testimonios coinciden en mencionar un pequeño episodio con una de las hijas, que fue
superado; los otros Duarte y la pequeña Ibarguren pudieron besar a su
padre antes de que cerraran el féretro y acompañaron el cortejo fúnebre.
Esto le quita al episodio el carácter de fundamental y predestinante que
le da, por ejemplo, la película *Evita* de Alan Parker protagonizada por
Madonna, que quiere ver en el enojo de esa pequeña rebelde, que contra
todos consigue irrumpir en la sala mortuoria para besar a su padre, un
anticipo de la futura imparable Evita.

Según su hermana Erminda:

> Nuestra madre nos alzó, nos ayudó a besarlo mientras —¿cómo
> adivinarlo entonces?— sellábamos silenciosamente un pacto de
> sólida unión en torno a ella, viendo cómo su dolor se transfigura
> ante la necesidad de sustituirlo a él y asumir desde ese mismo día
> todas las responsabilidades con un estoicismo que tenía un solo
> sentido: el de fortalecernos.[20]

Erminda ratifica que no fueron las dificultades para despedir a su
padre las que moldearon su carácter. Otras fueron las cosas que la
fueron «predestinando»:

> Y ahora descubro cómo muchas de sus cosas de niña anunciaban
> de alguna manera su destino. La infancia de los seres con grandeza
> posee siempre cosas preciosas.
> Desde chica le encantó leer poesías y asimismo tuvo predilección
> por la lectura de biografías de grandes personajes de la historia,
> sobre todo de mujeres famosas. Recuerdo que esas páginas le
> exaltaban. ¡Qué significativo! ¿Podía intuir entonces que llegaría
> a ser una de ellas, a entrar en la historia definitivamente?
> Nunca pedía nada, ya que en esa hermosa libertad entre árboles,
> hierbas y pájaros, lo tenía todo.[21]

---

[19] El acta de defunción, que puede verse en el cementerio de Chivilcoy, dice claramente: «Juan D'Uhart Duarte, nacionalidad argentino, 66 años, estado civil viudo,
agricultor, causa de fallecimiento hemorragia cerebral».

[20] Erminda Duarte, *op. cit.*

[21] Ibídem.

La ñata contra el vidrio

La muerte de su padre y la situación económica de su familia retrasaron su ingreso a la escuela primaria. En 1927, a los 8 años, fue inscripta en la escuela mixta urbana número 1, de la calle Mitre 182, en Los Toldos. Obtuvo un diez en conducta que contradice la imagen de niña rebelde que irrumpe en el velorio de su padre. Sus notas bajas en lectura, escritura, aritmética, historia, hablan por sí mismas de las dificultades económicas, las desigualdades y las falencias a las que estaba sometida una niña pobre, huérfana e hija natural, en un pueblo bonaerense de esos años.

En segundo grado, su conducta continuaba impecable. Su rendimiento académico seguía siendo deficiente. Sin embargo, su interés por algunas disciplinas como canto y música y ejercicios físicos permitían anticipar su vocación. Una de sus maestras decía:

> Recuerdo perfectamente a varios de sus compañeros, pero la figura de esta alumna, por momentos, se me desdibuja, posiblemente, porque no terminó su escuela primaria en el pueblo. Sin embargo, recuerdo nítidamente la expresión de sus ojos: igual a la que exhibió durante todo el resto de su vida. Era más bien callada y no tenía muchos amigos. Me parece recordar que las madres aconsejaban a sus hijos no acercarse mucho a ella y a sus hermanas.[22]

Evita tuvo que entender pronto cuestiones que llevan su tiempo aprender. No iba a tener nunca una familia «legítima», un auto, las cosas que parecían normales y constitutivas de la felicidad en las familias que ella veía en el cine y escuchaba en los radioteatros.

Conoció la humillación, los zapatos apretados y rotos heredados de sus hermanas y la mirada para abajo que indefectiblemente lleva a mirar de reojo para arriba. Soportó en varias fiestas patrias la dádiva de las señoras de la «beneficencia» que le acariciaban la cabeza con cierta prevención mientras le donaban, a la vista de toda la escuela, un guardapolvo usado o el vestidito pasado de moda que alguna de sus hijas había desechado. Ahí empezó a odiarlas prolijamente.

[22] Testimonio de Nidia de la Torre de Dilagosto, en Otelo Borroni y Roberto Vacca, *La vida de Eva Perón. Testimonios para su historia*, Tomo I, Galerna, Buenos Aires, 1970.

Desde que yo me acuerdo, cada injusticia me hace doler el alma
como si se me clavase algo en ella. De cada edad guardo un
recuerdo de alguna injusticia que me sublevó desgarrándome
íntimamente. La limosna para mí fue siempre un placer de los
ricos; el placer desalmado de excitar el deseo de los pobres sin
dejarlo nunca satisfecho. Y para eso, para que la limosna fuera
aún más miserable y más cruel, inventaron la beneficencia y así
añadieron al placer perverso de la limosna el placer de divertirse
alegremente con el pretexto del hambre de los pobres. La limosna
y la beneficencia son, para mí, ostentación de riqueza y de poder
para humillar a los humildes.[23]

De Los Toldos a Junín

Mientras María Eva crecía, la Argentina vivía la terrible crisis iniciada
en octubre de 1929 en los Estados Unidos y extendida como una peste
a todo el mundo. Los países centrales habían decidido transferir los
efectos de esta «depresión» a los países periféricos y esperaban que
éstos asumieran los costos de la misma. A su vez, los Estados de los
países periféricos como el nuestro transferirían el peso de la crisis a los
sectores populares, vía el aumento de impuestos y tarifas y la rebaja
brutal de sueldos y jornales.

Era una crisis perdurable que afectaba particularmente al campo.
Los pequeños productores, que habían tomado préstamos hipotecarios para sembrar y pensaban pagarlos con el producto de las
cosechas, pronto advirtieron que por la rebaja unilateral de precios
impuesta por Estados Unidos y Gran Bretaña, para ganar lo mismo
tenían que producir y vender el 40% más y absorber los costos que
esto implicaba. La mayoría no pudo afrontar esta situación y sus
campos fueron ejecutados por los bancos. Tuvieron que dejar las
zonas rurales en busca de oportunidades económicas en las ciudades, pero no ya como propietarios sino como proletarios. Peor aún
sería la situación de los peones de estos campos, familias enteras que
comenzaron a migrar hacia las ciudades, expulsadas por el hambre.

Para muchos habitantes de pueblos como Los Toldos comenzaban
los tiempos de las «migraciones internas». Según contaba Pascual

[23] Eva Perón, *op. cit.*

Lettieri, antiguo dirigente radical de la zona y editor del periódico
local *La Unión*

> Al nacer Eva, yo era intendente del pueblo. [...] En el año 1919
> esto era una aldea. Todas las calles eran de tierra. El panorama
> político incluía a conservadores y radicales, éramos tres mil habi-
> tantes. No había industrias... nada de nada. La que no estudiaba
> para maestra tenía que ir a una tienda. Ni siquiera quedaba el
> recurso de casarse con militares, porque aquí jamás los hubo. Las
> Ibarguren eran una familia muy pobre.

Lettieri afirmaba que Juana Ibarguren tuvo que rogar por el trabajo
de su hija Elisa, empleada del Correo, y logró su traslado a la ciudad
de Junín. Con ella, a comienzos de 1930, los Ibarguren-Duarte se
mudaron en busca de una vida mejor.

Una chica de Junín

Junín ya era una ciudad importante de la provincia de Buenos Aires,
con dos líneas de trenes: el Ferrocarril Buenos Aires al Pacífico y el
Central Argentino, y un inmenso taller ferroviario que daba trabajo
a miles de obreros.

La vida de los Ibarguren-Duarte siguió marcada por las privaciones. Juana «cosía para afuera», como se decía por entonces, en su
nueva casa de la calle Winter 90, y recibía la ayuda de Blanca, que
ya ejercía como maestra. Elisa seguía como empleada del Correo y
Juancito trabajaba de mandadero en una farmacia.

Las más chicas, *Chicha* (Erminda) de catorce y *Cholita* de once,
estudiaban. En la única escuela de General Viamonte habían realizado
sus primeros años escolares. El pase de Evita a la Escuela N° 1 «Catalina
Larralt de Estrogamou», de Junín, le permitió completar su tercer grado.
No era una buena alumna y sus boletines dejan ver muchas inasisten-
cias. Sus compañeras destacan que por entonces era callada y tímida.

Una de sus maestras de Junín, Palmira Repetti, la recordaba con
mucho más cariño que sus colegas de Los Toldos:

> Fue una alumna que se hizo querer tanto... Alta, delgada, pelos
> negros; era señorita, en ese tiempo todavía era señorita. Muy viva,

tan viva y muy inteligente, cómo no. Tendría quince años, dieciséis cuando venía a mi casa para explicarle lo que había estudiado de verso y todas esas cosas. Le gustaba mucho leer [...]. Cuando yo la tuve en sexto grado ya había estado en otros grados y vivía a una cuadra y media, dos cuadras del colegio; por aquel barrio, por el barrio del sur. No, no era tan charleta, no, no; era concentrada, concentrada sí.[24]

No son pocos los testimonios que coinciden en que algunas de sus amiguitas eran reprendidas durante por sus madres si se juntaban con «esa bastarda». Una compañera de escuela de Evita, Elsa Sabella, recordaba que los

> [...] compañeros de sexto grado la marginaban y eso se puede entender perfectamente en aquellos años [...] acá en la provincia, es que ser hija natural era como un baldón, como una maldición. Y tenía más que razones para sentirse herida, resentida; pero jamás lo comentó conmigo a pesar de que pienso que habrá sufrido muchísimo por esa condición.[25]

Aquellas señoras de doble moral justificaban su actitud cruel y discriminadora en la defensa de las «buenas familias» que incluían a sus maridos que, como ellas bien sabían, embarazaban a sus amantes fuera de sus hogares «bien constituidos», generando aquellos niños en los que estas nobles damas ejercían su venganza.

Los reyes no son lo que parecen

Evita comenzaba a dar las primeras muestras de su vocación. Por la tarde, jugaba con sus hermanos. Le encantaba pintarse la cara con algún maquillaje de su madre o con barro, vestirse de payaso y hacer acrobacias y malabarismos. La platea familiar asistía a sus funciones que incluían escenas teatrales.

Así lo recordaba su hermana Erminda:

---

[24] Testimonio de Palmira Repetti, incluido en Eduardo Mignogna, *Quien quiera oír que oiga*, Legasa, Buenos Aires, 1984, pág. 95.
[25] Testimonio de Elsa Sabella, incluido en Mignogna, *op. cit.*, pág. 95.

¡Cómo le gustaba subirse a los árboles! Yo la seguía. Aunque menor
que yo, las iniciativas eran siempre suyas. La veo trepar con una
asombrosa rapidez, con destreza.
Aunque los árboles fueran altos no tenía miedo.
Su niñez contuvo toda la inquietud y la fantasía imaginables.
Ya no le bastaban la rayuela, las escondidas, y la banderita, la
infaltable mancha: aprendió a jugar a la billarda, y a hacer girar
trompos incansablemente. ¿Y cuando jugábamos a las estatuas?
Lo hacíamos entre varias chicas —recuerdo que obligó a todas a
incorporar a nuestro grupo a una chica muy pobre con quien casi
todas se resistían a jugar. Se trataba de un juego sin duda teatral:
una tomaba a otra de la mano y la hacía girar y después la lanzaba
y la que se inmovilizaba en la posición más armoniosa, más bella
—una estatua viva— era la ganadora. Y casi siempre la elección
recaía en Eva, auxiliada invariablemente por la espontaneidad y la
gracia. Sin duda, tenía ángel. Resultaba con asombrosa frecuencia
«la estatua», y permanecía en la posición en que de improviso había quedado, casi sin moverse, apenas perceptible su respiración.[26]

También se divertía coleccionando fotografías de sus actrices preferidas, que atesoraba en un álbum. Al recorrer las páginas de aquellas
revistas como *El Hogar*, se asomaba a un mundo lejano, soñado, un
mundo al que difícilmente accedería, el de las reinas, las divas, las
estrellas de Holywood, aquellas mujeres hermosas, brillantes, inde-
pendientes, que marcaban un estilo.
Elsa Sabella, su amiga, recuerda:

Tenía trece años y ya pensaba en ser estrella, puesto que iba a mi
casa donde mi hermano mayor compraba una revista de aquel
entonces editada por Emilio Kartulovich, llamada *Sintonía*, y lo
que más buscaba eran los modelos que usaban las estrellas.[27]

Tenía pocos juguetes y les pidió a los Reyes Magos una muñeca
de «tamaño natural». A la mañana de un 6 de enero, miró sobre sus
zapatos, sin muchas ilusiones, para no sufrir una nueva decepción;

---

[26] Erminda Duarte, *op. cit.*
[27] Testimonio de Elsa Sabella, en Mignogna, *op. cit.*, pág. 98.

pero allí estaba una enorme muñeca. Cuando la abrazó, notó que estaba renga. Según relataba su hermana Erminda:

La noche de aquel lejano 5 de enero durmió sin reposo; seguramente el corazón le latía con fuerza. A la mañana corrió en busca
de sus zapatos dejados, en la ventana, y la vio. Quizá le habrá
producido el asombro de una aparición. Era altísima, realmente
bella. Pero tenía una pierna rota.
Mamá le explicó en seguida que la muñeca se había caído de uno
de los camellos, y de ahí su mutilación. [...] Lo que no le explicó
nuestra madre es que había adquirido la muñeca casi por nada,
sólo unas monedas, justamente a causa de esa rotura. Pero le
dijo que los Reyes se la habían traído para que la cuidara. Una
misión dulcísima.
Le bastó oír esas palabras para desbordar en un acto de una piedad
llena de ternura, una piedad que buscaba todas las formas de su
expresión. No sabía qué hacer para que en su alma de juguete la
muñeca se sintiera compensada de su desgracia. Le hablaba, le
sonreía, la quería más que si hubiera estado sana.[28]

Tardes de radio

A María Eva le encantaba recitar poesía. El 20 de octubre de 1933
participó en la obra *Arriba Estudiantes*, gracias a que Erminda pertenecía a un grupo escolar que organizaba representaciones teatrales.
Poco después hizo su debut artístico recitando el poema «Una nube»,
de Gabriel y Galán. Fue frente a un micrófono de la casa de música
de Primo Arini, que transmitía a través de altoparlantes el programa
«La Hora Selecta», que alteraba el silencio de Junín todas las tardes
a las siete. La propia Evita dirá:

Recuerdo que, siendo una chiquilla, siempre deseaba declamar.
Era como si quisiera decir siempre algo a los demás, algo grande,
que yo sentía en lo más hondo de mi corazón.[29]

---

[28] Erminda Duarte, *op. cit.*
[29] Eva Perón, *op. cit.*

Su hermana Erminda concuerda:

¡Se sentía tan feliz sobre el escenario! Su sueño de ser artista, ya
despuntado en sus primeros años de infancia, empezó así a ser
real, a tornarse más fervoroso,
Después quiso recitar poesías y yo fui su primera maestra de declamación.
Le encantaba leer y recitar poesías. Las leía con una especie de
devoción, de recogimiento, y después, cuando las decía, toda la
emoción, todas las sensaciones que había experimentado en su
lectura las vertía con vehemencia, como descubriendo, en el momento de darlas a los demás, nuevos significados, matices. Es que
lo que llegaba a su corazón salía de él como multiplicado; lo que
tocaba se agigantaba al vertirse a los demás. Daba mucho más de
lo que recibía. Le bastaba tomar sólo algo para dar un mundo. Así
fue de chica, en el ámbito familiar, en los juegos, en su relación
con la gente. Y ése fue el signo de su obra. Dar mucho más de lo
que podía recibir. Aunque recibió lo más valioso: el amor de su
pueblo.[30]

La radio la hacía soñar; se imaginaba triunfando en algún teatro
de Buenos Aires, se iba de la miseria del día a día, hasta que la realidad la volvía a dejar en su casa. Era la época de galanes como John
Gilbert, William Powell, John Barrymore y Gary Cooper. Las chicas
como Evita querían ser Greta Garbo, tener las piernas de Marlene
Dietrich y los ojos de Joan Crawford. Con ellos soñaba tras salir del
cine Crystal Palace de Junín.
Había en ella una mezcla interesante de optimismo y rebeldía:

En el lugar donde pasé mi infancia los pobres eran muchos más
que los ricos. Yo sabía que había pobres y que había ricos; y sabía
que los pobres eran más que los ricos y estaban en todas partes.
Me faltaba conocer todavía la tercera dimensión en la injusticia.
Hasta los once años creí que había pobres como había pasto y
que había ricos como había árboles. Un día oí por primera vez
de labios de un hombre de trabajo que había pobres porque los

[30] Erminda Duarte, *op. cit.*

ricos eran demasiado ricos; y aquella revelación me produjo una
impresión muy fuerte. Alguna vez, en una de esas reacciones mías,
recuerdo haber dicho: —Algún día todo esto cambiará... —y no
sé si eso era ruego o maldición o las dos cosas juntas. Aunque la
frase es común en toda rebeldía, yo me reconfortaba en ella como
si creyese firmemente en lo que decía. Tal vez ya entonces creía
de verdad que algún día todo sería distinto; pero lógicamente no
sabía cómo ni cuándo.[31]

Mi Buenos Aires querido

En 1933 surgió la posibilidad de una prueba, nada menos que en Radio Belgrano, una de las emisoras más importantes de Buenos Aires.
Juntó unos pesos, estudió tres poemas y partió cargada de ilusiones,
acompañada por doña Juana, hacia la gran ciudad. Era su primera vez
en la Capital y todo la asombraba.

En la calle y en los cafés porteños se comentaba el vergonzoso
tratado firmado por el vicepresidente argentino, Julio A. Roca hijo,
con el ministro de Comercio británico, sir Walter Runciman. Por el
Pacto Roca-Runciman, a cambio de que el gobierno de Su Majestad
mantuviera su cuota de compra de carne enfriada, la Argentina se
comprometía a gastar en Inglaterra o a través de ella el total de lo
que recibía por sus exportaciones. Les daba a los ingleses el monopolio de los transportes y una notable influencia en un organismo
por crearse: el Banco Central de la República Argentina, destinado a
controlar la emisión monetaria y regular la tasa de interés. El pacto
sería denunciado por el senador demócrata progresista por Santa
Fe, Lisandro de la Torre, y por el grupo FORJA (Fuerza Orientado-
ra Radical de la Joven Argentina). Uno de sus fundadores, Arturo
Jauretche, no dudó en calificarlo de «estatuto legal del coloniaje».
Pero Eva, con sus 14 años recién cumplidos, estaba todavía ajena a
aquellas cuestiones.

Sus pocas horas en Buenos Aires las dedicó a calmar sus nervios
y ensayar una vez más sus poemas favoritos. La prueba se la tomó
alguien con quien años más tarde llegaría a trabar una sincera amis-

[31] Eva Perón, *op. cit.*

tad, el dueño de la radio, don Jaime Yankelevich, quien concluyó la audición con lo que para él era un trámite: el consabido «te vamos a llamar». Evita regresó a Junín a esperar un llamado que tardaría varios años en llegar.

Vida de pueblo

Las ciudades del interior bonaerense como Junín sufrían los efectos de la crisis que afectaba a todos los rubros de la economía. En la casa de Evita, los sueldos de Elisa, Blanca y Juancito no alcanzaban. Doña Juana decidió abrir un comedor, aprovechando que la gente se estaba cansando del repetido menú del boliche de Ariño. Juana no era una buena cocinera pero contaba con la invalorable colaboración de Blanca, que coleccionaba las recetas que publicaban las revistas porteñas. La mitología antiperonista se imaginó y trató de imponer la idea de que aquel comedor era en realidad un prostíbulo donde la madre explotaba a sus hijas. No hay un solo testimonio serio que pueda avalar esta teoría elaborada por los «partidarios de la moral y las buenas costumbres».

Renata Coronado de Nuosi, ocupante de la casa de la calle Winter 90 de Junín, recordaba:

> Eva no tenía muchos amigos ni formaba parte tampoco de ninguna de las clásicas barritas del pueblo. Ellos eran tan humildes que tenían que dar de comer para poder subsistir, pero nunca dieron pensión a los comensales: esta casa sólo tiene cuatro habitaciones, que apenas alcanzaban para la madre y los cinco hijos. Los únicos clientes permanentes que comían aquí eran los hermanos Álvarez Rodríguez y el mayor Arrieta.
>
> Justo Álvarez Rodríguez se casó más tarde con Blanca, en la época en que su hermano era rector del Colegio Nacional. Justamente Juan Duarte, cuando fue secretario de Perón, hizo construir el nuevo edificio de ese colegio, que ahora lleva el nombre del cuñado de Eva.
>
> Mi hermana estuvo comprometida durante cuatro años con Juancito Duarte, pero a Eva no le conocí ningún novio, ni siquiera un muchacho. Eran otras épocas... ¡qué cosa triste! Acá en Junín no había ningún lugar para bailar o divertirse. Sólo la vuelta del

perro por la calle Rivadavia. Una chica en el pueblo no podía hacer nada.[32]

Quiso la vida que dos de los comensales habituales de doña Juana se convirtieran en sus futuros yernos: el mayor Arrieta comenzó una relación con Elisa, y el abogado Justo Álvarez Rodríguez se casó con Blanca.

Justo frecuentaba los círculos intelectuales socialistas y anarquistas que confrontaron con el cura Raspuela por la orientación del monumento a San Martín. El párroco quería que apuntara a la iglesia y no hacia el oeste, o sea hacia la cordillera de los Andes. Los muchachos decían que el caballo no podía dar las ancas hacia la cadena montañosa y le dedicaron al cura el siguiente versito: «Si el culo tuviera nombre / y el nombre tuviera fin / el culo del mundo sería Junín».

Evita, que había terminado el ciclo primario en 1934, ya estaba lista para buscar nuevos horizontes. Debutó como recitadora en octubre de aquel año en Radio Cultura de Buenos Aires, en una serie de audiciones dedicadas a la ciudad de Bolívar.

Ya se había asomado al amor con un noviecito llamado Ricardo Caturla, un amigo de Juancito muy «buen mozo», algo mayor que ella, que estaba haciendo el servicio militar en Junín. El romance terminó cuando Ricardo se fue de baja hacia su Córdoba natal.

Adiós, Pampa mía

La leyenda dice que Evita partió de Junín hacia Buenos Aires a principios de 1935 acompañada por Agustín Magaldi.[33] Pero lo cierto es que el cantor, que había actuado en la ciudad en 1929 con su compañero de dúo, Pedro Noda, sólo volvió a hacerlo en diciembre de 1936, cuando Eva llevaba más de un año de radicación en Buenos

[32] Testimonio de Renata Coronato de Nuosi, en Mignogna, *op. cit.*, págs. 27-28.

[33] Apodado «La voz sentimental de Buenos Aires», Agustín Magaldi (1898-1938) fue un cantor de gran popularidad a partir de 1924, cuando hizo su debut en radio y comenzó a grabar sus primeros discos, primero en dúo con la famosa Rosita Quiroga y luego con Pedro Noda. En 1936 el dúo Magaldi-Noda se disolvió, y Magaldi continuó como solista. Entre sus mayores éxitos, se encuentran las canciones *Nieve, La muchacha del circo, Acquaforte* y *Libertad*.

Aires. La vida artística de Magaldi como solista comenzó en enero de 1936, tras disolver su dúo con Noda, y se presentó acompañado por los guitarristas Centeno, Ortiz, Francini, Carré y el arpista Félix Pérez Cardoso.

Evita partió desde la estación de tren de Junín, aparentemente sola, como sugiere esta carta:

> Querida mamá:
> Apenas acabo de partir y ya empiezo a sentirme lejos. Lejos de Los Toldos, de Chicha, de Juancito y de vos, Blanquita, Elisa. Sin embargo, me siento feliz. Vos sabés cuánto soñé con este viaje; desde chiquita, vos sabés. Te mando un beso y un abrazo fuerte.
>
> Cholita.[34]

En Buenos Aires la esperaba su hermano Juancito, que estaba cumpliendo con el servicio militar. El choque con la gran ciudad no fue sencillo:

> Me figuraba [...] que las grandes ciudades eran lugares maravillosos donde no se daba otra cosa que la riqueza; y todo lo que oía yo decir a la gente confirmaba esa creencia mía. Hablaban de la gran ciudad como un paraíso maravilloso donde todo era lindo y era extraordinario... [...] Un día –habría cumplido ya los siete años– visité la ciudad por vez primera. Llegando a ella descubrí que no era cuanto yo había imaginado. De entrada vi sus «barrios» de miseria y por sus calles y sus casas supe que en la ciudad también había pobres y había ricos. Aquella comprobación debió dolerme hondamente porque cada vez que de regreso de mis viajes al interior del país llego a la ciudad me acuerdo de aquel primer encuentro con sus grandezas y miserias, y vuelvo a experimentar la sensación íntima de tristeza que tuve entonces.[35]

Eva llegaba a Buenos Aires con una pequeña valija y enormes sueños de triunfar, de ser actriz, de ser ella la que apareciera en las tapas de *Sintonía* y las revistas que alimentaban su fantasía desde que tenía

---

[34] Carta de Evita, en Mignogna, *op. cit.*, pág. 29.
[35] Eva Perón, *op. cit.*

uso de ilusión. Tenía quince años y una vida por estrenar. Era una entre muchos otros, como recordaba su modisto Paco Jaumandreu:[36]

> Yo vine a Buenos Aires unos cuantos años después que Eva Perón, pero éramos de pueblos vecinos y en la década del treinta, cuando había venido Eva a Buenos Aires, el que una chica de un pueblo quisiera ser actriz o estrella de cine era algo así como un pecado mortal. La gente se reía, se burlaba o... incluso te marginaban, ¿no es cierto? te decían cosas, la palabra más suave podía ser mariquita. La palabra más suave para una figura que quería ser actriz era que era una mujer de la calle. Todo eso creó una cierta relación de amistad porque los dolores eran parecidos y creo que por eso es mi devoción por Eva Perón.[37]

Era flaquita, de un pelo negro muy corto que enmarcaban unos bellos ojos negros de mirada triste y curiosa a la vez. Llegaba dispuesta a conquistar la gran ciudad. Su fértil imaginación no le alcanzaba para percibir hasta dónde llegaría aquella conquista.

---

[36] Aunque suele aparecer escrito *Jamandreu*, el apellido correcto del célebre diseñador de moda era Jaumandreu, tal como figura en su libro *La cabeza contra el suelo. Memorias*, Nueva edición corregida y aumentada, Corregidor, Buenos Aires, 1981.

[37] Testimonio de Paco Jaumandreu, en Mignogna, *op. cit.*, pág. 30.

Eva Duarte

Evita era una migrante más en Buenos Aires. Era parte de un proceso histórico que no la tuvo como protagonista sino como víctima. Una entre millones que habían dejado su tierra empobrecida buscando un horizonte en la gran ciudad que iba diversificando su economía. Gobernaba el país, gracias a un escandaloso y persistente fraude electoral, la más rancia oligarquía ganadera, que se desentendía de los dramas sociales de la mayoría de la población y se dedicaba prolijamente a aprovechar los beneficios colaterales de la crisis: compraba por monedas campos que antes valían millones; monopolizaba los créditos que los bancos oficiales les negaban a los chacareros, peones y trabajadores; rebajaba los sueldos de sus asalariados y aumentaba notablemente sus márgenes de ganancia, predicando el sacrificio ajeno «para salir de la crisis» y practicando el despilfarro gracias a aquel sacrificio.
En un informe oficial, un funcionario del gobierno del general Agustín P. Justo, que usurpaba el poder fraudulentamente por estos años, el doctor Abel Ortiz, director del Departamento de Trabajo, decía sobre nuestra niñez del Norte argentino:

> Los niños que no perecen en los primeros meses, empiezan en condiciones deficientes su desarrollo, el que se entorpece gravemente cuando la madre no puede alimentarlo, la que no recibe ninguna ayuda del Estado, por falta de medios. Cuando llega a la edad escolar, mal nutrido, pésimamente alimentado y con las taras hereditarias de sus antepasados, está ya debilitado. Nuestras escuelas rurales se concretan a la enseñanza de nociones que después no les servirán para nada, cuando tiene que abandonarlas al poco tiempo, no terminando aún su desarrollo físico.[1]

---

[1] Informe del doctor Abel Ortiz sobre el estado de la niñez en el Norte remitido al doctor Alfredo Palacios, en Alfredo Palacios, *El dolor argentino*, Claridad, Buenos Aires, 1938.

El mismo informe daba cuenta de las largas distancias que esos chicos debían recorrer para llegar a la escuela, la falta de útiles, el tener que hacerse «hombrecitos» antes de tiempo, colaborando en todo tipo de tareas para arrimar unos centavos a la olla familiar, y todo eso sin asistencia social alguna: «Si se enferma gravemente, el Estado no le proporciona una cama, pues no tiene un solo hospital en toda la provincia».[2]

El senador socialista Alfredo Palacios contaba en plena sesión parlamentaria que cuando viajó a Santiago del Estero se alarmó al ver la tristeza de los chicos del pueblo, signo evidente de desnutrición. Descaradamente, el ex diputado nacional Alcorta, fiel representante de la oligarquía norteña, le contestó: «Todos los niños de Santiago del Estero son así». Palacios le pidió al gobernador someter a prueba esa afirmación, cotejando con los hijos de los ministros y funcionarios:

> Entré en la sala. Allí estaban los niños sanos, bien nutridos, y por eso, con los ojos llenos de luz, de buen color, con carnes firmes, moviéndose todos infatigablemente y haciendo un ruido ensorde-cedor. La comprobación estaba hecha. Aquí están las fotografías. Comparen los señores senadores: de un lado, los encantadores pequeñuelos privilegiados; del otro, la triste y dolorida carne del pobre. Pido se inserten también estas fotografías en el Diario de Sesiones.[3]

Ésta era la tremenda situación de la infancia argentina en aquellos tristes años treinta.

En la Buenos Aires de la década infame

Durante sus primeros meses en Buenos Aires, Eva vivía en una humilde pensión de la zona de Congreso. Sobrevivía, como millones de argentinos, aquella «década infame», originariamente calificada así por el periodista José Luis Torres (1901-1965), quien decía:

[2] Ibídem.
[3] Alfredo Palacios, op. cit.

[...] infamaron esa década, con la más total y absoluta falta de escrúpulos políticos y morales. [...] No importaban los preceptos constitucionales. Se tomaron las medidas necesarias para burlarlos, estableciendo la norma de investir con la representación popular precisamente a los ciudadanos a quienes el pueblo negaba su sufragio. Éstos con frecuencia eran elegidos entre los más venales servidores de las satrapías dominantes, y los sátrapas mismos se sentaban en las bancas parlamentarias para defender sus propios negocios, vigilando al mismo tiempo la lealtad de sus adictos.[4]

En aquel escenario, el trabajo de Eva y el de tantos otros era buscar trabajo.

Entre bambalinas

Como tantas chicas que buscaban convertirse en actrices, debía dedicar buena parte de su tiempo a conseguir contactos. Las emisoras de radio y las revistas que empezaban a especializarse en el «mundo del espectáculo», como *Radiolandia* y *Sintonía*, eran un sitio obligado de esa búsqueda. Tiempo después comenzó a construirse la versión falsa de que había venido a Buenos Aires con Agustín Magaldi. En todo caso, Magaldi, nacido en Casilda, Santa Fe, sabía lo difícil que era empezar una carrera en «la gran ciudad». Eduardo del Castillo, docente que, andando el tiempo, trabajaría como redactor en la Subsecretaría de Informaciones de la Presidencia de la Nación, aclaraba:

La actuación de Agustín Magaldi se limitó a conectar a Eva con una prima de la actriz Maruja Gil Quesada. Ella le suministró alojamiento en su departamento del cuarto piso de la calle Sarmiento 1635. Lo recuerdo muy bien porque en ese mismo edificio, en el sexto piso, vivía la que ahora es mi esposa. [...] La chica era muy buena, modesta y pobre. Pasaba hambre, pero cuando ganaba un peso se lo gastaba comprando regalos para todos sus amigos.[5]

[4] José Luis Torres, *La década infame*, Freeland, Buenos Aires, 1973, págs. 27-29.
[5] Testimonio de Eduardo del Castillo en Borroni y Vacca, *op. cit.*, pág. 49.

Soñando con actuar

Más allá de sus pocos contactos, Eva Duarte debía recorrer los cafés
donde paraba la gente del ambiente y los teatros, en fin, el recorrido de
los que deben pagar su derecho de piso. Se la podía ver en El Ateneo,
en El Telégrafo o en la Confitería Ideal de la calle Suipacha, mirando
a las celebridades y soñando con convertirse algún día en la atención
de todas las miradas.

En esos tiempos, el tema excluyente en los cafés de Buenos Aires
era «el debate de las carnes», iniciado hacía unos meses cuando el
senador santafesino Lisandro de la Torre denunció por fraude y corrupción a dos ministros del gobierno del presidente Justo –Federico
Pinedo, de Hacienda, y Luis Duhau, de Agricultura y Ganadería–, y
por evasión impositiva y fraude al fisco a los frigoríficos Anglo, Swift
y Armour. De la Torre probaba claramente el trato preferencial que
recibían estas empresas, que prácticamente no pagaban impuestos y
a las que nunca se inspeccionaba, mientras que los pequeños y me-
dianos frigoríficos nacionales eran abrumados por continuas visitas
de inspectores impositivos.

El debate era seguido con mucho interés por la gente, que agota-
ba los pases para presenciar las sesiones del Senado. La imagen del
gobierno conservador estaba sufriendo un duro golpe. El alivio para
los funcionarios vendría de Colombia, más precisamente de Medellín.
Un cable informaba que el 24 de junio había fallecido en un accidente
aéreo Carlos Gardel. La trágica noticia desplazó al escándalo de las
carnes de las tapas de los diarios.

Pero las denuncias de Lisandro continuaron y fueron subiendo de
tono hasta que el poder corrupto decidió acallarlo. Un ex comisario,
matón del Partido Conservador y hombre muy cercano al ministro
Duhau, Ramón Valdez Cora, el 23 de julio de 1935 entró armado
al recinto del Senado y en plena sesión disparó contra De la Torre,
asesinando a su amigo y compañero de bancada Enzo Bordabehere.
Era una muestra más de la impunidad de aquel régimen corrupto y
fraudulento que gobernaba al país al margen de las leyes y la voluntad
popular. La noche del crimen, el presidente Justo, lejos de decretar
duelo nacional, concurrió a una función de gala del Teatro Colón a
escuchar al tenor italiano Beniamino Gigli.

Entretanto, Eva iniciaba su carrera artística, de manera muy modesta. No quería trabajar en otra cosa; quería ser actriz y su persisten-

cia rindió frutos: pudo ingresar a la Compañía Argentina de Comedias, que encabezaba Eva Franco y dirigía Joaquín de Vedia.

Evita había soñado desde Los Toldos y Junín muchas veces con aquella noche, la de su debut en un teatro porteño. Fue el 28 de marzo de 1935 en el Teatro Comedia, de Carlos Pellegrini 248. La obra era *La señora de Pérez*, de Ernesto Marsili. Eva hacía el papel de una mucama y mereció el comentario de Edmundo «Pucho» Guibourg en el legendario diario *Crítica*, donde le dedicó esta línea: «muy correcta en su breve intervención Eva Duarte».[6] Más repercusión logró en el periódico local de Junín:

> El público llenó la sala y se retiró satisfecho de la actuación de la primera actriz, así como de los que la secundaron: Martha Poli, Amelia Musto, Eva Duarte y Ángel Reyes que, en intervenciones breves, completan el cuadro de intérpretes. [...]
> Nosotros, por nuestra parte, contentos de ver los exquisitos valores artísticos que surgen de nuestro ambiente, auguramos a esta señorita el más florido triunfo, y esperamos que su elogiosa labor y sus excelentes dotes personales se vean prontamente coronadas del meritorio éxito al que se hace acreedora.[7]

Evita tuvo luego una participación en *Cada hogar es un mundo*, de Goicochea y Cordone. Trabajó con Eva Franco hasta enero de 1936, aunque no la convocaron para todas las obras que representó la compañía. Actuó en *Madame Sans Gêne*, de Victorien Sardou y Émile Moreau en el Teatro Cómico; encarnaba dos personajes menores, ganaba tres pesos por función y compartía cartel con Irma Córdoba, Eva Franco y Pascual Pelliciota, con puesta en escena de Pablo Suero. La obra refleja la vida en la corte de Napoleón según la mirada de una mujer que comenzó siendo lavandera en el París revolucionario de 1789, luego fue cantinera en la campaña napoleónica de Italia siguiendo a su amado capitán Lefèvre y llegó a ser mariscala de Francia, duquesa de Dantzig y casi reina de Westfalia. La historia sería llevada al cine en 1945 por Luis César Amadori con Niní Marshall en el rol protagónico.

---

[6] *Crítica*, 29 de marzo de 1935.
[7] *El Pueblo*, Junín, 30 de marzo de 1935.

Por esos días se la vinculó sentimentalmente con Suero, un periodista que había tenido el honor de entrevistar a Federico García Lorca durante su extensa visita a Buenos Aires en 1933. En esa nota, el maravilloso poeta le dijo:

> Mientras haya desequilibrio económico, el mundo no piensa. Yo lo tengo visto. Van dos hombres por la orilla de un río. Uno es rico, otro es pobre. Uno lleva la barriga llena y el otro pone sucio el aire con sus bostezos. Y el rico le dice: «¡Oh, qué barca más linda se ve por el agua! Mire, mire usted, el lirio que florece en la orilla». Y el pobre reza: «Tengo hambre, no veo nada. Tengo hambre, mucha hambre». Natural, el día que el hambre desaparezca, va a producirse en el mundo la explosión espiritual más grande que jamás conoció la Humanidad.[8]

Buscando un lugar bajo el sol

Como muchas actrices y actores de su época, es posible que Evita fuese autodidacta, aunque hay quien sostiene que habría realizado cursos en el Consejo Nacional de Mujeres. Según Noemí Castiñeiras, el «dato de sus estudios, en un tiempo en que los actores y las actrices "se hacían sobre las tablas", no ha podido ser verificado».[9] Esa autora señala que las hermanas de Eva, Blanca y Erminda, no recordaban su paso por esos cursos y el Consejo no conservó registros que puedan verificarlo. Varios compañeros aseguraban que la joven Eva recitaba en los camarines, un poco para adquirir práctica, otro poco para demostrar que podía hacerlo.

Evas

Evita no participó de una gira de la compañía de Eva Franco por el interior. Hay que recordar que la situación laboral de los actores era muy precaria. Si bien su agremiación había comenzado en 1919 y al

---

[8] En Ian Gibson, *Cuatro poetas en Guerra*, Planeta, Barcelona, 2007.
[9] Noemí Castiñeiras, *El ajedrez de la gloria. Evita Duarte actriz*, Catálogos, Buenos Aires, 2002, pág. 36.

año siguiente habían obtenido una serie de conquistas, como el día de descanso los lunes y un salario mínimo,[10] a caballo de la crisis de los años treinta habían perdido las condiciones de contratación que daban cierta estabilidad, sobre todo a quienes no eran figuras reconocidas. Edmundo Guibourg denunciaba:

> [...] desde hace mucho tiempo los contratos no existen, han sido suprimidos parcialmente en el uso. [...] Si se trata de elementos que en cualquier instante pueden ser substituidos por otros, se les compromete sólo de palabra, negándoles de antemano todo vínculo contractual. De esa manera, a poco que el negocio no acuse la prosperidad esperada, está permitido dejar sin trabajo a la gente, sin obligaciones ulteriores [...]. Los de abajo se hallan expuestos a todas las arbitrariedades. Por desgracia, el espíritu gremial no está bastante solidificado como para defenderlos.[11]

A su regreso del interior, los directores de la compañía decidieron poner nuevamente en escena *Madame Sans Gêne*. Como la obra requería un elenco numeroso, Eva Duarte fue convocada nuevamente. El reestreno, el 26 de noviembre de 1935, fue muy exitoso, tanto por la cantidad de público como por la presencia en él de figuras «relevantes», como la primera actriz Lola Membrives, toda una leyenda en su país y en el mundo de habla hispana.

Se produjo por entonces un hecho anecdótico que, como muchos otros en la vida de Evita, daría lugar a uno de los tantos mitos sobre su figura. Según contaba Eva Franco, cabeza de la compañía y actriz ya muy reconocida entonces:

> Una noche ocurrió algo muy gracioso que la prensa después exageró. Al teatro llegaron varios canastos que decían «Para Evita, con cariño», «Éxitos Evita» y cosas parecidas. Todos los canastos fueron colocados en el pasillo de abajo, frente a mi camarín, ya que adentro no cabían más. Hicimos la función y después me detuve

---

[10] Al respecto, véase *Mujeres tenían que ser. Historia de nuestras desobedientes, incorrectas, rebeldes y luchadoras. Desde los orígenes hasta 1930*, Planeta, Buenos Aires, 2011, págs. 503-505.

[11] Nota de Edmundo Guibourg en *Crítica*, 31 de julio de 1935, citada por Castiñeiras, *op. cit.*, pág. 37.

a ver quiénes me enviaban las flores. A la mayoría no los conocía. En síntesis, eran para Eva Duarte y no para mí, confusión que provocó las bromas de todos los compañeros, que la apabullaron con chanzas de todo tipo. El incidente trascendió a la prensa y se dijo que yo me enojé y que quise despedirla de la compañía. No fue cierto pero debo confesar que no salía de mi asombro al ver cómo una jovencita recién iniciada en el teatro tenía ya tantos admiradores.[12]

El mito, sin embargo, perduraría. La propia Eva Franco tendría que volver a desmentirlo, cuando muchos años después un participante en el más famoso programa televisivo de preguntas y respuestas repitiese esa versión:

Alguien dijo en el programa «Odol pregunta» que había un problema de celos entre Eva y yo. Pero no fue así. El día del estreno llegaron flores a nombre de Eva y las llevaron a mi camarín. Cuando terminó la función abrí las tarjetas y vi que no eran para Eva Franco sino para Eva Duarte. Entonces se las pasé a ella. Pero para nada fue un trámite enojoso. Una confusión, una cosa graciosa y nada más.[13]

A su modo, Eva Franco contribuye a una visión mítica de Evita en sus memorias, anticipándose a una imagen que tardaría una década en existir, al hablar del reestreno de *Madame Sans Gêne* nos cuenta:

En esa obra, Eva tuvo un papel más o menos importante. Hizo de una de las hermanas de Napoleón y usó ese traje que después le sentó tan bien. Un traje de persona importante, de persona que tenía poder, un mando, una influencia muy grande sobre el pueblo.[14]

---

[12] Eva Franco, *Cien años de teatro en los ojos de una dama*, El Francotirador Ediciones, Buenos Aires, 1963, pág. 127.
[13] Citado en Vera Pichel, *Evita íntima. Los sueños, las alegrías, el sufrimiento de la mujer más poderosa del mundo*, Planeta, Buenos Aires, 1993, pág. 38.
[14] Testimonio de Eva Franco en *Radiolandia 2000*, 4 de abril de 1980, citado por Castiñeiras, *op. cit.*, pág. 38.

Mientras callaba el Zorzal

Todos los teatros de Buenos Aires suspendieron sus funciones el 6 de febrero de 1936, cuando finalmente llegaron a Buenos Aires los restos de Carlos Gardel y dio comienzo su velatorio en el Luna Park.[15] Al día siguiente, el cortejo fúnebre más sentido y multitudinario visto hasta entonces acompañó a contramano por la avenida Corrientes, que empezaba a dejar de ser angosta. La inauguración oficial sería en 1937, pero todo el pueblo de Buenos Aires decidió inaugurarla por su cuenta. Con su impronta la recorrió de punta a punta, partiendo del flamante Luna para acompañar los restos de Carlitos hasta la Chacarita. Eran decenas de miles que de tanto en tanto podían ver en las paredes sobrevivientes los restos de un empapelado, las intimidades interrumpidas de aquellas casas de Corrientes; y también la nueva forma que iba adquiriendo la vieja calle con sus teatros reconstruidos y sus bares reciclados. No por enemigo del progreso sino por amigo de lo entrañable, escribía Roberto Arlt:

> Es inútil, no es con un ensanche con el que se cambia o puede cambiar el espíritu de una calle. A menos que la gente crea que las calles no tienen espíritu, personalidad, idiosincrasia. Es inútil que la decoren mueblerías y tiendas. Es inútil que la seriedad trate de imponerse a su alegría multicolor. Es inútil. Por cada edificio que tiran abajo, por cada flamante rascacielos que levantan, hay una garganta femenina que canta en voz baja: «Corrientes... tres, cuatro, ocho... segundo piso ascensor». Ésta es el alma de la calle Corrientes. Y no la cambiarán ni los ediles ni los constructores. Para eso tendrían que borrar de todos los recuerdos, la nostalgia de: «Corrientes... tres, cuatro, ocho... segundo piso ascensor».[16]

---

[15] El lujoso ataúd que contenía el cadáver del argentino más famoso de su tiempo partió de Medellín el 17 de diciembre de 1935. El cuerpo fue llevado a Panamá y de allí a Nueva York a donde arribó el 6 de enero de 1936 y fue velado durante una semana en una funeraria del barrio latino, a la que concurrieron cientos de admiradores locales de Carlitos. De allí partió el cuerpo el 17 de enero de 1936; hizo escalas en Río de Janeiro y Montevideo, donde también se le rindieron sentidos homenajes. Finalmente, el ataúd que traía al hombre que a partir de entonces comenzaría a cantar mejor cada día llegó a Buenos Aires el 5 de febrero de 1936 y al día siguiente comenzó su velatorio en el Luna Park.

[16] Roberto Arlt, «Aguafuertes porteñas», en *Obras completas*, Buenos Aires, Omeba. 1981.

Es que Corrientes supo y quiso albergar a los principales teatros de la ciudad, como el de La Ópera, inaugurado el 25 de mayo de 1872 y ubicado como el actual Ópera entre Suipacha y Esmeralda; al Politeama, en el cruce con Paraná; al Odeón, en Esmeralda, cerca de la esquina donde Scalabrini Ortiz imaginó a aquel hombre que estaba solo y esperaba. La calle en la que el extraordinario payaso Frank Brown brilló por casi 40 años y en la que el inolvidable Pepino el 88 no ahorraba críticas a los poderosos de turno. Aquella Corrientes que vivió el trajinar de Sarmiento yendo y viniendo de la imprenta de su periódico *El Censor*, ubicada en el cruce con Esmeralda; que vio y escuchó a los redactores de *La Nación* y de *Caras y Caretas* en los cafés de la esquina de San Martín. La Corrientes de los cafés literarios como el Royal Keller, donde Rubén Darío nos vio grandes y ricos, y Ortega y Gasset, como mínimo, soberbios y distraídos.

Gente de teatro

Eva Duarte no quería acostumbrarse a los papeles intrascendentes. Aspiraba a más, a ser primera actriz, cabeza de compañía, pero sus pequeñas intervenciones le permitían pagar su pensión, comer salteado y hacer lo que más le gustaba en la vida: actuar.

En mayo de 1936, con sus diecisiete años recién cumplidos, se incorporó a la Compañía de Comedias de Pepita Muñoz, José Franco y Eloy Alfaro, para una gira por el interior del país. El 22 de mayo debutaron en el teatro Odeón de Rosario con *Miente y serás feliz...*, de Arnaldo Malfatti y Nicolás de las Llanderas, autores de la obra *Así es la vida* que, llevada al cine en 1939, se convertirá en uno de los grandes éxitos del cine nacional. Realmente «a pedido del público», la compañía estuvo en Rosario hasta el 11 de junio, cuando los espectadores colmaron el teatro para ver *El beso mortal*, un melodrama moralista sobre las enfermedades venéreas, de Le Gouradiec, auspiciado por la Liga Profiláctica Argentina.

Según la crítica aparecida en *La Voz del Interior* el 28 de agosto de 1936:

En dicha pieza se aborda el actualísimo y apasionante tema del examen prenupcial, pero no en forma de alegato, sino con expresión auténticamente teatral. Por el tópico que desmenuza puede llamarse al estreno una obra de utilidad social, como que en varias ciudades se ha exonerado de impuestos municipales a las compañías que la representaban y en otras como en Mendoza, se las ha subvencionado.[17]

De esa gira ha quedado una anécdota que contribuye a forjar la imagen de abnegación y solidaridad que acompañaría a Eva durante su vida política. Uno de los actores se había enfermado y debió ser hospitalizado. A pesar de la prohibición de los directores de la compañía, para evitar contagios, Eva fue a visitar al enfermo, apenada por el compañero que estaba solo. Cuenta la historia que luego de la visita Eva se habría contagiado.[18]

De allí partieron a Mendoza, luego a Córdoba y cerraron la gira nuevamente en Rosario en septiembre de 1936. Evita actuó en casi todas las obras, aunque la mayoría de las críticas la ignoraron. Su vida era la de una actriz de reparto: mal paga y, como el hilo se cortaba y se corta por lo más delgado, no cobraba si la recaudación era mala; comía mal y poco, ensayaba mucho y actuaba en varias funciones por día.

En los camarines de los teatros, los que Evita prefería a los cuartos miserables de las pensiones que le asignaban los productores durante las giras, se discutía apasionadamente sobre la Guerra Civil Española que acababa de comenzar, las purgas lanzadas por Stalin en Moscú, la conformación del eje nazi-fascista Berlín-Roma, del primer Premio Nobel argentino obtenido por el canciller Carlos Saavedra Lamas por su mediación en la sangrienta y empetrolada guerra entre Bolivia y Paraguay y la inauguración del Kavanagh, por entonces el edificio más alto de Buenos Aires y Sudamérica con sus treinta pisos. Eva escuchaba atentamente, sin emitir todavía demasiadas opiniones.

Un romance entre bambalinas

Eran tiempos difíciles para el mundo y para la Argentina. También para Eva, que tuvo que dejar la compañía teatral en plena gira. No fueron «celos de cartel» sino otros más pasionales los que llevaron a

[17] Citado por Castiñeiras, *op. cit.*, pág. 48.
[18] José Capsitski, «Prehistoria de Eva Perón», *Todo es Historia*, N° 14, junio de 1968.

ese final abrupto. Más precisamente, los de la esposa del director José Franco, atizados por esos «amigos» que nunca faltan. Eva Franco, su hija, lo recuerda en sus memorias:

> Papá, buen mozo y donjuanesco como era, había iniciado durante la gira un romance con una actriz de la compañía. Alguien que nos apreciaba, le habló por teléfono a mi madre y le advirtió lo que pasaba: «...porque la cosa me parece más seria que una simple aventura. De lo contrario no te hubiera llamado».
> Mamá, luego del llamado, ni corta ni perezosa, tomó el primer tren a Rosario y se apareció en el teatro. No me informó sobre ese viaje del que pronto regresó. Luego me enteré de lo sucedido. Ocurrió que mi padre se había enamorado de la joven Eva Duarte. Nunca supe en detalle lo que hablaron. Supe sí que hubo bochinches en los camarines. Tampoco me comentaron hasta dónde habían llegado las relaciones entre mi padre y Eva. Cuando mamá regresó, le pregunté para qué había ido a Rosario.
> —Porque tu padre se enamoró de Eva Duarte —contestó—. Le dije que la separara de la compañía o no nos veía nunca más.[19]

Evita regresó a Buenos Aires, «desvinculada del elenco», mientras José Franco continuaba su gira por el interior.

Una nueva compañía

Luego de ese incidente, en diciembre de 1936 Eva se incorporó a la Compañía de Pablo Suero, que puso en escena *Las inocentes*, basada en *The children's hour* de Lilian Florence Hellman, una escritora estadounidense que será perseguida por sus ideas de izquierda, pareja del genial autor de novela negra Dashiell Hammet, también perseguido por el macartismo. La obra, que venía de ser un éxito en Broadway, narraba la vida de un grupo de chicas de un pensionado en la que dos profesoras son acusadas falsamente de ser lesbianas. Encabezaban el elenco Gloria Ferrandiz, María Ester Podestá y Pablo Vicuña. Al estreno de la obra en el Teatro Corrientes, ubicado donde hoy está el

[19] Eva Franco, *op. cit.*, pág. 135.

Teatro Municipal General San Martín, asistió Alfredo Palacios. Luego la compañía viajó a Montevideo para representar la misma obra en el Teatro 18 de Julio. Por aquellos días, Eva usó el nombre artístico de Eva Durante, tal vez para capitalizar la fama del cómico norteamericano Jimmy Durante.

Entretanto, Victoria Ocampo fundaba la Unión Argentina de Mujeres, organización que luchaba por los derechos civiles de la mujer en general y por el voto femenino en particular.

En el verano del '37 los diarios se ocupaban en primera plana de la cinematográfica persecución policial que terminó con la vida del «enemigo público número uno», Roberto Gordillo, más conocido como el «Pibe Cabeza», en una esquina de Mataderos. Por aquellos días, Eva consiguió un pequeño papel en *La fiesta de Juan Manuel,* una obra sobre la época de Rosas, que Alberto Vaccarezza había montado al aire libre en la Sociedad Rural. Volvió a trabajar en marzo, dirigida por el notable Armando Discépolo en *La nueva colonia,* de Luigi Pirandello, que se estrenó en el Politeama de Corrientes 1478 el 5 de marzo de 1937. En aquel homenaje a Pirandello en el primer aniversario de su fallecimiento, Evita interpretaba a Nela, una campesina que decía unas pocas frases en el tercer acto: «¡No! ¡No! ¡Basta, loco! ¡Me haces caer! ¡Me haces caer!». Pese al prestigio de su director, la obra no tuvo éxito y estuvo en cartel sólo trece días.[20]

La crítica aparecida en el diario *La Razón* el 11 de marzo fue fulminante:

En vista de que las representaciones de *La Nueva Colonia* [...] no han logrado interesar al público en la medida conceptuada como necesaria, se ha decidido poner término a la temporada el próximo domingo.[21]

La Nación del 12 de marzo afirmaba:

Es verdaderamente sensible que una obra como *La Nueva Colonia*, de Pirandello, y un espectáculo montado con un tan elevado sello artístico, por falta de más aguzado sentido práctico, princi-

[20] Borroni y Vacca, *op. cit.*, págs. 52-53.
[21] Citado en Castiñeiras, *op. cit.*, pág. 62.

palmente en la elección de las figuras necesarias para la directa atracción del público, no haya tenido mejor suerte de la que, sin duda, era digna, por su calidad y por su esfuerzo.[22]

Eva volvió a ser una desempleada.

Días de radio, cine y crisis

El teatro fue la actividad cultural que más se resintió con la crisis económica: las compañías duraban una temporada y sólo estrenaban comedias ligeras y sainetes con bajos costos de producción. El teatro de revista mantenía su éxito en Buenos Aires, pero según los productores, Eva no reunía las condiciones exigidas por el género. Vivía con lo justo y se alimentaba a mate cocido y bizcochos y algún que otro café con leche con medialunas.

El cine y la radio soportaron mejor la crisis. En marzo de 1937, un mes después del suicidio de Horacio Quiroga, Eva se incorporó a la compañía «Remembranzas» de radioteatro en Radio Belgrano, en la obra *Oro Blanco*, de Luis Solá, adaptada por Manuel Ferradás Campos. Su tema era la colonización del Chaco y la lucha de los inmigrantes por la subsistencia contra los atropellos de los terratenientes de la zona.

Gracias al radioteatro, Eva pudo ganar 180 pesos al mes, cifra modesta si se la compara con los 720 que cobraba una estrella como la cantante Azucena Maizani, pero que al menos equivalía al magro salario de muchos obreros.[23]

Al mismo tiempo, Evita consiguió un pequeño papel casi invisible en la película *¡Segundos afuera!*, dirigida por Chas de Cruz y Alberto Echebehere y protagonizada por Pedro Quartucci, Pablo Palitos y Amanda Varela. Chas de Cruz recordaba:

> [...] se filmó íntegramente de noche... Aún me horrorizo pensando en esa tarea en pleno invierno, en el galpón del estudio de Rayton, muertos todos de frío, saliendo ateridos a las ocho o nueve de la mañana, a diario.[24]

[22] Ibídem.

[23] Carlos Ulanovsky, Marta Merkin, Juan José Panno y Gabriela Tijman, *Días de radio. Historia de la radio argentina*, Espasa Calpe, Buenos Aires, 1999, pág. 97.

[24] Castiñeiras, *op. cit.*, pág. 63.

La crítica de la revista *Sintonía* del 30 de diciembre de 1937 fue demoledora:

> [...] la flojedad de un argumento confuso malogró las sanas aspiraciones de los flamantes directores Alberto Etchebehere y Chas de Cruz, quienes se habían propuesto llevar al lienzo una fábula amena de eficacia cómica. Fue ésta una producción que pasó por las salas de la república sin pena ni gloria.[25]

Alrededor de su relación con el protagonista se tejería más de una leyenda. El propio Pedro Quartucci recordaba:

> Conocí a Eva Duarte durante la filmación de *Segundos afuera*, en 1937. Posteriormente trabajé con ella en *Una novia en apuros*, en 1941. La filmación de esa película duró setenta días, durante los cuales nadie tuvo en cuenta a Eva, porque era una muchacha más bien tímida, callada y sumisa. No se metía con nadie y tampoco alternaba con el grupo de actores y actrices de cartel.
> Quizás el hecho de que trabajara en un papel secundario, de fugaces apariciones, hizo que no se destacara durante la filmación, aunque para el argumento el personaje que ella encarnara sí era importante, ya que hacía de segunda novia del protagonista de *Una novia en apuros*. Por aquel entonces tenía una gran amiga: Teresa Serrador.[26]

¿Eva madre?

A pesar de esas escuetas referencias, un supuesto romance con el actor traería repercusiones mucho tiempo después. En marzo de 1999, Nilda Quartucci —hija de Pedro— presentó una demanda de filiación ante el Juzgado 38 a cargo de la jueza Mirta Ilundai. En ella decía haberse enterado a los veintiocho años de que Eva Duarte era su verdadera madre. Nilda, nacida en 1940, solicitaba un estudio de ADN que permitiera confirmar el vínculo y acceder entonces a sus posibles

---

[25] Ibídem, págs. 63-64.
[26] Testimonio de Pedro Quartucci en Borroni y Vacca, *op. cit.*, pág. 64.

derechos hereditarios. Se basaba en una nota que, el 29 de julio de 1993, le habría escrito la viuda de Quartucci:

> Sobre lo conversado en otras ocasiones, he tomado la decisión de hacerte este reconocimiento. Como mi escritura es poco clara, he pedido que se pase a máquina mi mensaje. Efectivamente, como también lo saben otras personas, vos no sos hija biológica mía, sino de María Eva Duarte. Cuando papá te trajo a nuestra casa de Sadi Carnot de recién nacida, me dijo que te trajo del Hospital Ramos Mejía y que debíamos anotarte como nuestra hija, y así lo acepté. Tiempo después me confesó que eras hija de él y de María Eva Duarte. Luego me enteré que otras personas también lo sabían. Que sirvan estas líneas para lo que tú dispongas, pero quiero recordarte que te he considerado como mi hija verdadera y que el cariño que he sentido por vos está igual hoy, como siempre.[27]

La versión de Nilda Quartucci fue puesta en duda por el fallecido historiador peronista Fermín Chávez en un reportaje concedido a Carlos Ares:

> Esta señora dice que nació en octubre de 1940, yo seguí semana a semana la actividad de Evita ese año y es imposible que haya tenido un embarazo y un parto. Es un disparate. A fines de agosto, cuando supuestamente ya estaba embarazada de ocho meses, Evita trabajaba en una obra de teatro. Terminó esa obra y comenzó con otra. No hay ninguna mención en ningún lado sobre su embarazo. En 1940, Evita ya tenía el problema de útero que desencadenaría en el cáncer que le provoca la muerte en 1952, a los 33 años. Ella no podía tener hijos. Perdió un embarazo de Perón en 1945.[28]

El asunto terminó el 15 de febrero de 2006, con la resolución de los jueces de cámara Galmarini, Posse, Saguier y Zannoni, que dictaminaron:

[27] Citado en Jorge Camarasa y Santiago O`Donnell, «El secreto de Eva», en, http://www.lanacion.com.ar/209103-el-secreto-de-eva.
[28] Carlos Ares, «La supuesta hija de Evita», *El País*, Madrid, abril de 1999.

[...] descartado cualquier vínculo biológico entre el Sr. Quartucci y la peticionante, se desvirtúa la verosimilitud de la demanda incoada, fundada en la aparente relación sentimental del primero con la Sra. Duarte. [...] Tras reconocer eficacia probatoria a los resultados de la prueba genética y en virtud de los fundamentos doctrinarios y jurisprudenciales que invoca, la sentenciante concluyó en la inexistencia del vínculo biológico alegado entre la actora y la Sra. María Eva Duarte.[29]

De vuelta a las tablas

De fracaso en fracaso, Eva pensó en un cambio de *look* y casi sucumbe a la tentación de hacerse una cirugía estética facial, ya que tenía un pómulo más marcado que el otro. Finalmente, el día de la operación faltó a la cita. El 5 de septiembre de 1937, unas fraudulentas elecciones dieron el triunfo al candidato presidencial de la gobernante «Concordancia», Roberto Marcelino Ortiz, de origen radical antipersonalista. Ortiz había sido proclamado en la Cámara de Comercio Británica de la Argentina. El binomio presidencial se completaba con el conservador Ramón Castillo y asumió el gobierno el 20 de febrero de 1938. Un día antes, Leopoldo Lugones se suicidaba en el Tigre, dejando inconclusa una biografía del general Julio Argentino Roca, el «conquistador del desierto». Borges comentaría años más tarde: «Yo creo que empezar a escribir una biografía sobre Roca es un motivo suficiente como para llegar al suicidio».[30]

Por entonces, Aníbal Troilo, «Pichuco», había debutado con su orquesta en el Marabú,[31] estrenando *Mi tango triste*.

Por su parte, Evita ingresaba a la compañía de Comedias y Sainetes de Leonor Rinaldi y Francisco Chiarmello, que puso en escena *No hay suegra como la mía*, de Marcos Bronenberg, en la que actuó, pero no tenía ningún parlamento.

[29] Sentencia del Poder Judicial, facilitada al autor por familiares de Eva Perón.
[30] En Roberto Alifano, *El humor de Borges*, Alloni-Proa, Buenos Aires, 1995.
[31] El Marabú, ubicado en Maipú 359, fue el escenario en el que debutó Aníbal Troilo con su orquesta el 1 de julio de 1937. Fue creado a iniciativa del inmigrante español Jorge Sales en 1935, convirtiéndose a partir de allí en un tradicional cabaret de la noche porteña. Allí actuaron todos los grandes exponentes del tango.

La obra permaneció en cartel hasta marzo de 1938. Fue entonces cuando, gracias a su amiga Pierina Dealessi, pudo incorporarse al elenco de *La gruta de la fortuna*, comedia de Ricardo Hicken que se estrenó en el teatro Liceo de Rivadavia y Paraná. Distintos testimonios de Pierina Dealessi permiten conocer una imagen de la Eva Duarte de aquellos años:

> En aquel tiempo se ensayaba después de la función. Terminábamos casi a las tres de la mañana, una hora poco adecuada para que alguien de su edad volviera sola a la pensión en que seguramente viviría. Le ofrecí que viniera a vivir a casa y aceptó. Dormía en un sofá del living y, a la mañana, se iba.[32]
>
> Evita era una cosita transparente, delgadita, finita, cabello negro, carita alargada. [...] Yo siempre le decía: «Alimentate... No te vayas a acostar tarde. No estás en condiciones de trasnochar». [...] Le pregunté si había trabajado alguna vez y me dijo que venía de una gira con Pepita Muñoz. La contratamos con un sueldo mísero: $ 180 por mes. [...] En el teatro no se descansaba ningún día y los domingos hacíamos cuatro funciones. Eso era lo común en esa época. A la tarde tomábamos algo en el camarín. Evita tomaba mate, pero como era muy delicadita de salud yo le ponía leche en el mate. Era tan flaquita que no se sabía si iba o venía... Entre el hambre, la miseria y el descuido, tenía siempre las manos frías y transpiradas. Como actriz era muy floja. Muy fría. Un témpano. No era de esas muchachas que despiertan pasiones. Era muy sumisa y daba la sensación de timidez. Lo llevaba adentro. Evita era una triste. Era devota de la Virgen de Iratí.[33]
>
> Ella era muy delgadita y en una obra tenía que salir a escena muy bien vestida, pero tenía muy poco busto. En aquellos tiempos no se veían los bustos de ahora. Entonces Eva se colocaba una media de mujer para rellenar su corpiño. Lo sé porque una vez, buscando la que me faltaba para completar el par, le pregunté a ella si la había visto. Y me contestó: —Mirá, Pierina, perdoname —me dijo—, la tengo guardada aquí. Y se señaló el busto.[34]

[32] Testimonio de Pierina Dealessi en Castiñeiras, *op. cit.*, pág. 72.
[33] Testimonio de Pierina Dealessi en Capsitski, *op. cit.*
[34] Testimonio de Pierina Dealessi en Borroni y Vacca, *op. cit.*, pág. 63.

Cuestión de piel

El crítico Edmundo Guibourg la conoció por aquellos años y la recordaba como

> [...] una muchacha muy linda, simpática, enfermiza, de piel muy blanca, y ya por entonces había anuncios de leucemia en su físico. Teníamos una inmensa amistad porque ella se sentía protegida en un ambiente que no solamente la rehuía, sino que también la ofendía porque había tenido una vida bastante complicada y no se lo perdonaban...[35]

Todos los que la conocieron elogiaban su cutis, ignorando seguramente la anécdota que cuenta su hermana Erminda, referida a un grave accidente. A los cuatro años, Evita se quemó la cara con aceite hirviendo al volcársele accidentalmente una sartén. Al curarse, la piel de su rostro se tornó notablemente suave y blanca. Así recordaba ese percance Erminda Duarte:

> Se acercó demasiado al fuego y su brazo chocó con una sartén llena de aceite hirviendo que en el acto saltó y le bañó la cara hasta la última gota bullente [...]. Días después su rostro de niña se fue oscureciendo, como si se carbonizara lentamente; una costra negra en la que sus ojos parecían más brillantes. Y ya se le veía el valor. Todos en casa nos mirábamos con la misma pregunta lastimándonos las pupilas: ¿Eva quedará así para siempre? [...] Hasta que un día la enorme quemadura fue expulsada por su necesidad de ser bella, de no hacer sufrir. Su cara volvió a ser blanca, pura. Y fue como si el sol hubiera salido, no en el cielo sino en nuestra casa.[36]

Evita pasó a la compañía de otra gloria del teatro, pionera del cine y de la agremiación de los actores: Camila Quiroga.[37] Eva debutó interpretando a una odalisca en *Mercado de amor en Argelia*, basada

---

[35] Edmundo Guibourg, *Al pasar por el tiempo (Memorias contadas a Marcelo Bonnin)*, Fundación Banco Provincia, Buenos Aires, 1985.

[36] Erminda Duarte, *op. cit.*

[37] Sobre su papel como pionera del cine social y el gremialismo actoral, véase *Mujeres tenían que ser...,*, cit., págs. 503 y siguientes.

en la novela de Lucienne Favre, una obra considerada «no apta para menores». En el elenco figuraban dos de las mejores amigas de Eva: Rosa Cata, quien la ayudó a conseguir el papel, y Ada Pampín, su compañera de pensión. Edmundo Guibourg, uno de los pocos que seguía haciendo buenos comentarios de sus pocas actuaciones en el diario *Crítica*, era el director de la obra y comentaría tiempo después

> Cuando Eva Duarte todavía no conocía a Perón, venía casi todas las tardes a tomar el té con nosotros; era protegida de mi mujer, y yo también la protegía como partiquina en el teatro que estaba conduciendo, el de Camila Quiroga. En una obra que se llamaba *Mercado de amor en Argelia*, Eva me pidió que le diera un papel hablado, y fue ésa la primera vez que lo tuvo, porque hasta ese momento ella hacía de extra o figuraba en el coro.[38]

Nace una estrella

En aquellos días la revista *Sintonía* convocó a un concurso radial al que Evita se presentó con su habitual entusiasmo. Allí conoció al director de la publicación, el chileno Emilio Kartulowicz, con quien viviría un complicado romance.

El 19 de septiembre de 1938 la revista de su novio le dedicó una doble página bajo el título «El credo amoroso de una adolescente» y el subtítulo «Eva Duarte cree que el amor llega una sola vez en la vida». La autora de la nota, Dora Luque Legrand, la describe como alguien que

> [...] no tiene el sello inconfundible e inevitable que cataloga inmediatamente a la artista. Muy por el contrario: tiene el airoso y sano físico de una maestrita buena, la simpatía y fresca cordialidad de nuestra vecinita de cualquier barrio. Evita Duarte es un descanso, un respiro, un rostro aparte en el grupo maquillado y artificial de la farándula. Ante la pregunta «¿Tiene algo que ver el amor con el hombre?», responde: «Desgraciadamente para nosotras, sí. Y digo desgraciadamente porque no hay hombre que se merezca el amor de una mujer. Son incapaces de comprenderlo, hasta de

---

[38] Guibourg, *op. cit.*

adivinarlo, y menos, por consiguiente, de apreciarlo en todo su valor y conservarlo». En cuanto a su hombre ideal, lo define como «un hombre que, ante todo, no sea celoso ni nervioso. Son éstos los dos defectos más serios e intolerables. Y los más comunes, naturalmente. Mi hombre ideal debe ser cariñoso, muy cariñoso. Debería ser una combinación de amante y esposo. Amante para brindar el cariño-pasión que es fuente de vida; marido para ofrecer la seguridad, la tranquilidad, la relativa eternidad de ese cariño. Los príncipes azules de los cuentos actuales son reales cultores del cuento propiamente dicho; se han adaptado excesivamente a la época y resultan profundamente antifeministas, con lo que quiero decir que no pueden interesar a la mujer-mujer, que, cuando es tal, sigue siéndolo a través de todas las épocas, pese a todos los modernismos, y es incapaz de transar en ciertas cosas».[39]

Diez días antes de la publicación de esta nota, el 10 de septiembre del '38, a los 29 años moría de un cáncer de útero Aurelia Tizón, la primera esposa de Juan Domingo Perón.

Según el testimonio de Carmelo Santiago, ex esposo de la actriz Niní Marshall y en ese momento redactor de la revista *Sintonía*:

Eva Duarte llegó a *Sintonía* en busca de una gacetilla, una nota o una fotografía. Allí conoció a don Emilio Kartulowicz, director, fundador y propietario de la revista, y se enamoró de él. Yo trabajaba «full time» en la redacción y observaba que ella esperaba a don Emilio doce horas por día, limándose las uñas sentada en un sillón. Tenía una gran personalidad, era enérgica, movediza por una tremenda potencia ejecutiva, pero adormecida por la gran ciudad. Era una chica desenfrenada. Conoció tantos hombres como el país tiene. Necesitaba vivir y su temperamento la impulsaba a no ser mediocre.[40]

Según el testimonio de la hermana de Juanita Quesada, una compañera de trabajo de Eva en Radio Belgrano, Kartulowicz poco a poco se fue alejando de ella:

[39] Revista *Sintonía*, 19 de septiembre de 1938; archivo del autor.
[40] Testimonio de Carmelo Santiago en Borroni y Vacca, *op. cit.*, pág. 49.

Evita no tenía suerte con los hombres. Era seguidora y los cansaba. Kartulowicz se iba al Tigre con otras chicas, un fin de semana, y ella lo perseguía hasta allí.[41]

Su situación económica había mejorado considerablemente, se mudó a un departamento bien amueblado y cómodo.

Algunos relatos dan cuenta de una relación entre Eva y un joven actor que parecía dispuesto a casarse. Una noche, al regresar del trabajo, Eva encontró su departamento vacío. El joven actor se había ido llevándose todo, desde los muebles hasta las cacerolas. Por ese tiempo, Eva recibió otro golpe: su hermano, Juancito, había malversado los fondos de la Caja de Ahorro, donde estaba empleado. Evita vendió todo para pagar la deuda y volvió a vivir en pensiones.

En 1939 finalmente su suerte comenzó a cambiar: encabezó junto a Pascual Pelliciotta la Compañía de Teatro del Aire. Debutaron el 1° de mayo en Radio Mitre con *Los jazmines del ochenta*, que formaba parte de una serie de radioteatros con libretos de Héctor Pedro Blomberg. El autor de *La pulpera de Santa Lucía*, entre otras célebres canciones de ambientación histórica, era también un apreciado libretista de radioteatros, el género más exitoso en esos tiempos. Para Eva, cabeza de reparto, era un gran paso adelante en su carrera.

A mediados de agosto apareció en la revista *Guión* una mención a la actuación de Eva Duarte en otro radioteatro de Blomberg, *Las rosas de Caseros*:

> La vigorosa pluma de Blomberg ha captado una vez más interesantes momentos de nuestra historia, brindando un hermoso romance en el que la actriz Evita Duarte ofrece, en su papel de Adriana, un bello ejemplo del temple de la mujer porteña, que mantiene su amor más allá de ideologías políticas, del tiempo y de la oposición paterna. Esto en la novela. En su vida real, también la nombrada actriz es interesante.[42]

Luego de *Las rosas de Caseros*, Eva actuó en el radioteatro *La estrella del pirata*. Sin embargo, no todas fueron audiciones exitosas. Ante el fracaso, los avisadores se retiraron y Eva quedó endeudada.

[41] Alicia Dujovne Ortiz, *Eva Perón. La biografía*, Aguilar, Buenos Aires, 1995, pág. 69.
[42] Castiñeiras, *op. cit.*, pág. 89.

Pasando revista

Con la llegada al radioteatro, comenzó también a difundirse su imagen. Según relatan Borroni y Vacca, ya el 12 de junio de 1936 había aparecido, en segundo plano, en una fotografía del elenco de *El beso mortal*, en la sección «Vida Artística» del diario *La Capital*, de Rosario. Pero las fotos individuales comenzaron el 22 de abril de 1939, cuando *Antena* publicó por primera vez su retrato, con una dedicatoria «a los lectores», anunciando el inicio de *Los jazmines del ochenta*. Un mes después, en el número del 20 de mayo de la misma revista, alcanzaba «el espacio más codiciado de la revista: la tapa en colores». En la fotografía aparecía luciendo un llamativo sombrero. Acababa de cumplir veinte años.[43]

Más tarde apareció en la tapa de *Sintonía*, el 25 de octubre y en la tapa de *Damas y Damitas*, el 13 de diciembre. Según el testimonio de Vera Pichel, secretaria de redacción de *Damas y Damitas*:

> En aquellos años la gente de teatro no tenía promotores publicitarios ni agentes de prensa. Cada cual debía arreglarse como podía para lograr la publicación de una foto o de una notita. [...] Las jóvenes actrices visitaban en nuestro medio, las redacciones, casi sin anuncio previo. Llegaban con sus fotos o notitas en la mano y solicitaban la publicación correspondiente, agradeciendo, como quien dice, con sonrisa previa. A veces se publicaban, a veces no. Con Evita el manejo fue distinto. Se anunció por teléfono pidiendo una entrevista con la secretaria de redacción. Desde ya que accedí y llegó a la mañana siguiente. [...] —Soy actriz de teatro —dijo—, me llamo Eva Duarte y necesito una foto en la tapa de su revista para llegar a ser cabeza de compañía.

Vera le explicó que las tapas las manejaban los directores y Eva dijo entonces:

> —No. No tengo mucho tiempo y no confío en los directores. Por eso vengo a verla a usted [...]. Porque una mujer que trabaja entiende a otra mujer que trabaja —seguía diciendo— y usted tiene

[43] Borroni y Vacca, *op. cit.*, págs. 56-57.

que entenderme. Esto tenemos que resolverlo entre nosotras. Acá
no hay director que valga. Él jamás consentiría... [...] Usted tiene
que entenderme: vine a ver a una mujer secretaria de redacción
y no a un hombre director, ¿se da cuenta?[44]

Castiñeiras completa la anécdota diciendo que la futura amiga

Le ofreció un conjunto playero que acababan de regalarle para
que se hicieran las tomas. Como faltaba la blusa, pidió un pañuelo que, anudado convenientemente, Eva lució bajo la chaqueta.
Wilensky, fotógrafo de artistas, hizo lo suyo. La foto salió en tapa
el 13 de diciembre.[45]

De nuevo en el cine

A comienzos de septiembre de aquel año '39, Hitler invadía Polonia
haciendo estallar la Segunda Guerra Mundial. El presidente Ortiz declaró la neutralidad de nuestro país, que como en la primera contienda,
fue sugerida por Gran Bretaña: prefería una Argentina proveedora de
alimentos y cuero antes que una aliada de escasa importancia militar.

En el verano de 1940, Evita incursionó nuevamente en el cine, con
un papelito en *La carga de los valientes*, dirigida por Adelqui Millar.
La película, que narraba la heroica defensa de Carmen de Patagones
en 1827 durante la guerra contra el Brasil, era lo que se podría considerar una «superproducción» de Pampa Film, con más de 500 extras
y unos 150 caballos, filmada principalmente en exteriores en General
Guido y con tres meses de preparación antes de comenzar el rodaje.
A fin de febrero empezó la filmación en las cercanías del casco de
la estancia «La Quinua», de Olegario Ferrando, que era además el
propietario de la productora. Según el *Boletín informativo* de Pampa
Film del 11 de junio de 1940, a comienzos de abril terminó el rodaje
en exteriores y los interiores demandaron quince días más de trabajo.
Contaron con el asesoramiento de Alejo González Garaño, director
del Museo Histórico Nacional, y del musicólogo Carlos Vega.

---

[44] Vera Pichel (comp.), *Evita. Testimonios vivos*, Corregidor, Buenos Aires, 1995,
págs. 55-58.
[45] Castiñeiras, *op. cit.*

En mayo de 1940, Eva había dicho en una nota en la revista *Guión*:

Hay quien se siente vencido antes de comenzar la lucha [...], porque en el cine, el intérprete sostiene una pelea a muerte con ese aparato que se llama cámara. Frente a él se produce el encuentro, funesto o feliz. Pero también hay quienes fracasan porque son fracasados.[46]

Finalmente, *La carga de los valientes* se estrenó el 30 de mayo de 1940 en el cine Astoria. El diario *La Verdad* de Junín se hacía eco del éxito de Eva:

Nosotros, que habíamos seguido con particular interés la labor de Evita Duarte en el film, quedamos gratamente impresionados por su soltura y su fresca gracia. Pero, como en cierto modo, pudiera considerársenos parte de esta causa, resolvimos encarar una entrevista al director del film...

En ella, Adelqui Millar afirma:

[...] la labor de Evita Duarte es tan sobria y exacta, como si sobre ella hubiera estado constantemente mi atención, siendo así que sólo en pocas oportunidades debí observarle sus movimientos [...]. Creo, o mejor dicho, estoy seguro, de que Evita Duarte volverá dentro de breve tiempo al celuloide. Las condiciones demostradas en esta primera prueba (sic), no siempre son rendidas con una comprensión tan amplia del trabajo ante las cámaras. Por otra parte, su dedicación y espíritu de estudio, le abrirán fácilmente el camino del éxito que ha emprendido.[47]

Poco después participaría en la película *El más infeliz del pueblo*, dirigida por Luis José Bayón Herrera, junto a Luis Sandrini, Silvia Legrand, Osvaldo Miranda y Armando Bo, estrenada en marzo de 1941.

---

[46] Castiñeiras, *op. cit.*, pág. 101.
[47] Castiñeiras, *op. cit.*, pág. 103.

La plata hay que repartirla

Volvió al teatro en agosto de 1940, con la compañía cómica de Leopoldo y Tomás Simari que estrenaba *Corazón de manteca*, de Hicken, y luego actuó en una obra de título premonitorio: *¡La plata hay que repartirla!*, de Antonio Botta, donde interpretaba a una gitana.

Para mediados de 1940, Eva había anunciado su retiro del cine y de la radiofonía. Según declaraba a la revista *Guión*, estaba a punto de casarse con un prestigioso industrial: «Es exacto. Me caso para fin de año [...]. No los abandono. Pero por el momento, me retiro del cine y la radiofonía para consagrarme exclusivamente al hogar».[48]

No está claro quién habrá sido ese industrial. Hay quien menciona, sin dar nombre, a un empresario de artículos del hogar.[49] Lo cierto es que, a pesar del anuncio, en agosto Eva volvió a la actuación, en un típico papel de «damita joven» en la obra *Llegaron parientes de España*.

A fines de ese año, *Guión* organizó un concurso en Radio Argentina que contó con la animación de Eva Duarte, Natán Pinzón y Juan José Piñeiro. Mientras tanto, seguía en Radio Prieto representando con su compañía *Los amores de Schubert*, de Alejandro Casona, con espacios comprados por Roberto Llauró para sus productos de limpieza. En 1941, se pasó a la «competencia» de Llauró, la empresa Guereño, que fabricaba el jabón Radical (después rebautizado Federal). Guereño se convirtió en patrocinadora de los ciclos radiales en los que trabajaba Eva, que firmó contrato de exclusividad por cinco años. El primer programa radial se tituló *La hora de las sorpresas*, que se transmitiría en Radio Argentina. Para esa época, Juan Duarte, luego de su «traspié» en la Caja de Ahorro, estaba trabajando como corredor para Guereño. Las distintas versiones no se ponen de acuerdo en cuál de los hermanos ayudó al otro.

Paralelamente, terminaba un romance con Olegario Ferrando, dueño de Pampa Film. Según la revista *Antena*, del 12 de junio de 1941:

---

[48] Ibídem, pág. 105.

[49] Testimonio de Mauricio Rubinstein en Borroni y Vacca, *op. cit.*, pág. 61, que dice que esa persona habría roto el compromiso por un «chisme» de su chofer.

Ella significó para él, el paraíso, que no en vano se llama Eva, y logró influir de manera decisiva en el espíritu algo romántico de Olegario Ferrando. ¿Existió pues ese romance? La respuesta es francamente afirmativa: hubo romance y hubo madrigal. Culminó como todos los romances culminan y después se inició la curva descendente. ¿La trazó ella? ¿La determinó él...? Esto es lo que no sabemos. Lo exacto, según la versión popularizada, es que el romance se ha extinguido.[50]

El país comenzaba a salir de la crisis, pero la riqueza seguía mal repartida. El gobierno difundió a finales de ese año cifras sobre el desarrollo nacional: teníamos 41.121 kilómetros de vías férreas que transportaban 165 millones de pasajeros por año. Los caminos nacionales recorrían 55.000 kilómetros. Los argentinos enviaban anualmente 441 millones de cartas y 278 millones de impresos y se comunicaban a través de 440.000 aparatos telefónicos. Al año se sacrificaban más de 7 millones de vacunos, 8 millones de lanares y un millón de cerdos. Cada argentino tomaba al año 55 litros de vino. Solamente en Buenos Aires se publicaban 72 diarios y periódicos, 990 revistas y 520 periódicos barriales. La población de la Capital y el Gran Buenos Aires sumaba más de 2.400.000 habitantes sobre un total nacional de casi 13.710.000. El 59% de las familias obreras del país vivía en casas de una sola habitación y sólo el 30% ocupaba inmuebles de dos o más habitaciones.

Por entonces, la entrada de la Unión Soviética, Japón y Estados Unidos convertía en mundial a la Segunda Guerra. La neutralidad argentina se vería cada vez más atacada por el gobierno norteamericano, dispuesto a aprovechar las circunstancias para imponer su hegemonía «panamericana» sobre toda la región.

Una estrella en ascenso

Para 1942, la carrera de Evita Duarte seguía afianzándose en la radio. En ese año se integró a la Compañía Candilejas, que comenzó sus programas con un ciclo del autor Martinelli Massa, que se emitía de

---

[50] Castiñeiras, *op. cit.*, pág. 121.

lunes a viernes a las 11 horas por LR1 Radio El Mundo,[51] y estaba patrocinado por Jabón Radical, «rey y señor de los jabones», como decía su «reclame».[52] Entre los radioteatros que protagonizó estaban *Infortunio* y *Una promesa de amor*.

Cuenta César Mariño, jefe de radioteatros de Radio Argentina:

> La conocí en 1942: me la presentó Roberto Gil, que dirigía Radio Argentina. Ella había conseguido el auspicio de Jabón Radical y buscaba una emisora que le pusiera el programa en el aire. A Gil le interesó el avisador, más que la intérprete, pues no conocía a Eva Duarte. Me mandó llamar. Yo era jefe de radioteatros de la emisora. «Desde ahora ésta va a ser la primera figura». Yo no sabía por dónde empezar porque la chica era bastante mala como actriz. Pero era dócil, buenita, muy modosa y seria. La dirigía y además hice de primer actor en la obra *Amanecer*. Ella llegaba una hora antes del programa para ensayar y se retiraba inmediatamente después de terminado. Nunca hablaba con nadie. Cuando me desvinculé de la radio para hacer teatro con Pepe Ratti, me dijo muy desilusionada: «¡Ufa! Ahora tendré que exigir otro galán...» Después consiguió un espacio en Radio Belgrano y otro en Radio El Mundo, siempre con el mismo avisador.[53]

Evita Duarte era una estrella en ascenso. Si bien algunas revistas trataban de mostrar una imagen de «trepadora» o «arribista», estaba luchando por sobrevivir en ese mundo complejo y despiadado.

---

[51] Radio El Mundo, una de las más populares de entonces, pertenecía al grupo Haynes, que comenzó como editorial en 1904, con la revista *El Hogar* y se fue expandiendo con otras publicaciones, entre ellas el diario *El Mundo*, *PBT*, *Mundo Argentino* y *Mundo Rural*. Haynes fue uno de los primeros multimedios de la Argentina y había inaugurado Radio El Mundo en 1935 con modernísimos estudios estilo *art déco*, equipados con la última tecnología, ubicados en Maipú 555, edificio que hoy ocupa Radio Nacional.

[52] A las publicidades en aquellos años, particularmente a las radiales, se las llamaba *reclame* (aviso, en francés).

[53] Testimonio de César Mariño en Capsitski, *op. cit.*

La grafología y Eva Duarte

El 7 de enero de 1942, la sección de grafología de la revista *Sintonía* llamada «Psicoanálisis del garabato» está dedicada a Evita. Al analizar sus dibujos, saca las siguientes conclusiones:

> Hay un repetido síntoma de la escalera, tantas veces analizados ya en estos garabatos de artistas. El deseo de subir, de alcanzar la fama. El síntoma tiene mucha fuerza, pues se da el mismo sentido ascensorial (sic) a todos los garabatos y a la firma misma. Las vocales cerradas indican hermetismo de carácter, quizás egoísmo. Hay, en cambio, expansividad y cordialidad en otros aspectos. En general revelan un temperamento inclinado a alegría frívola y a las fiestas, tendencia ésta que la hace alejarse con frecuencia del verdadero rumbo de su vida: el arte.[54]

En el Savoy

En mayo del año '42, Eva ya era cabeza de la Compañía Candilejas, junto a Pablo Racioppi, en Radio El Mundo. Racioppi recordará décadas más tarde:

> La primera obra que Eva realizó conmigo se llamó *El aullido del lobo*. Como actriz, Eva Duarte era muy deficiente. Tenía una gran inteligencia, pero carecía de cultura. Decía «amigos del écter», «ojepto» y pronunciaba mal. Se le llenaban las comisuras de saliva, vocalizando deficientemente.[55]

Esas «deficiencias» no parecían reducir el interés de la audiencia ni el apoyo de los anunciantes. Evita había podido mejorar sensiblemente su situación económica, mandar más plata a su madre y mudarse a una digna habitación en el Hotel Savoy de la avenida Callao.

---

[54] *Sintonía*, 7 de enero de 1942, citado en Castiñeiras, *op. cit.*
[55] En Gerardo Bra, «Eva Duarte Actriz», *Todo es Historia*, N° 231, agosto de 1986.

Un encuentro de novela

En su libro *Mano de obra*, el periodista y escritor César Tiempo narra la siguiente anécdota:

> Yo era cronista teatral de un diario de la tarde. Me encontré con Arlt,[56] que venía por la calle Corrientes, sonriendo y hablando solo. Era pasada la medianoche. Entramos a tomar un café en La Terraza y allí nos encontramos con [...] dos actrices muy jóvenes, muy pálidas y muy delgadas... Una se llamaba Helena Zucotti y la otra María Eva Duarte. Nos invitaron a sentarnos a su mesa. Arlt no las conocía, yo sí, pues habían venido a la redacción del diario más de una vez en procura de un poco de publicidad [...]. Ya instalados, entre café y café, Arlt se puso a hablar... De pronto, sin quererlo, manoteó bruscamente y volcó la taza de café con leche que estaba tomando la Zucotti sobre el vestido de su compañera. Arlt exageró su consternación y en un gesto teatral se arrodilló ante la anónima actriz pidiéndole perdón. Ésta, sin escucharlo, se puso de pie y corrió hasta el baño a recomponerse. Cuando volvió tuvo un acceso de tos, como una de esas tiernas y dolorosas de Mürger. Pero sonreía, indulgente.
> —Me voy a morir pronto —dijo sin dejar de sonreír y de toser.
> —No te aflijas, pebeta —intervino Arlt, que tuteaba a todo el mundo—. Yo, que parezco un caballo, me voy a morir antes que vos.
> —¿Te parece? —preguntó la actricilla con una inocencia que no excluía cierta malignidad.
> —¿Cuánto querés apostar?
> No apostaron nada. Pero quiero anotar este dato curioso: Roberto Arlt falleció el 26 de julio de 1942. Y Eva Perón, la hermosa actricilla del episodio, diez años después, exactamente el 26 de julio de 1952.

[56] Roberto Arlt, novelista y autor teatral, gozaba de popularidad sobre todo por sus notas, conocidas como «Aguafuertes porteñas» (aunque también se publicaron con los títulos de sección «Buenos Aires se queja», «Tiempos presentes» y «Al margen del cable»), que publicaba el diario *El Mundo* desde 1928.

43 *modelo para armar*

Al comenzar 1943, pasada la euforia informativa por el nacimiento de los quintillizos Diligenti,[57] las revistas *Sintonía*, *Antena* y *Radiolandia* seguían ocupándose de Evita. Como suele ocurrir, se le atribuían romances con los actores con los que trabajaba, como Marcos Zucker, Francisco de Paula y Pablo Racioppi, entre otros. Marcos Zucker recordaba:

Conocí a Eva Duarte en 1938, en el Teatro Liceo, mientras trabajábamos en la obra *La gruta de la fortuna* [...] Ella tenía la misma edad que yo.
Era una muchacha con ganas de sobresalir, agradable, simpática y muy buena amiga de todos, especialmente mía, porque después, cuando tuvo la oportunidad de hacer radioteatro, en *Los jazmines del ochenta*, me llamó para trabajar con ella.
Desde la época en que la conocí en el teatro, y ahora que hacía radio, se produjo en Eva una transformación: ya se calmaban sus ansiedades artísticas, estaba más aplacada, con menos tensiones. En la radio era una damita joven, cabeza de compañía. Sus audiciones tenían mucha audiencia, andaban muy bien. Ya comenzaba a tener popularidad como actriz. A pesar de todo lo que se dice por allí, los galanes teníamos poco trato, dentro del teatro, con las chicas. Sin embargo, yo era muy amigo de ella y guardo muy buenos recuerdos de aquel período de nuestras vidas. Los dos estábamos en la misma, porque recién empezábamos y necesitábamos sobresalir, abrirnos camino. Ella siempre hablaba bien de mí; decía que yo era «un buen muchacho», con condiciones para seguir adelante.
En las novelas que escribía Blomberg, ella hacía papeles de heroínas, castas y puras, algodonadas, que le caían bien dado su carácter frágil. Poco después, cuando notamos que ella estaba relacionada con personalidades militares y políticas, nos tomó de sorpresa a todos; no concebíamos que una compañera nuestra

---

[57] Fue el primer caso registrado de nacimiento quíntuple, en este caso de tres nenas y dos varoncitos. Aunque la familia intentó, por varios meses, preservar su intimidad, la noticia finalmente llegó a los medios de prensa que la convirtieron en reiteradas notas.

estuviera metida en ese núcleo de gente. Más tarde siguió sorprendiéndonos cuando fue la esposa de Perón y tuvo la importancia que tuvo en todo ese proceso. ¡Pensar que ganábamos doscientos pesos mientras los principales actores y empresarios ganaban tres mil pesos!...[58]

Fuera de la presencia en las páginas de «chismes» de las revistas, para Evita ese año comenzó con nueve meses de «receso», entre enero y septiembre, en los que rechazó varias ofertas porque las consideraba impropias de una actriz de su trayectoria. Se mudó por un tiempo a La Plata con su amiga Lucía Barause, para probar suerte, pero allí tampoco pasaba nada, como se decía en la jerga teatral.

Aires de cambios

Mientras el mundo intelectual se sacudía con la publicación de *El ser y la nada*, de Jean Paul Sartre, en el país se había creado un clima tenso, no justamente por la influencia del existencialismo naciente sino por la proximidad de las elecciones y sus posibles consecuencias.

Pero la población, desencantada absolutamente con la política y consciente del escandaloso fraude reinante que hacía inútil su participación en las elecciones, prefería dedicarse, según su género, a los entretelones narrados por las revistas del corazón o a las habilidades futbolísticas de Pedernera y el «Chueco» García y a recordar la goleada de la selección argentina frente a Ecuador 12 a 0, con cinco goles de José María Moreno y cuatro de Herminio Masantonio, ocurrida un año antes. En las Fuerzas Armadas había mucha preocupación. Los militares percibían que al gobierno le costaba mantener la neutralidad y que se inclinaba por un sucesor favorable a los aliados: el estanciero salteño Robustiano Patrón Costas, un peso pesado de la oligarquía norteña.

También preocupaba al Ejército la creciente actividad sindical de signo izquierdista y la posible influencia de esas ideas en el país.

El ambiente parecía propicio para las conspiraciones. Así lo entendieron los militares del GOU, Grupo de Oficiales Unidos, una

---

[58] Testimonio de Marcos Zucker, en Borroni y Vacca, *op. cit.*, págs. 63-64.

logia que fue creciendo en influencia dentro de las filas castrenses. Sus miembros no ocultaban su admiración por el nazi-fascismo y se declaraban partidarios de la neutralidad, anticomunistas, pero contrarios al fraude electoral. La neutralidad o «abstención» en la guerra mundial era uno de los temas que más inquietaba a los hombres del GOU, ya que su mantenimiento implicaba no alinear a la Argentina dentro del «sistema panamericano» propiciado desde Washington. Algunos fragmentos de los documentos del grupo señalaban:

La abstención argentina se funda: en su tradición histórica de libertad de pensamiento, de respeto a su propia soberanía, de gran país en potencia con conciencia propia, rectora de sus propios destinos [...].

¿Cuál debe ser nuestra política exterior? Por lo pronto de acercamiento con los países americanos sin excepción, de centro, sud y norte América. Si se nos quiere exigir ruptura con el Eje, por las razones que fueren, debemos oponer los reparos que tenemos de orden moral para ello y mientras que se debate la cuestión hacer activa propaganda de prensa y opinión en general, sobre todo en Norte América, explicando al pueblo e indirectamente al Gobierno, el porqué de nuestra actitud. [...]

Las fuerzas extrañas a los intereses y conveniencias del país han obrado con evidente acierto, para anular toda posible reacción de las verdaderas fuerzas nacionales. Los políticos que en una forma u otra sirven a esos intereses foráneos han sido comprados y, como consecuencia de ello, la ficción representativa, que siempre ha respondido a los obscuros designios del comité, hoy se encuentra en manos de los verdaderos enemigos del país.

De esta manera, el país no puede esperar solución alguna dentro de los recursos legales a disposición. El resultado de las elecciones no será en caso alguno beneficioso para él. El pueblo no será tampoco quien elija su propio destino, sino que será llevado hacia el abismo por los políticos corrompidos y vendidos al enemigo. La ley ha pasado a ser el instrumento que los políticos ponen en acción para servir sus propios intereses personales en perjuicio del Estado, y el pueblo conoce perfectamente este hecho y sabe, a conciencia, que él no elige sus gobernantes.

El hombre de la calle anhela ya terminar este estado de cosas, cualquiera sea la solución que se busque al problema. Algunos desean que el Ejército se haga cargo de la situación, otros encaran el asunto por el lado nacionalista, otros por el comunismo y los demás se desentienden de todo mientras puedan vivir.[59]

Finalmente, el GOU se decidió a actuar el 4 de junio de 1943 y derrocó al presidente Castillo. En las calles de Buenos Aires hubo festejos y algunos manifestantes quemaron tranvías y ómnibus en repudio al monopolio inglés, en el que veían un símbolo del régimen depuesto.[60] Tras unos días de confusión, asumió la presidencia el general Pedro Pablo Ramírez. Las primeras medidas del gobierno militar no dejaron lugar a dudas sobre su orientación ideológica: se decretó la educación religiosa obligatoria en las escuelas estatales y fueron expulsados de las universidades los docentes que no hicieran una explícita adhesión al culto católico. En el campo internacional, el gobierno mantuvo la neutralidad y se decidió a aprovechar la situación económica mundial que favorecía a nuestro país.

Dentro del rígido esquema conservador planteado por el gobierno había, sin embargo, una figura que, compartiendo los postulados del nacionalismo católico, demostró tener una visión política original. Se llamaba Juan Domingo Perón.

Sobre el 4 de junio diría tiempo después Evita:

¿Cuándo nació el peronismo? No nació el 4 de junio, pero tal vez pueda decirse que en esa fecha se levantó el telón sobre el escenario. No es el nacimiento mismo, porque tal vez lo único peronista del 4 de junio fueron Perón y su proclama.

El pueblo todavía no está allí, como el 17 de octubre y el 24 de febrero, o como está ahora todos los días acompañando al general Perón y a su movimiento.

El 4 de junio el general Perón dio el primer paso para llegar a su pueblo, y aunque el ejército que lo acompañaba es parte del pueblo, no es todo el pueblo.

Para demostrar que todavía no había nacido el peronismo, piensen ustedes que el gobierno de la Revolución del 4 de junio no era total-

[59] Citado en Robert A. Potash, *Perón y el GOU*, Sudamericana, Buenos Aires, 1984, págs. 192, 200, 201 y 206.

[60] Sobre estos temas, véase *Los mitos de la historia argentina 3. Desde la ley Sáenz Peña a los albores del peronismo*, Planeta, Buenos Aires, 2006.

mente popular, y si no, recuerden el nombre de algunos ministros de entonces, y eso basta. Recuerden que el mismo coronel Perón fue inicialmente colocado en un puesto exclusivamente militar.

El peronismo no nació, para mí, el 4 de junio de 1943, pero tampoco nació el 17 de octubre, porque el 17 de octubre de 1945 el peronismo triunfó por primera vez.[61]

Los mareados

Una de las primeras medidas del gobierno de facto fue la intervención de todas las emisoras de radio, lo que prolongó la ausencia de Eva Duarte en los radioteatros.

El 3 de agosto de 1943, Evita participó en la fundación de la Asociación Radial Argentina, una entidad gremial que defendía los derechos de los trabajadores de la radiofonía.

Bajo el impulso de la extrema derecha católica, de importante presencia en el nuevo gobierno, se formó una comisión de defensa de la pureza del lenguaje español, presidida por monseñor Gustavo Franceschi, que prohibió la difusión radial de tangos con letras lunfardas. El insólito hecho inspiró inmediatamente al forjista Homero Manzi, que imaginó un programa de radio en el que nada menos que la «Negra» Sofía Bozán, la más popular intérprete de tangos reos en los teatros de revistas, cantaba:

No quiere tangos reos el director del correo[62] [...]. Dame un consejo concreto, ¿cómo tengo que cantar?
—Cambia, altera, disimula. En vez de *gil* di pelmazo. Y di asno en vez de *mula*, y en vez de *matón*, ¡hombrazo! En cambio de *mina*, niña. En lugar de *araca*, eureka. En cambio de *broma*, riña. Ya ves que sin gran dolor, todo se arregla, Sofía.
—Bueno. ¡Basta!, conectad, que ya tengo lleno el carro, radiólogos escuchad, un tango rudo y bizarro, se llama riñas de barro, lo canta Lily Bozán.[63]

---

[61] Eva Perón, *Historia del Peronismo*, Freeland, Buenos Aires, 1971, págs. 91-92.

[62] En aquel entonces el correo y las telecomunicaciones, que incluían las radios, estaban a cargo de un mismo funcionario.

[63] En Horacio Salas, *Homero Manzi, y su tiempo*, Buenos Aires, Vergara, 2001.

El genial Homero lo ponía en tono de broma, pero la «comisión de notables» se tomó tan en serio su ridícula labor que propusieron cambiarle el nombre a varios tangos. La lista, incompleta y reducida para no aburrirnos, incluía joyitas como: *El ciruja* pasaría a ser *El recolector*; *La maleva, La mala*; *Quevachaché, Qué hemos de hacerle* y *Shusheta* sería *El aristócrata*. Las letras también sufrirían el afán hispanista. El comienzo de *Mi noche triste*, en lugar del célebre *Percanta que me amuraste*, diría *Señorita que me hiciste daño*. El humor popular le sugería a la comisión cambiarle el nombre a la calle *Guardia Vieja* por *Cuidado, madre* y al genial *Yira-yira* por *Dad vueltas, dad vueltas*.

En la piel de las mujeres ilustres

La directiva, que se aplicaba también a los radioteatros que incluyeran en su temática aspectos «inmorales», era tan ambigua que obligaba a los perjudicados reales o potenciales a presentarse ante el coronel Aníbal Imbert, interventor de Correos y Telecomunicaciones, para pedir la autorización correspondiente. En esas interminables colas del edificio del Correo para que se aprobara su repertorio, Eva divisó a Oscar Nicolini, un conocido de Junín, quien para su suerte era el secretario de Imbert.

El interventor terminó dando su visto bueno, lo que permitió a Eva firmar con Radio Belgrano un nuevo contrato que marcaría su vida profesional y política. Comentaba la revista *Antena*:

> [...] la celebrada primera actriz Evita Duarte, artista que ha adquirido amplio y justificado renombre a través de una larga y brillante actuación en emisoras importantes, iniciaría un ciclo diario de biografías de mujeres ilustres.[64]

Era el mejor contrato firmado por Eva Duarte en toda su carrera. El ciclo comenzó el 16 de octubre de 1943 y se prolongó, con algunas largas interrupciones, hasta septiembre de 1945. Por primera vez, Evita trabajaba con libretos escritos exclusivamente para ella por Alberto Insúa y Francisco Muñoz Azpiri. Su voz daría vida a Madame Lynch, la

[64] Revista *Antena*, 30 de septiembre de 1943.

heroica mujer del mariscal paraguayo Francisco Solano López; Isabel I de Inglaterra; la actriz Sarah Bernhardt; la primera dama de Taiwán, Madame Chiang Kai Shek; Lady Hamilton, amante del almirante Nelson; la bailarina Isadora Duncan; la actriz italiana Eleonora Duse; la sobrina y esposa del general Paz, Margarita Weil de Paz; Ana de Austria; Carlota de México, la esposa de Maximiliano, y a la zarina Catalina la Grande, entre muchas otras mujeres notables de la historia. El programa fue un éxito y pasó al horario que hoy llamarían «prime time» de las 22.30.

En una carta a sus oyentes, así se definía Eva Duarte, la protagonista de las vidas de mujeres ilustres, que aún no se había convertido en una de ellas:

Desdeño la frivolidad y me enternezco al notar piedad en los hombres y en las cosas. La máxima satisfacción mía —como mujer y como actriz— sería la de tender mi mano a todos aquellos que llevan dentro de sí la llama de una fe en algo o en alguien y en aquellos que alientan una esperanza. Mis heroínas son así, en todo momento, documentos vivos de la realidad. Sobre la faz un poco absurda de la novela radial, prefiero la biografía donde está el testimonio de algo que se llamó «mujer» y que amó, sufrió y vivió, no importa el lugar, ni el tiempo, ni la distancia. Amigas, he cerrado otro capítulo de mis confidencias, y espero que en todas ustedes no habrá caído en vano, sabiendo que en Evita Duarte está la mejor compañera de todas ustedes.[65]

Sin dudas, el conocimiento de estas vidas, marcadas por la política, tendría una influencia notable en un futuro que por entonces Eva no imaginaba. Pudo mudarse a un confortable departamento en el cuarto piso de Posadas 1567, entre Callao y Ayacucho, corazón del exclusivo barrio de la Recoleta, muy cerca de los estudios de Radio Belgrano.

Eva y Juan

Cada vez más, los caminos de Eva Duarte y Juan Domingo Perón se estaban acercando. Por esas casualidades, en el número 668 de la revista *Antena* aparecieron, en la misma página, una fotografía de Eva y

[65] En Borroni y Vacca, *op. cit.*

una nota sobre la visita del coronel Perón a los estudios de LR3 Radio Belgrano. Es posible que Eva Duarte haya estado durante su visita.

En diciembre de 1943, Perón volvió a visitar Radio Belgrano para transmitir un mensaje oficial con motivo de la Navidad. Según *Radiolandia,* lo hizo acompañado de «su señorita hija». En realidad se trataba de una joven mendocina, amante del coronel y apodada «Piraña» con la que convivió por algún tiempo en un departamento del segundo piso de la calle Arenales 3291.

Un terremoto que sacudió al país

Aquel verano del '44 parecía uno más en Buenos Aires. Hacía un calor asfixiante y los balnearios de la costanera estaban a pleno, alegrando a las mayorías que ni soñaban con Mar del Plata, refugio todavía de las clases altas que gozaban de sus mansiones y sus playas exclusivas sin siquiera imaginar que en apenas dos o tres años serían «invadidos» por la chusma, que gozaría de su flamante derecho a vacaciones pagas y llenaría los nuevos hoteles sindicales, que darían una nueva fisonomía a la «perla del Atlántico». Pero por ahora, en aquellos días de enero el coronel Perón era apenas el secretario de Trabajo y Previsión y no asomaba aún como una figura amenazante en el imaginario de los ricos de la Argentina. El 15 de enero amaneció sábado y como tal era un día de salida obligada. Los cines de Lavalle comenzaron a llenarse desde las matinés de doble programa. En medio de la función de las 20, exactamente a las nueve menos diez, la ciudad se sacudió. Las arañas de las casas oscilaron en una forma absolutamente desconocida y las radios suspendieron sus radioteatros para pasar un boletín urgente: en la ciudad de San Juan se había producido un terrible terremoto que no había dejado piedra sobre piedra. Las noticias llegaban desde Mendoza porque las líneas telegráficas y telefónicas de la capital sanjuanina estaban totalmente fuera de servicio.

San Juan era una ciudad apacible hasta las 20.48 de aquel sábado inolvidable. La tierra tembló durante unos 40 segundos, tiempo más que suficiente para destruir todo lo que se había edificado durante siglos, incluyendo los edificios reconstruidos desde el último terremoto, el de 1894. En un área de 190 kilómetros casi nada quedó en pie. Luego se supo que se trataba de un terremoto de 7,4 grados de la escala Richter y casi 10 en la de Mercali. Todo era desolación en aquella noche cerrada en la que la oscuridad tenía más de una posible acepción. Los sonidos de la tragedia reemplazaban a las imágenes. El diario *La Razón* describía:

> Los gritos de los heridos partían el alma. Y más terrible era lo que sucedía porque la oscuridad impedía accionar a quienes se hallaban en condiciones de hacerlo. Se quería pedir socorro y las líneas no funcionaban. Se buscaba agua para aplacar la sed, para llevar alivio a los heridos y los servicios estaban interrumpidos. Desde los barrios populares, los supervivientes llegaban en tropel a la plaza 25 de Mayo, instintivo refugio de todos. Imploraban socorro para los suyos. Y no era posible atender los pedidos, pues había otros gritos más cercanos.[66]

Se había producido la peor catástrofe de la historia argentina: siete mil muertos y doce mil heridos. Las primeras estimaciones calculaban que el 90% de las edificaciones estaban totalmente destruidas y las pérdidas se evaluaban en más de cien millones de dólares de entonces.

Por orden del presidente Ramírez, la Secretaría de Trabajo y Previsión se puso al frente de la coordinación nacional de la ayuda a los sobrevivientes. La tragedia sensibilizó al país entero, que pudo ver a través de las fotografías de los diarios los terribles padecimientos de los compatriotas que lo habían perdido todo. Se realizaron centenares de colectas y, como siempre, la solidaridad fue inversamente proporcional a la pobreza de los donantes: daban más los que menos tenían.

El coronel Perón se dirigió al país por la cadena de radiodifusión:

> La Secretaría de Trabajo y Previsión convoca para el lunes a todas las personas dirigentes o representantes de la banca, de la industria, del comercio, de las grandes entidades deportivas y culturales, del teatro, del cine y cualquier otra representación para formar la comisión de una gran colecta en beneficio de los damnificados por el terremoto de San Juan. Espero a todos estos señores en el recinto del ex Concejo Deliberante el lunes a las 18 horas, y espero también que nadie ha de faltar a esta cita de honor y de solidaridad nacional. [...] Así se inicia bajo auspicios patrióticos

[66] *La Razón*, 16 de enero de 1944.

y con el respaldo del espíritu de solidaridad del pueblo la obra de
ayuda a nuestros hermanos sanjuaninos. El tiempo dirá de nuestro
sentimiento y de nuestra solidaridad nacional.

No todos los que concurrieron fueron señores y fue en aquellas
particulares circunstancias cuando Perón y Evita se encontraron para
siempre. El general recordaría décadas después:

*Entre los tantos que pasaron en esos días por mi despacho, había
una mujer joven de aspecto frágil pero de voz resuelta, de cabellos* rubios y de ojos afiebrados. Decía llamarse Eva Duarte, era
actriz de teatro y radio y quería concurrir de cualquier manera a
las obras de socorro por la desgraciada población de San Juan.
Hablaba vivamente, tenía ideas claras y precisas e insistía para que
le asignara una misión. −Una misión cualquiera −decía−. Deseo
hacer cualquier cosa por esa pobre gente que en este momento
es más desgraciada que yo. Yo la miraba y sentía sus palabras que
me conquistaban: estaba casi subyugado por el calor de su voz y
de su mirada. Eva era pálida pero mientras hablaba su rostro se
encendía como una llama. Discutimos largamente. [...] Vi en Evita
a una mujer excepcional. Una auténtica apasionada, animada de
una voluntad y de una fe que se podía parangonar con aquella de
los primeros cristianos. Eva debía hacer algo más que ayudar a
la gente de San Juan; debía trabajar por los desheredados argentinos, porque en aquel tiempo, en el plano social, la mayoría de
los argentinos podía equipararse a los sin techo de la ciudad de
la cordillera sacudida por el terremoto.[67]

Eva, como muchas artistas y personalidades de la época, prestó su
apoyo y recorrió las calles con las alcancías que recaudaban fondos
en pro de la reconstrucción de San Juan. Según *Radiolandia*, Evita
recolectó 633,10 pesos, muy lejos del récord de Libertad Lamarque,
que sumó 3.802,90.
Desde su columna «Me contó una urraquita...», la revista *Antena*
comentaba:

---

[67] Juan Domingo Perón, *Obras completas*, tomo 20, Fundación pro Universidad
de la Producción y el Trabajo/Fundación Universidad a Distancia Hernandarias,
Editorial Docencia, Buenos Aires, 1999.

[...] la gran mayoría de las niñas de sociedad están ofendidísimas porque la grandiosa colecta popular pro víctimas de San Juan no les fue encomendada a ellas. De todos modos, cualquiera puede figurarse que el éxito que tuvieron nuestros artistas no podía ser superado. Era una cuestión de popularidad.[68]

El encuentro oficial con Perón, que marcaría su vida para siempre, se produjo la noche del 22 de enero de 1944 en el Luna Park, cuando se realizó un festival artístico a beneficio de las víctimas del terremoto. Aquella noche, Eva, que actuó junto a su compañía de radioteatro, se sentó al lado de Perón y terminada la función, se fueron juntos.

Perón e Imbert estaban sentados junto al presidente Ramírez y su mujer. Cuando la pareja se fue, antes de terminar el espectáculo, quedaron sillones vacíos, lo que permitió el encuentro entre Evita y Perón. Quién sirvió de nexo para que Eva ocupase uno de esos asientos es ya un tema mítico, con versiones para todos los gustos: desde el autor de tangos y guionista cinematográfico Homero Manzi –según les contó a Borroni y Vacca su compañero del grupo FORJA, Arturo Jauretche– hasta quien luego sería el popular animador de televisión, Roberto Galán, pasando por Imbert y el teniente coronel Domingo Mercante, mano derecha y «corazón» de Perón.

Roberto Galán brindó su valioso testimonio a Alicia Dujovne Ortiz:

Evita ya había entrado al estadio pero, en lugar de sentarse, se había quedado abajo del escenario tironeando del pantalón de Galán (que estaba arriba, ocupado de organizar el espectáculo) y suplicando. «Galancito, por favor, anunciame que quiero declamar una poesía». Galán, en los inicios de su carrera, no tenía poder como para imponer a una estrellita frente a los grandes números artísticos que desfilaban por el escenario: Libertad Lamarque, Hugo del Carril, las orquestas de Canaro y D'Arienzo. Así que le aconsejó paciencia, y Evita permaneció de pie, esperando su momento.

Entretanto, Perón había llegado con otros coroneles. Todos se habían sentado en los sillones de mimbre (veinte sillones para ser más precisos) que Galán había instalado con sus propias manos.

---

[68] *Antena*, 10 de febrero de 1944, citado por Castiñeiras, *op. cit.*, pág. 146.

A media noche, Ramírez se había retirado. Quedaban puestos libres. Fue entonces cuando Galán concibió su genial idea: llamó a Evita, siempre lista, juntó a otras tres actrices –Rita Molina, Chola Luna y Dorita Norvi–, y les dijo: «Los coroneles se han quedado solos. Se los voy a presentar diciendo que ustedes forman parte del Comité Femenino de Recepción». Y Evita se sentó junto a Perón. A partir de ese momento, todo el mundo observó que el gallardo coronel no miró más el espectáculo: parecía hechizado por esa mujer que le hablaba y le hablaba...[69]

Domingo Alfredo Mercante, hijo del entonces teniente coronel, sostenía en cambio que había sido su padre quien los presentó:

Cuando yo era jovencito, iba a la quinta de Perón todos los fines de semana, acompañando a mi padre. Y mil veces oí que Evita le decía, delante de todos: «¿Se acuerda, Mercante, cuando usted en el Luna Park me llevó de la mano para hacerme sentar al lado de Perón? ¡Ay, el miedo que tenía! ¡Y usted, mire que estuvo inspirado!, ¿eh?»[70]

Lo cierto es que esa noche, Evita y Rita Molina ocuparon esos asientos vacíos al lado de Perón e Imbert.

La versión que, según Enrique Pavón Pereyra, le transmitió Perón, difiere de las anteriores, al combinarlas o entremezclarlas. Pero, sobre todo, sugiere que el secretario de Trabajo y Previsión ya le había «echado el ojo» con anterioridad. Es imposible saber qué parte de este relato es histórico y cuál integra el mito, pero por eso mismo vale la pena transcribirlo, tratándose de Evita

A la convocatoria [de la Secretaría de Trabajo y Previsión para ayudar a las víctimas del terremoto de San Juan] acudieron un centenar de artistas. Se sentaron en semicírculo y esperaron que les dijera qué se esperaba de ellos. [...]
Propiciaremos –les dije– una gran colecta pública, con participación de quienes han sabido ganarse las simpatías populares. [...]

[69] Dujovne Ortiz, *op. cit.*, pág. 102.
[70] Ibídem, pág. 103.

No bien expuse la breve opinión de las autoridades, dejando en claro la preocupación que trasuntaba, pensé en dar al evento un cauce popular; ahí mismo surgió, pidiendo la palabra, una mujer de gran belleza, que reclamaba ser oída:
«¿El señor coronel ha terminado de hablarnos? ¿Le permitiría opinar a esta actriz de la radio?» Parecía haberse tomado el tiempo suficiente para observarnos; quizás había medido bien sus posibilidades de colaborar y entendió que éste era su momento. Hasta ese instante yo no la había distinguido, ya que no tuve tiempo de hacerlo. La invité a compartir nuestro estrado y desde allí ella concretó su idea: «¿No les parece que la cuestión primordial es saber qué puertas y en qué lugar hemos de golpear? Adelanto mi parecer: el dinero habrá que buscarlo entre quienes lo tienen».
Repasé su figura. Se trataba de una actriz de radioteatro, que se asomaba apenas en un medio muy salvaje, muy competitivo. Se la notaba introvertida, aunque dispuesta a hacerse escuchar. Enseguida se acomodó en el centro de la reunión y comenzó su monólogo, mientras giraba en torno de sí, para facilitar que se la observara desde todos los ángulos. Llevaba un vestido muy sencillo, era muy delgada; lucía el pelo rubio y largo y un sombrero diminuto, como se usaba en la época.
Con rapidez puso en orden sus propuestas: «Nada de festivales ¿qué es esto? ¿Un carnaval? Iremos directamente a pedir sin ofrecer nada. En este momento, no hay tiempo para organizar un espectáculo, un té, o una canasta. Cosas viejas que no sirven para otra cosa que para justificar la hipocresía. Nosotros vamos a patear la calle. Salgamos a pedir a los lugares públicos, pero también vayamos al hipódromo, al Jockey Club, a la Bolsa, a las Cámaras de Comercio, de la Industria, a los bancos... En esos ambientes diremos a la gente: "Nuestros hermanos están en desgracia, ¡vamos a ayudarlos!"».
Me gustó la forma de obrar y de pensar de esa mujer sensible. Era práctica y traía ideas nuevas. «Bueno, ya que la idea partió de usted, asuma la responsabilidad de darle forma», le dije. Ese día, Eva Duarte, la que resultaría ser una mujer inconmensurable, me respondió: «Es lo que pienso hacer, ¡organizarlo todo!» Y me advirtió: «Eso, si usted me lo permite. Si, como afirma, la causa del Pueblo es su propia causa, por lejos que vaya, por grande que pueda ser el sacrificio, no dejaré de estar a su lado».

Increíblemente, una circunstancia tan desgraciada para nuestra
Patria, apuró para que nos sucediera el hecho más significativo y
de más honda huella de mi vida sentimental.

Esa misma noche le confirmé que el festival, tan discutido por ella
en la reunión de la tarde, finalmente se haría en el Luna Park. El
objetivo era interesar a la mayor cantidad de gente en el tema y el
espectáculo constituía el recurso más idóneo y más rápido. «Después de todo —le dije— el festival benéfico es casi una tradición
en la Argentina; la importancia de esa convocatoria no reside en
los medios, sino en los fines que la inspiran».

Me parece que Hugo del Carril se disponía a cantar cuando advertí
que alguien se sentaba a mi lado. Miré y descubrí su sonrisa y los
ojos más radiantes del mundo. Eva había llegado y, desde ese día,
no se apartaría jamás de mi lado.

Más tarde, ella me confió que no había llegado tarde, sino que
como también quería verme y deseaba aprovechar el evento, se
puso de acuerdo con Rita Molina, que era quien tenía las entradas.
No le fue fácil lograrlo, porque el público había respondido hasta
colmar las instalaciones del Luna. «Yo divisé desde lejos —me
dijo— la sonrisa canchera de Homero Manzi y le grité: ¡Mirá,
Homero! Aquí nos están tocando el culo, ¡hacenos pasar que tenemos entradas! Manzi nos vio con nuestros boletos en la mano
y disimuló que, en realidad, correspondían a la fila quince. Claro,
si no hubiera sido por la espontánea gentileza de Roberto Galán,
nos habría sido imposible acceder al patio de butacas. Roberto,
aprovechando que Farrell (sic) iniciaba su propósito de atender
otro compromiso, me indicó que el asiento vacío me correspondía.
Observé sus abrazos de despedida a Imbert, Terrera y a uno de los
Montes y sentí que te pedía que lo representaras».[71]

En *La razón de mi vida*, Eva se limitaría a decir que fue su «día
maravilloso», el que cambia una vida, pero a una amiga le confió cómo
fue aquella noche:

Yo no puedo decir ahora cómo me animé a hacerlo. No lo pensé,
porque si lo hubiera hecho me habría quedado donde estaba.

---

[71] Pavón Pereyra, *Vida íntima de Perón…*,, cit., págs. 79-82.

Pero el impulso lo hizo todo. Vi el asiento vacío y corrí hacia él, sin pensar si correspondía o no me senté. Me vi de pronto junto a Perón que me miraba con aire un tanto asombrado y empecé a hablarle. Lo real es que yo estaba allí conversando con Perón, roto ya el hielo inicial y sin que nadie hiciera nada por sacarme de ese lugar. No podían hacerlo. Ya estábamos hablando como si nos conociéramos de toda la vida. Los números artísticos se iban sucediendo, y compartimos los aplausos y el entusiasmo de la gente. Cuando el acto terminó, Perón me invitó a que lo acompañara a comer algo por ahí. Acepté y fuimos. Quedé marcada a muerte. Fue, como le dije tantas veces, mi día maravilloso. Perón dijo que le gustaban las mujeres decididas. De eso no me olvido nunca. Fue así que días después empezó mi nueva vida.[72]

Como mencionamos anteriormente, Perón vivía en un departamento en Arenales 3291 esquina Coronel Díaz con una adolescente mendocina llamada María Cecilia Yurbel, a la que él había apodado «la Piraña». Evita la echó y la despachó para Mendoza.

Laura Yurbel, hermana menor de «Piraña», daba una versión similar, aunque con algunos detalles diferentes:

[...] cuando ocurrió el terremoto del 15 de enero de 1944, María Cecilia viajó a Mendoza «porque teníamos casi todos nuestros familiares en San Juan». Después, cuando volvió a Buenos Aires ya estaba «la Eva» en el departamento. «Ella era terrible —asegura—. María Cecilia no pudo verlo nunca más a Perón. A mi hermano lo echaron del trabajo. Nos persiguieron. No ha sido nada fácil. Tampoco podíamos ir a verlo allá. Sabían el apellido y nos tenían prohibido que nos acercáramos a él. Perón era muy bueno, pero ella era terrible».[73]

A los pocos días, Perón logró alquilar un departamento contiguo al de su nueva novia en la calle Posadas. Ya el 3 de febrero de 1944, cuando se estrenó *Llora una emperatriz* en el ciclo de radioteatro

---

[72] Testimonio de Eva Perón en Pichel, *Evita íntima...*, cit.

[73] Testimonio de Laura Yurbel, en Araceli Bellotta, *Las mujeres de Perón*, Planeta, Buenos Aires, 2005, pág. 73.

de Radio Belgrano, Perón y Evita no ocultaban su romance. Incluso permitieron que los fotografiaran.

Vivían juntos y los enemigos de la pareja lanzaban uno de sus primeros chistes sarcásticos. Reproducía un imaginario diálogo en el que Evita le preguntaba a Perón: «¿A qué santo le debo tanta felicidad? —A San Juan, Negrita, a San Juan.

Eva Perón

Para cuando conoció a Eva, el coronel Perón venía tomando distancia de los elementos más retrógrados que rodeaban al régimen militar surgido de la «Revolución de Junio» de 1943. En octubre de ese año, un cambio de Gabinete había puesto al frente del Ministerio de Justicia e Instrucción Pública al ultraconservador y confeso antisemita Gustavo Martínez Zuviría, que como novelista usaba el seudónimo de Hugo Wast. El ministro había escrito cosas como: «El judaísmo es algo indeleble como el color de la piel de uno. No es una religión, es una raza».[1] En ese contexto, nuestros autodenominados «nacionalistas» dieron rienda suelta a su culto al hispanismo recalcitrante. Hubo que escuchar discursos como el pronunciado por el interventor en la Escuela Superior del Magisterio, Jordán Bruno Genta, ante miles de maestras que no podían huir despavoridas porque fueron obligadas a concurrir:

> [...] es urgente la rehabilitación de la inteligencia en el maestro normal por la disciplina metafísica y teológica que la restituya al hábito de Dios y de las esencias. Se trata de que el maestro asuma conciencia lúcida y fervorosa de todo lo que concierne a la defensa de nuestra soberanía y de que enseñe a sus niños que la escuela argentina, antes prepara para saber morir en la hora precisa, que para asegurar una vida tranquila y confortable y, que el arado pueda abrir el surco porque la espada vigila.[2]

Acto seguido, se dirigió a la concurrencia el interventor en el Consejo Nacional de Educación, Ignacio B. Olmedo, quien espetó:

---

[1] Hugo Wast, *Oro*, Buenos Aires, 1935. Junto con su novela *El Kahal*, del mismo año, *Oro* es uno de los textos más antisemitas escritos en la Argentina.

[2] Discurso de Jordán Bruno Genta, *La Nación*, 1° de junio de 1944.

Mujeres para procrear héroes, no madres de renegados. La mujer
argentina debe cumplir celosamente con sus obligaciones naturales. La dignificación de la mujer consiste en no substraerla de su
menester específico. La Nueva Argentina quiere mujeres sanas,
fuertes y limpias. Debemos mantener nuestra personalidad dife-
renciada, dentro del tronco hispánico, católico y romano.[3]

Contrariando la histórica Ley 1420 de educación laica, gratuita y
obligatoria, el gobierno decretó la obligatoriedad de la enseñanza de
la religión católica en las escuelas del Estado.

Entre los nuevos ministros figuraba el del Interior, general Luis César Perlinger, un confeso admirador del nazismo. Bajo su impulso se
suspendió la publicación de periódicos judíos, se reprimió a comunistas
y a liberales. Por un decreto del 31 de diciembre de 1943, todos los
partidos políticos fueron proscriptos, mientras se agudizaba el control
sobre los medios de comunicación. Pero, según la Iglesia, no había por
qué preocuparse: «nada hay que tenga sabor a totalitarismo en el actual
gobierno»,[4] escribía monseñor Gustavo Franceschi en la revista *Criterio*.

En aquellas circunstancias, Perón fue prudente y sólo se dedicó a
apuntalar al general Edelmiro J. Farrell para la vicepresidencia, que
había quedado vacante. Perón era consciente de que aquellos «nacionalistas» eran absolutamente *piantavotos* y, que si quería profundizar
su relación con el movimiento obrero, era imprescindible despegarse
de estos personajes que estaban en la vereda de enfrente de cualquier
delegado gremial.[5] Su primera reacción fue sondear a los partidos
políticos. Pudo comprobar que, entre los radicales de primera línea,
su figura no entusiasmaba; pero logró sumar a su círculo íntimo a los
intelectuales de línea nacionalista popular y antiimperialista del grupo
FORJA y a algunos hombres provenientes del radicalismo alvearista
como Hortencio Quijano y Juan Ignacio Cooke.

---

[3] Discurso del doctor Ignacio B. Olmedo, *La Nación*, 1° de junio de 1944.

[4] Monseñor Gustavo Francheschi, «Un grave problema argentino imaginario»,
Criterio, N° 830, 27 de enero de 1944.

[5] Vale la pena recordar que estos sectores fascistoides del ultranacionalismo católico asumirán una actitud fuertemente opositora frente a las políticas obreristas
que desarrollará Perón antes y después de 1946 y que serán activos participantes
del complot del 16 de junio de 1955, que culminó en los bombardeos sobre Plaza
de Mayo que costaron casi 400 vidas.

El 24 de febrero de 1944, Farrell desplazó de la presidencia al general Pedro Pablo Ramírez.[6] Dos días después, el flamante ministro de Guerra, Juan Domingo Perón, visitó a Eva Duarte en Radio Belgrano con el claro propósito de respaldar su carrera. El espaldarazo se hizo sentir y a partir de entonces tuvo más *sponsors* en sus programas y pudo firmar un nuevo contrato por una abultada suma de dinero.

Más allá de las versiones que insisten en que en algún momento Eva se instaló en lo del Coronel, quien se terminó mudando fue Perón: alquiló un departamento en el mismo edificio donde vivía Evita, Posadas 1567. Sería el hogar de ambos hasta junio de 1946, cuando se mudarían a la residencia presidencial, el Palacio Unzué.

Cuestiones de género

Perón parecía disfrutar sus apariciones públicas con Evita. Eran además una respuesta a la oficialidad conservadora que cuestionaba su relación con una mujer de «pasado oscuro», como gustaban decir algunas oscuras señoras de oscuros generales, almirantes y brigadieres. Para más de un «camarada de armas», la relación era escandalosa, le hacía «perder jerarquía» al Ejército y al régimen instaurado en 1943:

La Revolución le había confiado a Perón funciones políticas y en un principio todos le apoyamos. Pero paulatinamente se vio que Perón perseguía concretos fines de engrandecimiento personal, circunstancia que repugnaba a nuestra conciencia militar. Otro detalle que perjudicó a Perón fue la intromisión, primero en su vida y después en los asuntos de Estado que él manejaba, de la familia Duarte, esa familia de oscuros antecedentes. Vimos también que Perón se rodeaba de elementos indeseables de toda índole en su afán de conquistarse el apoyo popular. Algunos de estos elementos, de estos dirigentes obreros de que Perón se rodeaba, tenían antecedentes subversivos. En el caso de los Duarte, el descaro de esa mujer a veces llegaba a límites inaguantables; por ejemplo, un día en que Eva se puso junto a Perón en el acto del juramento de

---

[6] Sobre el desplazamiento de Ramírez y su reemplazo por Farrell, véase *Los mitos de la historia argentina 4. La Argentina peronista (1943-1955)*, Planeta, Buenos Aires, 2008, págs. 70-72.

un ministro, haciendo descansar un brazo sobre el respaldo del sillón presidencial. El Ejército, y no sé si esto se entenderá ahora, no estaba acostumbrado a estas cosas. La Revolución del 4 de junio de 1943 se había hecho para adecentar al país y para evitar que nuestra economía fuera succionada desde el extranjero con la ayuda de grupos políticos internos. Con las actitudes de Perón la Revolución perdía su jerarquía y nosotros no podíamos permitir que en las resoluciones del gobierno gravitara una familia como la de los Duarte. Estábamos convencidos de que nuestro deber era impedir que la Nación cayera, sobre todo, en manos de esa mujer, como sucedió.[7]

El Coronel tomaba con humor aquellas críticas y las presiones que no se quedaban sólo en palabras:

Yo nunca pensé que un hombre que busque a una mujer cometa un delito. Solamente a un gobierno de maricones puede parecerle un defecto que al hombre le gusten las mujeres [...] los conmilitones de la guarnición de Campo de Mayo encomendaron al general Virgilio Zucal que me apretara en nombre del Ejército, pues la institución rechazaba a mi pareja, advirtiendo las graves consecuencias de la desobediencia. Había que haber visto la cara del pobre Zucal, cuando le repliqué: «¡Vos me querés persuadir de que elija, en vez de una señora actriz, a un señor actor!».[8]

La preocupación de algunos militares llegó al punto de que hasta metieron en el baile a Mercedes Perón, una prima del Coronel. Según Enrique Pavón Pereyra, existía una relación de gran afecto y confianza entre ellos e, incluso, luego de enviudar de su primera mujer, Perón le habría propuesto un matrimonio que Mercedes rechazó. Un oficial «amigo» no tuvo mejor idea que ir a verla para plantearle, al peor estilo de los radioteatros:

---

[7] Testimonios del coronel Gerardo Demetro (jefe del Regimiento 10 de Caballería en 1945), *Primera Plana*, 19 de octubre de 1965, citados por Borroni y Vacca, *op. cit.*, págs. 112-113.

[8] Enrique Pavón Pereyra, *Yo, Perón*, M.I.L.S.A., Buenos Aires, 1993.

Nuestra obligación, Mecha, es evitar la catástrofe, impedir que cuelgue a Juancito. ¿Usted ignora que él está decidido a legalizar ese capricho que siente por Eva y, lo que es peor, piensa llevarla al altar?[9]

Mecha Perón, que evidentemente no tenía vocación para el melodrama, resolvió cortar por lo sano: se citó con Evita en la confitería Jockey Club de la calle Cerrito, conversó con ella y terminó informando al «camarada de armas» de su primo que no había visto «a persona alguna con mérito mayor para casarse con el coronel».[10]

Hacia un futuro mejor

En junio de 1944 Eva, ya jugada por la causa de su compañero, comenzó un programa radial llamado *Hacia un futuro mejor*, dedicado a exaltar la obra del gobierno en general y del coronel Perón en particular. Los libretos pertenecían a Francisco Muñoz Azpiri (que usaba el seudónimo de Juan José Vargas) y a Antonio Jiménez. Ese mes, Muñoz Azpiri fue nombrado director de la Sección Propaganda de la Subsecretaría de Informaciones de la Presidencia de la Nación, desde allí junto al subsecretario de Informaciones, Oscar Lomuto[11] y Roberto Pettinato,[12] será el responsable de la campaña presidencial de Perón para las elecciones de febrero de 1946.

El ciclo, identificado como «una audición de la afirmación nacional», se trasmitió a lo largo de un año. Estaba dirigido al pueblo argentino y bajaba línea en un lenguaje directo y apasionado. El personaje que representaba al obrero prototípico se llamaba «Juan La-

---

[9] Pavón Pereyra, *Vida íntima de Perón...*, cit., pág. 84.

[10] Ibídem, págs. 85-87.

[11] Oscar Lomuto (1899-1970) (cuyo nombre de pila real era Pascual Tomás) era hijo del violinista Víctor Lomuto y hermano de los músicos Francisco, Víctor, Enrique y Héctor, reconocidos tangueros. Fue periodista de *La Razón* por más de treinta años y autor de algunas letras de tango (la única conocida, con música de su hermano Francisco y grabada por Gardel, curiosamente se llama *Nunca más*).

[12] Roberto Pettinato era funcionario del Servicio Penitenciario Federal desde la década de 1930. En los dos primeros gobiernos de Perón dirigió la Escuela Penitenciaria y fue director nacional de Institutos Penales. Es el padre del músico y conductor del mismo nombre.

guna». Curiosamente, años después, el pintor Antonio Berni, quien nunca fue peronista,[13] bautizará con ese nombre al protagonista de su serie de pinturas, dibujos y collages, el famoso Juanito Laguna, un digno representante de la cultura popular, a quien también Mercedes Sosa le dedicó un disco, a partir del hermoso tema de Hamlet Lima Quintana e Iván Cosentino, «Juanito Laguna remonta un barrilete», grabado en 1967.

Cada emisión tomaba un tema identificado con la orientación del gobierno o, mejor dicho, de Perón: «Fomento de la Previsión y el Ahorro de la Revolución», «La Revolución ha sacado a sus hombres de la entraña nacional» o «La Revolución de los soldados será del pueblo argentino», emitida el lunes 14 de agosto de 1944, que decía:

> Aquí, en el revuelto misterioso de la calle, donde se gesta y nace una voluntad nueva... aquí, entre la masa anónima del pueblo que trabaja, calla, sufre y piensa... aquí, en las pupilas del cansancio o de la esperanza, de la justicia o la burla... aquí, en esta caravana informe que compone el motor de una ciudad capital, centro nervioso y motor de un gran país americano en marcha, aquí está LA MUJER que nos define un movimiento, a través de su misma intuición de madre, esposa, hermana o novia... ¡Oídla!... Es ella...[14]

El 24 de agosto, el ciclo dejó la frecuencia de LR3 Radio Belgrano para pasar a LRA Radio del Estado (la actual Radio Nacional), con una difusión mayor. En esas emisiones decía Evita:

> Soy una mujer de vosotras, madres, esposas, novias o hermanas... De mí salió el hijo que está en los cuarteles (clarines) o el obrero que forja una Argentina nueva, en tierra, mar y aire (ruido de trabajo). Veo las gentes moverse y esa gran ciudad de sangre y carne, que es un pueblo, echarse a un camino, bajo la conducción de los nuevos y vigorosos líderes de la Revolución que ha llegado al recinto inviolable del alma... Marchan ya... ¡Sí... marchan hacia

---

[13] Tradicionalmente se ha vinculado a Antonio Berni con el Partido Comunista, al menos hasta comienzos de la década de 1960.

[14] En Marysa Navarro, *Evita*, edición definitiva, Planeta, Buenos Aires, 1994, págs. 70-71.

un futuro mejor!... ¡Trabajo y fe hablan ahora! Un pueblo fuerte... recio... lleno de las virtudes cardinales de todos los pueblos
fuertes de la tierra...[15]
La Revolución no vino porque sí. La Revolución vino por algo,
por algo angustioso y duro que germinaba adentro, en la raíz de
las vísceras... allá donde está el odio y donde está la pasión y
donde está el sentido de la injusticia, que hace fluir la sangre a
las manos... La Revolución de Junio se hizo por los trabajadores
explotados... y por la iniquidad comercial, y la iniquidad electoral,
y la iniquidad patriótica de un pueblo y de una nación, próximos
al suicidio... Un hombre, el que iba a traer al trabajo la noción
de la redención, un soldado del pueblo, que sintió dentro la llama
de la justicia social, fue el que ayudó decisivamente a la estallante
revolución del pueblo mismo... Aquí está su voz y su confesión
(se intercala un discurso de Perón pronunciado en Berisso). Pero
la Revolución redentora vino por muchas causas más, vino por
el hambre... y vino por el alma... vino por la tierra madre, olvi-
dada y sedienta, y vino por la injusticia y la explotación de los
trabajadores.[16]

Esos parlamentos iban intercalados con fragmentos de discursos
de Perón, grabados en distintas ocasiones, y la figura del Coronel era
destacada con todas las letras:

LOCUTOR: Ninguno de los hombres que está rigiendo la Revolución
nació en cuna de oro... ¡Aquí está la voz de una mujer del pueblo
—masa anónima, ella misma— en cuya voz venía día a día descubriendo la índole trascendente, y al propio tiempo, tan cercana a
vosotros, que hay en esta revolución salvadora!... La voz de esa
mujer, que es la voz de la calle de una gran ciudad, dirigida a todo
el país, está proclamando hoy el origen directo y extraordinario de
los hombres predestinados que han hecho posible este movimiento
de redención nacional... ¡aquí está esa calle, y aquí está esa mujer!
EVA: ¡Compañeros del llano, la sierra, los valles, adonde llegó la
nueva luz del derecho, y un trabajo, y una esperanza!... Mujeres

[15] En Borroni y Vacca, *op. cit.*, que incluyen transcripciones de los libretos originales de varias audiciones del ciclo.
[16] Citado por Bra, «Eva Duarte actriz», cit.

que me oís, y que transmitís a vuestro hombre aquello que escu-
cháis... madres, esposas, novias, la mujer de todos los días, la que
soporta el peso del hogar, y hace residir sobre su sonrisa resignada
el valor y la energía del jefe de la familia, a vosotras me dirijo...
(Potente) Debéis oírme, amigas. Quiero deciros algo, algo que os
atañe bien de cerca, que será grato para todos... Los Hombres
de este Movimiento Nacional no nacieron en cuna de oro... ¡son
soldados del pueblo!... Vinieron de lejanas guarniciones, donde
ya estallaba el espíritu, para proclamarlo, aquí mismo —en esta
capital histórica— donde resonó el despertar de junio...
(Golpe aparatoso.)
DURÁN: ¡Perón es un soldado de los nuestros! ¡Maduró en contacto
con sus tropas, nosotros mismos! Fue nuestro teniente, y nuestro
mayor, y nuestro coronel... Sí, es un hombre del pueblo, sencillo,
afable, sonriente y ágil... Está allí. ¡Lo ven todos! Lo aplauden...[17]

Primeras lecciones de política

Las fuerzas armadas, en cuyo seno crecían las diferencias internas,
celebraron el aniversario de su llegada al poder con una «Exposición
del 4 de Junio», que incluyó diversas actividades. En ese marco, el 27 de
junio de 1944 Eva actuó gratuitamente como muestra de su adhesión
al gobierno. Días después, Perón asumió como vicepresidente de la
Nación, conservando sus cargos de ministro de Guerra y secretario de
Trabajo y Previsión.[18] En ese momento de apogeo, Perón concurrió a
la función de gala del Teatro Colón, en el aniversario de la Independencia, acompañado por Eva en el palco oficial. La presencia de su
compañera comenzaba a cobrar notoriedad pública junto a quien ya
todos consideraban el «hombre fuerte» del gobierno.

Distintos testimonios dan cuenta de la presencia de Eva, aunque
silenciosa y como anfitriona, en las reuniones que Perón mantenía
por esos días con dirigentes políticos, conservadores y radicales, en su

[17] En Borroni y Vacca, *op. cit.*, págs. 75-76.

[18] El cargo de vicepresidente, vacante por muerte del contraalmirante Sabá H.
Sueyro, desde el 15 de octubre de 1943, fue ocupado por Farrell; al asumir éste la
presidencia, en febrero de 1944, se produjo una nueva vacancia, que finalmente
fue cubierta por Perón.

departamento. Bonifacio del Carril, uno de los concurrentes a esos encuentros y que luego se apartaría del naciente peronismo,[19] recordaba:

> En la segunda oportunidad –sería a mediados de marzo de 1944– advertí la presencia de una nueva cara femenina en la casa. Era Eva Duarte, que había comenzado a hacer vida en común con Perón. Éste notó de inmediato que yo la había visto, y la llamó: «Evita, ¡ven! Te voy a presentar al Dr. Del Carril, que es un amigo mío». «Ésta es Evita. Usted no va a creer, pero hay que ver cómo conoce a la gente. Tiene mucho olfato político», agregó, tomándole la punta de la nariz.[20]

En esas reuniones, Eva pudo familiarizarse con conceptos y términos políticos. Perón, que hacia el final de su vida insistirá en que Evita era «obra» suya, recordará que por aquellos días «me seguía como una sombra, me escuchaba atentamente, asimilaba mis ideas, las elaboraba en su cerebro hirviente y agilísimo y seguía mis directivas con una precisión excepcional».[21]

Hay que recordar, sin embargo, que desde hacía varios meses Eva desarrollaba alguna labor sindical, como socia fundadora de la Asociación Radial Argentina, creada en agosto de 1943 y reconocida oficialmente el 6 de mayo de 1944 en un acto encabezado por el propio Perón. Según informaba la revista *Sintonía*:

> Evita Duarte, la prestigiosa actriz del elenco de LR3, ejerce la presidencia de la Asociación Radial Argentina que acaba de ser reconocida en carácter de entidad representativa gremial por la

---

[19]Por un breve período, en 1944, Bonifacio del Carril (1911-1994) fue subsecretario del Interior durante la presidencia de Ramírez. Más tarde, fue ministro de Relaciones Exteriores de Guido, en 1962, y embajador extraordinario ante la ONU en 1965 para plantear la cuestión Malvinas, que llevó a la aprobación de la Resolución 2065, que obligaba al Reino Unido a sentarse a debatir sobre la soberanía de las islas. Periodista de *La Nación* y presidente de la editorial Emecé, fue historiador y miembro de las academias Nacional de la Historia y Nacional de Bellas Artes y del Instituto Nacional Sanmartiniano.

[20] Bonifacio del Carril, *Memorias dispersas. El coronel Perón*, Emecé, Buenos Aires, 1984, pág. 64.

[21] Juan Perón, *Del poder al exilio…*, cit., mencionado también en Marysa Navarro, *op. cit.*, pág. 73.

Secretaría de Trabajo y Previsión, que sigue así la norma de habilitar a una determinada institución para que en las cuestiones de trabajo peticione en nombre de sus representantes ante las autoridades nacionales.[22]

Al año siguiente, declararía a *Radiolandia*:

Ya les había adelantado que no tenía nada que ocultar en mi vida y que esta confesión iba a ser amplia pero aún me falta algo, mi lucha por el medio en que actúo. Desde que estoy en el ambiente he tratado, por todos los medios a mi alcance, de contribuir al mejoramiento de la condición de artista. Actuaba en los organismos gremiales antes de ser designada presidenta del que ahora los agrupa a todos en radio. Entonces, como ahora, todas mis energías las había puesto en favor de los derechos del artista a cuya familia pertenezco. Muchas ventajas positivas se han logrado. Muchas están en trámite y han de ser realidad a corto plazo.[23]

Pero su principal preocupación por el momento seguía siendo disfrutar del mejor momento de su carrera artística. En mayo de 1944, siempre en radioteatro, Eva comenzó a encarnar a otra de sus «mujeres célebres». En este caso, a la última zarina de Rusia, Alejandra Fedorovna, en la obra *Nieva sobre mi ensueño*. Sumó también otros ciclos, como *En el valle hay una sombra*, radioteatro de las 18 horas, en octubre; un policial, *El llamado de la medianoche*, en noviembre, y *Tempestad* y *La dama del 18*, con libretos de Ricardo Ponce, en diciembre. Para entonces, en su ciclo de biografías de mujeres, que continuaba con gran éxito, ya había interpretado personajes tan diversos como la emperatriz francesa Josefina de Beauharnais (la esposa de Napoleón Bonaparte), la emperatriz Catalina II de Rusia, la bailarina y actriz Lola Montes (diva del siglo XIX, que inició el estereotipo de la «mujer fatal») y Rosario López Zelada, una abnegada mujer de la Buenos Aires de 1871, víctima de la epidemia de la fiebre amarilla. También realizó, junto a Narciso Ibáñez Menta, un «especial de Navidad» en diciembre de 1944. En

---

[22] *Sintonía*, N° 448, mayo de 1944.
[23] *Radiolandia*, N° 890, 7 de abril de 1945.

ese momento, desde la Secretaría de Trabajo y Previsión, comenzaba una costumbre que duraría una década: la distribución gratuita de pan dulce y sidra para las fiestas.[24]

La cachetada del circo

Mientras Jorge Luis Borges era distinguido por la Sociedad Argentina de Escritores (SADE) con el Gran Premio de Honor, los Estudios San Miguel contrataban a Eva para filmar *La cabalgata del circo*. La película fue estrenada el 30 de mayo de 1945, cuando ya había concluido la contienda en Europa pero la guerra todavía continuaba en el Pacífico. Uno de los protagonistas del film dirigido por Mario Soffici, Hugo del Carril, recordaba así a su compañera:

> Yo la conocí cuando ella iniciaba su actuación cinematográfica y un día estábamos solos y de repente me preguntó: –¿Usted recibe muchas cartas?; le digo: –Sí, algunas, y tal es así que a veces no tenía tiempo de contestarlas. Me dijo: –Me interesa saber qué le dicen en las cartas. –Las cosas más inesperadas. –¿Y pedidos le hacen? –¿Y a qué artista no le hacen pedidos? –¿Y usted los cumple? –En la medida de lo posible, sí, pero también pueden pedir una casa departamento de 20 pisos. –Yo le pido una cosa, en la medida de lo posible, usted atienda a la gente.[25]

Durante la filmación, trabajó con Libertad Lamarque y surgieron roces entre ambas. Dice la leyenda que Libertad le dio un cachetazo por «insolente» y por sus permanentes impuntualidades, que la «estrellita de reparto» justificaba diciendo que era una colaboradora del coronel Perón. La excesiva tolerancia con Evita estaba garantizada por el interés que tenía la familia Machinandiarena, dueña de los Estudios San Miguel y coproductora del film, en retener la concesión del Casino de Mar del Plata. Libertad Lamarque recuerda en su autobiografía que, harta de las impuntualidades,

[24] Borroni y Vacca, *op. cit.*, págs. 78-81.
[25] Testimonio de Hugo del Carril en el documental *Evita, una vida*, dirigido por Armando Tosin, con libro de Ramón Bolla.

[...] la empresa decidió dar fin a tantos inconvenientes, cambiando el horario de filmación. Los llamados ya no fueron a las diez de la mañana, sino a las dos de la tarde. Esto me perjudicó en mis trabajos de la radio y en presentaciones personales de varieté, que ya no pude hacer. Llegaba a mi casa por la noche cuando el resto de mi familia dormía. [...] No sé cómo era su carácter. No mantuve jamás una conversación con ella; solamente al pasar una vez, oí que le comentaba a alguien: «Tengo la pancita inflamada, pero no hay que preocuparse, aquí hay un peroncito». Yo no volví a violentarme por nada, dejé que las cosas siguieran su curso. Éstos fueron los únicos incidentes que he tenido con Eva Duarte, auténticos, reales, los que no fueron creados por mentes enfermas... ¡Y tendrán que creerme! Si estoy confesando con total sinceridad pasajes de mi vida y deficiencias de mi personalidad que no me favorecen en nada, tendrán que creerme también si digo que no hubo tal cachetada, que las causas que se inventaron para desprestigiarme fueron además de ineficaces, falsas, fútiles y vulgares.[26]

El director Mario Sofficci recordaba así aquella filmación:

La cabalgata del circo es una de las dos películas que hice con Eva Perón; ella no tenía muchas condiciones como actriz, pero lo bueno era que tenía un entusiasmo increíble por el cine. Y era muy profesional en ese aspecto, contrariamente a todo lo que se ha dicho. [...] En ese momento hubo algo, que no sé si fue ciento por ciento culpa de Libertad, que era una diva, o ciento por ciento culpa de Evita. [...] Fue aquél un roce que no llegó a mayores (hasta se habló de cachetadas).

Se insistió muchas veces con que Libertad Lamarque tenía la entrada prohibida al país y fue perseguida. Soffici desmiente estas versiones:

La realidad es que Libertad Lamarque siempre tuvo propiedades aquí, entraba y salía del país; trabajando afuera se hizo millonaria en dólares. No hubo impedimentos.[27]

[26] Libertad Lamarque, *Autobiografía*, Javier Vergara, Buenos Aires, 1986.
[27] Entrevista a Mario Soffici, realizada por Osvaldo Soriano; *La Opinión*, Suplemento Cultural, domingo 21 de enero de 1973, archivo del autor.

La pródiga

El papel de Eva en *La cabalgata del circo* había sido secundario, pero en las revistas de espectáculos comenzó a circular el anticipo de que pronto tendría un rol protagónico. Se hablaba de una película sobre el terremoto de San Juan, *Amanecer sobre las ruinas*. Pero finalmente los Estudios San Miguel anunciaron que sería la figura estelar del nuevo film dirigido por Mario Soffici, *La pródiga*. La noticia movía el interés de las revistas «especializadas», ya que el mes anterior se había anunciado que la protagonista iba a ser Mecha Ortiz, una figura más que reconocida en el medio.[28] Según Marysa Navarro, Evita no estaba conforme con el guión de *Amanecer sobre las ruinas* y movió sus contactos para obtener la película virgen necesaria para el rodaje de *La pródiga*, a cambio del papel.[29] Recordemos que, en el marco de la guerra, Estados Unidos había incluido al celuloide en la lista de artículos «estratégicos», que sólo eran provistos a naciones aliadas. La Argentina, que había mantenido su neutralidad, quedó incluida entre los países a los que se cortaba ese suministro y, al no haber producción local y no poderse traer tampoco de Europa, las posibilidades de filmar se veían muy limitadas.[30]

En abril de 1945, Eva le concede un reportaje a la popular revista *Radiolandia*, donde da a conocer sus planes:

> En radio gano actualmente 35.000 pesos mensuales. La cifra más alta que conoce la radiotelefonía argentina hasta el presente. Mi contrato, esto también es récord absoluto, alcanza a los doce meses del año. [...] Este año me pagan 50.000 pesos por mi trabajo

---

[28] Mecha Ortiz era el nombre artístico de María Mercedes Varela (1900-1987), de larga trayectoria en el teatro y el cine, en la que compartió cartel con figuras consagradas como Enrique de Rosas, Florencio Parravicini, Pepe Arias, Niní Marshall, Tito Lusiardo, Santiago Gómez Cou, Amelia Bence y María Duval, entre otras. En 1943, su actuación en *Safo, historia de una pasión*, dirigida por Carlos Hugo Christensen, había conmovido al público, en una película considerada demasiado «osada» para su época.

[29] Marysa Navarro, *op. cit.*, págs. 75-77.

[30] Un resultado de esta política, a partir de 1942, fue la creciente dificultad de la cinematografía argentina para mantener los mercados que, en los años previos, había logrado en Latinoamérica, de los que fue siendo desplazada por la filmografía de México.

en *La pródiga*, que estoy filmando bajo la dirección de Soffici, quien asegura que yo le daba el tipo ideal para encarnar ese papel principal. En 1945 haré dos películas más, cuyos asuntos elegiré yo misma. También me pagarán 50.000 pesos por cada uno de ellos.[31] Ya tengo, asimismo, contrato para el año venidero. Filmaré tres películas, a 80.000 pesos cada una, para Pampa Film y San Miguel, que me han colocado en situación de primerísima figura de su elenco. […] Lógico que con esas entradas, una mujer como yo, con mis esperanzas, haya pensado en tener una casa. La estoy haciendo construir en Belgrano. Un petit hotel, exclusivamente para mi residencia y la he mandado edificar, porque quizá sea ella lo único que me quede cuando decida dar el paso definitivo hacia el hogar, alejándome por completo del medio artístico. […] Quizá me estoy dando muchos gustos que no pude darme antes, cuando luchaba por llegar. Mi pasión, lo confieso, son los vestidos y las pieles, las alhajas me gustan, aunque no me conmueven. En materia de vestidos, tengo la suerte de contar actualmente con los tres modistos más en boga en Buenos Aires: Jamandreu, Tomás Haig y Campana.[32]

En esa misma entrevista Evita desmiente ser «una advenediza», «como quieren hacerme aparecer aquellos que no perdonan nunca que una mujer joven llegue a posición destacada», un tema que ya entonces era alimentado por las usinas políticas opositoras.

El rodaje de *La pródiga*, donde Evita tuvo su primer y único papel protagónico en el cine, comenzó en septiembre de 1945, un momento más que agitado en la vida política del país. El guión era una adaptación de Alejandro Casona de la novela de Pedro Antonio Alarcón. Eva interpreta a una mujer «pecadora» que, millonaria y arrepentida, se dedica a las obras de caridad. Cuenta su director:

La pródiga nunca la terminé del todo […]. Se les pasó en privado a Evita y Perón. Entre paréntesis, ella me reprochó que la había sacado gorda. «Señora —le dije—, entonces estaba gorda, y ahora está delgada». Ella se reía, muy amable. Ese film nunca se estrenó.

[31] En ese mismo año Niní Marshall cobraba 100.000 por película, Delia Garcés 80.000 y Libertad Lamarque 75.000.
[32] *Radiolandia*, 7 de abril de 1945, archivo del autor.

Creo que los motivos reales fueron que, como en esos momentos asumía el poder como presidente el general Perón, no creyeron oportuno estrenarlo.[33] A partir de aquel momento, se dedicó a enterrar su pasado, tan denostado por aquellas señoras y señores, aquellas damas y damitas aparentemente preocupadas por la «moral y las buenas costumbres».[34]

De manera muy curiosa, en la película, el trato que su personaje recibe de la gente del lugar es «La Señora» y la «madre de los pobres».

Otra curiosidad era la imagen que, desde algunos medios, se intentaba construir de la protagonista. Uno de los vestuaristas de los Estudios San Miguel, Tomás Haig, decía que Eva «tiene el espíritu francés, la gracia de la mujer galesa y ese "no-sé-qué" inconfundible de las damas que he conocido en mi trato con las aristócratas del *faubourg Saint-Germain*».[35] Por su parte, en una nota de dos páginas, *Sintonía* la presentaba así, incluso sacándole algunos años:

Evita Duarte desciende de vascos franceses, tiene 21 años de edad, habla tres idiomas –castellano, francés e inglés–, admira los libros de grandes autores, se deleita con buena música, detesta las alhajas y adora las pieles y los perfumes. Posee el título de profesora de declamación y arte escénico otorgado por el Consejo Nacional de Mujeres y es, además, bachiller. Evita Duarte es según opinión generalizada en los ambientes en que actúa una camarada ideal. Femenina, le place discutir y habla con absoluta franqueza. Es vehemente, nerviosa, temperamental, pero no la abandona nunca su exquisitez femenina. Elegante, de estilizadas líneas, Evita Duarte tiene deslumbrantes «toilettes» que su físico atrayente y de gran sugestión luce decorativamente.

Dinámica, empeñosa, perseverante, durante quince horas del día desarrolla una actividad extraordinaria, horas que reparte entre el estudio, los ensayos, los modistos, la lectura y la música. Rehúye las grandes fiestas y le place la intimidad con sus buenos libros. Quienes la conocen, afirman que Evita Duarte

[33] La película se estrenó treinta y nueve años después, en 1984.

[34] Entrevista a Mario Soficci cit.

[35] En Borroni y Vacca, *op. cit.*, pág. 83. El *faubourg Saint-Germain* era, tradicionalmente, el barrio de los palacetes de la oligarquía parisina.

se desvive por tender la mano al prójimo. En la radiotelefonía acrece cada día su prestigio. En el cine está en vísperas de la jerarquía estelar. Tiene plena fe en el éxito de sus afanes y la realización de sus sueños.[36]

Albores del peronismo

No eran pocos los que afirmaban que la relación de Evita con Perón era claramente oportunista, un escalón más de su carrera. Pero pronto tendría ocasión de demostrar y demostrarse que la cosa iba en serio. Contaba Evita:

> La mayoría de los hombres que rodeaban entonces a Perón creyeron que yo no era más que una simple aventurera. Mediocres al fin... ellos no habían sabido sentir como yo quemando mi alma, el fuego de Perón, de su grandeza y de su bondad, de sus sueños y de sus ideales. Ellos creyeron que yo «calculaba» con Perón, porque medían mi vida con la vara pequeña de sus almas. Yo los conocí de cerca, uno por uno. Después casi todos ellos lo traicionaron a Perón. Algunos en octubre de 1945; otros, más tarde... y me di el gusto de insultarlos de frente, gritándoles en la cara, la deslealtad y el deshonor con que procedían o combatiéndolos hasta probar la falta de sus procedimientos y de sus intenciones.[37]

Perón venía desarrollando una intensa tarea desde la Secretaría de Trabajo y Previsión, tendiente a captar la voluntad política de los trabajadores. Tomó viejos proyectos de legisladores socialistas que nunca habían sido aprobados, por estar esta corriente siempre en minoría en el Congreso, y los hizo sancionar con la facilidad que le daban los decretos-leyes del gobierno militar. Creó los tribunales de trabajo y propició los convenios colectivos para que obreros y patrones negociaran las condiciones laborales y los salarios.

Tiempo después, Evita dirá:

---

[36] En Borroni y Vacca, *op. cit.*, págs. 81-82.

[37] Eva Perón, *Mi mensaje, el testamento silenciado de Evita*, Futuro, Buenos Aires, 1994.

El peronismo, a mi juicio, nació al crearse la Secretaría de Trabajo y Previsión; nació cuando el primer obrero argentino le dio la mano al coronel Perón, pensando: «Me gusta este coronel».
El pueblo empezó a sentir que ya no era una esperanza, sino una realidad.
Quiere decir que el peronismo no nació sólo con la creación de la Secretaría de Trabajo y Previsión.
Nació cuando el primer obrero argentino, al encontrarse con el general Perón, pensó que ya tenía quien lo protegiera, y que ya se encontraba con la realidad. [...] Desde ese día, los obreros, o sea el pueblo, empezaron a formar una sola fuerza con Perón.
El peronismo es eso. ¡Una fuerza integrada por Perón![38]

Perón había expuesto sus planes el 2 de diciembre de 1943. En esa ocasión dijo que el problema social estaba compuesto por tres partes: patrones, trabajadores y el Estado, y que estaba dispuesto a ordenar las relaciones obrero-patronales. También buscó apoyo entre los empresarios, y el 28 de julio de 1944 creó la Secretaría de Industria y Comercio para promover los intereses industriales. Promulgó leyes de jubilación para todos los gremios. Decretó las vacaciones pagas y el aguinaldo. Reglamentó la jornada de ocho horas y se atrevió a enfrentar el poder de los terratenientes sancionando un novedoso «Estatuto del Peón», primera legislación protectora de los derechos del trabajador del campo. Entre las medidas que incluía el Estatuto y que le ganarían la inquina de los «dueños de la tierra» –y dueños del país durante tantas décadas–, se encontraban las pausas para desayunar y almorzar, el descanso dominical y ocho días de vacaciones anuales; la obligación de dar alimentación «en condiciones de abundancia y de higiene adecuadas» y alojamiento con «condiciones mínimas de abrigo, aireación, luz natural y de espacio equivalente a quince metros cúbicos por persona», además de asistencia médica y farmacéutica, a cargo de los empleadores. A tanto llegaba la situación en muchos establecimientos, que era necesario disponer por decreto-ley que «los locales destinados a habitación del personal no podrán ser utilizados como depósito y tendrán una separación completa de los lugares de crianza, guarda o de acceso de animales». Pero lo peor para los «patrones de estancia» era que el texto claramente establecía

[38] Eva Perón, *Historia del peronismo*, cit., págs. 92-93.

el derecho de los peones a reclamar el cumplimiento de sus derechos ante la autoridad de aplicación.[39]

Perón recordaría ante Tomás Eloy Martínez en 1970, momentos de su infancia que influyeron en su decisión de impulsar el Estatuto del Peón:

> Aquel grupo de peones nos acompañó durante los primeros tiempos de la estada en la Patagonia. Eran como de la familia, y yo los trataba como a tíos. Nunca se los consideró peones en el sentido peyorativo que los argentinos dan a esa palabra. Hay que reconocer, también, que se trataba de gente magnífica; en su infinita humildad cabía una grandeza que no me fue fácil encontrar luego en gente más evolucionada. Por eso cuando llegué al gobierno, les dediqué mi primer pensamiento. En 1945, los peones de campo vivían en un régimen medieval: para arrancarlos de esa ignominia, preparé el Estatuto del Peón apenas ocupé la Secretaría de Trabajo.[40]

La intervención personal de Perón en la obtención de estas notables conquistas le permitió ganarse el apoyo de amplios sectores del movimiento obrero. Sus opositores lo acusaban de demagogo y de intentar manipular al sindicalismo quitándole su histórica combatividad. A este último grupo, compuesto por los gremios socialistas y comunistas, Perón les respondió con persecuciones. En algunos casos, llegó a quitarles la personería gremial y creó sindicatos paralelos que contaron con importantes ventajas económicas y brindaron mejores servicios. Esto provocó un notable desplazamiento de muchos afiliados de los sindicatos tradicionales hacia las nuevas organizaciones.

La hora de la reacción

Sectores militares vieron con preocupación la creciente influencia del Coronel. También los partidos opositores se manifestaron el 19 de septiembre de 1945, en una imponente «Marcha de la Constitución y

---

[39] República Argentina, Decreto-ley 28.160/44. Estuvo vigente hasta que la dictadura militar lo derogó en 1980.

[40] En «Las memorias de Juan Perón», revista *Panorama*, Buenos Aires, 14 de abril de 1970.

la Libertad», encabezada por efigies gigantes de San Martín, Rivadavia y Sarmiento, y que significativamente saludó al embajador de Estados Unidos, míster Spruille Braden, a punto de dejar su «misión» en el país.[41] La multitud coreaba: «Hoy hacemos un cajón para Farrell y Perón», antes y después de cantar el Himno Nacional y La Marsellesa.

La movilización opositora impactó sobre una parte importante de la oficialidad, que cada vez veía con peores ojos a Perón. El 25 de septiembre, la detención del general Arturo Rawson en Córdoba descabezó una conspiración en marcha que se proponía poner fin al gobierno militar, entregándolo a la Corte Suprema de Justicia una demanda que venía ganando adeptos entre la oposición.

Pero un hecho, aparentemente menor, terminó desencadenando la reacción de los oficiales de Campo de Mayo, la mayor guarnición militar del país. El 5 de octubre de 1945, el ministro del Interior, Hortencio J. Quijano, firmó el nombramiento de Oscar Nicolini como director de Correos. La amistad de Nicolini con la familia de Eva fue motivo de suspicacia. Según decía varios días después un periódico opositor:

La copa fue rebasada con el nombramiento del señor Nicolini [...], por haberse atribuido ese nombramiento, no a los méritos de dicha persona, sino a su emparentamiento con una persona de la amistad íntima del coronel Perón.[42]

El general Eduardo Ávalos, jefe de Campo de Mayo y hasta entonces uno de los hombres de la «Revolución de Junio», decidió ponerse al frente de quienes arremetían contra Perón y la influencia de su «amistad íntima». Según Pavón Pereyra, se habría producido este diálogo con el vicepresidente:

—Mirá, Juancito —me decía Ávalos para intimidarme— la guarnición está que arde, porque ese metejón tuyo, en realidad, afecta la ética castrense...
—Si no me aclarás...
—Me lo pedís vos y basta. Yo soy tu mejor «fratello». Pero ¿había necesidad de postergar al teniente coronel Rocco, para acomodar

---

[41] Al respecto, véase *Los mitos de la historia argentina 4...*, cit., págs. 98-103.
[42] *Ahora*, 16 de octubre de 1945, citado por Marysa Navarro, *op. cit.*, pág. 89.

a un civil cualquiera?[43] En síntesis, te hemos perdido la confianza definitivamente...[44]

Fueron tantas las presiones, que Perón fue obligado a renunciar a todos sus cargos el 9 de octubre de 1945, al día siguiente de cumplir 50 años. Pero todavía no estaba dicha la última palabra. Farrell lo autorizó a despedirse como secretario de Trabajo y Previsión. Su mensaje, ante una manifestación de 15.000 trabajadores reunidos en el cruce de las calles Perú y Victoria (la actual Hipólito Yrigoyen), anunciaba:

[...] dejo firmado un decreto de una importancia extraordinaria para los trabajadores. Es el que se refiere al aumento de sueldos y salarios, implantación del salario móvil, vital y básico, y la participación en las ganancias. Dicho decreto que he suscripto en mi carácter de secretario de Estado tiene las firmas de los ministros de Obras Públicas y de Marina, y beneficia no solamente a los gestores de la iniciativa —la Confederación de Empleados de Comercio— sino a todos los trabajadores argentinos.

Y ahora, como ciudadano, al alejarme de la función pública, al dejar esta casa que para mí tiene tan gratos recuerdos, deseo manifestar una vez más la firmeza de mi fe en una democracia perfecta, tal como la entendemos aquí.

Dentro de esa fe democrática fijamos nuestra posición incorruptible e indomable frente a la oligarquía. Pensamos que los trabajadores deben confiar en sí mismos y recordar que la emancipación de la clase obrera está en el propio obrero. Estamos empeñados en una batalla que ganaremos porque es el mundo el que marcha en esa dirección. Hay que tener fe en esa lucha y en ese futuro. Ven-

[43] Según señala Félix Luna (*El 45. Crónica de un año decisivo*, Editorial Jorge Álvarez, Buenos Aires, 1969), el teniente coronel Francisco Rocco aspiraba a ocupar la dirección de Correos, con el aval de sus camaradas de armas. Por otra parte, Marysa Navarro (*op. cit.*, pág. 90) destaca que Nicolini no era «un civil cualquiera» acomodado por Evita, sino que tenía veinticinco años en la repartición y, al momento de ser nombrado al frente del Correo, era director general de Radiodifusión.

[44] Pavón Pereyra, *Vida íntima de Perón...*, cit., pág. 96. A diferencia de lo que había escrito anteriormente en su obra *Yo, Perón*, Pavón Pereyra incluye aquí variantes a la respuesta que Perón daba a quienes le cuestionaban que tuviera relaciones íntimas con una actriz. En este caso, el cuestionamiento viene de parte de Ávalos y no de Zucal.

ceremos en un año o venceremos en diez, pero venceremos. [...]
Desde anoche, con motivo de mi alejamiento de la función pública ha corrido en algunos círculos la versión de que los obreros
estaban agitados. Yo les pido que en esta lucha me escuchen. No
se vence con violencia; se vence con inteligencia y organización.
Por ello les pido también que conserven una calma absoluta y
cumplir con lo que es nuestro lema de siempre, del trabajo a casa
y de casa al trabajo. [...]
Debo decirles que he hablado con el Excelentísimo Señor Presidente de la Nación, quien me ha prometido que la obra social realizada y las conquistas alcanzadas serán inamovibles
y seguirán su curso. Pido, pues, el máximo de tranquilidad a
todos los trabajadores del país, tranquilidad y calma es lo que
necesitamos para seguir estructurando nuestras organizaciones
y hacerlas tan poderosas que en el futuro sean invencibles. Y si
un día fuese necesario he de formar en sus filas para obtener lo
que sea justo. Mientras tanto que sea la calma y la tranquilidad
la que guíe los actos de los obreros para que no se perjudique
esta magnífica jornada de justicia social. Pido orden para que
sigamos adelante en nuestra marcha triunfal pero, si es necesario,
algún día pediré guerra.[45]

En medio de aquel masivo auditorio, casi anónima, estaba la futura «compañera Evita».

La revancha de los «contreras»

Perón sabía que sus adversarios no se conformarían con deponerlo.
No iban a dejarlo libre para organizar al movimiento que comenzaba a
nuclearse tras su liderazgo. Luego de una noche tensa, decidió buscar
un lugar más seguro en el Tigre, llevando con él a Evita. Allí, el 12 de
octubre, lo detuvieron y enviaron preso a la isla Martín García. Así
narró Perón los acontecimientos:

[45] Juan Perón, discurso del 10 de octubre de 1945, al dejar la Secretaría de Trabajo
y Previsión, en www.elhistoriador.com.ar/documentos/ascenso_y_auge_del_pero-
nismo/discurso_de_despedida_de_la_secretaria_de_trabajo_y_prevision.php.

Evita entró en la política cuando estaban a punto de sacarme. Su compromiso político comenzó noches antes del 17 de Octubre, cuando aún en el departamento de la calle Posadas, estuvimos en vigilia esperando un posible ataque militar con el fin de arrestarme. Armados con metralletas, custodiando puertas y ventanas, pasamos la noche dispuestos a resistir. Al otro día, aprovechando la falta de decisión de mis enemigos, escapamos a un paraje denominado «Tres Bocas», en el delta del Tigre, refugio que nos ofreció el industrial Ludovico Freude. Cuando las autoridades advirtieron que habíamos dejado el domicilio, resolvieron nuestra captura. El hijo de Freude y Juan Duarte fueron interrogados, al igual que Mercante que prefirió confiar al coronel Mittelbach el lugar donde estábamos, responsable de la policía.[46] Me fueron a buscar en compañía de Duarte, Mercante y Freude. Cuando Evita se enteró de la actitud inflexible del presidente y que yo sería trasladado a dependencias de la Marina, lloró y me rogó que no me fuera, pero debía abandonar el lugar en compañía de Mercante y el jefe de la policía. Ella permanecía sujeta a mi brazo llorando y un policía debió apartarla. Ya en la cañonera *Independencia*, le pedí a Mercante que no descuidara a Evita pues aún era muy inexperta, pero sus agallas podían generar actitudes descontroladas y de consecuencias irremediables. El mismo día de mi detención le cancelaron todos sus contratos laborales. Esto la llevó a dedicar su tiempo a la búsqueda de una salida a la encrucijada que la afectaba tan de cerca. Su posición al respecto era intransigente. Antes de separarnos me insistió para que no me entregara y resistiera armas en mano, acusando a mis captores de perjuros desleales, por lo cual yo no debía considerarlos mis camaradas. Ella no vaciló en ningún momento en calificar a Mittelbach y a D'Andrea como traidores,[47] agregándoles a la personalidad de ambos, tantos adjetivos calificativos que quien la escuchase tendría serias dudas sobre

---

[46] Se refiere al coronel Aristóbulo Mittelbach, antiguo miembro del GOU, a cargo de la Policía Federal en esos días, en reemplazo del general Juan Filomeno Velazco. En las elecciones de febrero de 1946, Mittelbach fue elegido gobernador de la provincia de Santiago del Estero, como candidato del Partido Laborista, pero dos años después la intervención federal puso fin a su carrera política.

[47] Se refiere al mayor Héctor D'Andrea, subjefe interino de la Policía Federal. Fue quien llevó detenido a Perón y lo entregó a oficiales de la marina para su traslado a Martín García.

su posición espiritual. En aquellas jornadas previas al 17, entre otras gestiones, ella deambuló entrevistando a varios letrados, instándolos a prestar un habeas corpus con suerte diversa. No es ocioso recordar que entre sus consultados estuvieron el doctor Bramuglia y Román Subiza, dirigente este último de San Nicolás. En cambio, un cordobés estrafalario, abogado de a ratos, llamado Badessich tuvo el singular gesto de prestar el recurso, cuando otros personajes vacilaron o se mostraron remisos. El 14 de octubre, Evita tuvo noticias concretas de mi paradero por intermedio del capitán médico Dr. Mazza, quien le acercó una carta en la cual le manifesté mi deseo de regularizar nuestra situación y mejorar la suya propia.[48]

Una versión señala:

Eva tras despedirse de Perón e insultar a los policías, decidió refugiarse en la casa de Pierina Dealessi, quien recordará años después: «Vino a mi casa a contarme. Temblaba. No sabía si lo habían matado o si estaba preso. Me dijo que a ella también la habían amenazado. Venía todos los días a dormir. Durante el día, desaparecía».[49]

Para los opositores, que pronto serían llamados «contreras», era el momento de la revancha. Eva sintió en carne propia la cancelación de sus contratos radiofónicos y se vio nuevamente convertida en paria. Desde el mismo 12 de octubre, el espacio de sus radioteatros fue destinado a otra programación.[50]

Tampoco entre los amigos de Perón parecía encontrar muchas respuestas. Un relato señala que el abogado de la Unión Ferroviaria y asesor de la Secretaría de Trabajo y Previsión, Juan Atilio Bramuglia,[51]

---

[48] Juan Perón, *Obras completas*, cit.

[49] María Sucarrat, *Vida sentimental de Eva Perón*, Sudamericana, Buenos Aires, 2006, pág. 130.

[50] Marysa Navarro, *op. cit.*, pág. 93, donde refiere al diario *La Prensa* del 15 de octubre de 1945.

[51] Bramuglia, de larga trayectoria como asesor jurídico de los ferroviarios y antiguamente vinculado al Partido Socialista, había sido interventor en la provincia de Buenos Aires y sería luego el ministro de Relaciones Exteriores de la primera presidencia de Perón. El argumento usado por Bramuglia (según señala Raan Rein en *Juan Atilio Bramuglia. Bajo la sombra del líder. La segunda línea de liderazgo*

se habría negado a presentar un hábeas corpus en favor de Perón, «aduciendo que de prosperar el pedido Perón podría decidirse a salir del país, con lo que el pueblo perdería a su líder. Evita nunca se lo perdonó».[52]Pero Fermín Chávez señala que nadie reparó en que el recurso jurídico del habeas corpus era impracticable en el caso de Perón, porque como militar en actividad se regía por su estatus en fuero no civil.[53]

La propia Eva dirá:

> Cuando pedí una audiencia, por ejemplo, a fin de entrevistar a un alto funcionario, me la concedieron... ¡pero «para dentro de un mes»!
>
> De algunas partes, lo confieso, tuve que salir llorando; pero no de amargura, sino de indignación.
>
> Claro, ¿quién era yo en aquel momento, sino una débil mujer que había cometido el delito de creer en un coronel vencido y prisionero?[54]

En esos días, Eva fue agredida físicamente en plena vía pública cuando la reconocieron a bordo de un taxi cerca de la vieja Facultad de Derecho de la calle Las Heras, ocupada por socialistas y comunistas.

Eva recordará así esos ocho días de dolor y el incidente:

> Desde que Perón se fue hasta que el pueblo lo reconquistó para él —¡y para mí!— mis días fueron jornadas de dolor y fiebre. Me largué a la calle buscando a los amigos que podían hacer todavía alguna cosa por él. Fui así, de puerta en puerta. En ese penoso e incesante caminar sentía arder mi corazón la llama de su incendio,

---

peronista, Universidad de Tel Aviv/Lumière, Buenos Aires, 2006) era que Perón estaba a disposición del Poder Ejecutivo en virtud del estado de sitio, y que la única vía para obtener su libertad era la opción de salir del país que contempla el artículo 23 de la Constitución, lo que hubiera descabezado al movimiento en formación. En la agria discusión con Eva, le habría reprochado que ella pensaba de manera «egoísta», como pareja del Coronel, sin tomar en cuenta los intereses del pueblo.

[52] Pichel, *Evita íntima...*, cit., pág. 70.

[53] En John Barnes, *Eva Perón*, Ultramar, Buenos Aires, 1987, pág. 343.

[54] Eva Perón, *Historia del peronismo*, cit., pág. 139.

que quemaba mi absoluta pequeñez. Nunca me sentí –lo digo de verdad– tan pequeña, tan poca cosa como en aquellos ocho días memorables. Anduve por todos los barrios de la gran ciudad. Desde entonces conozco todo el muestrario de corazones que laten bajo el cielo de mi Patria. A medida que iba descendiendo desde los barrios orgullosos y ricos a los pobres y humildes las puertas se iban abriendo generosamente, con más cordialidad. Arriba conocí únicamente corazones fríos, calculadores, «prudentes» corazones de «hombres comunes» incapaces de pensar o de hacer nada extraordinario, corazones cuyo contacto me dio náuseas, asco y vergüenza. ¡Esto fue lo peor de mi calvario por la gran ciudad! La cobardía de los hombres que pudieron hacer algo y no lo hicieron, lavándose las manos como Pilatos, me dolió más que los bárbaros puñetazos que me dieron cuando un grupo de cobardes me denunció gritando: –¡Ésa es Evita! Estos golpes, en cambio, me hicieron bien. Por cada golpe me parecía morir y sin embargo a cada golpe me sentía nacer. Algo rudo pero al mismo tiempo inefable fue aquel bautismo de dolor que me purificó de toda duda y de toda cobardía.[55]

«Mi chinita querida»

El médico personal de Perón, el capitán Miguel Ángel Mazza, obtuvo permiso de la Marina para visitarlo en la isla. Mazza se había entrevistado previamente con Mercante y el coronel Franklin Lucero. Juntos habían elaborado un plan para traer a Perón de regreso a Buenos Aires. El médico presentaría unas viejas placas radiográficas de Perón que daban un diagnóstico de «elevación cupuliforme del hemidiafragma derecho, cuyo probable origen tumoral debe ser imprescindible e impostergablemente dilucidado por el examen clínico y de laboratorio en un ambiente hospitalario». Mazza agregaba que «efectivamente, el clima húmedo de su actual alojamiento le puede resultar sumamente desfavorable»,[56] por lo cual se hacía urgente el traslado a la Capital.

[55] Eva Perón, *La razón de mi vida...*, cit.

[56] Mazza recurrió a la historia clínica e hizo constar el antecedente de una congestión pulmonar contraída en La Quiaca en el otoño de 1931, cuando Perón cumplía funciones en la Comisión de Límites. El diagnóstico consta en las me-

A poco de llegar, Mazza le dio un efusivo abrazo al Coronel y le advirtió al oído que no se dejara tocar por ningún médico. El doctor era portador de informaciones clave; el frente militar estaba francamente dividido, ninguna guarnición del interior apoyaba a Ávalos, había tres generales sobre los que se estaba trabajando con buen pronóstico: Sosa Molina, Solari y Urdapilleta; y el movimiento obrero preparaba un paro y una gran movilización para pedir por su libertad.

La isla Martín García tiene algo especial que inspira a sus involuntarios ocupantes a escribir. Allí don Hipólito Yrigoyen, confinado a pesar de su edad y su estado de salud por la miserable dictadura de Uriburu, escribió gran parte de su defensa ante la Corte Suprema de Justicia, la misma a la que en aquellos días del '45 sus correligionarios le querían entregar el gobierno.[57] En esos días de octubre, Perón escribió varias cartas y comenzó a redactar lo que se convertiría en un folleto que venimos citando y citaremos, al que llamó «Dónde estuvo», firmado bajo el seudónimo Bill de Caledonia, en memoria de uno de sus perritos.

Perón le entregó varias cartas a su médico. Una, para Ávalos, donde le pedía el traslado a Buenos Aires por razones médicas. Otra, para su operador en Buenos Aires, que contenía una advertencia a quienes pudiesen leer el texto «de contrabando»:

> Mi querido Mercante: Desde que me «encanaron» no hago sino pensar en lo que puede producirse si los obreros se proponen parar, en contra de lo que les pedí. [...] Con todo, estoy contento de no haber hecho matar un solo hombre por mí, de haber evitado toda violencia. Ahora he perdido toda posibilidad de seguir evitándolo y tengo mis grandes temores que se produzca allí algo

morias del doctor Mazza, reproducidas parcialmente por Enrique Pavón Pereyra en *Yo, Perón*, cit.

[57] Don Hipólito fue confinado dos veces en la isla. Tras su derrocamiento, fue llevado a Martín García, donde llegó el 29 de noviembre de 1930. Permaneció detenido en el polvorín conocido como la «cartuchería», un lugar húmedo, lleno de ratas, completamente insalubre. Allí estuvo hasta el 19 de febrero de 1932. La segunda vez fue en diciembre de 1932, por orden del gobierno del general Justo. En esa ocasión, fue alojado en la comandancia, un lugar más digno, donde una junta médica militar confirmó su cáncer de laringe y aconsejó su traslado a Buenos Aires, donde moriría poco después, el 3 de julio de 1933. La familia del caudillo rechazó el hipócrita duelo nacional decretado por el régimen antinacional de Justo.

grave. De cualquier modo, mi conciencia no cargará con culpa alguna, mientras pude actuar lo evité, hoy anulado no puedo hacer nada.[58]

Si Evita y Perón no se amaban, si sólo había entre ellos un interés pasajero, ésta era la oportunidad para alejarse, para dar por terminada la relación. No fue así, como lo demuestra la carta que le escribía Perón a Evita desde su lugar de detención:

Mi tesoro adorado: Sólo cuando nos alejamos de las personas queridas podemos medir el cariño. Desde el día que te dejé allí con el dolor más grande que puedas imaginar no he podido tranquilizar mi triste corazón. Hoy sé cuánto te quiero y que no puedo vivir sin vos. Esta inmensa soledad está llena de tu recuerdo. Hoy he escrito a Farrell pidiéndole que me acelere el retiro. En cuanto salga nos casamos y nos iremos a cualquier parte a vivir tranquilos. Por correo te escribo y te mando una carta para entregar a Mercante. Ésta te la mando con un muchacho porque es probable que me intercepten la correspondencia. De casa me trasladaron a Martín García y aquí estoy no sé por qué y sin que me hayan dicho nada. ¿Qué me decís de Farrell y de Ávalos? Dos sinvergüenzas con el amigo. Así es la vida. En cuanto llegué lo primero que hice fue escribirte. No sé si habrás recibido mi carta que mandé certificada. Te encargo que le digas a Mercante que hable con Farrell para ver si me dejan tranquilo y nos vamos al Chubut los dos. [...] Debes estar tranquila y cuidar tu salud mientras yo esté lejos para cuando vuelva. Yo estaría tranquilo si supiese que vos no estás en ningún peligro y te encuentras bien. [...] Si sale el retiro, nos casamos al día siguiente, y si no sale, yo arreglaré las cosas de otro modo, pero liquidaremos esta situación de desamparo que tú tienes ahora. Viejita de mi alma, tengo tus retratitos en mi pieza y los miro todo el día, con lágrimas en los ojos. Que no te vaya a pasar nada porque entonces habrá terminado mi vida. Cuídate mucho y no te preocupes por mí; pero quiéreme mucho que hoy lo necesito más que nunca. Tesoro mío, tené calma y aprendé a esperar. Esto terminará y la vida será nuestra. Con lo que yo he

[58] Juan Perón, *Obras completas*, cit.

hecho estoy justificado ante la historia y sé que el tiempo me dará la razón. Empezaré a escribir un libro sobre esto y lo publicaré cuanto antes; veremos quién tiene razón. El mal de este tiempo y especialmente de este país son los brutos y tú sabes que es peor un bruto que un malo. Bueno, mi alma querría seguir escribiendo todo el día, pero hoy Mazza te contará más que yo. Falta media hora para que llegue el vapor. Mis últimas palabras de esta carta quiero que sean para recomendarte calma y tranquilidad. Muchos, pero muchos besos y recuerdos para mi chinita querida. Perón.[59]

La otra carta era para el presidente Farrell. En ella insistía sobre su situación jurídica y la ausencia de acusaciones concretas contra su persona y, dramatizando, le decía:

Hubiera preferido ser fusilado por cuatro viejos montañeses y no pasar por lo que estoy pasando. Si aún tengo derecho de gozar de alguna gracia, le ruego quiera acelerar mi retiro del ejército, que solicité el mismo día de mi renuncia.

Y deslizaba, como quien no quiere la cosa: «No sé si represento algo para los trabajadores, para el ejército y la aviación; los años lo dirán».[60]

Como suponía Perón, varias de las cartas, entre ellas la dirigida a su mujer, fueron interceptadas. La estrategia de despistar a sus enemigos, con su retiro de la vida pública y su inminente mudanza a la Patagonia, no dio mucho resultado.

El 17 de Octubre

Quienes habían sacado del poder y encarcelado a Perón casi no coincidían en nada, fuera de su inquina contra el «coronel del Pueblo» y sus políticas, que hoy suelen llamarse «populistas» y por entonces eran consideradas «demagógicas». Hasta un fervoroso antiperonista como el dirigente socialista Alfredo Palacios no podría menos que quejarse de

[59] En Luna, *El 45...* cit.
[60] Ibídem.

la «tremenda miopía patronal» de esos días, que sembraba el camino para que la respuesta de los trabajadores fuese contundente y lograra desbaratar los planes de la reacción antiperonista.

El reemplazante de Perón en la Secretaría de Trabajo, el doctor Juan Fentanes, al asumir el cargo el 13 de octubre no tuvo mejor idea que dar a entender con claridad que las políticas adoptadas en favor de los trabajadores serían revisadas, para tranquilidad de la patronal y bronca creciente de los asalariados.[61] Los empresarios se apuraron a descontar a sus empleados el feriado del 12 de octubre en el pago de las quincenas. Para entonces, el activismo gremial nucleado en torno a la Secretaría comenzaba a moverse.

La obra del Coronel había calado hondo entre los trabajadores y los sindicatos que convocaron a sus afiliados a concentrarse en la Plaza de Mayo para pedir la libertad y el regreso de Perón. Impulsada por las bases, la CGT convocó a un paro activo para el 18 de octubre, pero ante la presión de las comisiones internas, la fecha se adelantó un día. Ya para entonces había paros en algunos ingenios azucareros tucumanos y en los frigoríficos de Berisso y un clima de sorda agitación imposible de contener.

Aquel 17 de octubre de 1945 marcará el futuro político argentino. Miles de trabajadores provenientes del cordón industrial del Gran Buenos Aires, aquel «aluvión zoológico» como lo llamaría años más tarde el espantado dirigente radical Ernesto Sanmartino, colmó la Plaza de Mayo. Podían contarse por decenas de miles aquellos hombres, mujeres y niños que venían desde su postergación histórica, desde los arrabales de la vida, a defender sus conquistas. Eran la imagen de la Argentina profunda, aquella que no transitaba por la Plaza del poder. Era un espectáculo jamás visto en el país y que sumió a las clases acomodadas en una sensación que oscilaba entre la repulsión y el pánico, era «un horror» ver a esos «cabecitas negras» meter sus pies en aquellas fuentes de inspiración francesa. Desde el otro lado de la política y la vida, Raúl Scalabrini Ortiz[62] escribía:

---

[61] Su discurso se encuentra en *La Prensa*, 14 de octubre de 1945. En general, para estas jornadas, véase *Los mitos de la historia argentina 4...*, cit., págs. 110-138.

[62] Raúl Scalabrini Ortiz fue escritor, periodista y poeta. Entre sus obras figuran *El hombre que está solo y espera*; *Política británica en el Río de la Plata*; *Historia de los ferrocarriles argentinos*. Fue uno de los integrantes de FORJA.

Venían de las usinas de Puerto Nuevo, de los talleres de Chacarita
y de Villa Crespo, de las fundiciones del Riachuelo, hermanados en
el mismo grito y la misma fe. Era el subsuelo de la patria sublevado,
era el cimiento básico de la nación que asomaba.[63]

Desde el mismo lado, diría Leopoldo Marechal:[64]

Me uní a la multitud que avanzaba rumbo a la Plaza de Mayo.
Vi, reconocí y amé los miles de rostros que la integraban: no
había rencor en ellos, sino la alegría de salir a la visibilidad en
reclamo de su líder. Era la Argentina invisible que algunos habían anunciado literariamente, sin conocer ni amar sus millones
de caras concretas, y que no bien las conocieron les dieron la
espalda.[65]

Un diario católico, al día siguiente, comentará asombrado que los
trabajadores movilizados respetaron el orden establecido y que hasta
se santiguaron al pasar por la Catedral, a diferencia de los ateos anarquistas y socialistas que acostumbraban «insultar y agraviar» cuando
pasaban por la «casa de Dios». La mayoría de los presentes llegaban
por primera vez a la histórica Plaza. Miraban asombrados el Cabildo,
la Casa Rosada y la Catedral. Los habían visto en los libros de historia,
esa historia que ahora ellos estaban protagonizando. Mientras tanto,
el diario *Crítica* adelantaba su edición de la tarde para titular: «Grupos
aislados que no representan al auténtico proletariado argentino tratan
de intimidar a la población», y bajo una fotografía en la que no se veía
a más de diez personas afirmaba:

He aquí una de las columnas que desde esta mañana se pasean por
la ciudad en actitud «revolucionaria». Aparte de otros pequeños
desmanes, sólo cometieron atentados contra el buen gusto y contra
la estética ciudadana afeada por su presencia en nuestras calles.

---

[63] Raúl Scalabrini Ortiz, *Tierra sin nada, tierra de profetas*, Buenos Aires, 1946.

[64] Leopoldo Marechal fue poeta, novelista y dramaturgo. Fue el autor de *El cen-
tauro, Antígona Vélez* y *Adán Buenosayres*. Su abierta simpatía hacia el peronismo
le valió la enemistad de los círculos literarios de su tiempo.

[65] Alfredo Andrés, *Palabras con Leopoldo Marechal*, Buenos Aires, Carlos Pérez
Editor, 1968.

El pueblo los vio pasar, primero un poco sorprendido y luego con glacial indiferencia.[66]

Pero la realidad era bien distinta. Allí estaban los invisibles, haciéndose ruidosamente visibles, ocupando la Plaza, decididos a no moverse hasta que su nuevo líder apareciera en los balcones que estaban esperando dueño.

Dentro de la Rosada, ni Ávalos ni Farrell sabían qué hacer, rodeados por una multitud que no paraba de crecer y que según los cálculos más serios llegaba a unas 300.000 personas.[67] Finalmente se decidió ceder a la presión popular. Por la noche, finalmente el Coronel pudo estrenar su saludo con los brazos en alto. Contaría años más tarde que estaba tan sorprendido que pidió a los manifestantes que cantaran el Himno para darle tiempo a pensar en el discurso. Perón se había impuesto y ya ocupaba un lugar destacado en la política nacional.

¿Qué papel jugó Evita?

Evita estuvo lejos de tener un rol protagónico en aquellas jornadas que culminarían el 17 de octubre: no era una figura conocida en al ámbito gremial y faltaban un par de años de intensa labor para que su palabra tuviera el valor de una orden entre los «descamisados». Pero nadie podrá negarle su tesón y que hizo lo que estuvo a su alcance por lograr la libertad de su compañero. Andando el tiempo y sobre todo después de su muerte, se construirá la imagen de una Eva que iba de un lado a otro para arengar a los trabajadores. Así, Mariano Tedesco, que entonces era un joven activista textil de 21 años, afirmaba:

> Cuando encanaron a Perón, Eva se portó. Vio a todo el mundo y les decía a los gritos: «¡Convenzamos a los muchachos de que hay que rescatar al coronel!» Teníamos con ella numerosas reuniones. A horas y en lugares insólitos. A veces, se reunía con algunos de nosotros, y más tarde, en otra zona de Buenos Aires, con otro

---

[66] *Crítica*, 17 de octubre de 1945.

[67] La cifra fue aceptada incluso, con mucho disgusto, por el corresponsal del *New York Times*.

grupo de compañeros del gremio. Cuando nos reuníamos nosotros para analizar la situación, los dos grupos, cada uno por su parte, ya habían estado con ella. El día 13 de octubre, por ejemplo, nos encontramos con Eva en la cervecería Adam, en Plaza Retiro. Era muy tarde, cerca de las doce de la noche. Recuerdo que no aceptó los cigarrillos que le ofrecían y que tampoco quiso comer nada. Sólo se tomó varias tazas de té. Estábamos Farías, Rovito (un amigo de Mercante) y yo, que representaba a la Asociación Obrera Textil. Cuando ella nos preguntó sobre el apoyo que los trabajadores podíamos brindarle a Perón, comenzamos a barajar nombres de compañeros, dirigentes de otros gremios: contábamos con la Unión de Recorridos de Diarios, a través de Hilario Salvo; con los Marítimos, gracias a los compañeros Cormes y Borgen; el compañero Pedro Otero logró el apoyo de Unión Obreros y Empleados Municipales. [...] El día 14 de octubre nos encontramos con Evita en el parque Tres de Febrero... Ella insistía en visitar a los trabajadores, incluso en sus lugares de trabajo. Eva estaba muy combatiente, aunque por momentos se deprimía, dudando de todo. Muchas veces los deprimidos éramos nosotros y ella nos daba ánimos: «No tenemos que confiar sólo en los dirigentes» –repetía una y otra vez esa noche, mientras cenábamos en un restaurante de la calle Esmeralda al 400.[68]

También el dirigente metalúrgico, de origen trotskista, Ángel Perelman asegura que, en la mañana del 17 de octubre, Eva «estaba en un auto recorriendo los barrios y difundiendo la orden del paro general».[69] Y Vera Pichel la verá como «propulsora de la marcha».[70] Sin embargo, la propia Eva, lejos de atribuirse un papel destacado, dirá al recordar esos días en que nacía el peronismo:

Cuando fue noche para la argentinidad y fue noche para mi corazón de mujer, cuando había perdido todas mis esperanzas, mis queridos descamisados me devolvieron al coronel Perón. Como mujer del pueblo no puedo olvidar este gesto y como esposa del

[68] Testimonio de Mariano Tedesco, en Borroni y Vacca, *op. cit.*, págs. 111-112.
[69] Ángel Perelman, *Cómo hicimos el 17 de Octubre*, Coyoacán, Buenos Aires, 1962.
[70] Pichel, *Evita íntima...*, cit., pág. 69.

coronel tendré que luchar hasta la muerte por ustedes. Mis palabras no tienen pues más valor que significarles que estoy pagando una deuda que tengo con mis queridos descamisados, deuda que no podré saldar jamás.[71]

Poco tendría que decir de mí misma, y sí mucho, en cambio, de aquellos de los que hablo siempre, de los que fueron protagonistas del 17 de Octubre, es decir, del pueblo y de Perón. A ellos va mi homenaje, y el homenaje diario de todos los peronistas, en todos los momentos de nuestra diaria existencia. [...] Yo viví esa realidad como una más, porque, no vamos a engañarnos, si no hubiera sido por las fuerzas leales y por el pueblo argentino, no habríamos podido hacer nada por el general Perón sino debatirnos en la impotencia. [...] ¡Nadie dio el toque de salida! ¡El pueblo salió solo! No fue la señora de Perón. Tampoco fue la Confederación General del Trabajo. ¡Fueron los obreros y los sindicatos todos los que por sí mismos salieron a la calle! La Confederación General del Trabajo, la señora Perón, todos nosotros lo deseábamos. ¡Pero fue una eclosión popular! Fue el pueblo el que se dio cita sin que nadie se lo hubiera indicado.[72]

La señora de Perón

El 17 por la noche la pareja vivió su momento de gloria. Casi como un festejo, como una ratificación de una confianza que había pasado una prueba de fuego, decidieron casarse.

Nos casamos porque nos quisimos y nos quisimos porque queríamos la misma cosa. De distinta manera los dos habíamos deseado hacer lo mismo: él sabiendo bien lo que quería hacer, yo, por sólo presentirlo; él, con la inteligencia; yo, con el corazón; él, preparado para la lucha; yo, dispuesta a todo sin saber nada; él culto y yo sencilla; él, enorme, y yo, pequeña; él, maestro, y yo, alumna. Él,

[71] Discurso de Eva Perón, en Rosario, el 11 de enero de 1947, en *Democracia*, 12 de enero de 1947.
[72] Eva Perón, *Historia del peronismo*, cit. Es importante destacar que esta obra es una transcripción de los cursos que dio en la Escuela Superior Peronista, por lo que en su momento tenía cierto valor de «versión oficial» de los hechos.

la figura y yo la sombra. ¡Él, seguro de sí mismo, y yo, únicamente segura de él![73]

Según Enrique Pavón Pereyra, Perón le habría confiado:

En realidad [...] el propósito de unirnos en matrimonio surgió desde el primer momento y se acentuó, acaso, con la desazón que originaron los sucesos de octubre del 45. Digo más, interpreto que tal decisión constituyó el primer acto revolucionario que produjo el Justicialismo. Un jefe del Ejército argentino debía descartar la hipótesis de casarse con una artista. Equivalía a una ofensa grave para la prefabricada asepsia de la institución castrense. Pero si a ello se añade el hecho de que ese militar había cobrado una trascendencia insospechada en la conciencia ciudadana, el cuadro de esa realidad se volvía para muchos cortos de carácter simplemente bochornoso.[74]

El 22 de octubre de 1945 quedó registrada la ceremonia civil en Junín y el 10 de diciembre lo hicieron por iglesia en La Plata. Ya era la señora Eva Duarte de Perón. El acta de casamiento 182 del Registro Civil de Junín dice:

En la ciudad de Junín de la provincia de Buenos Aires, a veinte y dos de octubre de mil novecientos cuarenta y cinco, ante mí, Hernán Antonio Ordiales, jefe de la Sección Primera del Registro Civil, comparecen don Juan Domingo Perón, que firma Juan Perón, de cincuenta años, nacido en Lobos de esta provincia el 8 de octubre de 1895, domiciliado en la Capital Federal y de ex profeso en ésta, de profesión miliar, estado soltero, hijo de don Mario Tomás Perón, fallecido en la Capital Federal el diez de noviembre de mil novecientos veintiocho, y de doña Juana Sosa, argentina, de profesión quehaceres domésticos, domiciliada en el territorio nacional del Chubut, y doña María Eva Duarte, de veintitrés años, nacida en esta ciudad el 7 de mayo de 1922, domiciliada en calle José Arias ciento setenta y uno, de profesión artista, soltera, hija

[73] Eva Perón, *La razón de mi vida...*, cit.
[74] Pavón Pereyra, *Vida íntima de Perón...*, cit., pág. 83.

de don Juan Duarte, fallecido en Chivilcoy de esta provincia el 8 de enero de 1926, y de doña Juana Ibarguren, argentina, de profesión quehaceres domésticos, domiciliada con la contrayente, quienes desean casarse e interrogados por mí uno a continuación del otro después de oír la lectura de los artículos pertinentes a la ley de Matrimonio, no habiendo oposición y siendo hábiles para el acto según manifestación de los testigos: Teniente Coronel don Domingo Alfredo Mercante, que firma D. A. Mercante, de cuarenta y siete años, argentino, casado, domiciliado en la calle Yerbal dos mil seiscientos veinte y uno de la Capital Federal y Juan R. Duarte, de treinta y un años, soltero, viajante, domiciliado en calle José Arias ciento setenta y uno, manifiestan que se quieren por esposos y se otorgan recíprocamente por marido y mujer, visto lo cual en nombre de la Ley los declaro unidos en legítimo matrimonio. Habiendo dado cumplimiento a lo dispuesto por artículo trece de la ley doce mil trescientos treinta y uno, con el certificado expedido por el doctor Domingo Pugliese, médico interno de la Asistencia Pública de esta ciudad, con fecha veinte del corriente, que se archiva bajo el número de esta acta. Leída el acta a los interesados, la firman de conformidad, junto con los testigos nombrados. Testado cuatro no vale.[75]

Varios datos que figuran en el acta no eran ciertos: Juan Perón era viudo, y no «soltero»; Eva alteró su edad, lugar de nacimiento y, formalmente, sus datos de filiación —como ya vimos en el primer capítulo—, y tanto ella como su hermano y testigo, Juan Duarte, declaraban un domicilio de conveniencia y no el real. Ninguna de esas falsedades invalidaba el consentimiento, la identificación o la capacidad para celebrar el matrimonio.

La ceremonia religiosa tuvo sus bemoles. El 29 de noviembre de 1945 la novia esperó vanamente ante el altar de la iglesia de San Ponciano en La Plata. Perón llamó por teléfono y tras escuchar los gritos de Evita, le explicó que le habían informado a último momento que se había preparado un atentado contra su vida. Seguramente la novia no se habrá quedado muy tranquila porque ella también podría haber sido víctima de esa agresión. Los novios pusieron nueva fecha

[75] En Borroni y Vacca, *op. cit.*, págs. 116-117.

y casi en secreto por motivos de seguridad atendibles, finalmente se casaron el 10 de diciembre. Consta en las actas eclesiásticas que los novios dieron el sí a las 20.25, la misma hora que pasará a la historia como la señalada en el comunicado que anunciaba su ingreso a la inmortalidad.[76]

Un cambio de época

Pasaron la luna de miel en la quinta del amigo de la pareja, Román Subiza, en San Nicolás. Así la recordaba Evita en un diálogo con Vera Pichel:

> Fue una etapa lindísima aunque para nosotros no fue novedad estar juntos, ya que lo estuvimos desde el primer momento. Nos levantábamos temprano, tomábamos el desayuno y salíamos a caminar por la quinta. Nunca me maquillé en esos días, andaba a pura cara lavada, el pelo suelto, una camisa de él y un par de pantalones. Era mi atuendo preferido y a él le gustaba que estuviéramos así. Algunas veces, de pura mandaparte, me metía en la cocina y preparaba una ensalada para acompañar a un buen bife que preferíamos los dos. Lo que sí hacía era cebar mate por las tardes. Interminables ruedas que matizaban nuestras charlas. Mejor dicho, las de él. Porque él pensaba en voz alta, hablaba y yo escuchaba, aprendía... Por la noche, algo de música y a la cama temprano. Fueron realmente días preciosos.[77]

Tras los hechos del 17 de octubre y su casamiento con Perón, Eva se metió de lleno en la política respaldando a su marido. Tras la confirmación del 24 de febrero de 1946 como la fecha de las elecciones nacionales, Perón lanzó su candidatura por el flamante Partido Laborista.

La campaña electoral de Perón fue breve pero muy intensa. Primero visitó junto a Evita la mayoría de las capitales de provincias, no las de los territorios nacionales, en los que sus más de un millón de habitantes aún no tenían derecho al voto. La pareja recorrió el país

---

[76] En Dujovne Ortiz, *op. cit.*, pág. 215.
[77] Pichel, *Evita íntima...* cit.

a bordo de un tren a cuya locomotora llamaron «La Descamisada». Era la primera vez que la esposa de un candidato lo acompañaba en sus giras por el interior. El tren peronista estuvo a punto de volar por el aire el 27 de enero. No fue así gracias a la intervención del obrero ferroviario Ramón Baigorria, quien pudo retirar de las vías, justo a tiempo, un paquete con más de 500 cartuchos de gelinita destinados a Perón y su esposa.

El diario *La Prensa* daba rienda suelta a su clasismo visceral en la crónica dedicada al retorno del tren peronista y el público que fue a recibirlo. El cronista se horrorizaba por la falta de «cultura» de aquellos descamisados que no conocían la estación Retiro y exclamaban: «¡Mirá cuánta pared!»; pero el «colmo» era que, ante el agobiante calor,

> Hicieron funcionar los ventiladores y «para estar cómodos» muchos se sacaron los sacos y aun los pantalones. Varios llegaron al extremo de quitarse toda la ropa e imitar bailes populares de origen exótico. Todos estos actos fueron recibidos con aplausos. En los pequeños intervalos que se producían, otros se dedicaban a pronunciar discursos, cuyos conceptos no es posible transcribir.

Recordaba Perón:

> Los días de la campaña electoral pusieron a dura prueba las energías de Eva, quien recorría a lo largo y a lo ancho del país, incitando a los desheredados a unirse a nosotros en la batalla que debía servir para hacer triunfar sus derechos. Trabajábamos día y noche, a veces no nos veíamos durante jornadas enteras y todo encuentro nuestro era, desde el punto de vista sentimental, una novedad, un descubrimiento.[78]

Mariano Tedesco, que participó en algunos viajes de la gira proselitista a bordo de «El Descamisado», recuerda:

> [...] el júbilo de la gente era extraordinario. [...] Se hacía cualquier cosa para ver y tocar a Perón y a Evita. En los andenes, temíamos que nos pasara algo, pero a pesar de eso, Evita trataba con cariño

[78] Ibídem.

a la gente. Recuerdo que un tal García Boado, miembro de la custodia personal, empujó a un anciano. Al verlo, Evita le hace un gesto a Perón. Éste, sin titubear, le pega un violento golpe a su protector y le grita:

—¡Animal! ¿No ves que es un compañero? [...]

Eva viajaba en el último vagón, que disponía de un pequeño comedor y una salita de estar. Ella, muy entusiasmada, siempre se asomaba por las ventanillas para saludar a la gente. Perón, cara de póker, la frenaba:

—Calmate, vieja, que esto recién empieza —le decía.[79]

Por su parte, la fórmula opositora recorrió el país en el llamado «Tren de la Libertad», convencida que el triunfo sobre el «candidato imposible», como llamaban a Perón, estaba muy cerca. El tren sufrió en su recorrido numerosos ataques y algún que otro descarrilamiento, para nada accidental. A su regreso a la estación de Once, los candidatos fueron recibidos por una imponente muchedumbre y se produjo un hecho gravísimo: un sector de la manifestación fue atacado a balazos, quedando sobre el andén tres militantes muertos y seis heridos.

El Comité Femenino del Centro 17 de Octubre bautizó «María Eva Duarte de Perón» a su sede central en el barrio porteño de Almagro.

Las preferencias del electorado se polarizaron inmediatamente: la fórmula Perón-Quijano, un radical de la llamada Junta Renovadora, frente a la de Tamborini-Mosca, por la Unión Democrática. Los primeros, apoyados por los seguidores directos de Perón, la CGT y FORJA, en la que militaban figuras de gran ascendente intelectual como Arturo Jauretche y Raúl Scalabrini Ortiz; los segundos, reagrupados con el apoyo de las clases media y alta, congregaban a la Unión Cívica Radical, los conservadores de la provincia de Buenos Aires y los partidos Socialista, Comunista y Demócrata Progresista. «Cerraremos definitivamente el paso a las hordas que agravian la cultura convertidos en agentes de una dictadura imposible», sentenció la Unión Democrática —decididamente apoyada por la embajada de los Estados Unidos— en su acto electoral de cierre, en una demostración de aversión de clase que se perpetuaría en motes y frases que caracterizaban a los seguidores de Perón como «aluvión zoológico» y «cabecitas negras».

---

[79] Testimonio de Mariano Tedesco, en Borroni y Vacca, *op. cit.*, págs. 141 y 144-145.

Yankis y marxistas

La estrecha alianza que se daría entre la embajada norteamericana y el Partido Comunista se explica por el período histórico que se vivía a escala mundial. En 1945, todavía las dos superpotencias emergentes de la guerra aún no concluida, los Estados Unidos y la Unión Soviética, se veían mutuamente como aliados, recelosos pero con un enemigo en común: el nazi-fascismo. La coincidencia en la caracterización de Perón como «nazi-fascista» movilizó la alianza que hubiera resultado imposible un año después, con la «guerra fría»[80] desatada entre los dos imperios. Esa caracterización desviaba con cierta eficacia la discusión sobre la política social de Perón y su creciente popularidad: minimizaba sus logros, cubría al Coronel de sospechas y lo emparentaba con una experiencia nefasta de la que cada día se conocían más detalles al difundirse los testimonios de los sobrevivientes de los campos de exterminio nazis.

Plantear la discusión en esos términos permitía disimular las diferencias otrora irreconciliables entre, por ejemplo, el Partido Socialista y la Sociedad Rural. Ahora, como por arte de magia, los dos aparecían embanderados en una causa superadora y humanitaria. Estaba claro que se trataba de una militancia «anti» y que a ningún componente de la alianza le convenía pensar seriamente en la toma del poder y en cómo sería el primer día de gobierno, cuando cualquier medida que se tomase perjudicaría a alguno de los sectores representados en la excesivamente heterogénea agrupación.

Al analizar las conductas de las izquierdas argentinas frente al emergente fenómeno peronista, se hace necesario precisar dos cuestiones básicas que apuntan a comprender ciertas actitudes de la militancia —que es la que realmente nos importa— y que no justifican la lamentable conducta que tendrán las conducciones del Partido Socialista y del Comunista. La primera tiene que ver con el protagonismo discursivo que la lucha mundial contra el fascismo había adquirido

---

[80] Ambas superpotencias, liderando dos grandes bloques de poder constituidos por países aliados o dependientes, iniciaron una confrontación que se extendió a los planos diplomáticos, económicos e ideológicos. Estadounidenses y soviéticos se encontraron en los más variados frentes militares, apoyando a diferentes bandos, pero evitando siempre el enfrentamiento directo. A esta especial forma de convivencia, que era paralela a la rivalidad, se la denominó *guerra fría*.

en nuestras izquierdas desde los luchadores antifascistas de la década del '20, pasando por la enorme marca dejada en nuestro país por la Guerra Civil Española y la terrible derrota de las fuerzas progresistas a manos del franquismo. La expansión del nazi-fascismo y el comienzo de la Segunda Guerra acentuaron el sentimiento de que la prioridad de todo militante de izquierda de cualquier parte del mundo era la derrota total de aquel espantoso sistema.

El otro punto era la permanente persecución sufrida por la militancia de izquierda por parte de la «Revolución» iniciada en 1943, tanto en el ámbito gremial como en el universitario. El elenco policial, heredado sin cambios de la década infame, hacía uso de los mismos métodos que había implantado el comisario Leopoldo Lugones (hijo) a comienzos de los '30 y la actividad gremial estaba controlada y cercenada por el Estado. Era comprensible entonces que aquella militancia, que estaba lejos de ser minoritaria, desconfiara profundamente del proceso que comenzaba a vivirse en la Argentina.

Pero para eso están las dirigencias, particularmente aquellas que creen que su papel es estar un paso adelante, no sólo para interpretar la realidad sino, siguiendo a Marx, para cambiarla. La crítica siguiente apunta a aquellas dirigencias que no estuvieron a la altura de la historia y que muchos años después terminaron autocriticándose por su error fatal de 1945, cuando perdieron para siempre su liderazgo del movimiento obrero.

El desvío de todas las libidos hacia la derrota total de Perón y de lo que él representaba, hizo posibles cosas insólitas como que el sindicato de los terratenientes, más conocido como la Sociedad Rural, aceptara la inclusión de planteos cercanos a la reforma agraria en la plataforma de la Unión Democrática. En esta verdadera «cruzada» antiperonista, el entusiasmo por el apoyo tan contundente que brindaba, a través de su embajador, la gran vencedora de la guerra, hizo perder de vista a los componentes de aquella alianza —particularmente, a los partidos de izquierda— los costos que tendrían que pagar, tarde o temprano, por dejar el manejo estratégico de la campaña contra Perón en manos del Departamento de Estado norteamericano y de un histriónico e inescrupuloso personaje como Braden. El Partido Comunista, discursiva e históricamente el más antiyanqui de los partidos argentinos, pareció olvidarse de sus caracterizaciones previas para proclamar en boca de uno de sus máximos dirigentes, Rodolfo Ghioldi, en el Luna Park: «Un ilustre embajador aliado acaba de ratificar que los Estados Unidos están dispuestos a ayudar a una Argentina democrática».

El día anterior a la elección, el sábado 23 de febrero, *La Razón* tituló: «Mañana votará el país por la libertad y la democracia». El domingo 24, *Clarín* fue un poco más allá y le dio la tapa con enorme tipografía al nombre del candidato de la Unión Democrática: «Tamborini». *Crítica*, haciendo futurismo, afirmó temerariamente en su tapa: «Anticípase un aplastante triunfo de la democracia. En todo el territorio nacional se impuso la fórmula de la libertad».[81]

El aluvión

El 24 de febrero hacía un calor terrible en Buenos Aires; era una jornada «bochornosa» como les gustaba decir a los *speakers* de las radios y escribir a los redactores de los diarios. Pero lo sería en más de un sentido para la oposición que descontaba su triunfo. El escrutinio sería lento, dando márgenes de error y tiempo para declaraciones de las que no se vuelve, como la del candidato a presidente de la Unión Democrática, José Tamborini:

> La intervención de la armada, el ejército y la aviación en el desarrollo de los comicios ha determinado, indiscutiblemente, la corrección de estas elecciones. Señalo con viva complacencia la simpatía con que los ciudadanos han acogido ese resguardo.

Por su parte, Alfredo Palacios declaró:

> Sobre el resultado, nadie debe tener dudas; ha sido un triunfo rotundo, aplastante, de la democracia. Resultaría absurdo pensar aún en la victoria del candidato del continuismo.

La oposición en su conjunto coincidió en que los comicios podían calificarse como los más limpios e intachables de la historia.

Finalmente, el 8 de abril se difundieron los resultados oficiales: había votado el 88% del padrón; Perón había triunfado contra todos

[81] Hugo Gambini, *Historia del peronismo. El poder total (1943-1951)*, Planeta, Buenos Aires, 1999.

los pronósticos y con todos los medios de comunicación en contra. Su fórmula había obtenido 1.527.231 votos y los candidatos Tamborini-Mosca, 1.207.155. La diferencia no era muy grande en términos numéricos, sólo 280.806 sufragios, pero siguiendo los postulados de la vigente Ley Sáenz Peña,[82] Perón obtuvo 304 votos en el Colegio Electoral, y la UD sólo 72.

La fórmula peronista había obtenido casi todas las gobernaciones, menos las de Corrientes, San Juan, San Luis y Córdoba, donde sus opositores ganaron por muy estrecho margen.

Perón había obtenido la mayoría en el Senado y 109 diputados. En el bloque peronista se destacarán John William Cooke, Raúl Bustos Fierro, Eduardo Colom. La oposición obtuvo 49 diputados. De ellos, 44 pertenecían al radicalismo y pasarán a la historia como el «bloque de los 44»; entre ellos se destacarían Arturo Frondizi,[83] Ricardo Balbín[84] y Ernesto Sanmartino.

El triunfo de Perón inauguraba también una nueva forma de hacer política. El personalismo del jefe se fundía con una movilización social que le era completamente funcional; pero a la vez, era evidente que el personalismo de Perón era tributario de las expresiones creadas por el mismo movimiento trabajador que construyó el 17 de octubre. Las relaciones recíprocas entre movimiento de masas y personalismo quedaban así férreamente establecidas.

Al conocerse los resultados definitivos, Eva pronunció su primer discurso político, para agradecer el apoyo femenino en la campaña. Anunciaba su voluntad para luchar para que las mujeres pudieran finalmente votar:

---

[82] La ley 8.871, sancionada el 10 de febrero de 1912 a partir del proyecto presentado por el gobierno de Roque Sáenz Peña, estableció el sufragio universal (masculino), secreto y obligatorio, y el sistema de lista incompleta en la elección de diputados y electores presidenciales, que daba dos tercios a la lista más votada y el tercio restante a la que salía segunda.

[83] El abogado y político radical Arturo Frondizi llegaría a la presidencia de la Nación en 1958, como consecuencia de un pacto celebrado con Juan Domingo Perón, luego de que se produjera la división de la UCR en dos fracciones: la Unión Cívica Radical Intransigente (UCRI), liderada por Frondizi, y la UCR del Pueblo, conducida por Balbín. Fue también fundador del Movimiento de Integración y Desarrollo (MID).

[84] Ricardo Balbín fue uno de los principales líderes radicales de la oposición al general Perón. Cuando se produjo la escisión de la UCR, Balbín lideró la UCR del Pueblo.

La mujer del Presidente de la República, que os habla, no es más que una argentina más, la compañera Evita, que está luchando por la reivindicación de millones de mujeres injustamente pospuestas en aquello de mayor valor en toda conciencia: la voluntad de elegir, la voluntad de vigilar, desde el sagrado recinto del hogar, la marcha maravillosa de su propio país. Ésta debe ser nuestra meta. Yo considero, amigas mías, que ha llegado el momento de unirnos en esta fase distinta de nuestra actividad cotidiana. Me lo indican diariamente la inquietud de vuestros pensamientos y la ansiedad que noto cada vez que cruzamos dos palabras.

La mujer argentina supo ser aceptada en la acción. Se está en deuda con ella. Es forzoso establecer, pues, esa igualdad de derechos, ya que se pidió y obtuvo casi espontáneamente esa igualdad de los deberes. El hogar, esa célula social donde se incuban los pueblos, es la argamasa nobilísima de nuestra tarea. Al hogar estamos llegando y el hogar de los argentinos nos va abriendo sus puertas, que son el corazón ansioso del país. Todo lo hemos supeditado, repito, al fin último y maravilloso de servir. Servir a los descamisados, a los débiles, a los olvidados, que es servir —precisamente— a aquellos cuyos hogares conocieron el apremio, la impotencia y la amargura. Del odio, la postración o la medianía, vamos sacando esperanzas, voluntad de lucha, inquietud, fuerza, sonrisa.

El hogar, que determinó recién el triunfo popular del coronel Perón, no podía ser traicionado por la esposa del coronel Perón. La mujer argentina ha superado el período de las tutorías civiles. Aquella que se volcó en la Plaza de Mayo el 17 de Octubre; aquella que hizo oír su voz en la fábrica, en la oficina y en la escuela; aquella que, día a día, trabaja junto al hombre en toda gama de actividades de una comunidad dinámica, no puede ser solamente la espectadora de los movimientos políticos.

La mujer debe afirmar su acción, la mujer debe votar. La mujer, resorte moral de un hogar, debe ocupar su sitio en el complejo engranaje social de un pueblo. Lo pide una necesidad nueva de organizarse en grupos más extendidos y remozados. Lo exige, en suma, la transformación del concepto de la mujer, que ha ido aumentando sacrificadamente el número de sus deberes sin pedir el mínimo de sus derechos.

El voto femenino será el arma que hará de nuestros hogares el recaudo supremo e inviolable de una conducta pública. El voto femenino será la primera apelación y la última. No es sólo necesario elegir, sino también determinar el alcance de esa elección. En los hogares argentinos del mañana, la mujer, con su agudo sentido intuitivo, estará velando por su país al velar por su familia. Su voto será el escudo de su fe. Su voto será el testimonio vivo de una esperanza, de un futuro mejor.[85]

De la maleficencia de las damas

En 1946, el día en que se cumplía el tercer aniversario de la «Revolución del 4 de Junio», Perón asumió la presidencia, decidido a continuar con las políticas sociales que lo habían catapultado como «el primer trabajador». Perón planteó una política de alianza de clases que debía incluir un fuerte apoyo al empresariado nacional, necesario para sostener el distribucionismo oficial y las reformas sociales y laborales que lo habían encumbrado. Sobre estas bases se embarcó en una construcción política que le permitió hegemonizar durante casi una década los hilos del poder.

Según cuenta Vera Pichel:

El 4 de junio, en ocasión de la asunción del mando por parte de Perón, Eva acompañó a su marido en la ceremonia realizada en el Congreso, donde ocupó un palco en compañía de las esposas del vicepresidente y de todos los ministros. En el banquete servido esa misma noche, Eva presidió una de las cabeceras de la mesa, junto al cardenal Copello. La «contra» se ensañó con ella porque su vestido dejaba un hombro al descubierto. La comidilla siguió a tal punto que en una revista que se presentaba en el Teatro Maipo, la vedette de la sala, la Negra Bozán, aparecía en escena luciendo un traje sumamente escotado que llevaba la efigie de un cardenal prendida en la cintura. De más está decir que esa revista se mantuvo en cartel durante meses. Pero cuando mucho tiempo después la esposa del presidente Aramburu lució un traje mucho más escotado que el de Eva Perón, y también había sacerdotes en la mesa, nadie dijo nada. Ni comentarios, ni burlas en el Maipo.

---

[85] En Borroni y Vacca, *op. cit.*, págs. 77-79. Vera Pichel (*Evita íntima...*, cit., pág. 81) incluye una transcripción parcial.

Claro que se trataba de una «dama bien», en tanto que su predecesora había sido «esa actriz de mala fama».[86]

Tradicionalmente, la «primera dama» era designada presidenta honoraria de la Sociedad de Beneficencia. Pero las damas, bastante mayores y bastante oligarcas, argumentaron que «la señora de Perón era demasiado joven para asumir esa responsabilidad». Obviamente, era una mentira descarada. No la querían y no serían ellas quienes le «rindieran pleitesía».

La Sociedad de Beneficencia de Buenos Aires había sido fundada por un decreto del ministro Bernardino Rivadavia en 1823, durante la gobernación de Martín Rodríguez. Originariamente debía ocuparse de «la dirección e inspección de las escuelas de niñas; la dirección e inspección de las casas de expósitos [huérfanos], de la casa de partos públicos y ocultos, hospitales de mujeres, colegios de huérfanas y de todo establecimiento público dirigido al bien de los individuos de este sexo.»[87] Su primera presidenta fue Mercedes Lasala y Riglos, quien ejerció sus funciones en la sede inaugurada el 10 de julio de 1823 en la calle Reconquista, dentro del Convento de los Mercedarios, donde funcionó la institución hasta 1946. Por su directorio pasó lo más «granado» de la rama femenina de la sociedad argentina. Allí se las oía nombrar: eran las Mitre, las Paz, las Santamarina, las Alvear de Bosch, las Sáenz Peña de Saavedra Lamas y las Bunge de Moreno.

La imagen que se tiene de la institución es que era el vehículo para que los millonarios de la Argentina volcaran una ínfima parte de sus incalculables ingresos, que por entonces los colocaban en la cima de los afortunados del mundo. Pero no fue así; los fondos de la Sociedad de Beneficencia provenían mayoritariamente de las arcas estatales: de su presupuesto de 1935, que totalizaba 12.018.094 pesos, 8.715.750 provenían directamente del presupuesto nacional y 2.917.000 de la Lotería Nacional, lo que totaliza 11.632.750 pesos de aportes estatales. Sólo 384.344 provenían de donaciones privadas, de particulares e instituciones como el Jockey Club y el Círculo de Armas, que entre sus socios reunían las fortunas más grandes de la Argentina. Además, un

[86] Pichel, *Evita íntima...*, cit., págs. 82-83.
[87] Carlos Correa Luna, *Historia de la Sociedad de Beneficencia 1823-1852*, Sociedad de Beneficencia, Talleres Gráficos del Asilo de Huérfanos, Buenos Aires, 1923.

porcentaje importante de esta cifra provenía de las colectas anuales. En ellas, los humildes trabajadores y miembros de las clases medias depositaban sus monedas en las alcancías que llevaban, por las calles del centro y por los barrios porteños, las rapadas huérfanas vestidas con humillantes uniformes. Según una crónica del diario *La Nación*, recibían «los estímulos del aplauso y la ayuda del óbolo posible las beneméritas que han probado saber luchar con heroísmo y sobrellevar con resignación y fe los rigores del destino».[88]

En 1946, por iniciativa del senador Diego Luis Molinari, el gobierno peronista decidió intervenir la entidad. En sus considerandos, Molinari decía que «la dirección de la Sociedad de Beneficencia se reduce a un estrecho círculo de damas que se consideran de alcurnia, con exclusión total del coeficiente democrático en todo lo que se refiere a su gobierno y administración».[89] En 1945, de su presupuesto de 22.232.280 pesos, 21.889.906 se destinaban a «sueldos y gastos administrativos»; sólo quedaban 342.374 para las tareas de «beneficencia». El lector podrá pensar que las enfermeras, médicos, mucamas y asistentes de la Sociedad cobraban muy buenos sueldos, porque a ellos también los alcanzaba la «beneficencia»; pero ésta no fue la excepción a la regla que dice que el hilo se corta por lo más delgado: en junio de 1946 el personal de la Sociedad se declaró en huelga en reclamo de aumentos en sus magros ingresos. Por jornadas de trabajo que iban de diez a quince horas diarias, cobraban entre 45 y 75 pesos al mes, cuando el salario mínimo rondaba los 120.

La historia oficial, que ha sido tan «piadosa» y «distraída» con la Sociedad de Beneficencia, reservó toda su «agudeza» y «perspicacia» para cuestionar hasta en sus más mínimos detalles la monumental obra social de Eva Perón.

«*Más allá de lo previsto*»

Evita decidió cortar por lo sano e iniciar por su cuenta la tarea, no de «beneficencia» sino de solidaridad y ayuda social. Según su hermana Erminda:

[88] *La Nación*, 27 de mayo de 1945.
[89] En Marysa Navarro, *op. cit.*

Algo que realmente le hacía daño, algo que no soportaba, era la actitud de humillación o reverencia de quienes iban a pedirle algo. Es que era extraordinaria su delicadeza al dar. Le dolía pensar que su gesto se pudiera confundir con un acto de limosna, cuando lo que sentía era que estaba haciendo justicia. ¿Acaso un acto de justicia debe ser agradecido? Más aún, ante sus humildes en desgracia se sentía en deuda, como esperando que ellos le perdonaran el no haber reparado antes el mal. Sí, ésa fue su auténtica actitud frente a ellos. Cuando alguien le pedía algo en tono de vergüenza le decía de inmediato: No se inquiete ni se avergüence. Ésa es su obligación: pedir por los suyos. Si no lo hace usted, ¿quién lo hará?...
Con frecuencia algunos se arrodillaban, otros querían besarle las manos. Pero con qué ímpetu lo impedía. Ver a un pobre pidiendo de rodillas la lastimaba, no podía admitirlo por nada del mundo. Le hacía tanto daño...
Al principio dio pero pronto exigió que los humildes reclamaran sus derechos, lucharan por ellos cada día con mayor conciencia de una dignidad que se abría paso entre su carga de claudicaciones. Les ayudó a creer en ellos, les hizo valorar su condición humana. ¡Puso en sus manos una hermosa bandera![90]

Instalada en una oficina en el Correo Central, creó la «Campaña pro Ayuda Social María Eva Duarte de Perón». Su tarea comenzaba muy temprano, recibiendo delegaciones obreras. No sólo participaba en la firma de convenios entre obreros y patrones, sino que era parte activa en las negociaciones cuando las circunstancias lo requerían. Pronto esa oficina quedó chica:

Hacía un montón de días que quería conversar sobre el tema pero no se daba. Juan llegaba cansado y escuchaba mis consultas con aire lejano. Todos los días, el regreso a casa era como una cere- monia; yo le contaba lo que había hecho y él me aconsejaba en las respuestas. De ese modo todo quedaba ordenado con mi me- diación, porque quien resolvía era él. Pero una noche me animé...
—Juan —le dije—, tengo que decirte una cosa y no sé si es el mo- mento...

[90] Erminda Duarte, *op. cit.*

–Decí nomás, ¿de qué se trata?
–De la oficinita. Me va quedando chica. La gente se agolpa en
los pasillos y ya ni siquiera allí cabe. Nico me dijo que hagamos
turnos con horarios, pero no se puede. Y yo no sé qué hacer...
Recuerdo que me miró fijo, con esa mirada tan suya de clavar los
ojos y comprender. Sonrió y dijo:
–Andate a la Secretaría [de Trabajo y Previsión]. Tendrás más
espacio. Ocupá mi despacho. Mañana hablo con Freire.[91]
Me brillaron los ojos. No sabía qué decirle ni cómo agradecerle,
casi me pongo a lagrimear... Su despacho. Era mucho más de lo
que había pensado...[92]

Al respecto comentaba Perón:

Yo nunca quise que Evita se transformara alguna vez en una mujer
«de la política». Ella era mi mujer y como tal «hacía» política. Su
tarea era realizar y estaba abocada a emprendimientos que digni-
ficaban al hombre. Evita terminó de una vez y para siempre con la
imagen pasiva de la mujer en la historia argentina, y lo hizo desde
el sitio más encumbrado al que puede aspirar una mujer, que es el
de primera dama, porque demostró no sólo que la pasividad no es
sinónimo de virtud sino que ese puesto de primera dama debe ser
una extensión de la obra política del gobierno. En esto quizás Evita
fue más allá de lo previsto e incomodó a hombres que no podían
tolerar que una mujer consolidara su imagen por mérito propio y a
la vez porque consideraban que la política social era sinónimo de
dádiva y quienes la otorgaban eran los únicos dignos y demostraban
serlo mediante la beneficencia. Evita dejó en claro que la dignidad
es inherente al ser humano y que lo único indigno de esta historia
es que hubiese gente muriéndose de hambre y otros que no tengan
el recurso de contar todo lo que tienen. Evita había demostrado su
muñeca política en la acción directa contra quienes se oponían a
sus proyectos. Digámoslo así: gracias que estuve yo para moderar
su ímpetu que, a pesar de todo, en muchas ocasiones me superó.[93]

[91] José María Freire, secretario de Trabajo y Previsión, cartera que en marzo de
1949 sería elevada al rango de ministerio.
[92] Pichel, *Evita íntima...*, cit., pág. 88.
[93] Pavón Pereyra, *Yo, Perón* cit.

Desde la Secretaría

Desde el despacho que Perón había ocupado en la Secretaría, Evita comenzó a actuar no sólo de receptora de todo tipo de pedidos de ayuda social (que llevaría a transformar la «Campaña» en la Fundación) sino de intermediaria en la relación de Perón con los sindicalistas. Aprendía aceleradamente y seguía el camino ideológico marcado por Perón:

> Yo no auspicio la lucha de clases, pero el dilema nuestro es muy claro. La oligarquía que nos explotó miles de años en el mundo tratará siempre de vencernos. Con ellos no nos entenderemos nunca porque lo único que ellos quieren es lo único que nosotros no podremos darles jamás: nuestra libertad. Para que no haya luchas de clases, yo no creo, como los comunistas, que sea necesario matar a todos los oligarcas del mundo. No. Porque sería cosa de no acabar jamás, ya que una vez desaparecidos los de ahora tendríamos que empezar con nuestros hombres convertidos en oligarquía, en virtud de la ambición, de los honores, del dinero o del poder. El camino es convertir a todos los oligarcas del mundo: hacerlos pueblo… de nuestra clase y de nuestra raza. ¿Cómo? Haciéndolos trabajar para que integren la única clase que reconoce Perón: la de los hombres que trabajan. Pero mientras tanto lo fundamental es que los hombres del pueblo, los de la clase que trabaja, no se entreguen a la raza oligarca de los explotadores. Todo explotador es enemigo del pueblo. ¡La justicia exige que sea derrotado![94]

Eva solía reunirse con dirigentes gremiales que a diario le llevaban sus inquietudes e iba aprendiendo de ellos las buenas y las malas artes del ambiente. Uno de esos sindicalistas, Mauricio Hernán Salovicz, fundador del Sindicato de Choferes y que llegaría a ser protesorero de la CGT, recordaba:

> Conocí a Eva cuando recién se había casado con Juan Perón, en 1945. La primera vez que la vi, fue cuando visité el departamento de la calle Posadas, para que Perón me firmara unos papeles de

---

[94] Eva Perón, *Mi mensaje* cit.

la Secretaría de Trabajo y Previsión, sección automotores. Yo era chofer y militaba en el sindicato. Esa mañana Evita le cebaba mate a Perón. Estaba vestida con un batón color celeste que le resaltaba sus largos cabellos rubios. Recuerdo que en ese momento alguien le decía a Perón que los bomberos estaban por declararse en huelga. Fue entonces cuando Eva intervino y exclamó:

–¡Caramba! ¿Por qué hacen tanto lío con huelgas? ¿Por qué no forman un sindicato y por intermedio de él hacen las reclamaciones? ¿Por qué no se organizan?

Todos nos reímos porque sabíamos que los bomberos, por pertenecer a la Policía Federal, no pueden agremiarse. Era evidente que todavía ignoraba los mecanismos políticos que regían la actividad gremial del país. [...]

Cuando Eva Perón tenía su despacho en la Secretaría de Trabajo y Previsión, solía llamarme para pedirme coches. A veces los usaba ella y otras, muchas, gente que iba a pedirle ayuda. Solía llamarme por teléfono. Una vez, recuerdo, cuando atendí, me dijo:

–Che, Hernán, vamos a ayudar a Deprisco –que era el candidato peronista en la Federación Gráfica Bonaerense– para que gane una elección.

–¿Y de qué manera lo puedo ayudar yo, señora? –le pregunté.

–Tenés que ir a buscar a los votantes con todos los coches que haya disponibles –me ordenó. La elección fue ganada por 17 votos.[95]

Otro dirigente de entonces, Rodolfo Decker,[96] recordaba en una serie de entrevistas:

Indudablemente no podemos decir que ella conocía profundamente este tema porque no había tenido oportunidad, amén del gremio de los artistas radiales, y los contactos que pudiera tener con motivo de los acontecimientos de octubre de 1945.

Entonces, para entrar en conocimiento de esta materia, tomó como secretaria a Isabel Ernst, quien antes había sido secretaria

---

[95] Testimonio de Mauricio Hernán Salovicz, en Borroni y Vacca, *op. cit.*, págs. 142-143.

[96] Decker había sido secretario privado de Domingo Mercante en la Secretaría de Trabajo y Previsión; fue apoderado nacional del Partido Laborista y presidente de la bancada peronista en la Cámara de Diputados de la Nación en 1946.

del entonces teniente coronel Mercante en la Secretaría, de manera que conocía a todos los dirigentes. De allí que en los primeros pininos de Eva, en su relación con los gremios, colaboró Isabel que sabía con quién se podía tener cierta confianza. Antes de las reuniones le relataba la historia de cada uno de esos dirigentes. Más aún, yo he visto que en algunas oportunidades, mientras el gremio esperaba para hablarle, Evita, ocupada atendiendo los problemas de los humildes, era solicitada por su secretaria:

—Señora, disculpe, la están esperando hace una hora.

—Sí, sí, ya voy —contestaba.

Pero antes de entrar a conversar con ellos llamaba a Isabel y le decía:

—Este gremio ¿cómo es?, ¿cuál es su situación?, ¿cuál es su problema?

En esas oportunidades uno se daba cuenta de que Evita tenía una inteligencia intuitiva, extraordinaria. Antes de entrar a la reunión, recibía algunas informaciones sobre las reivindicaciones que estaba solicitando el gremio, un poco de la historia del mismo, cuáles eran sus tareas y su trabajo; y cuando comenzaba a hablar parecía una dirigente, una antigua dirigente de ese gremio, porque se desenvolvía con naturalidad. Yo me quedaba admirado de esa inteligencia intuitiva y natural que tenía Evita.[97]

Temiendo el previsible crecimiento de la figura política de la primera dama, el diputado radical Ernesto Sanmartino presentó en la Cámara baja un proyecto hecho a la medida de Eva Perón:

Las esposas de los funcionarios públicos, políticos y militares no podrán disfrutar de honores ni de ninguna clase de prerrogativas de las que gozan sus maridos, ni pueden asumir la representación de éstos en actos públicos.

El proyecto no hizo mella en la decisión de Evita: tres días después, en representación del Presidente de la Nación, ofició de madrina del séptimo hijo varón de un matrimonio de Avellaneda, acompañada

[97] Rodolfo Decker, *Arreando recuerdos*, Ediciones del Instituto Nacional de Investigaciones Históricas Eva Perón, Buenos Aires, 2008, págs. 64-66.

de Domingo Mercante, gobernador bonaerense.[98] Pronto fue por mucho más, iniciando lo que se convertiría en un rasgo característico del primer peronismo: sus giras por el interior del país. Durante la primera quincena de diciembre de 1946 tuvo lugar su debut, con un viaje a Tucumán en el que recorrió la provincia. En su comitiva, además de Isabel Ernst, iba el dirigente textil Mariano Tedesco, que recordaba:

> Cuando llegamos a Tucumán tuvimos que quedarnos más de media hora dentro del avión, para evitar que la gente que nos había ido a esperar, nos aplastara. Recuerdo que era tanta la cantidad de simpatizantes, que muchos llegaron a herirse gravemente, al ser aplastados. Algunos murieron contra la balaustrada que se había construido alrededor de la Casa de Gobierno de la provincia.
> Esa noche, Perón envió un telegrama porque estaba muy preocupado por la salud de Evita. Cuando lo recibió, Eva se enteró de todo y se emperró en ir a la morgue a ver a las víctimas. Al llegar al depósito de cadáveres, se desmayó, pero rápidamente se recuperó y, terca y obstinada, miró uno por uno los muertos. Esa noche, no cenó.[99]

Evita continuó con su febril actividad de ayuda social y vinculación con los gremios, que sólo sería interrumpida a mediados de 1947 por su viaje a Europa, una gira que cambiaría definitivamente su vida.

[98] Borroni y Vacca, *op.cit.*, págs. 135-136.
[99] Testimonio de Mariano Tedesco, en Borroni y Vacca, *op. cit.*, pág. 141.

El viaje del Arco Iris

Eran tiempos difíciles para el dictador Francisco Franco. Su gobierno sufría el aislamiento al que lo sometían los vencedores de la Segunda Guerra Mundial en castigo por su excesiva cercanía con sus colegas de ideas, Hitler y Mussolini. La *Declaración sobre la Europa liberada*, incluida en los acuerdos firmados por los jefes aliados en la conferencia de Yalta,[1] había establecido que los países europeos debían reorganizarse como repúblicas representativas. La España franquista se encontraba muy lejos de cumplir con este modelo de gobierno. Para cambiar su imagen y recibir apoyo económico a cambio de esta transformación, en 1946 el régimen de Franco dio a conocer el *Fuero de los Españoles* que proclamaba la libertad de expresión, de asociación y de seguridad jurídica, derechos que, sin embargo, podían ser suspendidos por voluntad del Estado. Ese tibio intento no bastó, y España siguió aislada, sin participación en foros internacionales. En aquellas Naciones Unidas que sancionaban a los gobernantes responsables de crímenes de lesa humanidad, entre el 3 y el 12 de diciembre de 1946 la mayoría de los países votó retirar sus representaciones diplomáticas de Madrid.[2] Incluso la Unión Soviética llegó a describir al régimen español como una amenaza para la paz y la seguridad. Sin embargo,

---

[1] Conferencia celebrada en la ciudad de Yalta (Crimea) del 4 al 11 de febrero de 1945, meses antes de concluir la guerra en Europa, por los jefes de las principales naciones aliadas, Franklin Delano Roosevelt (Estados Unidos), Winston S. Churchill (Gran Bretaña) y José Stalin (Unión Soviética). En ella acordaron proseguir la guerra hasta obtener las rendiciones incondicionales de Alemania y de Japón, y establecieron las bases de lo que debía ser el «orden mundial» después de la guerra, incluido un reparto mundial de «zonas de influencia» entre las grandes potencias.

[2] Como señala Vera Pichel (*Evita íntima...*, cit., págs. 112-113), la «Argentina, por intermedio de su embajador ante las Naciones Unidas, doctor José Arce, votó en contra, junto con Costa Rica, la República Dominicana, Ecuador, El Salvador y Perú».

en ese momento bajo el ala protectora de los gobiernos de Estados Unidos y Gran Bretaña, que preferían tolerar a un gobierno considerado fascista antes que permitir una revolución republicana, Francisco Franco pudo sobrevivir a las presiones.[3] Más tarde, ya reintegrado a la «comunidad internacional» y como aliado de las grandes potencias occidentales, gobernaría hasta su muerte, en 1975.

La solidaridad argentina

En esas circunstancias, la Argentina sostuvo la doctrina de no intervención en asuntos internos de otros países (reconocida en la Carta fundacional de las Naciones Unidas) y se negó a retirar a su embajador en Madrid. Según señalan Daniel Cipolla, Laura Macek y Romina Martínez:

> Perón tenía muchas razones para cooperar con España, motivos estratégicos, económicos y culturales, que le permitirían trasladar su rivalidad con los Estados Unidos a la arena de Europa: frente al Plan Marshall,[4] Argentina lanzaría también un plan de ayuda a los países devastados por la guerra, y el convenio económico más importante de hecho fue el firmado con España días después de que [el presidente estadounidense] Truman declarara su exclusión de dicho plan. Las relaciones que Argentina buscaba fortalecer con este país pueden ser explicadas también como parte de la estrategia del gobierno peronista para demostrar que la Argentina mantenía una verdadera política exterior independiente y que no se sometería a los dictámenes de Estados Unidos.[5]

[3] Damián Cipolla, Laura Macek y Romina Martínez, *La embajadora de la paz. La gira internacional de Eva Perón*, Ediciones del Instituto de Investigaciones Históricas Eva Perón, Buenos Aires, 2008, págs. 77-80.

[4] En junio de 1947 el gobierno estadounidense anunció un «Programa para la Recuperación de Europa», con ayuda financiera extraordinaria para reconstruir, luego de la guerra, las economías de los países europeos que reuniesen ciertas condiciones y que la solicitasen. El programa fue mundialmente conocido como «Plan Marshall», ya que fue ideado por el secretario de Estado norteamericano, el general George Marshall. Tuvo una vigencia de cuatro años fiscales a partir de 1947 y durante ese período, los Estados europeos que entraron en el plan (los «occidentales») recibieron un total de 13.000 millones de dólares de la época (más de 113.000 millones a valores de comienzos de 2012).

[5] Cipolla, Macek y Martínez, *op. cit.*, págs. 79-80.

Esa posición se basaba en la doctrina que poco después sería llamada de la Tercera Posición, anunciada como una política social internacional de orientación cristiana, cuyos ejes centrales estaban basados en la paz, el desarrollo, la equidad y el respeto por la persona humana. Así lo expresaba el mismo Perón al inaugurar las sesiones del Congreso Nacional, el 1° de mayo de 1950:

> En el orden político, la Tercera Posición implica poner la soberanía de las naciones al servicio de la humanidad en un sistema cooperativo de gobierno mundial. En el orden económico, la Tercera Posición es el abandono de la economía libre y de la economía dirigida por un sistema de economía social al que se llega poniendo el capital al servicio de la economía. En el orden social, la Tercera Posición entre el individualismo y el colectivismo es la adopción de un sistema intermedio cuyo instrumento básico es la justicia social. Ésa es nuestra Tercera Posición, que ofrecemos al mundo como solución para la paz.[6]

El 30 de octubre de 1946, unos meses antes de la resolución de la ONU que afectaría a España, la Argentina y el gobierno de Franco habían firmado un convenio bilateral, comercial y de pagos, en el cual se aseguraba el abastecimiento de cereales a España. Por este convenio la Argentina se comprometía a

> [...] vender a España un mínimo de cuatrocientas mil toneladas de trigo en 1947, trescientas mil en 1948 y cubrir con sus ventas el noventa por ciento de las necesidades que España no pudiese satisfacer con su propia producción entre los años 1949 y 1951. Por su parte España se comprometía a enviar a cambio palanquillas, chapas negras, plomo, corcho, y asimismo saldar las deudas que se habían acumulado. El capítulo VI preveía el tema de la emigración española a la Argentina porque el gobierno peronista buscaba mantener el flujo migratorio en cien mil inmigrantes por año, especialmente técnicos de diversas clases, ingenieros,

[6] Juan Domingo Perón, «Mensaje del Presidente Perón al inaugurar las sesiones del Congreso Nacional. 1° de mayo de 1950», en Perón, *Obras completas*, Tomo XII, Vol. 1, Fundación pro Universidad de la Producción y del Trabajo/Fundación Universidad a distancia «Hernandarias», Buenos Aires, 1999, pág. 147.

peritos, expertos, electricistas que contribuirían al desarrollo de la modernización.[7]

Recordaba Perón:

Ya se habían aplicado las sanciones diplomáticas y mi temor era que se aplicaran también a continuación las sanciones económicas, porque habíamos sido muy pocos los que nos pusimos al lado de España. La Argentina mandó medio millón de toneladas de trigo porque en España la penuria era dramática, no había pan, se habían perdido dos cosechas, el momento era angustioso. Creo sin hipérbole que nosotros salvamos a España en aquella ocasión crítica porque, si nosotros no hubiéramos enviado víveres, probablemente las Naciones Unidas hubieran aplicado el bloqueo económico, el cual carecía de eficacia desde el momento en que la Argentina suministraba a los españoles carne, pan, harina y trigo; materias primas que entonces eran de un valor incalculable porque producían divisas. Era una época de hambre en todo el mundo. No existían reservas de trigo. Para nosotros fue un verdadero sacrificio económico, porque los víveres que enviábamos a España no provenían de sobrantes inservibles o de difícil venta.[8]

En otra ocasión Perón declaró:

Hoy se habla mucho del Plan Marshall. No quiero pecar de inmodestia, pero creo que se puede decir sin temor a faltar a la verdad que el primer Plan Marshall lo pusimos en práctica nosotros, los argentinos, socorriendo a los hambrientos, sin pedirles nada, sin pretender de ellos ninguna compensación de carácter político.[9]

[7] Cipolla, Macek y Martínez, *op. cit.*, págs. 81-82, basados en la *Memoria del Ministerio de Relaciones y Culto, Período 1946-1947*, pág. 163 y el «Acuerdo comercial hispano-argentino, firmado en Buenos Aires el 30 de octubre de 1946», Archivo del Ministerio de Asuntos Exteriores de España, R 1756/9.

[8] Juan Domingo Perón, *Yo, Juan Domingo Perón. Relato autobiográfico recogido por Torcuato Luca de Tena, Luis Calvo y Esteban Peicovich*, Planeta, Buenos Aires, 1976.

[9] Juan Domingo Perón, *Obras completas* cit.

Durante la crisis de 2001 el hambreado pueblo argentino esperó una actitud de reciprocidad histórica por parte del gobierno español, que por entonces estaba en manos del derechista José María Aznar. Pero el amigo hispánico del presidente norteamericano George W. Bush y defensor de las empresas españolas que habían saqueado la Argentina en los '90, se encogió de hombros y fue el pueblo español y no su gobierno el que transformó el recuerdo en solidaridad.

La enviada de Perón

Con la firma de esos acuerdos y como reconocimiento al apoyo económico argentino, la España franquista invitó a través de su embajador en Buenos Aires, José María Areilza, conde de Métrico, al presidente Perón a visitar la península.

El canciller Bramuglia, de origen socialista, planteó que no era conveniente visitar un país cuyo gobierno era acusado de simpatías nazi-fascistas. Perón decidió enviar en su nombre y en representación de la «Nueva Argentina» a la primera dama. Franco le confirmó que personalmente recibiría a Eva con los honores correspondientes a un jefe de Estado. A la invitación de España se sumaron las de los gobiernos de Portugal, Francia e Italia.

El viaje de tres meses fue planeado por la propia Evita y sus colaboradores más cercanos, con el asesoramiento de la Cancillería. Perón sugirió incorporar como acompañante a Francisco Muñoz Azpiri[10] para que colaborara en la elaboración de sus discursos. También recomendó pedirle al padre Hernán Benítez, quien se encontraba en España, que gestionase una audiencia con el papa Pío XII en el Vaticano y allanara el camino para que la visita a Francia no tuviera sobresaltos.

A las 16.20 del 6 de junio de 1947, dos días después de que el gobierno presidido por su marido festejara su primer año en el poder, Evita partió a Europa con una comitiva integrada por su dama de compañía, Lillian Lagomarsino de Guardo; dos diplomáticos enviados por el gobierno español: López de Haro, marqués de Chinchilla, y el conde Foxá; los edecanes teniente coronel Jorge Ballofet y capitán de fragata

---

[10] Como vimos en el capítulo 2, el periodista y escritor Francisco Muñoz Azpiri (1916-1968) había sido el guionista de varias historias del radioteatro «Mujeres ilustres» interpretadas por Evita.

Adolfo Gutiérrez; el hermano de Evita, Juan Duarte; el *coiffeur*, Julio
Alcaraz; Juanita y Asunta, modistas de Evita; el empresario naviero
Alberto Dodero; el doctor Francisco Alsina, médico personal de Evita;
Emilio Abras, su fotógrafo; su secretario privado, Carlos Puig; el periodista Valentín Thiebaud, y el autor de los discursos de Evita, Francisco
Muñoz Azpiri. El avión era un Douglas Skymaster 1009 de Iberia de
42 plazas, modificado para la ocasión. La máquina española despegó
escoltada por un DC-4 de la Flota Aérea Mercante Argentina (FAMA)
que transportaba el equipaje de Evita y a sus acompañantes.

Lillian Lagomarsino de Guardo era la esposa del presidente de la
Cámara de Diputados, Ricardo Guardo, y hermana del secretario de
Industria y Comercio de Perón, Rolando Lagomarsino. Fue una testigo
de primer orden de la gira europea de Evita:

> En uno de esos días en que íbamos a almorzar, el general se va a
> lavar las manos y cuando sale —yo no me lo voy a olvidar nunca,
> Perón secándose con la toalla— me dice: «Lillian, me dicen que
> usted no quiere ir con Evita a Europa». «No —le dije—. No es que
> no quiera, es que tengo un bebé todavía de meses y tengo tres
> niñas en las peores edades (7, 9 y 11) y no me atrevo a dejarlas,
> aunque sé que me ausentaría quince días nada más». El general
> me dijo: «Sí, la comprendo perfectamente. Comprendo su manera
> de pensar, pero si usted no va, no la dejo ir a Eva. Yo la dejo ir si
> usted la acompaña». Lo cierto es que en ese mismo momento yo
> le dije al general que la iba a acompañar. Y así fue como comenzó
> el viaje de las mil y una noches. El único inconveniente fue que
> en vez de quince días, fueron tres meses.[11]

Las despedidas

El acto de despedida fue organizado el 5 de junio por la CGT en Plaza Italia, con un brindis posterior nada más ni nada menos que en la
Sociedad Rural Argentina.

Según el diario *Democracia*, la concurrencia fue de 500.000 personas. Vera Pichel, en cambio, afirma que Eva Perón habló ante una

[11] Lillian Lagomarsino de Guardo, entrevista del autor.

multitud de 100.000 personas y recuerda que la Conferencia de Mujeres Socialistas repudió el acto mediante una resolución que decía:

1. Que las mujeres socialistas no se sienten representadas por esa señora.
2. Que deploran y repudian el título Honoris Causa conferido por la Universidad de La Plata.
3. Que lamentan que el gobierno de Francia, donde se hallan representados tan gran número de compañeros socialistas, la haya invitado oficialmente a visitar Francia.[12]

Ese mismo día, en un anticipo de lo que años después serían las acciones de «comandos», grupos antiperonistas interfirieron la señal LR3 Radio Belgrano, durante la transmisión de los discursos, con mensajes que acusaban a Perón de «traidor».[13]

El avión de Evita lucía un lujoso dormitorio con dos camas, un salón comedor y otro de reuniones. Allí juntó Evita a la heterogénea comitiva y le dijo: «Voy a pedirles que se porten bien. En todo el mundo nos están mirando y algunos esperan que metamos la pata para caernos encima. No vayan a hacer macanas».[14]

Para muchos integrantes de la comitiva, era la primera vez que subían a un avión. La aviación comercial recién empezaba a cobrar gran impulso, luego de la guerra; el tráfico aéreo de pasajeros no tenía aún ni las frecuencias ni la habitualidad que alcanzaría dos décadas después y los accidentes eran frecuentes. Evita estaba asustada, caminaba a lo largo de la máquina, hasta que se retiró a su cuarto y escribió esta carta, una especie de testamento, que expresaba el temor de sufrir un accidente y morir durante el viaje:

Querido Juan:
Salgo de viaje con una gran pena, pues lejos de ti no puedo vivir, es tanto lo que te quiero que es idolatría. Yo tal vez no sepa demostrarte todo lo que siento pero te aseguro que luché en mi vida por la ambición de ser alguien, sufrí mucho, pero llegaste tú

[12] Declaración publicada en *La Vanguardia*, en Pichel, *Evita íntima...* cit., pág. 115.
[13] Borroni y Vacca, *op. cit.*, pág. 160.
[14] Citado por Rodolfo Tettamanti, *Eva Perón*, colección «Los Hombres de la Historia», Centro Editor de América Latina, Buenos Aires, 1968.

y me hiciste tan feliz que pensé que fuera un sueño y como no
tenía más que ofrecerte que mi corazón y mi alma te lo entregué
por completo, pero eso sí, en nuestros tres años de felicidad cada
día mayor, no dejé una hora de adorarte y bendecir al cielo por lo
bueno que fue Dios al darme el premio de tu cariño, que traté en
todo instante de merecerlo haciendo todo lo posible por hacerte
feliz, no sé si lo logré, pero puedo asegurarte que en el mundo
nadie te ha respetado ni querido más; te soy tan fiel que si Dios
no quisiera en esta felicidad de tenerte y me llevara, aun después
de muerta te sería fiel y te seguiría adorando desde las alturas;
Juancito querido, perdóname estas confesiones pero es necesario
que sepas en el momento que parto y estoy en manos de Dios y
no sé si me pasa ningún accidente que tu mujer con todos sus defectos, tú llegaste a purificarme porque vivo por ti, siento por ti y
pienso por ti; cuidate, el gobierno es ingrato, tienes razón, si Dios
quiere y terminamos esto bien nos retiramos a vivir nuestra vida
que yo trataré de hacerte lo más feliz que pueda pues tus alegrías
son las mías. Juan, si yo muriera a mamá cuidala por favor, está
sola y sufrió mucho; dale 100.000$, a Isabelita [Ernst],[15] que te
fue y es fiel, 20.000$ y un mejor sueldo, y yo desde las alturas
velaré por ti; mis alhajas quiero que las guardes tú, lo mismo
San Vicente[16] y Teodoro García[17] para que te acuerdes de tu
Chinita que tanto te quiso, a doña Juana está demás que te pida
porque sé que la quieres como yo; lo que pasó que como vivimos
nuestra eterna luna de miel no demostramos nuestro cariño para
con la familia aunque la queremos. Juan, tené siempre de amigo
a Mercante porque te adora y que siempre sea colaborador por lo
fiel que es. De Rudi [Freude],[18] cuidado; le gustan los negocios.

[15] Isabel Ernst había sido estrecha colaboradora de Domingo Mercante en la Secretaría de Trabajo y Previsión y fue secretaria gremial de la Presidencia durante
el primer gobierno de Perón. Luego colaboró con Evita en la Fundación de Ayuda
Social.

[16] Se refiere a la quinta de esa localidad bonaerense, actual Museo Quinta 17 de
Octubre.

[17] Se trataba de un *petit-hotel* en Teodoro García 2102, de la Capital, que Evita
había comprado gracias al contrato firmado con Radio Belgrano en 1943.

[18] Rodolfo Freude, hijo del empresario alemán Ludwig Freude (al que se acusó de
actuar en vinculación con los servicios de inteligencia nazi, a través de la embajada). A «Rudi», vinculado a Juan Duarte, se lo ha señalado como el coordinador

Castro me lo dijo y puede perjudicarte mucho; yo lo que quiero
es tu nombre limpio como tú eres; además es doloroso pero debes
saberlo: lo que mandó hacer en Junín, Castro lo sabe, te juro es
una infamia (mi pasado me pertenece, pero eso, en la hora de mi
muerte debes saberlo, es mentira todo; es doloroso querer a los
amigos y que le paguen así; yo salí de Junín cuando tenía trece
años; qué canallada pensar de una chica esa bajeza; es totalmente
falso; yo a ti no te puedo dejar engañado, no te lo dije al partir
porque ya tenía bastante pena al separarme de ti para aumentar
con ésta pero puedes estar orgulloso de tu mujer pues cuidé tu
nombre y te adoré). Muchos besos, pero muchos besos, besos...
Evita, 6 de junio de 1947.[19]

Apoteosis en Madrid

El vuelo hizo escalas en la ciudad brasileña de Natal y en la que todavía
aparecía en los mapas como Villa Cisneros (la actual Dajla), capital
del llamado «Sahara español», por entonces remanente del imperio
colonial hispano en África, donde la comitiva pasó la noche. Allí tuvo
la primera recepción de autoridades españolas, entre ellas el canciller
Martín Artajo y el secretario de Franco. Al día siguiente, y tras otra
escala en Las Palmas (Canarias), finalmente llegó a Madrid.[20]

Unas 300.000 personas se habían reunido aquella tarde del 8 de
junio en el aeropuerto de Barajas para esperar a Evita, la Dama de la
Esperanza. Recibió la bienvenida de la propia persona del dictador y
su esposa, Carmen Polo de Franco, con una música de fondo que el
triunfador de la sangrienta guerra civil no sabía si era o no maravillosa: una melodía que decía «Franco y Perón, un solo corazón».

La embajada argentina en España y la alcaldía de Madrid llamaron
a la población a darle a la enviada de nuestro país un recibimiento
fuera de lo común:

---

del arribo al país, con documentación fraguada, de jerarcas y criminales de guerra
nazis entre 1945 y 1949.

[19] Esteban Peicovich, *El último Perón*, Cambio 16, Madrid, 1975. Para facilitar la
lectura fueron corregidas la ortografía y la puntuación.

[20] Marysa Navarro, *op. cit.*, págs. 148-149.

Mañana domingo, a las ocho de la tarde, hará su entrada en nuestra capital, acompañada de las más altas jerarquías nacionales,
la Excma. Sra. Doña María Eva Duarte de Perón, esposa de Su
Excelencia el presidente de la República Argentina, siguiendo
la comitiva el recorrido calle de Alcalá, Cibeles, avenida de José
Antonio, plaza de España y camino de El Pardo. Con este motivo cumple esta Alcaldía el gratísimo deber de invitar a todo el
vecindario a que haga acto de presencia en dichas calles para
testimoniar el cariño y admiración que el pueblo de Madrid ha
sentido siempre por la nación hermana rogando se engalanen los
balcones, como muestra del júbilo que sentimos por la presencia
entre nosotros de tan distinguida dama.[21]

Eva llegó al aeropuerto de Barajas a las 20.37 del 8 de junio de
1947. Lilian Lagomarsino de Guardo, testigo presencial, lo cuenta así:

El recibimiento fue ¡apoteótico! Algo muy difícil de describir. Todo
el aeropuerto engalanado, lleno de flores y de banderas argentinas
y españolas.
No menos de cuatro horas fueron necesarias para atravesar Madrid y alcanzar la carretera de El Pardo. Comentaban luego los
periódicos que se hallaban presentes representantes de todos los
sectores políticos de España, aun los opuestos al gobierno de
Franco. Por primera vez, desde el término de la Guerra Civil
Española, cedían los antagonismos ideológicos a un sentimiento
unánime que brotaba en gritos: «¡Viva España! ¡Viva Argentina!»[22]

Durante el franquismo, los matutinos no aparecían los lunes, ya
que el domingo era día obligado de descanso del personal de los talleres gráficos; hubo entonces que esperar al martes 10 de junio para
que el tradicional diario *ABC* reflejara así el recibimiento:

El Jefe del Estado Español salió a su encuentro acompañado por
su esposa e hija, y, visiblemente emocionado, besó la mano de la

[21] *Arriba*, 7 de junio de 1947 y *ABC*, 8 de junio de 1947, en Cipolla, Macek y
Martínez, *op. cit.*, págs. 73-74.
[22] Lillian Lagomarsino de Guardo, *Y ahora... hablo yo*, Sudamericana, Buenos
Aires, 1996, págs. 125-126.

ilustre dama y le dio la bienvenida más cordial y entusiasta. La esposa del presidente argentino, agradeció en emocionadas palabras el recibimiento. Seguidamente, el Generalísimo presentó a su esposa, cambiándose entre ambas damas afectuosas palabras. Luego le fueron presentados sucesivamente los miembros del Gobierno, presidente de las Cortes, obispo de Madrid-Alcalá y demás autoridades. Entre tanto el público no cesó de vitorear a Franco y a Perón.

La Diputación madrileña ofrendó a la ilustre dama un monumental ramo de flores. El Jefe del Estado y la esposa de Perón pasaron revista a las fuerzas, y una batería instalada en las inmediaciones disparó las salvas de ordenanza. Terminada esta ceremonia, y siempre entre las aclamaciones del público, la esposa del general Perón y el Caudillo ocuparon un automóvil para trasladarse a Madrid y en otro vehículo, lo hacían la esposa del Caudillo y el ministro de Asuntos Exteriores. La despedida fue tan clamorosa como entusiasta y en la carretera del aeropuerto de Madrid, agolpado, el vecindario acogió el paso de la comitiva con fervorosos vítores. Fuerzas del Ejército, mandadas por el general González Antonini, cubrieron el trayecto que había de recorrer la comitiva a lo largo de la calle Alcalá. En ambas aceras la aglomeración y el gentío fue enorme. Desde bien temprano, muchísima gente portaba banderas españolas y argentinas y pancartas de bienvenida a la ilustre viajera. El aspecto era francamente magnífico, aumentando el entusiasmo a medida que el tiempo pasaba. Los balcones aparecían engalanados, así como los postes del tranvía y los de la luz.

A las nueve de la noche, se iluminaron la fuente de la Cibeles, la Puerta de Alcalá, la estatua del Espartero y la Gran Vía, que era una verdadera ascua de luz. Justamente a esa hora llegaban los coches ocupados por la esposa del presidente Perón y el Generalísimo Franco, que en todo el trayecto fueron aclamados entusiástica y fervorosamente. El alcalde ofreció a la esposa de Perón un magnífico ramo de flores, como igualmente otro a la esposa del Generalísimo Franco. Doña María Eva Duarte de Perón no ocultaba su emoción. El pueblo de Madrid, este pueblo que apenas si hace unas horas se había congregado para reiterar su adhesión inquebrantable al Caudillo Franco, le había tributado una bienvenida como no se recuerda. Hacia las diez de la noche llegaba la comitiva a la residencia oficial del Jefe del Estado, en El Pardo.[23]

Toda la prensa internacional se hizo eco de la visita. El *New York Times* tituló en primera página «Madrid perteneció a Evita», y la influyente revista *Time* decía, con cierta sorna:

> Desde la bienvenida de Himmler en 1940,[24] el régimen franquista no había organizado una recepción tan estruendosa como la que ofreció a la vistosa y rubia esposa del presidente argentino Juan Perón. [...] el hecho es que el entusiasmo de Madrid fue real y no el espectáculo sintético que los madrileños están acostumbrados a dar a Franco.[25]

El miedo a la soledad

¿Cómo impactó en Evita ese recibimiento? Nadie mejor que su más cercana acompañante, Lillian Lagomarsino de Guardo, para saberlo:

> Cuando nosotras llegamos a España nos hospedaron en el palacio de El Pardo que es enorme −no es el palacio de Oriente que es el oficial−[26]. Era muy grande y a Evita le dieron un dormitorio muy grande que daba a los jardines. Su alfombra era gris, tenía una cama rosa preciosa, tenía una corona dorada y de ella caía un dosel muy delicado; era una belleza. Entonces la primera noche que llegamos le dieron a ella su habitación y después había

[23] *ABC*, 10 de junio de 1947, en Borroni y Vacca, *op. cit.*, págs. 161-163.

[24] El jefe de las SS, Heinrich Himmler, había visitado Madrid en octubre de 1940 para coordinar el encuentro entre Hitler y Franco, realizado en Hendaya el 23 de ese mismo mes.

[25] *Time*, 23 de junio de 1947, citado por Marysa Navarro, *op. cit.*, pág. 153.

[26] Los palacios de Oriente (dentro de Madrid) y de El Pardo (en las afueras de la capital) son dos de las tradicionales residencias de la familia real española. Durante la República (1931-1939) y durante la dictadura de Franco, el palacio de Oriente se mantuvo principalmente como patrimonio histórico y museo. En 1940, Franco adoptó El Pardo como su residencia oficial; desde la reinstauración de la monarquía, se lo destina para recibir a jefes de Estado y autoridades extranjeras en visita oficial.

una habitación de roperos para poner la ropa de ella y después mi cuarto que era estilo Imperio. Entonces me arreglé, me acosté y empecé a hacer un resumen de lo que habíamos visto ese día. Yo pensaba llevar un diario de viaje, cosa que no pudo suceder porque nunca tuve tiempo de escribirlo. Entonces, cuando estaba intentando escribir suena el teléfono en mi mesita de noche: «Lilliancita...» –cuando Evita me decía «Lilliancita» es que me iba a pedir algo muy gordo–. «Sí, señora, estoy acá escribiendo lo que vimos hoy». «Venga acá así intercambiamos ideas y me entero de lo que está poniendo», me dijo. Y me fui para allá. A ella le había llamado mucho la atención ese día la visita a la tumba de los reyes católicos. Entonces, me preguntó si no había puesto lo de la almohada. Yo ni me acordaba de la almohada, que era que la almohada de Fernando estaba más recta, con poco movimiento, en cambio la de Isabel estaba bien hundida. A Evita le había llamado la atención. «Porque, ¿vio, Lillian? Dicen que el cerebro de Isabel era más pesado que el de Fernando», me dijo. Entonces lo puse. Cuando un rato después ya no podía más, y veía que ella empezaba a dormirse –como hacía con mis chicos– comencé a irme despacito, despacito. Pero cuando llegué a la puerta escucho: «Lilliancita, Lilliancita». Después de tres tentativas le dije: «Mire, señora, mañana vamos a estar horribles las dos. Tenemos que descansar, que dormir. No puede ser que nos pasemos toda la noche conversando. Yo la dejo». Entonces, con una humildad que a mí me emocionó muchísimo me dijo: «¿Sabe, Lillian? Tengo miedo». Y a mí me hizo tanto efecto esa confesión de ella. Fue tan humilde, que me acomodé en el silloncito y dormí ahí.[27]

Ese acompañamiento nocturno se hizo habitual y llevó a cambios en el «protocolo»:

[...] después nos acostumbramos las dos a que yo me quedara en el silloncito y que le contara cosas. Entonces, pensé que realmente se iba a quedar sin acompañante, porque yo me iba a morir con ese tren de vida. Entonces, un día salimos, adelante iban en el auto el general Franco y Evita y en el otro auto iba la señora

[27] Lillian Lagomarsino de Guardo, entrevista del autor.

Carmen Polo, la esposa de Franco, y yo. La señora de Franco me hacía hablar y como sabía que yo tenía unos niñitos me hablaba de ellos y ese día yo aproveché y le pedí una cosa: «Mire, nosotras estamos acostumbradas con Evita a estar conversando a la noche y yo me quedo en un silloncito. Yo le quería pedir si me podrían poner un catrecito al lado de su cama para poder descansar». «¡Ay! ¡Cómo no me lo dijo antes!», me dijo. Era muy agradable. Cuando llegamos al palacio después de esa visita, nos vamos al dormitorio y nos encontramos con que había una tarima más grande, dos camas de palo de rosa, dos coronas y dos doseles de encaje. Entonces, Evita me preguntó qué era eso. Yo le dije: «Mire, señora, yo le dije a doña Carmen que me pusiera un catrecito, pero parece que se le fue la mano». Ésa fue la anécdota. Desde entonces nos ponían los cuartos con dos camas juntas para que no estuviéramos separadas.[28]

Un día muy particular

El día de gloria sería el siguiente al de su arribo a España. El gobierno había decretado feriado en la capital para que todo Madrid pudiera concurrir a la Plaza de Oriente a ver y a oír a Evita. La multitud irrumpió en vítores cuando salió con Franco a los balcones del Palacio Real. Curiosamente, el representante de las ideas más retrógradas y reaccionarias, el heredero ideológico de los conquistadores y genocidas de América, lucía en su pecho la condecoración que le otorgó el gobierno argentino: la Orden del Libertador de América José de San Martín, el hombre que liberó medio continente del dominio absolutista español. El «Generalísimo» trataba de absorber algo del carisma de Evita, mientras le imponía la Orden de Isabel la Católica,[29] la reina

---

[28] Ibídem.

[29] La Gran Cruz de Isabel la Católica había sido instituida nada menos que por Fernando VII, el 14 de marzo de 1815, como «Real y Americana Orden de Isabel la Católica», en momentos en que el rey lanzaba expediciones para reconquistar las ex colonias que, desde 1810, habían iniciado, revoluciones y guerras mediante, el camino de su independencia. La finalidad de esa condecoración era «premiar la lealtad acrisolada a España y los méritos de ciudadanos españoles y extranjeros en bien de la Nación [léase el imperio español] y muy especialmente en aquellos servicios excepcionales prestados a favor de la prosperidad de los territorios ame-

que, junto a su marido, el también católico rey Fernando, inició el genocidio americano. Un Franco desconocido dijo, como si estuviese emocionado:

Si no existieran tantas causas y razones para encender en este día nuestro entusiasmo, bastaría, señora, el conocer la preocupación social y la inquietud por los humildes que florece en vuestra nación, y la gran obra de asistencia, reivindicación y dignificación de los trabajadores que en vuestro país lleváis a cabo.[30]

La primera dama argentina incomodaba al dictador con sus palabras:

El general Franco siente en estos momentos la misma emoción que Perón experimenta cuando es aclamado por los descamisados. La Argentina marcha hacia delante, porque es justa consigo misma, y porque en la cruzada de su batalla por su pan y su salario, supo elegir entre la falsa democracia engañosa y la real democracia distributiva, donde las grandes ideas se llaman por nombres tan simples como esto: mejor paga, mejor vivienda, mejor vida...[31]

En esa ocasión, según Guillermo D'Arino Aríngoli,

Eva promete paliar el hambre de la madre patria en apuros, con la carne y el cereal argentino. El régimen [peronista] cumple la promesa enviando 400.000 toneladas de trigo, 120.000 toneladas. de maíz, 20.000 toneladas de carne congelada y 5.000 toneladas de carne salada; además de 10.000 toneladas de lentejas, 8.000 de aceites comestibles, 16.000 tortas oleaginosas y 50.000 cajas de huevos en barcos que parten de Argentina en 1947. [...]
A mediados del año siguiente, el gobierno de Perón concede a España un crédito de 1.750 millones de pesetas (más de 400 millones de dólares), pagaderos a cuatro años. «En pesetas para que nuestra Madre Patria −remarca un comunicado− no tenga que

---

ricanos y ultramarinos». La orden fue reorganizada en 1847, quitándole el nombre de «Americana». Véase Cipolla, Macek y Martínez, *op. cit.*, pág. 74.
[30] En Borroni y Vacca, *op. cit.*
[31] En Barnes, *op. cit.*

desembolsar sus divisas». Perón también le asegura a Francisco Franco la provisión de trigo hasta 1951, y encarga la construcción de barcos mercantes por un total de cien mil toneladas a los astilleros españoles.

El Caudillo resuelve en agradecimiento bautizar el puerto de Cádiz con el nombre de «General Perón» y franquear allí la entrada de naves argentinas.[32]

En realidad, se trató de la firma el 9 de abril de 1948, luego del viaje de Evita, del protocolo adicional al tratado comercial vigente desde 1946. Como señalan Cipolla, Macek y Martínez, el aumento en el crédito otorgado a España «implicaba un considerable incremento en la exportación argentina a España, que se había convertido así en el cuarto cliente luego de Gran Bretaña, Estados Unidos e Italia». Más allá del homenaje a Perón en el nombre, las facilidades portuarias otorgadas en Cádiz significaban para la Argentina la concesión de una zona franca para nuestras exportaciones destinadas a otros países de Europa.[33]

Por las calles de Madrid

Terminado el acto, y con un calor insoportable, Evita le pidió a Carmen Polo de Franco que la llevara a recorrer los barrios pobres de Madrid. Doña Carmen pensó que se trataba de un paseo en automóvil; pero no conocía a Evita, que no paró hasta recorrer a pie las callejuelas y entrar a decenas de casas donde se interiorizó de los problemas de sus habitantes y les dejó miles de pesetas en donaciones.

Lillian Lagomarsino de Guardo relata así esa experiencia inusual en la España franquista:

> Por nuestra cuenta fuimos a visitar los suburbios de Madrid, sin compañía oficial —aunque hubo un recorrido que hicimos con la señora de Franco—. La señora de Perón quería ver con sus propios ojos cómo vivían los pobres. La reconocieron enseguida, le dieron

[32] Guillermo D'Arino Aríngoli, *La Propaganda peronista (1943-1955)*, Maipue, Buenos Aires, 2006, pág. 168.

[33] Cipolla, Macek y Martínez, *op. cit.*, pág. 82.

innumerables muestras de cariño y les contó cómo trabajaba en la Argentina para que cada vez hubiera más justicia social. Quiso ver la realidad y lo logró. Se metió en los barrios, recorrió esas calles de barro similares a las de nuestro país, entró en las casas. A todos escuchaba, a todos sonreía, a todos besaba.[34]

Evita, menos diplomática, recordará así el episodio:

Una vez casi nos peleamos con la mujer de Franco. No le gustaba ir a los barrios obreros, y cada vez que podía los tildaba de «rojos» porque habían participado en la guerra civil. Yo me aguanté un par de veces, hasta que no pude callarme más y le respondí que su marido no era un gobernante por los votos del pueblo, sino por imposición de una victoria. [...] Le comenté cómo ganaba Perón las elecciones y cómo gobernaba, porque la mayoría del pueblo así lo había determinado. A la gorda no le gustó para nada, y yo seguí alegremente contando todo lo bueno que habíamos logrado. Por ahí quiso largarme una estocada: «Los obispos vuestros —dijo— pueden dar razón de las tropelías de los rojos...» «Señora —contesté—, cuando se fomentan guerras hay que aguantar sus resultados. El general Franco gobierna tras la guerra, y es fácil tildar de colores a sus participantes. Nuestros obispos se ocupan de cosas argentinas». Y así corté la conversación. Desde ese día cada vez que podía eludir un compromiso de acompañarme, lo hacía. Claro que yo, cada vez que pasábamos frente a un palacio comentaba: «Qué hermoso hospital se podría hacer aquí para el pueblo», porque los hospitales eran una ruina y la pobre gente tenía que atenderse en ellos porque no tenían otra cosa.[35]

A la noche hubo una recepción en el Pardo y al día siguiente, una representación de danzas folclóricas en la Plaza Mayor de Madrid, que duró hasta las tres de la madrugada, en la que cada una de las provincias de España le obsequió a Eva sus trajes tradicionales. También la llevaron a una corrida de toros en la plaza de Madrid, en la que lidió el torero argentino José Rovira sobre una arena que había sido

---

[34] Lagomarsino de Guardo, *Y ahora...* cit., pág. 131.
[35] En Pichel, *Evita íntima...* cit., págs. 121-122.

coloreada con el rojo y amarillo de la bandera española y el celeste y blanco de la argentina.

Las visitas a exposiciones y museos, paseos, agasajos y espectáculos, en Madrid y sus alrededores (Segovia, Toledo, El Escorial), según las crónicas de entonces, formaron una lista interminable a lo largo de una semana. Durante la visita al palacio de El Escorial, le sugirió al dictador transformarlo en un enorme y cómodo asilo para niños huérfanos a causa de la guerra civil.[36]

También se hizo tiempo, el 11 de junio, para dirigir desde España un mensaje radial a «los descamisados de la Argentina», detallando así los objetivos de su viaje:

> informar sobre la paz reinante en nuestro país, la estabilidad de los salarios y la protección al trabajador; informar sobre el agotador programa de trabajo de Perón, empeñado en dar nueva tónica al país; dar cuenta del optimismo de gobierno que está integrado por auténticos trabajadores. Definirlos a ustedes, mis queridos descamisados, y dar detalles del gobierno popular y su maravilloso programa de ayuda social.[37]

Un arco iris de paz

El 13 de junio Evita visitó la histórica Toledo en compañía nada menos que del teniente general José Moscardó, aquel que había resistido a los «rojos» en el famoso Alcázar y que entonces ejercía el cargo de Delegado Nacional de Deportes. Dos días después, inició su gira por Castilla, Andalucía, Galicia, Aragón y Cataluña, ya libre del acompañamiento de los Franco, aunque no de otras autoridades. Al anunciar su periplo, dirigió por radio un mensaje, que debía sonar a una rareza en la España de entonces:

> Mujeres de España: Este siglo no pasará a la historia con el nombre de «Siglo de las Guerras Mundiales» ni acaso con el nombre de «Siglo de la Desintegración Atómica», sino con otro mucho

---

[36] Véanse, por ejemplo, Marysa Navarro, *op. cit.*, pág. 150, y Cipolla, Macek y Martínes, *op. cit.*, pág. 75.
[37] En Borroni y Vacca, *op. cit.*, pág. 166.

más significativo: Siglo del feminismo victorioso. La revolución social a que asistimos en esta hora de transición, donde el elemento obrero reclama justamente se le considere dentro de la sociedad como una persona trascendente y eterna, sino también a la mujer, la cual exige todos los derechos imprescindibles para el desarrollo de sus poderosas vitalidades. [...] La Iglesia nunca ha prohibido ni ha disuadido a la mujer de que ejerza de médico o de diputado o de embajadora con tal que no abandone sus deberes esenciales de madre, de hija y de esposa. Y si la evolución de los tiempos la lleva a participar de la vida cívica e intervenir en las contiendas electorales, es ella la que está encargada de propender al triunfo de un orden social y familiar en el que puedan compartir al lado del hombre los frutos de la paz y de la justicia. [...] Si no han faltado agitadoras que soliviantaran las clases sociales, unas contra otras con sus flemas incendiarias, ¿por qué han de faltar otras mujeres que de alma a alma se digan un mensaje de amor y de paz? Por eso, mujeres de España, [...] trabajemos por la paz, que libra al mundo de las amenazas de las agresiones, que nos permite cerrar las heridas abiertas por las contiendas fratricidas. Trabajemos por afianzar la paz y por impedir que una nueva guerra venga a asolar la humanidad con nuevos estragos y nuevos odios. Trabajemos por implantar en el mundo los derechos fundamentales debidos a los seres humanos y por desarmar los espíritus de los odios y prevenciones originados por la diversidad de las razas, de los idiomas y de las formas sociales de vida. Se ha dicho que vine a formar el eje Buenos Aires-Madrid. Mujeres españolas, no he venido a formar ejes, sino a tender un arco iris de paz con todos los pueblos, como corresponde al espíritu de la mujer. Unamos nuestros esfuerzos para que nadie padezca, para que nadie se vea envuelto por miserias enervantes. Unamos nuestros corazones para que los humanos, cualesquiera fuese su nacionalidad, su fortuna, su ideario, puedan vivir en armonía y para que termine esa división de réprobos y de elegidos, satisfechos y desdeñados... Somos nosotras parte de una nueva fuerza empeñada en sostener la civilización y la cultura a que pertenecemos. En la lucha gigantesca en que nos hallamos envueltas, las grandes y las pequeñas, las afortunadas y las humildes, todas, todas las mujeres podamos estar dispuestas a cumplir con nuestro deber a fin de que el mundo se vuelva a lo que debe ser: una gran confraternidad de todos los pueblos, con trabajo y con paz.[38]

La revista *Time* se haría eco de esas palabras, titulando «Eva Perón. Un Arco Iris entre dos mundos» su cobertura de la gira de Eva Duarte, que mereció la tapa de la publicación.[39]

Luna de la Alhambra

El día 15, Eva y su comitiva abandonaron la ciudad de Madrid y viajaron hacia Granada, donde asistieron a una demostración de bailes típicos en los bosques del Palacio de la Alhambra y visitaron el camarín de la Virgen de las Angustias. Al siguiente, siempre en Granada, rindieron homenaje ante la tumba de los Reyes Católicos y concurrieron al típico barrio del Albaicín.

Evita deambulaba por España portando la condecoración de la Orden de Isabel la Católica. La que no era muy católica era la conducta de su hermano Juancito y su compañero de juergas, Alberto Dodero. Las visitas de Duarte y Dodero a cuanto cabaret se les cruzaba se estaban haciendo célebres, desdibujando la imagen de la comitiva argentina. Evita se cansó, llamó a Juan por teléfono y le advirtió: «Una puta más y te volvés a Buenos Aires. ¡Hay que demostrar que somos un pueblo educado y no un pueblo de hijos de puta y milongueros como vos!»

Visitó Sevilla, Granada, Barcelona y Vigo. Recuerda Lillian Guardo:

No me voy a olvidar nunca la parte de Granada que fue extraordinaria, porque nos hicieron visitar Granada de noche y no había luna, pero ellos fabricaron la luna. Entonces, estratégicamente había lugares iluminados por la supuesta luna. Y en rincones oscuros donde no daba esa luz, había una orquesta con violines y había una orquesta con cantores. Así que era un sueño. Uno iba caminando por la Alhambra y veía los reflejos de la luna y las

---

[38] Mensaje radiofónico del 15 de junio de 1947, en Cipolla, Macek y Martínez, *op. cit.*, págs. 196-198.
[39] Citado por Norberto A. Angeletti en *Clarín*, 26 de julio de 2002.

distintas sinfonías que se oían en los lugares más oscuros, que no veías quiénes eran. Era un sueño.

Varios años después yo hice un viaje a Europa con mi marido y visitamos la Alhambra de día. Mi marido se quedó maravillado y el guía que nos acompañaba le dijo: «Esto no es nada señor. ¡Si usted la hubiera visto cuando vino la señora de Perón!» Y yo tuve el privilegio de verlo.[40]

Salvar una vida

En cada lugar Evita se reunía con obreros españoles, entregaba donaciones y recibía obsequios y homenajes. Logró que el «Caudillo» le perdonara la vida a la militante comunista Juana Doña Jiménez, conocida como «la segunda Pasionaria». Madrileña, nacida en 1918, Juana había militado en el Partido Comunista de España desde sus trece años y llegó a ser miembro de su Comité Central. Participó en la Guerra Civil y luego en la resistencia guerrillera contra el régimen franquista. En 1947 fue condenada a muerte, acusada de haber fabricado un artefacto explosivo que los comunistas españoles colocaron en la embajada argentina en Madrid, en repudio a las buenas relaciones que el gobierno de Perón mantenía con el de Franco. Junto con Juana, fueron condenados José Antonio Adán Quintinilla, Juan Arribas Buedo y Mariano Fernández Garde.[41]

Luego de más de 50 años, Juana Doña recordó la situación y reconoció la labor de Evita para salvar su vida:

> Quien le escribió a Evita fue mi hijo Alexis. Yo ya estaba condenada, presa en Madrid, con visitas restringidas. A mi hermana se le ocurrió que el niño escribiera un cablegrama a Eva pidiéndole por mi vida [...]. Empezaba así: «Señora Eva Perón, por favor, a mí me han fusilado a mi padre y ahora van a fusilar a mi madre». Él mismo lo escribió con su letra [...]. Un día de agosto un funcionario me avisa: le traigo una alegría, la han conmutado. [...] Evita se lo pidió a Franco y Franco no le pudo decir que no [...].

[40] Lillian Lagomarsino de Guardo, entrevista del autor.
[41] Archivo del Ministerio de Relaciones Exteriores y Culto, Ceremonial 1947, Caja N° 186.

No tuvimos relación. Ni le di las gracias. Quedamos en paz. Para mí fue la vida [...]. Me habían trasladado a la cárcel de castigo de Guadalajara. Allí me enteré, con atraso, de la noticia de su muerte. [...] Admito que entonces me hubiera gustado enviar un telegrama al menos. Al fin y al cabo, yo vivía por ella.[42]

La condena a muerte fue conmutada por dieciocho años de prisión y Juana Doña se convirtió en la última mujer condenada en España a la pena capital.[43]

Un final a toda orquesta

Llegó a Sevilla el 17 de junio, con todos los honores: fue llevada en una carroza abierta desde el aeropuerto hasta la ciudad, mientras que a su paso la población arrojaba flores y se hacían sueltas de palomas. Allí fue honrada con el título de *Camarera de Honor de la Virgen de la Esperanza Macarena*.[44]

En Andalucía la llevaron a visitar el convento de La Rábida, que había hecho célebre la estadía de Colón antes de iniciar la invasión de las «Indias». Luego, acaso para compensar, en un salto por avión la llevaron a la otra punta de la península, Galicia, terruño de tantos inmigrantes que vinieron a «hacer la América» con el sudor propio y no el ajeno. Visitó Santiago de Compostela, Vigo, Pontevedra y las rías. En el santuario de Compostela, su presencia fue ocasión para entronizar una imagen de la Virgen de Luján, regalo de la Argentina, y para recibir otro título religioso: *Hermana Mayor de la Archicofradía del Apóstol Santiago*.[45] En Vigo, en cambio, ante una concentración de 60.000 personas, volvió al discurso «políticamente incorrecto»:

[42] Entrevista realizada por el diario *La Nación* a Juana Doña Jiménez, «Adiós a un enigma de medio siglo», http://www.lanacion.com.ar/suples/enfoques/0346/sz 543310.asp.

[43] Luego de salir en libertad en 1962 y con 44 años de edad, Juana Doña Jiménez continuó militando en el grupo sindical comunista, las Comisiones Obreras, y fue colaboradora de *Mundo Obrero* desde 1977. En libros como *Mujer* (1977), *Desde la noche y la niebla* (1978) o *Gente de abajo* (1992), cuenta su vida. Murió en septiembre de 2003.

[44] Borroni y Vacca, *op. cit.*, pág. 168.

[45] Cipolla, Macek y Martínez, *op. cit.*, pág. 75.

«En Argentina trabajamos para que haya menos ricos y menos pobres. Hagan ustedes lo mismo».[46]

De Galicia fue a Aragón, y en la ciudad de Zaragoza ofrendó sus pendientes de oro y brillantes a la imagen de la Virgen del Pilar, en otro gesto bien recibido por los ámbitos católicos.

La visita a España concluyó en Barcelona —recordaba Lillian Guardo— donde le prepararon una función especial de *Sueño de una noche de verano*, en un anfiteatro al aire libre iluminado por gigantescos candelabros. La invitación era para las nueve de la noche, pero se hacía tarde y se lo advirtieron varias veces.

—Señora, son las diez y media. ¿No cree que esa gente se va a sentir molesta? —dijo la modista.

—No se preocupe, Asunta, yo no tengo apuro. A mí no me impone horarios nadie. Ni mi marido...

La verdad es que cuando llegamos vimos realmente el *Sueño de una noche de verano* en la platea, porque estaban todos dormidos. Las velas se habían consumido y hubo que cambiarlas. Eran las doce de la noche.[47]

Evita estaba logrando cosas increíbles, como que Franco se atreviera a viajar en avión, cosa que no hacía desde el 3 de junio de 1937, cuando en plena Guerra Civil su compañero, el general Emilio Mola, muriera en un accidente aéreo. Llegó sano y salvo a Barcelona el 25 de junio de 1947 para participar con Evita en una gran concentración popular. Su invitada, mirando a la multitud que coreaba insistentemente su nombre, le dijo al «Caudillo de España por la gracia de Dios»: «¿Quiere un consejo? Cuando necesite reunir una multitud como ésta, mándeme llamar».

La revista estadounidense *Time* resumía así la etapa española del viaje de Evita:

Los españoles de clases altas y bajas la recibieron con los brazos abiertos. Recorriendo la nación durante dos semanas y cuatro días se la festejó, se la cubrió de regalos y, como una gran culminación,

---

[46] Borroni y Vacca, *op. cit.*, pág. 169.

[47] Testimonio de Lillian Lagomarsino de Guardo, *Primera Plana*, 6 de diciembre - de 1966.

le prendieron sobre su pecho bien redondeado la Gran Cruz de
Isabel la Católica. A Eva le encantó. La promesa de la fruslería de
Franco había acicateado su viaje. Las otras razones de la extrava-
gancia no eran muy claras. Pero por lo menos se promocionaba
a la Argentina, y mientras tanto Eva pasaba un gran momento
sonriendo deslumbradoramente a los embajadores, saludando a las
multitudes, acariciando bebés y poniendo impulsivamente billetes
de cien pesetas en manos de madres llorosas. Aun sin oro y trigo,
el arco iris argentino hubiera sido bien recibido en España.[48]

La embajada norteamericana reconocía muy a su pesar: «Personalmente la señora ha tenido un triunfo. Se reconoce que ha cumplido una
tarea difícil con equilibrio e inteligencia y que ella es una fuerza importante en su país».[49] La revista estadounidense *World Report* señalaba:

Es inevitable que la comparemos a la señora Roosevelt.[50] Rompió
la tradición de pasividad de las mujeres argentinas; impulsa al
movimiento feminista que, seguramente, ha de facilitar la con-
secución del voto para la mujer. Lleva un ritmo de trabajo tan
intenso como el de Perón y su obra ha de crecer en importancia,
extendiendo la influencia de su esposo y del país.[51]

Eva Perón completó esta parte de su gira con el siguiente mensaje
ante los micrófonos de la Radio Nacional de España:

Este homenaje de colosales proporciones sería exagerado e inex-
plicable si hubiese sido tributado a una mujer. Pero no. No ha
sido rendido a una persona, ni siquiera a un país. Esta apoteosis

[48] *Time*, 14 de julio de 1947.
[49] Joseph A. Page, *Perón. Una biografía. Primera parte (1895-1952)*, Javier Vergara, Buenos Aires, 1984.
[50] Anna Eleanor Roosevelt, esposa y prima lejana del presidente norteamericano Franklin Delano Roosevelt, desde 1932 había cambiado la imagen de la «primera dama» estadounidense como personaje meramente decorativo, participando en actos políticos, acciones contra la discriminación racial, giras para promocionar las medidas del *New Deal* y visitas a las tropas en el frente de combate durante la Segunda Guerra Mundial. Tras la muerte de su marido, presidió el Comité de Derechos Humanos de la ONU.
[51] En Borroni y Vacca, *op. cit.*

entraña un sentido más recóndito y abismal. Vuestro aplauso saluda a un Nuevo Mundo provisor de justicia y de paz, que nace de los escombros del antiguo, carcomido por sus atropellos sociales. Recojo vuestro clamoreo apoteótico, porque en mí no se ha glorificado a una mujer, sino a la mujer popular, hasta ahora siempre sojuzgada, siempre excluida y siempre censurada. Os habéis exaltado a vosotras mismas, trabajadoras españolas, quienes reclamáis con todo derecho que no vuelva jamás a implantarse la vieja sociedad en la que unos seres, por el mérito de haber nacido en la opulencia, gozan de todos los privilegios, y otros seres, por el pecado de haber nacido en la pobreza, habían de padecer todas las injusticias. El oscuro linaje y la pobreza no podrán ser ya jamás barreras a nadie para que pueda lograr sus aspiraciones y el triunfo de sus ideales. Dejo parte de mi corazón en España. Lo dejo para vosotros, obreros madrileños, cigarreras sevillanas, agricultores, pescadores, trabajadores de Cataluña, del país todo. Lo dejo a vosotros. Adiós, España mía...[52]

Day Tripper

Mientras Evita estaba en España se realizaban febriles negociaciones con el Foreign Office británico para concretar su visita a Londres por cuatro días. El problema era que en la fecha acordada el rey y la reina estarían de vacaciones en Escocia. El primer ministro laborista Clement Attlee le pidió a su ministro de Asuntos Exteriores, Ernst Bevin, que le informara al embajador argentino que desde el comienzo de la guerra, en 1939, se habían suspendido las visitas oficiales por razones de austeridad.[53] El gobierno británico, que le debía a la Argentina 800 millones de libras, ofrecía recibirla, hospedarla y que el rey Jorge VI y su esposa lady Elizabeth Bowes-Lyon, los padres de la actual reina Isabel, le brindaran un té de honor en el Palacio de Buckingham. Evita insistió en que debía ser una visita oficial.

Ante la negativa británica, la escala en Londres se canceló, en medio de un escándalo desatado por declaraciones de un funcionario

[52] Pichel, *Evita íntima...* cit., pág. 126.
[53] Page, *op. cit.*, pág. 229.

del Foreign Office a un diario sensacionalista de Londres en las que se acusaba de «ignorante» a la señora de Perón. El canciller Bevin intentó aclarar la situación desautorizando a su subordinado; pero la información fue difundida mundialmente por la agencia Associated Press, llegó a la Argentina y fue muy festejada por los enemigos de Evita: hubiera sido un duro golpe a su orgullo de clase que los reyes de su amada Inglaterra la recibieran de manera oficial, como jefe de Estado.

Caminos que conducen a Roma

Tras dieciocho días agotadores en España, la comitiva partió hacia Roma. Es probable que la visita a los demás países europeos haya sido pactada para contrarrestar el efecto negativo que provocaría su adhesión a la España de Franco. Europa se encontraba en plena reconstrucción de posguerra y la recibió con comentarios adversos; pero con el correr de los días, su naturalidad y su carisma lograron doblegar las opiniones contrarias. En Roma, tuvo un incidente menor con militantes comunistas del Consejo Central Obrero —cuya sede estaba ubicada frente a la embajada argentina— que cantaron *Bandiera Rossa* y gritaron «Ni Mussolini ni Perón».

Las tarifas del Vaticano

Una de las misiones del padre Hernán Benítez en su avanzada al viaje de Evita fue coordinar todo lo relativo a la audiencia con el papa Pío XII. Una versión lanzada hace muchos años por un autor antiperonista, Román Lombille, menciona a un enviado secreto de los sectores más recalcitrantes de la curia porteña, el padre Cucetti, quien logró entrevistarse con el secretario de Estado Pontificio, monseñor Tardini, y entregarle un memorial preparado en Buenos Aires con abundante material informativo y fotográfico sobre el pasado artístico de Evita. Allí estaban las tapas de *Sintonía* y *Radiolandia*, insoportables para aquel Papa de doble moral que había colaborado con Mussolini y Hitler y ahora lo hacía con sus camaradas sobrevivientes. Dada la importancia del asunto, Tardini creyó conveniente que el misterioso cura fuera atendido en persona por Pío XII, quien le agradeció la información decisiva para negarle a Evita su soñado marquesado pontificio.[54]

Eva concurrió al Vaticano en la mañana del 27 de junio. Según contaría Perón, ya derrocado, Evita le habría transmitido así sus sensaciones de ese momento:

> Entrando a la plaza San Pedro, tuve la impresión de estar en otro mundo. Roma parecía lejana, a miles de kilómetros, y casi no se sentían ni rumores. En el Vaticano todo era quietud, silencio, orden maravilloso. Aquel pequeño Estado que vive en torno a una majestuosa basílica es un continente. El Papa me pareció una visión. Su voz era como un sueño, apagada y lejana. Me dijo que seguía tu obra, que te consideraba un hijo predilecto y que tu política ponía en práctica de manera más que elogiable los principios fundamentales del cristianismo.[55]

En el Vestíbulo Clementino fue recibida por monseñor Mario Masalli Roca de Cornellano, chambelán secreto de Pío XII. Fue saludada también por el príncipe Alejandro Ruspoli, gran maestro del Sagrado Oficio, quien lucía orgulloso su parche en el ojo a la manera de los piratas, y por el cardenal Beniamino Nardone, secretario de ceremonial. Con la pompa que el protocolo papal otorga a las reinas, fue conducida por salones y antecámaras, hasta la Biblioteca, donde la recibió Pío XII.[56] Como si la estuviera cronometrando, el Papa dio por terminada la audiencia a los 27 minutos. Evita le habló de su cruzada, claramente cristiana, de solidaridad y justicia social. El heredero de San Pedro la escuchó sin mucho entusiasmo y le regaló un rosario similar al que décadas después le obsequiaría Juan Pablo II a Maradona provocando irónicos comentarios del Diego. También le entregó la Medalla de oro del Pontificado pero no el ansiado título de Marquesa Pontificia.[57] El padre Hernán Benítez, gestor de la audiencia, no se engañaba y sabía que la figura de Evita era mal vista en el Vaticano. Sus únicas esperanzas estaban depositadas en la buena impresión que

---

[54] Román J. Lombille, *Eva, la predestinada*, Gure, Buenos Aires, 1956.

[55] Juan Perón, *Del poder al exilio. Cómo y quiénes me derrocaron*, sin editorial ni fecha, pág. 58.

[56] Cipolla, Macek y Martínez, *op. cit.*, pág. 109.

[57] Borroni, y Vacca, *op. cit.*, pág. 172.

le habían causado al más que polémico Pío XII las medidas a favor
de la Iglesia católica que había tomado Perón, como la enseñanza de
religión en las escuelas, el subsidio a los establecimientos religiosos y
la «reorientación» del movimiento obrero argentino, tradicionalmente
izquierdista, hacia un nacionalismo católico.[58]

Pero Benítez le había advertido a Perón sobre el ambiente que
reinaba en el Vaticano con relación a la visita de Evita:

> No quiero disimularle que hallé en el Vaticano una atmósfera
> opuesta al gobierno de V.E., como le dije en mi anterior (del 23-
> 5). Las oligarquías han arrojado espesas nubes de calumnias y de
> intrigas. Pero todo ello ha sido superado. Y el éxito de los actos
> realizados en España colaborará poderosamente a conseguir los
> honores pontificios. [...] Posiblemente el Santo Padre otorgue la
> Gran Cruz a V.E. un tiempo después de efectuada la visita. Para
> lo cual sería oportuno, a mi parecer, dejar abierta en el Vaticano
> la esperanza de una mayor aproximación y de una mayor ayuda
> de la Argentina a los necesitados de Europa, por intermedio del
> Romano Pontífice, siempre que el Santo Padre respondiera al
> Gobierno argentino con pareja generosidad.[59]

En una conversación con la marquesa pontificia argentina Adelia
María Harilaos de Olmos, quien había cobijado en su palacio al entonces cardenal Pacelli en ocasión de su visita a Buenos Aires cuando se
celebró el Congreso Eucarístico Internacional en 1934, Evita se había
informado sobre cómo había que «estimular» la voluntad del Estado
Vaticano para conseguir esa u otra distinción papal y de cuáles eran
las tarifas que cobraba la Santa Sede para tan «honrosas» distinciones:

> Me animé a preguntarle cuáles eran los trámites que se hacían para
> lograrlo. Me contestó que todo el bien que se había hecho en la
> vida era como un antecedente. Que después, si uno quería que le
> asignaran un título, debía entregar una fuerte suma de dinero para
> caridad. Yo le pregunté qué suma hacía falta. Me dijo que depen-
> día: para el título de marquesa pontificia, el donativo no puede

---

[58] Cipolla, Macek y Martínez, *op. cit.*, pág. 110.

[59] En Marta Cichero, «Hernán Benítez, el confesor de Evita», *Todo es Historia*,
Nº 352, noviembre de 1996.

ser menor de ciento cincuenta mil pesos. Para la Rosa de Oro, se calcula que no debe ser menor a los cien mil. Pero si es un rosario, el donativo es mínimo. El rosario lo da el Papa a cualquier visita. Cuando empezó a jugarse con la idea del viaje a Europa, encargamos al padre Benítez que fuera a Roma a gestionar una entrevista con el Papa. La idea de un título me rondó por la cabeza; la Rosa de Oro me parecía que era posible. Me la tenía bien ganada.[60]

Pero el Papa y sus asesores no pensaban lo mismo. Evita lo sospechaba y combinó con Dodero que la donación la harían a la salida de la entrevista y que ella le haría una seña por cada condecoración y un gesto negativo si sólo recibía el rosario. Terminada la reunión, Dodero entendió por el rostro de Evita que tenía que hacer una donación simbólica y la Primera Dama comprendió que las señoras acostumbradas a ser primeras en su país habían hecho su trabajo. Su odio hacia ellas cotizó en alza.

En cambio, el general Perón obtuvo un reconocimiento papal, mucho antes de lo que esperaba el padre Benítez. El 28 de junio Eva se encontraba en la sede de la embajada argentina, donde se realizó una recepción de gala. Allí recibió −de un emisario de Pío XII− una condecoración para Perón, de la que ocho años después se arrepentirían: la Gran Cruz de la Orden de Pío IX, segunda en importancia entre las otorgadas por el Vaticano.[61]

¿Qué dirá el Santo Padre?

Durante la entrevista concedida a Eva, el Papa elogió al gobierno de Perón. Lo calificó como un buen católico y, según indica Jorge Camarasa, Pío XII le habría pedido que la Argentina siguiera refugiando a criminales nazis.[62]

[60] En Pichel, *Evita íntima...* cit., págs. 128-129.

[61] Véanse *La Nación*, domingo 29 de junio de 1947, y *El Mundo*, miércoles 25 de junio de 1947. La Gran Cruz de la Orden de Pío IX fue otorgada al general Perón por el reconocimiento que Pío XII hizo a las contribuciones de la Argentina para atenuar las miserias del período de posguerra que vivía Europa. Por otra parte el Papa resaltó el hecho de que la Argentina hubiera demostrado ser verdaderamente católica, sobre todo durante esos años.

[62] «La gira del arco iris», *La Nación*, Sección Enfoques, domingo 5 de abril de 1998.

Uki Goñi señala que en junio de 1946, exactamente un año antes de la visita de Evita, el futuro papa Pablo VI, por entonces secretario de Estado del Vaticano, cardenal Giovanni Battista Montini, tuvo una reunión con el embajador argentino. En ella le expresó el particular interés de Pío XII en

> [...] arreglar la emigración a la Argentina «no sólo italiana». El Papa consideraba Argentina como el único país donde los emigrantes podían encontrar «una solución satisfactoria a sus necesidades». El Santo Padre estaba dispuesto a que «los técnicos de la Santa Sede se pusieran en contacto con los argentinos para combinar un plan de acción». El embajador argentino entendió que el interés del Papa se extendía a los hombres detenidos en los campos de prisioneros de Italia —es decir a los oficiales nazis—, y se aprestó a informar a Buenos Aires de la propuesta.[63]

El Papa sabía que contaba para la faena con la inestimable colaboración del recientemente ordenado cardenal Antonio Caggiano. Goñi señala también:

> [...] los rumores de que Evita se había reunido en Madrid con el coronel de la SS Otto Skorzeny[64] y en Roma con el sacerdote croata y salvador de nazis Krunoslav Draganovic resultan difíciles de confirmar. Pero ciertamente la esposa de Perón se reunió con el general Franco y con el papa Pío XII, y antes de regresar a la Argentina pudo enviar un mensaje tranquilizador a los nazis fugitivos diciéndoles que la ayuda estaba en camino.[65]

---

[63] Uki Goñi, *La auténtica Odessa*, Paidós, Buenos Aires, 2002.

[64] Otto Skorzeny era un ingeniero austríaco que llegó a coronel de las *Waffen-SS*, especializado en acciones comando y de sabotaje. En 1943 ejecutó la fuga de Mussolini, entonces preso del gobierno italiano, y luego participó en un intento de secuestrar al líder de la resistencia yugoslava, Josip Broz «Tito». Detenido por los estadounidenses al final de la guerra, fue absuelto en los juicios de Nuremberg gracias al testimonio de un oficial superior inglés y en 1948 se estableció en España, donde vivió hasta su muerte en 1975. Allí, según diversas denuncias, tuvo activa participación en las redes para encubrir y ayudar a jerarcas y criminales de guerra nazis.

[65] Goñi, *op. cit.*

Una de las más notables revelaciones del libro de Goñi es el señalamiento de que las «fugas» de criminales de guerra croatas hacia la Argentina se hacían con el visto bueno de los Estados Unidos. El embajador norteamericano en Yugoeslavia, John Moores Cabot, que lo había sido en la Argentina, se quejó a Washington porque «se ha planteado algún tipo de acuerdo con el Vaticano y Argentina. Nos hemos confabulado con el Vaticano y Argentina para dar refugio a personas culpables en este último país». El Departamento de Estado le respondió lacónicamente: «Argentina al acoger a algunos grises[66] acoge a personas que a Yugoeslavia le gustaría tener, pero lo hace con la aprobación de las autoridades estadounidenses».[67] Y finalmente cita un documento secreto inglés que señala: «El gobierno de Su Majestad ha pedido al Vaticano que ayude a llevar a los grises a Sudamérica, aunque ciertamente los buscara el gobierno yugoeslavo».[68] En plena «guerra fría», las potencias occidentales estaban sembrando de fascistas Sudamérica y les «arrebataban» a los países del Este los genocidas que tanto daño habían causado en aquella parte del mundo, evitando así su juicio y castigo.

Cardenales en la red

¿Cómo funcionaba la red de los cardenales? Los nazis, fascistas y *ustashas* croatas tomaban contacto con la Iglesia o la Cruz Roja, que les suministraban documentos falsos y los «resguardadan» en conventos, preferentemente italianos pero también españoles y portugueses, hasta que estuvieran en condiciones de viajar hacia destinos sudamericanos. Uno de los puertos de embarque preferidos era el de Génova (por entonces bajo estricto control norteamericano). En Buenos Aires eran recibidos amistosamente por la gente de la Sociedad Argentina de Recepción de Europeos (SARE), fundada entre otros por el criminal de guerra belga Pierre Daye que logró huir de Bruselas justo a tiempo antes que se cumpliera su condena a muerte. La SARE tenía su sede

---

[66] Señala Goñi que «los aliados distinguían estrictamente entre negros (criminales de guerra indefendibles), grises (colaboracionistas) y blancos (judíos y otras víctimas de la guerra)».

[67] Goñi, *op. cit.*

[68] Ibídem.

en una casa de propiedad del Arzobispado de Buenos Aires, en la actual Scalabrini Ortiz 1358, donde hoy funciona el templo Nuestra Señora del Perpetuo Socorro.

Un estrecho colaborador del «benéfico» obispo Alois Hudal,[69] monseñor Karl Bayer, admitiría que el financiamiento de la red venía de, entre otras fuentes, la más alta autoridad de la Iglesia: «El Papa (Pío XII) proporcionaba el dinero para ello; a veces con cuentagotas, pero llegaba».[70]

La dolce vita

A pesar de la insistencia del doctor Alsina para que descansara de tanta actividad sin tregua, Evita decidió seguir. De Roma, Evita partió hacia el norte para visitar el pabellón argentino en la Feria de Milán, acompañada por el conde de Sforza, descendiente directo de Ludovico, uno de los mecenas de Leonardo. También asistió a una velada de gala de la ópera Orfeo en el *Teatro alla Scala*. Evita seguía preocupada por los 27 comunistas que fueron detenidos en Roma por manifestarse contra su visita y pidió su libertad.[71]

En Venecia estaba todo listo para recibir a la Dama del Arco Iris. Pero cuando en esa ciudad el primer ministro Alcides De Gasperi sufrió un atentado fallido, el gobierno italiano decidió cancelar esa parte de la gira de Evita y que regresase a Roma, temiendo por su seguridad. Durante el viaje en auto pudo leer carteles que decían: «Evita: la gentil embajadora de una nación que eligió, durante los dolorosos momentos de la reciente guerra, no unirse al bloque de potencias que se oponían a Italia».

En Roma volvió a ser homenajeada con una recepción en el Grand Hotel. La Fontana de Trevi estaba desactivada y fue puesta en funcionamiento e iluminada para la ocasión. Acompañada solamente por la comitiva, Evita disfrutó aquella noche de la maravillosa fuente, trece años antes de que Anita Ekberg y Marcello Mastroiani la inmortalizaran de la mano del genial Federico Fellini en *La dolce vita*. También

---

[69] Alois Hudal, nacido en Austria y ordenado sacerdote en 1908, fue desde 1930 consultor del Santo Oficio. Adhirió al nazismo, y después de la guerra fue uno de los organizadores de la red de escape de los nazis.

[70] Goñi, *op. cit.*

[71] Borroni y Vacca, *op. cit.*, pág. 174.

se le ofreció una función especial de la ópera *Aída*, de Verdi, en las Termas de Caracalla. Llegó tarde, como era su costumbre, acompañada por el primer ministro De Gasperi.

El 28 de julio, en la Asociación Nacional Italiana de Mujeres, ante un auditorio colmado dijo:

> Tengo un nombre que se ha convertido en grito de batalla a lo largo de todo el mundo. En este primer discurso que hago en la ciudad inmortal, quiero decirles que las mujeres tenemos los mismos deberes que los hombres y por tanto debemos también disfrutar de los mismos derechos... En la Argentina, la justicia social es ya un hecho evidente y el programa del general Perón consiste en llevar a las masas a una evolución material y moral, en especial a las mujeres. ¡Viva Italia![72]

En el Palacio Giustiniani fue agasajada con un banquete por el presidente Enrico De Nicola, quien, sin demasiadas vueltas, le habría dicho «Italia necesita más trigo. Urgentemente».

El 4 de julio se produjo un hecho que nadie esperaba. Por pedido de Perón, Eva fue a saludar al embajador norteamericano en Roma, James Dunn, por el día de independencia de su país.[73] Dos días después, Eva se trasladó unos días a Rapallo, en la costa ligur, a 30 kilómetros de Génova, para descansar. Allí visitó un pequeño puerto, donde las esposas de los marineros comerciaban con encajes hechos a mano. Evita pasó una hora hablando con las mujeres de los pescadores.[74]

Pocos días antes, una noticia había conmovido a la opinión pública italiana. En el puerto de Civitavecchia, cerca de Roma, una explosión en el barco *Panigaglia* había generado muchas víctimas. Según informaba el diario *Clarín*, al enterarse de la tragedia Evita se había interesado por las víctimas y sus familiares y decidió enviar auxilios en su nombre,[75] ordenando al embajador argentino, Rafael Giménez Ocampo, que realizara un donativo de 1.800.000 liras para asistir a los damnificados.

---

[72] En Barnes, *op. cit.*
[73] Marysa Navarro, *op. cit.*, pág. 156.
[74] *La Razón*, sábado 12 de julio de 1947.
[75] *Clarín*, viernes 4 de julio de 1947, pág. 4.

Hay versiones contradictorias sobre sus días de descanso en una villa en Rapallo. Según algunos fue por consejo médico, mientras otros señalan que a De Gasperi le preocupaba la seguridad de Evita.[76] Lillian Guardo señala que esa preocupación existía, en el marco de la situación interna de Italia:

> La señora quiso acortar la visita, pues advertía el esfuerzo que suponía para el gobierno italiano su estadía. Eran años muy duros, se notaba en todo. Por eso no fuimos a Venecia, a Florencia ni a Nápoles, como estaba programado, y regresamos a Roma. Así se lo expresó al presidente Nicola en un almuerzo ofrecido en su honor. Refiere el doctor Valentín Thibault, enviado especial del diario *Democracia*, que la situación política en Italia era muy complicada. Se acercaban las elecciones y el partido comunista tenía muchísimos adeptos, se creía que podía ganar la contienda electoral. El primer ministro De Gasperi estaba preocupado por la seguridad de la señora de Perón, y lo comunicó en la embajada. Es por eso, y no por otros «motivos oscuros» como algunos señalaron, que el itinerario fue algo sinuoso. Los diarios argentinos publicaban la noticia de que por razones de salud la señora de Perón se tomaría unos días de descanso. La verdad era otra. Teníamos que hacer tiempo entre la visita a Italia y la de Francia.[77]

Julio en Portugal

Eva volvió a Roma el 17 de julio y ese mismo día voló a Lisboa, donde permaneció cinco días en el Hotel Aviz.

Desde la década de 1920, Portugal soportaba un régimen dictatorial cuyo «hombre fuerte», hasta su muerte en 1970, fue un civil que prefería no ocupar el primer plano del gobierno: Antonio de Oliveira Salazar, primer ministro desde 1932 hasta 1968. Su *Estado Novo* era un régimen corporativo, fuertemente represivo y no muy diferente al de Franco. Pero la tradicional «amistad» de Portugal con Gran Breta-

[76] Véanse, por ejemplo, Pichel, *Evita íntima...*, cit., pág. 133; Borroni y Vacca, *op. cit.*, pág. 176, y el famoso libro antiperonista de Mary Main, *La mujer del látigo. Eva Perón*, La Reja, Buenos Aires, 1956, pág. 90.
[77] Lagomarsino de Guardo, *Y ahora...*, cit., págs. 147-148.

ña, que Salazar mantuvo, evitó que su régimen sufriese el aislamiento internacional que debió soportar España luego de la guerra.

A su llegada, Eva fue recibida por una nutrida comitiva oficial y un despliegue de seguridad que hizo que una periodista enviada a cubrir la nota, Fernanda Reis, se quejase por el cerrojo policial. Como resultado, Reis fue detenida. Al enterarse, Evita, apenas arribada, pidió su libertad, lo que le valió el favor de la prensa.[78]

En sus cinco días de visita a Portugal, mantuvo reuniones protocolares con el presidente Oscar Fragoso Carmona y otras informales con poetas y escritores portugueses. También se entrevistó con el ex rey de Italia, Humberto de Saboya, y con Juan de Borbón,[79] pretendiente al trono de España, ambos exiliados en Portugal.

Con el subsecretario de las Corporaciones, doctor Castro Fernández, recorrió el Barrio Salazar, de casas destinadas a miembros de los sindicatos corporativos nacionales, con bajos alquileres. También visitó la organización llamada «Alegría en el Trabajo», que ofrecía comidas a bajo precio y facilidades para vacaciones.[80]

Arde París

De Lisboa partió a París, donde fue recibida por una protesta de exiliados republicanos españoles que le reprochaban su apoyo al régimen franquista. Evita llegó a París el 21 de julio, en pleno verano, vestida de blanco con un sombrero de paja al tono. Al pie de la escalerilla del avión la esperaba el canciller Georges Bidault, quien no pudo contenerse y soltó la frase: «¡Oh, qué bella es!»

Durante su estadía, el gobierno francés le dio el auto que había usado Charles De Gaulle. Unos cuarenta coches acompañaron a la comitiva hasta el legendario Hotel Ritz. Su visita protocolar comenzó

---

[78] Cipolla, Macek y Martínez, *op. cit.*, pág. 119.

[79] Juan de Borbón, tercer hijo del rey Alfonso XIII, a partir de 1941 reclamó el trono español y, por lo tanto, el restablecimiento de la monarquía, algo que Franco no estaba dispuesto a hacer. Recién en 1969, el hijo del pretendiente, el actual rey Juan Carlos I, fue nombrado por Franco como su sucesor en la jefatura del Estado, organizando así de antemano la «transición» que se abrió tras la muerte del dictador en 1975. Dos años después, para dar una idea de continuidad dinástica, Juan de Borbón «abdicó» en favor de su hijo. Murió en 1993.

[80] *El Mundo*, lunes 21 de julio de 1947.

al día siguiente con un almuerzo en el castillo de Rambouillet, ofrecido por el presidente Vincent Auriol.

La primera noche fue agasajada en la *Maison d'Amérique Latine*, en el Bois de Boulogne. Evita pasó con un «sobresaliente» el difícil examen de sus modos, vestuarios y estilos en la capital mundial de la elegancia. Las más destacadas casas de moda la querían como clienta y le propusieron organizar desfiles exclusivos en su honor. Rechazó la oferta pero compró un buen número de trajes y accesorios.

También dejó un maniquí con sus medidas, para que le confeccionaran y le enviaran modelos exclusivos que harían subir la bilis a las damas de la sociedad argentina, acostumbradas a ser adelantadas de la moda con novedades traídas de París. Christian Dior sucumbió al deseo de vestirla y declaró años más tarde: «a la única reina que vestí fue a Eva Perón».

El 23 de julio, Evita tuvo un desmayo pasajero y postergó la agenda de ese día, que incluía la visita a obras de caridad y al Louvre. Una vez repuesta, fue agasajada por directivos de las principales empresas de perfume francés, que habían diseñado una fragancia con su nombre. Evita agradeció y declinó asistir a un desfile de alta costura que se había preparado en su honor, a través de un comunicado que decía: «muy crueles son las necesidades de Francia para que pueda yo distraer un solo momento de mi estadía en la satisfacción de mis gustos personales».[81]

En París visitó hospitales, centros comunitarios y obras de beneficencia; entre ellos, la llamada *Maison de Sèvres* o «Pequeña República», institución que cuidaba a niños de distintos países, muchos de ellos hijos de deportados.[82] Le llamó particularmente la atención la Federación de Deportados, que trabajaba con los sobrevivientes de los campos de Auschwitz[83] y Dachau,[84] a la que donó 100.000 francos. Concretó otra muy generosa donación al Centro Francés de Bienestar

[81] Cipolla, Macek y Martínez, *op. cit.*, pág. 128. El texto entrecomillado corresponde a *Clarín*, jueves 24 de julio de 1947, pág. 2.

[82] Cipolla, Macek y Martínez, *op. cit.*, pág. 130.

[83] Auschwitz es el nombre alemán de la ciudad polaca de Oswiecim, donde los nazis establecieron el mayor campo de concentración y exterminio durante la Segunda Guerra Mundial.

[84] En la localidad alemana de Dachau, al norte de Munich, los nazis instalaron uno de los primeros grandes campos de exterminio, que funcionó entre 1933 y 1945.

Social y al Comité de Obras Sociales de la Resistencia, cuya directora era la hermana del canciller francés.

Su labor diplomática se expresó en la firma de un convenio comercial en el Quai D'Orsay, sede de la Cancillería francesa, por el que la Argentina extendía un crédito blando por 600 millones de pesos para la compra de alimentos. En la ocasión, el canciller Bidault la condecoró con la cinta roja de la Legión de Honor.[85]

Acompañada por *madame* Bidault, la esposa del canciller, visitó Notre-Dame. Una versión afirma que allí la esperaba el nuncio apostólico, monseñor Angelo Giuseppe Roncalli, el futuro papa Juan XXIII, quien le habría dicho: «Señora, siga en su lucha por los pobres, pero no se olvide que esa lucha, cuando se emprende de veras, termina en la cruz».

Loris Zanatta pone en duda este relato y sostiene que en realidad el encuentro entre Evita y Roncalli se produjo durante una recepción diplomática. El historiador cita el diario privado del hombre que sería conocido como el Juan el Bueno, donde puede leerse: «Anoche no pude dejar de ir a la recepción del embajador de Argentina en honor de María Eva Perón, esposa del presidente de la República. Encuentro mundano: nada de inconveniente, sin embargo, fuera de la fea desnudez de las damas. Fui el primero en retirarme».[86]

Los anfitriones franceses dejaron para el final de la visita la recorrida al Palacio de Versalles, que estaba cerrado desde 1939 y fue abierto especialmente para ella. Antes de irse de París, Evita quiso conocer la tumba de Napoleón, un personaje muy admirado por Perón. El diario *Le Matin* decía a modo de balance: «Una hermosa diplomática, la señora María Eva Duarte de Perón, viene a probarnos que en la Argentina no hay dictadura». Por su parte, *Le Pays* sostuvo: «Una embajadora extraordinaria tanto por la misión que cumple como por su belleza, su caridad y bondad, y su dinámica personalidad».[87] Casi como despedida, las autoridades francesas decidieron cambiar el nombre de la estación de Metro «Obligado» por el de «Argentine».

[85] Creada por Napoleón en 1802, la Legión de Honor es la orden honorífica más tradicional de Francia, cuyos miembros pueden ser franceses o extranjeros, en reconocimiento a méritos extraordinarios.

[86] Citado por Loris Zanatta, *Eva Perón, una biografía política*, Sudamericana, Buenos Aires, 2011.

[87] *La Razón*, miércoles 23 de julio de 1947, pág. 1, citado en Cipolla, Macek y Martínez, *op. cit.*, págs. 129 y 130.

En la Costa Azul

Evita y su comitiva partieron a conocer los más tradicionales balnearios franceses. Primero fueron a Biarritz, sobre el mar Cantábrico, en el nordeste de Francia. Allí el empresario Dodero, al estilo de otras épocas, tenía una residencia. Luego volaron al sur, al Mediterráneo, para alojarse en el Hotel Beauleuau de Niza, en plena Costa Azul.

Al llegar a Niza, Evita envió un agradecimiento al Presidente, al primer ministro, al ministro de Relaciones Exteriores de Francia y al presidente del Concejo Municipal de París, por la recepción que le habían brindado. El telegrama iba con algo más: un donativo de 200.000 francos para los niños pobres de la capital francesa.[88]

Hizo un viaje relámpago a Mónaco para recibir la Medalla de Oro del Principado de manos del príncipe Luis II, padre de Rainiero III y abuelo de Estefanía, Carolina y Alberto. Allí se enteró de la tragedia sucedida en el puerto de Brest, en Bretaña, cuando un barco explotó dañando todo un sector de la ciudad que recién comenzaba a ser reconstruida tras la guerra. Evita envió un telegrama y un cheque por 500.000 francos al primer ministro francés.

La Costa Azul aún no había recuperado el esplendor previo a la guerra, pero Eva pudo tomar unos días de descanso en el caluroso verano francés, visitando las playas de Antibes, Cannes, Mónaco y Niza.[89]

Un viaje inesperado

Completadas las visitas oficiales acordadas, el itinerario de Eva y su comitiva se iba decidiendo sobre la marcha. El 28 de julio informó a la prensa que el próximo hito sería Suiza. La conveniencia del viaje habría sido sugerida por Benito Llambí,[90] al tratarse del país consi-

---

[88] *Clarín*, domingo 27 de julio de 1947.

[89] *Clarín*, martes 29 de julio de 1947.

[90] Benito Pedro Llambí (1907-1997) era oficial del Ejército, hombre cercano a Perón, y en 1944 inició su carrera diplomática. En 1947 estaba a cargo de la embajada argentina en Suiza. Años después, fue ministro del Interior durante el interinato presidencial de Raúl Lastiri, la tercera presidencia de Perón y parte de la de Isabel Perón. Luego fue embajador argentino en Canadá (1974-1976) y, durante el primer gobierno de Carlos Menem, en Uruguay. En su libro *Medio siglo de política y diplomacia (Memorias)* (Corregidor, Buenos Aires, 1997), Llambí se atribuye la idea del viaje a Suiza.

derado más estable y «serio» del mundo, de antigua tradición neu-
tralista y uno de los centros financieros más importantes. Había, por
otra parte, temas pendientes en las relaciones bilaterales luego de la
firma, en enero de 1947, del tratado comercial entre los dos Estados.
La política económica del Primer Plan Quinquenal, tendiente a favorecer el mercado interno argentino y proseguir con la sustitución de
importaciones, afectaba a algunos rubros de exportación de Suiza, por
lo que su gobierno estaba interesado en la visita de Eva.[91]

Desde Mónaco, Evita partió en tren el 3 de agosto hacia Ginebra,
tras la confirmación de la invitación formal cursada por el gobierno
helvético. En Suiza permaneció cinco días recorriendo Ginebra, Neufchatel, Berna, Zurich y Saint-Moritz. Esta escala dio lugar a rumores,
según los cuales su breve estadía en Ginebra obedecía a la apertura
de una cuenta cifrada a nombre propio y de su marido. La versión,
que nunca pudo ser confirmada, sostenía que habría depositado una
importante suma de dinero proveniente de los fondos que los nazis
habrían «donado» a Perón para asegurar su asilo en la Argentina. Pero
como señala Joseph Page:

> El problema con estas interpretaciones reside en que la decisión
> de visitar esa nación se tomó poco antes de trasladarse a Suiza.
> Según la versión de un diplomático argentino,[92] él se encontró
> con Evita en París y le sugirió la visita; luego viajó a Berna a hacer
> los arreglos y se reunió nuevamente con ella en el sur de Francia y
> la acompañó durante el viaje en tren a través de los Alpes. Por lo
> tanto, el viaje a Suiza fue un agregado de último momento, hecho
> que contradice la versión de que ella planificó la realización de
> transacciones financieras durante su estada.[93]

Por su parte, Lillian Guardo es tajante: «no conocí ningún banco
en Suiza, ni me separé de la Señora en momento alguno».[94]

En Ginebra, Evita fue recibida por altas autoridades locales y por el
director de la Oficina Europea de las Naciones Unidas. Luego, siempre

---

[91] Cipolla, Macek y Martínez, *op. cit.*, págs. 147-148.

[92] Según señala Page, el diplomático, entrevistado por él en Buenos Aires, el 21
de octubre de 1977, pidió permanecer anónimo.

[93] Page, *op. cit.*, pág. 231.

[94] Lagomarsino de Guardo, *Y ahora...*, cit., pág. 159.

en tren, viajó a la capital, Berna, donde la esperaba una recepción poco usual en Suiza, con una multitud que la aplaudió a la salida de la estación:

> Eva bajó del brazo del presidente del protocolo Jaques Cuttat, quien la presentó al ministro de Relaciones Exteriores [Max] Petitpierre. La policía tendió un cordón para contener al público que fue a recibirla. Luego la trasladaron en limousine escoltada por 2 jeeps y 8 coches policías; el recorrido fue lento debido a la cantidad de gente, muchos siguieron la caravana en bicicleta.[95]

Se produjo un pequeño incidente en esa recorrida, cuando una militante del Partido del Trabajo (comunista), Suzanne Fell, arrojó un tomate contra el auto descapotado en el que iban Eva y el canciller suizo. Pero la prensa helvética, poco dada a los superlativos, anunciaba así la visita:

> La España franquista, la Italia republicana, el Vaticano y París vienen de ser subyugados por el encanto de la Primera Dama de la Argentina, que es también la primera «mujer de Estado» de América Latina, si no de los cinco continentes.[96]

Esa noche, Eva fue agasajada con un banquete de honor por el presidente de la Confederación Helvética, Philipp Etter. Después viajó a Lucerna, donde sufrió otro percance: una piedra rompió el parabrisas de su auto e hirió levemente al chofer. Visitó también La Chaux-de-Fonds, uno de los centros mundiales de la industria relojera. Se detuvo en la famosa fábrica Movado, donde recibió obsequios y charló con los obreros. En su siguiente escala, Neufchatel, se reunió con la plana mayor de los empresarios relojeros suizos, encabezados por el presidente de la Cámara, con un apellido «de marca»: Longines. En el principal centro financiero suizo, Zurich, participó de un concurrido almuerzo en el Instituto Suizo-Argentino, creado ese año para promover el intercambio entre los dos países, y luego se tomó un descanso en Saint-Moritz, a sugerencia de Llambí.[97]

[95] *La Prensa*, martes 5 de agosto de 1947.
[96] *Arbeiter-Zeitung*, sábado 2 de agosto de 1947, citado por Llambí, *op. cit.*, pág. 165.
[97] Cipolla, Macek y Martínez, *op. cit.*, págs. 140-145.

Hacia el fin de su estadía, un periódico suizo hacía este retrato de Eva:

[...] una característica que impresiona a primera vista es su sencillez, que no busca gestos teatrales, y una modestia que casi provoca el gesto de perplejidad. De figura más bien delicada que imponente, esta mujer es como la encarnación de la dulzura y la timidez, y no es asombroso que no sólo el presidente Perón sino otras personas también se sometan a su influencia. Esta influencia no se basa en las armas dudosas de la coquetería. La señora de Perón no es tampoco esa belleza de grandes ojos negros tan corrientes entre las argentinas. El encanto de Eva Perón radica más bien en una amplia benevolencia que atrae hacia sí las fuerzas buenas. Por eso no es una mera frase el que ella diga que viene como Embajadora de la Paz y de la voluntad de auxilio.[98]

En tierra carioca

De Suiza partió hacia Lisboa y de allí a Dakar, donde se embarcó en el trasatlántico *Buenos Aires*, de la flota de Dodero, rumbo al Brasil, para asistir a la Conferencia Interamericana para el Mantenimiento de la Paz y la Seguridad del Continente. La reunión, que llevaría a la firma del Tratado Interamericano de Asistencia Recíproca (TIAR),[99] tendría lugar los días siguientes en el Palacio Quitandinha, un antiguo hotel y casino de la localidad de Petrópolis, próxima a la ciudad de Río de Janeiro, que aún era la capital brasileña. Eva llegó a Recife el 16 de agosto y el 17 ya estaba en Río, alojada en el Hotel Copacabana. Según Lillian Guardo:

[98] *Solothurner Anzeiger*, viernes 8 de agosto de 1947, citado por Llambí, *op. cit*, pág. 155.
[99] Acordado el 2 de septiembre de 1947, en el marco de la Conferencia de Río de Janeiro/Quitandinha, el TIAR creó una zona de defensa en todo el territorio continental e insular americano, bajo clara hegemonía militar estadounidense. Fue invocado para establecer el bloqueo a Cuba en 1962; en cambio, pese al reclamo argentino, no se aplicó veinte años después, durante la guerra del Atlántico Sur, por negativa de los Estados Unidos. Curiosamente, después de los atentados del 11 de septiembre de 2001, el gobierno de George W. Bush intentó invocarlo una vez más.

Al llegar a Río de Janeiro, el 17 de agosto, el recibimiento que tuvimos fue espectacular. Al frente de la comitiva de agasajos estaba el canciller de Brasil, Raúl Fernandes; el prefecto del estado de Río de Janeiro; nuestro canciller Juan A. Bramuglia.[100]

Las calles de Río habían sido empapeladas por la embajada argentina con afiches con la cara de Evita que decían: «A la mujer brasileña, que como la argentina lucha, junto a su pueblo, por un futuro de justicia, de trabajo y de paz». Su agenda en Río fue, además de nutrida, piadosa y pagana, ya que visitó la iglesia de La Candelaria y también el hipódromo de Gavea, del Jockey Club de Brasil. Tuvo varios encuentros con el presidente Eurico Gaspar Dutra, presenció una sesión de la Cámara de Diputados, habló por radio para saludar al pueblo brasileño y hasta se hizo tiempo para recorrer organizaciones comunitarias y amadrinar a un niño bautizado como Antonio Perón de Cavalho Santos. Recibió la Ordem Nacional do Cruzeiro do Sul, una de las más relevantes otorgadas a personalidades extranjeras en el Brasil, y fue agasajada con banquetes por el canciller brasileño en el Palacio Itamaraty y, en su residencia, por el empresario Roberto Marinho, director del diario *O Globo*.

Evita no estaba en los planes de Marshall

Acompañada del canciller argentino Atilio Bramuglia, el 20 de agosto concurrió a la sala de reuniones de la Conferencia de Cancilleres Americanos. Para desgracia del secretario de Estado norteamericano, George Marshall, mientras lanzaba un discurso furibundamente anticomunista en el marco de la flamante «guerra fría» con la Unión Soviética y su área de influencia, llegó Evita y acaparó todas las cámaras, todos los micrófonos y todas las miradas. También atrajo las sonrisas aliviadas de la mayoría de los cancilleres, que estaban hartos de escuchar la voz autoritaria y monocorde del «jefe» Marshall, que les bajaba línea sobre el nuevo alineamiento hemisférico.

Así reflejaba el hecho el semanario *Newsweek* del 1º de septiembre:

---

[100] Lagomarsino de Guardo, *Y ahora...*, cit., pág. 162.

La aparición de Marshall se transformó casi en un doble sentido cuando la señora Eva de Perón, esposa del presidente argentino, llegó a la conferencia a escucharlo. Una multitud curiosa pero poco entusiasta la esperaba cuando llegó al Hotel Quitandinha diez minutos antes de que se inaugurara la sesión. Caminando a través de una doble fila de policía especial con gorra roja, tomó asiento en una sección reservada detrás de la delegación argentina y siguió los procedimientos con respetuosa atención. Cuando Marshall terminó su discurso, el presidente de la conferencia, el ministro de Relaciones Exteriores Raúl Fernandes presentó a la distinguida visitante: «Una dama de alta posición social». Después pidió un cuarto intermedio para que los jefes de las delegaciones pudieran tomar champagne con la señora de Perón. La Primera Dama de la Argentina graciosamente aceptó los brindis de los jefes de delegación y chocó su copa con la de Marshall. Luego se reanudó la sesión.[101]

Volver

Para despedirse del Brasil, esa noche Evita ofreció una cena de gala en la embajada argentina, ubicada frente a la playa de Botafogo. Comenzaba el regreso a Buenos Aires, con una escala previa en Montevideo.

En la capital uruguaya la recibió una comitiva encabezada por Matilde Ibáñez, esposa del presidente Luis Batlle Berres, el canciller del país anfitrión, el embajador argentino, el intendente municipal y el jefe de policía local. En el Palacio Estévez, la antigua Casa de Gobierno, fue recibida por Batlle Berres, que había asumido el cargo hacía pocas semanas ante la muerte del presidente Tomás Berreta. Evita se alojó en la residencia presidencial, en El Prado. Durante el día visitó la Asociación Uruguaya de Protección a la Infancia. Por la noche se le ofreció un baile de honor en el Club Uruguay. Al día siguiente, visitó el Cementerio Central de Montevideo, donde rindió homenaje a José Artigas y al ex presidente recientemente fallecido. Como final de su estadía, la embajada argentina organizó una recepción, a la que concurrieron centenares de personas, incluyendo a los

---

[101] *Newsweek*, 1° de septiembre de 1947, en Borroni y Vacca, *op. cit.*

principales políticos uruguayos y unos trescientos obreros, «venidos especialmente de Buenos Aires» que «brindaron un detalle desusado al corear el nombre de la mujer que ha sido proclamada por ellos Dama de la Esperanza», según informaba el embajador argentino.[102]

Partió hacia Buenos Aires en el vapor de la carrera *Ciudad de Montevideo* el sábado 22 de agosto. Llegó el domingo a las tres de la tarde a Dársena Norte, donde la esperaban el presidente Perón y decenas de miles de personas. Como puede verse nítidamente en los documentales de la época, Evita lloraba profundamente emocionada mientras se abrazaba a Perón, que sonriente la contenía. Después de escuchar los discursos de los miembros del comité de recepción dijo:

> Con profunda emoción llego después de varios meses de ausencia, a ésta mi querida patria, en la que dejé mis tres grandes amores: a mi tierra, mis descamisados y mi querido general Perón... Yo he llevado un mensaje de paz de nuestro pueblo, pero es inútil hablar de paz mientras continúan las odiosas diferencias sociales, mientras no se haya logrado que existan menos ricos y menos pobres y mientras no haya paz en los corazones y en los espíritus. Tengan ustedes la plena seguridad de que la compañera Evita viene con más bríos que nunca a seguir siendo el puente espiritual entre los descamisados y el general Perón; viene a situarse al pie del cañón, en la Secretaría de Trabajo, al lado de ustedes.[103]

Entrando en la Historia

El viaje había sido un éxito, superando las expectativas puestas en Eva al comenzarlo. Según el fotógrafo oficial de la comitiva que la acompañó, Emilio José Abras:

> La gira de Eva Perón por Europa fue triunfal. [...] Me quedé asombrado por la forma en que ella se desempeñó: parecía que siempre hubiera vivido allá. En París los franceses se quedaron

[102] «Informe del Sr. Embajador argentino en Uruguay, Sr. Gregorio Martínez al Sr. Ministro de Relaciones Exteriores y Culto, Dr. Juan Atilio Bramuglia», Montevideo, 27 de agosto de 1947, citado en Cipolla, Macek y Martínez, *op. cit.*, pág. 175.
[103] *Democracia*, 24 de agosto de 1947.

deslumbrados por su presencia, belleza y simpatía. En Suiza e
Italia fueron más indiferentes, pero jamás dejaron de apreciarla.
En España la recibieron como a una reina. [...] Cuando visitó el
museo de la Villa Borghese, el canciller italiano ante la vista de
obras de Rafael, Tizziano, Boticelli, le preguntó:

—Aquí vivió la hermana de Napoleón. ¿Se siente emocionada,
señora de Perón, ante tanta obra de arte?

—De ninguna manera —replicó Eva–, simplemente me siento ma-
ravillada. A mí lo único que me emociona es el pueblo.[104]

Evita volvía cambiada, mucho más consciente de su rol en el proyecto político peronista. Tiempo después diría:

Cuando decidí visitar Europa me llevaba un afán: ver lo que Europa había realizado en materia de obras sociales.
Yo todavía no me había lanzado sino tímidamente a construir.
Quería aprender de la experiencia de las viejas naciones de la
tierra.
Cada vez que se me presentó la ocasión o aun buscándola secreta
o públicamente, visité cuanta obra social me fue posible. Hoy,
a tres años de ese viaje [...], puedo ya decir que, salvo algunas
excepciones, en aquellas visitas de aprendizaje conocí todo lo
que no debía ser en nuestra tierra una obra de ayuda social. Los
pueblos y gobiernos que visité me perdonarán esta franqueza mía
tan clara, pero tan honrada.
Por otra parte ellos —pueblo y gobierno— no tienen la culpa. El
siglo que precedió a Perón en la Argentina es el mismo siglo que
los precedió a ellos.
La única ventaja nuestra es que aquí no hemos tenido la desgracia
de sufrir los horrores de dos guerras desastrosas, y en cambio hemos tenido el privilegio de que Dios nos haya dado un conductor
de los quilates de Perón.
Aquí ya estamos en pleno día; allá recién empieza a irse la noche.
Las obras sociales de Europa son, en su inmensa mayoría, frías
y pobres. Muchas obras han sido construidas con criterios de
ricos... y el rico, cuando piensa para el pobre, piensa en pobre.

---

[104] Testimonio de Emilio José Abras, en Borroni y Vacca, *op. cit.*, págs. 192-193.

Otras han sido hechas con criterio de Estado; y el Estado sólo construye burocráticamente, vale decir con frialdad en la que el gran ausente es el amor.

Volviendo de Europa vine pensando que el cristianismo había pasado ya por ella, y que dejaba en toda su extensión grandes y numerosos recuerdos. ¡Pero solamente recuerdos!

Y en el barco que me traía pensé muchas veces en los ideales de Perón... sobre todo en aquel principio inicial de su doctrina que dice: «nuestra doctrina es profundamente cristiana y humanista».

Incluso desde el mar escribí al General esas meditaciones de las cuales me permito transcribir algunos párrafos:

«Nuestra doctrina tiene que ser cristiana y humanista pero de un modo nuevo; de una manera que todavía no creo haya conocido el mundo. El cristianismo de nuestro movimiento, tal como sueñas realizarlo, no es el que yo vi en los países de Europa que visité».[105]

Resulta muy significativo el diálogo que mantuvo durante el viaje con Lillian Guardo:

Me preguntó en una ocasión: −Lilliancita, ¿qué espera de la vida? ¿Qué quiere que le dé la vida?

−Yo espero educar bien a mis hijos.

−¿Pero usted no tiene otra ambición suya, algo personal, algo para usted, Lillian?

−No, señora. Pero... ¿Y usted?... ¿Qué quiere usted?

−¡Ah no!... Yo sí tengo una gran ambición.

−¿Qué espera? −insistí.

−Yo... aspiro a figurar en la historia, Lillian.[106]

Después de aquella gira mágica y misteriosa, Evita ya no volvería a ser la misma, la Historia la estaba esperando.

---

[105] Eva Perón, *La razón de mi vida...* cit, pág. 170.
[106] Lillian Lagomarsino, *Y ahora...* cit.

La compañera Evita

Evita estaba de vuelta en el país y como se lo había prometido a sus descamisados a su llegada de la Gira del Arco Iris, el lunes ya estaba trabajando en la Secretaría, atendiendo a la gente personalmente durante interminables jornadas. Algo había cambiado en ella. Comenzaba a darle más importancia a generar y ocupar un lugar en la política, y por ende en la historia, que a competir en lujos, elegancia y reconocimiento con las damas de la «alta sociedad». De ser la señora María Eva Duarte de Perón se convertiría en la compañera Evita.

Esa transformación exterior, tantas veces mencionada —y que por otra parte, nunca fue completa—,[1] no era la principal. El cambio sustancial estaba en asumir el papel de portavoz del peronismo y, más aun, de los trabajadores y los humildes de la Argentina, ante propios y extraños. A cuatro días de volver de su gira internacional, Eva decía en un discurso pronunciado en la Secretaría de Trabajo y Previsión:

> Yo llevé a Europa el mensaje espiritual de los trabajadores argentinos que labran la grandeza y no luchan en contiendas fratricidas, sino por altos ideales. Ellos no quieren guerras. Las guerras las desean los capitalistas egoístas y fríos, que no quieren que se realice la justicia social porque ella les resta un poco de sus colosales dividendos. Ustedes saben cuánto quiero a Perón, pero desde hace mucho tiempo no me considero la mujer de Perón. Me considero una mujer argentina y una idealista, que en este mundo, ante la responsabilidad de la Patria, se olvida de todo y lucha por defender a la Patria misma.[2]

---

[1] Así lo testimonia la abundante iconografía de Eva Perón. La Evita de traje sastre y rodete tirante de sus largas jornadas al frente de la acción social, gremial y política, casi hasta el final de sus días convivirá con la primera dama vestida de gala en las grandes recepciones o cenas protocolares.

[2] Borroni y Vacca, *op. cit.*, pág. 201.

Había comenzado su transformación en dirigente política, tanto en su discurso como en la nutrida «agenda» de sus actividades que incluía, en un solo día, el envío de medicinas a Rosario, la donación de un equipo ortopédico y la efectivización de más de setenta nombramientos de gente de su confianza.[3]

Más que la «providencia»

Perón siempre se atribuirá la decisión de ese nuevo papel de Eva, que en definitiva la convertiría en la «mujer más amada y más odiada» de la Argentina, como se la ha llamado tanta veces sin la debida aclaración de las evidentes desproporciones numéricas entre los que la amaban y los que la odiaban. El periodista y escritor Tomás Eloy Martínez contaba que, al entrevistar a Perón en marzo de 1970 en Madrid, le preguntó:

«General, usted se da cuenta que Eva Perón como mito es más fuerte ahora que usted en la Argentina». Él se ofendió, se molestó y dio un golpazo sobre la mesa y dijo: «Eva Perón es un producto mío, yo la hice, yo la preparé para que fuera lo que ella fue».[4]

En la transcripción de esas entrevistas, las palabras de Perón eran todavía más explícitas:

Eva Perón es un producto mío. Yo la preparé para que hiciera lo que hizo. La necesitaba en el sector social de mi conducción. Y su labor allí fue extraordinaria. [...] En la mujer hay que despertar las dos fuerzas extraordinarias que son la base de su intuición: la sensibilidad y la imaginación. Cuando esos atributos se desarrollan, la mujer se convierte en un instrumento maravilloso. Claro, es preciso darle también un poquito de conocimiento.
Eva tuvo una clase especial. Lo que logré con ella no hubiera podido hacerlo con otra persona. Pero lo que ella fue, lo que ella hizo, forma parte, al fin de cuentas, del conjunto del arte de

---

[3] Ibídem.

[4] Tomás Eloy Martínez, en «Obsesionado por Evita», reportaje de Edwin Sánchez, *El Nuevo Diario*, Managua (Nicaragua), 9 de mayo de 2004.

la conducción. El carisma es sólo eso: un producto del proceso técnico de la conducción. Porque como político yo soy apenas un aficionado. En lo que soy un profesional es en la conducción. [...] Un conductor debe imitar a la naturaleza, o a Dios. Si Dios bajara todos los días a resolver los problemas de los hombres, ya le habríamos perdido el respeto y no faltaría algún tonto que quisiera reemplazarlo. Por eso Dios actúa a través de la providencia. Ése fue el papel que cumplió Eva: el de la providencia.[5]

Pero Evita demostraría que no era sólo un «instrumento maravilloso», producto del «proceso técnico de la conducción» del General; no estaba dispuesta a ser una primera dama más, decorativa como todas las que la habían antecedido. Nunca estuvieron en duda su fidelidad y obediencia a la estrategia y los proyectos de Perón, pero probablemente él no era del todo consciente del lugar que ocuparía aquel «invento» suyo en el corazón y la mente de los argentinos. A partir de su regreso, el peronismo tendría claramente un conductor pero también dos referentes carismáticos que no dejaron de construir poder, muchas veces juntos y coordinadamente y otras veces según los deseos, las necesidades y los impulsos de Evita, que no dejó hasta su muerte de construir en torno suyo uno de los aparatos de poder y propaganda más sólidos y eficientes del peronismo. Evita logró el nombramiento de «gente suya» en cargos muy importantes: su hermano Juan se convirtió en el secretario privado de Perón y manejó su agenda en consulta permanente con su hermana; un viejo amigo de la familia, Oscar Nicolini, encabezó el clave Ministerio de Comunicaciones; el ex mayor Arrieta fue elegido senador nacional y Orlando Bertolini, director de la Aduana; Justo Álvarez Rodríguez, también cuñado de Eva, se incorporó como miembro a la Corte Suprema de Justicia.

De no haber existido este poder real de Evita, nadie seguiría discutiendo a sesenta años de su muerte las «razones» de su renuncia a la vicepresidencia. Si Evita hubiese sido un invento obediente de Perón, la discusión estaría saldada hace décadas.

[5] Respuestas de Perón a Tomás Eloy Martínez, *Las memorias del General*, 2ª edición, Planeta, Buenos Aires, 1996, págs. 47-49. Una parte de los dichos de Perón sobre Evita en esos reportajes fue publicada por la revista *Panorama*, 21 de abril de 1970.

La Argentina peronista

La transformación de Eva Duarte de Perón en Evita, su coliderazgo del peronismo y su transformación no sólo en su abanderada sino en su símbolo, fue parte esencial de la construcción de la Argentina peronista en esos años.

La coyuntura internacional era favorable a la Argentina. Tras la Segunda Guerra Mundial, Europa se transformó en un excepcional mercado para las exportaciones agrícolas y ganaderas. Las divisas provenientes de ese intercambio podían ser utilizadas por el Estado para financiar la reconversión acelerada de la industria local, un proceso que venía desarrollándose desde hacía algunos años. Perón promovió una intensa política de sustitución de importaciones basada en el desarrollo de la industria liviana, que se fortaleció con el establecimiento del Primer Plan Quinquenal lanzado en 1947, a la vez que se inauguraba un ciclo de desarrollo de la industria pesada y proyectos energéticos y nucleares que darían sus primeros frutos al año siguiente.

El Estado empresario

Perón profundizó y completó un proceso que había comenzado en 1932 cuando los gobiernos conservadores estatizaron ramales ferroviarios, crearon juntas reguladoras y otorgaron a las Fuerzas Armadas un rol protagónico en el terreno industrial.

La diferencia fundamental era que el Estado peronista intervenía para garantizar la inclusión social y aumentar la participación de los asalariados en la renta nacional, integrando a los trabajadores al sistema como productores y consumidores, intentando convertirlos —según los postulados fordistas y keynesianos anunciados tantas veces por Perón cuando propiciaba su hipotética alianza de clases— de proletarios en propietarios, aumentando su sensación de pertenencia al sistema y alejándolos de toda intención revolucionaria.

El Estado peronista emprendió una importante política de estatizaciones acorde con una corriente mundial en ese sentido. El caso más famoso fue el de los ferrocarriles. Hacía tiempo que los británicos, principales deudores de la Argentina, querían deshacerse de la poco rentable red ferroviaria argentina y le habían encargado al conservador Federico Pinedo, previo pago de 10.000 libras esterlinas, un proyecto para vendérselos al Estado.

Bienvenidos al tren

Uno de nuestros habituales lugares comunes, tan transitados, recuerda que «cuando los ferrocarriles eran ingleses eran una maravilla y cumplían puntualmente sus servicios». Pero eso no era más que un buen recuerdo para 1947. Hacía décadas que los ingleses no invertían una libra en una de las redes más extensas del mundo. Para entonces el estado de las vías y de los materiales rodantes era lamentable y hasta peligroso. Además, históricamente el manejo discrecional de las tarifas había contribuido como pocos elementos a distorsionar la economía argentina. Los ferrocarriles británicos aplicaban fletes relativamente bajos a la mercadería que se dirigía de los puntos de producción hacia el puerto con destino a Londres, fundamentalmente la carne enfriada. Pero cobraban fletes antieconómicos a los bienes destinados al mercado interno argentino, aumentando artificialmente los precios y desalentando incluso algunas producciones regionales por la inviabilidad del costo de traslado a los centros de consumo. Esto había sido magistralmente denunciado por Raúl Scalabrini Ortiz. En un modelo estatal que pretendía manejar los resortes fundamentales de la economía, la estatización de los ferrocarriles y el rediseño de su política de fletes resultaban imprescindibles.

Pero la cosa no era tan sencilla. La Argentina tenía depositados en el Banco de Inglaterra 130 millones de libras. A poco de terminada la guerra, Estados Unidos pudo imponerle a su aliado británico la convertibilidad de la libra para que los terceros países, como la Argentina, pudieran cambiarlas por dólares y aplicarlas a las urgentes compras de insumos industriales que por entonces solamente proveía Norteamérica. Pero la rápida fuga de capitales y la debilidad de la economía inglesa llevaron a que el gobierno de Su Graciosa Majestad, por más laborista que fuera, decretara nuevamente la inconvertibilidad de la libra, es decir, la imposibilidad de cambiarlas a dólares y la casi obligación de gastarlas en el mercado de la divisa británica, que por entonces no producía prácticamente nada de lo que la Argentina necesitaba.

Ante ese panorama y frente a una nueva oferta de los ingleses para deshacerse de sus ferrocarriles, Perón y Miranda avanzaron en la estatización. El precio fue fijado en 150 millones de libras. Se llegó a un acuerdo por el cual Inglaterra recibiría 100 millones de libras en exportaciones de carne argentina, 40 provendrían de los 130 millones bloqueados en Londres y 10 millones que el gobierno inglés acreditó por diferencias en la balanza comercial. Quedó acordado que los restantes 90 millones depositados en Londres pasarían a ser convertibles.

Estaba muy lejos de ser un gran negocio y la oposición criticó duramente el convenio, arrojando incluso sospechas de corrupción sobre las negociaciones. Una de las críticas era que el excesivo precio pagado dejaba sin recursos al Estado para encarar seriamente la tarea de renovación y puesta a punto de los ferrocarriles.

El 1º de Mayo de 1948, en una masiva concentración popular a la que Perón no pudo asistir por padecer una repentina apendicitis, los ferrocarriles británicos pasaron a ser argentinos.

La empresa telefónica norteamericana ITT también buscaba transferir al Estado su filial argentina, la River Plate Telephone Company. El traspaso se concretó por 95 millones de dólares y significó un muy buen negocio para la ITT, que siguió siendo la única proveedora de repuestos y personal técnico a la nueva compañía telefónica estatal, aumentando sus ganancias y eliminando sus riesgos.

El gobierno peronista llevó adelante una importante inversión en el sector energético al crear la empresa Gas del Estado y ampliar enormemente la presencia de YPF en el mercado nacional. Se concretaron grandes obras como la del gasoducto más grande de América Latina, que unía a través de más de 1.700 kilómetros Comodoro Rivadavia con Buenos Aires y permitió que los usuarios del servicio de gas pasaran de los 216.000 que había en 1943 a los 400.000 de 1949.

También se logró que la Flota Mercante Argentina fuera la naviera estatal más importante del mundo y se creó la empresa Aerolíneas Argentinas. Se inauguró el aeropuerto de Ezeiza, uno de los más modernos de su tiempo, y se impulsó la construcción de automotores y aviones. La Argentina fue el tercer país después de los Estados Unidos y la Unión Soviética en producir un avión a reacción, el Pulqui II, capaz de desarrollar una velocidad de 900 kilómetros por hora, y comenzaba a desarrollar conjuntamente con la empresa brasileña Embraer el proyecto de producción de aviones de pasajeros. En 1955 todos los proyectos aéreos de la Argentina fueron abandonados por las nuevas autoridades «libertadoras» por orden de la Fuerza Aérea de los Estados Unidos que ofreció a cambio la provisión gratuita de 185 aviones F-5 de los que sólo llegarían 25 en pésimo estado dos años después. Brasil pudo seguir adelante con el proyecto y hoy exporta aquellos aviones que se soñaron en Córdoba.

Un Estado benefactor

El Estado peronista puede incluirse dentro de la corriente política mundial de posguerra denominada del «Estado benefactor», que integró a los sectores populares al consumo y a ciertos niveles de bienestar, bajando de esta forma la conflictividad social.

El peronismo se proponía cambiar el perfil de la Argentina, pasando del «modelo agroexportador» a una economía productiva de base industrial apoyada en la expansión del mercado interno y la incorporación al consumo de los sectores históricamente postergados y marginados. Durante sus primeros años de gobierno se producirá un notable aumento de la participación de los asalariados en la renta nacional y un cambio radical en las prioridades del presupuesto nacional, históricamente destinado a garantizar y aumentar la tasa de ganancia de los sectores económicos más concentrados. El incremento de la inversión en rubros como salud, educación, vivienda y previsión social, conformaba un salario indirecto que evitaba que los trabajadores tuvieran que invertir buena parte de sus ingresos en rubros que el Estado debió haber garantizado siempre. Estos cambios posibilitaron un real mejoramiento de las condiciones de vida, liberando recursos familiares para la adquisición de bienes durables como cocinas, heladeras, estufas, máquinas de coser, motonetas y bicicletas, y bienes inmuebles, impulsando a la industria vinculada al mercado interno, que gozó de una inédita protección estatal.

Al gran pueblo argentino, salud

Entre los logros más destacados del primer peronismo está sin dudas su política de salud pública impulsada por el notable sanitarista Ramón Carrillo, que en su obra *Teoría del Hospital* plantea la necesidad de invertir en la previsión y la atención primaria de la salud. La obra del doctor Carrillo, actuando en combinación con la Fundación Eva Perón, fue enorme. Entre 1946 y 1951 se construyeron 21 hospitales con una capacidad de unas 22.000 camas. Se lanzaron masivos planes de educación sanitaria y campañas intensivas de vacunación, lográndose en pocos años la erradicación de enfermedades sociales endémicas. La fama de la calidad de la salud pública argentina trascendió las fronteras y eran frecuentes los viajes desde los principales países europeos y de muchos de Latinoamérica para operarse en los excelentes hospitales públicos argentinos.

Asado al parquet

Desde 1943, se aplicaron medidas de control de alquileres y quedaron suspendidos los desalojos, con lo que ese mercado inmobiliario perdió atracción para los inversores. Además, se vio perjudicada una importante franja de propietarios de clase media, que vivían de la renta que les proporcionaban esos alquileres, y se produjeron no pocos abusos por parte de los inquilinos frente a la imposibilidad de concretar desalojos. Esto hizo que fuera prácticamente imposible alquilar una vivienda en aquellas condiciones, por el temor de los propietarios a no poder actualizar el valor de los alquileres, lograr que efectivamente se les pagara y que no se deterioraran sus propiedades.

Frente a esta realidad y negándose a modificar la ley de alquileres, el gobierno peronista aprobó en 1948 la Ley de Propiedad Horizontal, para estimular la construcción de edificios de departamentos que en poco tiempo provocó un cambio radical en la proporción entre propietarios e inquilinos, pasando a ampliarse significativamente el número de familias que tuvieron su propia casa.

A través de créditos hipotecarios blandos y de los planes de vivienda desarrollados por el Estado, que construyó más de 300.000 unidades habitacionales dignas que eran pagadas por los trabajadores en cuotas mensuales descontadas de sus salarios según el ingreso familiar, el gobierno comenzó a encarar la solución al problema endémico del déficit habitacional argentino.

Los nuevos barrios fueron diseñados con sentido ecológico, con espacios verdes, y con sentido social, con su respectiva sala de atención primaria de la salud, su guardería y su escuela primaria y, muchas veces, secundaria.

Desde la oposición se echaron a correr versiones que pasaron a engrosar las leyendas urbanas, compuestas por esas cosas que nadie vio pero que muchos aseguran y ratifican. La más famosa era la que decía que los «cabecitas negras», favorecidos con la adjudicación de las nuevas viviendas, levantaban el parquet de los pisos para hacer asados. Por supuesto que no hay el menor registro de que esto haya ocurrido, pero lo interesante es qué se quería decir con esto. Claramente se expresaba que era un «gasto» inútil, que «esa gente» no estaba acostumbrada a «esos lujos», que no valía la pena, propiciando obviamente que todo siguiera igual, que así estaba muy bien.

Educando al soberano

El gobierno peronista dio un fuerte impulso a la educación pública construyendo miles de edificios escolares primarios y secundarios, lo que acompañado por el notable incremento en la calidad de vida de las familias, llevó al aumento de la matrícula primaria en el 34% y de la secundaria en el 134%. Dentro de ésta fue notable el crecimiento de la cantidad de estudiantes de las llamadas escuelas industriales, que llegó al 220 por ciento.

Se estableció la gratuidad de la enseñanza universitaria, lo que permitió el ingreso de jóvenes de las clases media y obrera a la Universidad. Se promovieron el estudio y la investigación de las ciencias relacionadas con el desarrollo industrial a través de la Universidad Obrera Nacional, hoy UTN, y la creación del Consejo Nacional de Investigaciones Técnicas y Científicas (Conityc), antecedente inmediato del Conicet.

Los déficit de la política educativa peronista estaban en sus contenidos personalistas y autoritarios. El uso obligatorio de manuales que exaltaban las personalidades de Perón y Evita y el rígido control de la emisión de opiniones de docentes y alumnos deslucían los logros cuantitativos. Más de 700 profesores fueron cesanteados por no adherir al peronismo o por no ser lo suficientemente obsecuentes según el gusto de los alcahuetes de turno.

En las universidades se vivía un clima opresivo y eran frecuentes las invasiones de las facultades por miembros de las fuerzas policiales. La víctima más notable de esta persecución fue el estudiante de Medicina y militante comunista Ernesto Mario Bravo, secuestrado en junio de 1951 y liberado tras una intensa campaña nacional de denuncia. Llegó a dárselo por muerto hasta que el doctor Alberto Julián Caride denunció desde Montevideo que Bravo estaba vivo, que había sido horriblemente torturado por las patotas del «célebre» comisario Cipriano Lombilla y que él mismo lo había atendido en una de las cámaras de tortura. El gobierno optó por liberar a Bravo en una callecita de Villa Devoto, con evidentes signos de tortura, argumentando que había participado de un tiroteo.

Peronismo y antiperonismo

Los promotores del modelo peronista sabían que las mejoras sustanciales tardarían en llegar a los sectores más postergados. Seguía habiendo millones de excluidos, desocupados crónicos en regiones abandonadas por «inviables» por el modelo agroexportador, ancianos a los que no cubría ningún tipo de pensión ni jubilación, mujeres y niños en situación de riesgo.

La política social del peronismo fue llevada a cabo a través de las instituciones del Estado, el cual trabajó en pos de los sectores asalariados y menos favorecidos de la población. Tendió a la redistribución del ingreso por medio del salario indirecto, la extensión de la red de seguridad social y la educación y la atención materno-infantil. Estos principios estaban en íntima relación con los objetivos económicos de aumentar el consumo y ampliar el mercado interno.

Con ese objetivo Perón entendió que era necesario centralizar el poder alrededor de su figura y de las instituciones leales a su conducción, lo que significaba recortar sustancialmente la influencia de sus aliados inmediatos que, como el Partido Laborista y la Unión Cívica Radical Junta Renovadora, mantenían proyectos propios. Para ello impulsó la masiva agremiación de los trabajadores en sindicatos que le respondían, estableciendo el predominio de la CGT sobre el sindicalismo de izquierdas. También combatió y descalificó a los dirigentes sindicales opositores, aun aquellos que lo habían acompañado desde un principio, como Cipriano Reyes y Luis Gay. El Partido Laborista fue disuelto a comienzos de 1947 y absorbido por el Partido Único de la Revolución, que casi inmediatamente adoptó el nombre de Partido Peronista. La CGT se convirtió en la única confederación sindical reconocida legalmente.

La hegemonía política se completó mediante la remoción por juicio político de los miembros de la Corte Suprema de Justicia que se habían opuesto a las leyes sociales impulsadas por Perón desde 1943.

En épocas en que eran frecuentes las críticas al liberalismo se creyó necesario en nuestro país modificar el carácter de la Constitución Nacional. En general, aun entre los liberales, había acuerdo para producir una reforma, ya que los principios clásicos de la Constitución de 1853 habían comenzado a ser cuestionados a partir de la crisis de 1929 y el avance del intervencionismo estatal. Se sostuvo que la ley fundamental había sido pensada para abrir el país a las empresas extranjeras. Por ello, el contenido liberal de sus normas chocaba con los preceptos de justicia social que se pensaba incorporar. Al promediar su primera presidencia en 1949, Perón convocó a elecciones para una Asamblea Constituyente.

El amplio triunfo peronista en los comicios para elegir constituyentes permitió incluir en la reforma la posibilidad de la reelección del Presidente. También fueron incorporados en el nuevo texto constitucional los derechos sociales del trabajador, de la familia, de los ancianos, de la educación popular y de la función social de la propiedad. Se propició el intervencionismo del Estado en la economía y se convirtieron en bienes de la Nación todas las fuentes de energía. Se estableció la prestación directa por parte del Estado de todos los servicios públicos como transportes, salud y comunicaciones.

La igualdad política de hombres y mujeres se complementó con otras resoluciones, como la sanción de la igualdad jurídica de los cónyuges y la patria potestad compartida, garantizadas en la nueva Constitución, y la derogación de la ley que discriminaba entre hijos legítimos e ilegítimos.

Paulatinamente, todos los ámbitos de poder fueron cooptados por el peronismo. Fueron expulsados de sus cargos las autoridades y los profesores universitarios disidentes o no afiliados al partido.

La vida política de los partidos estaba muy controlada por los organismos de seguridad; sus militantes eran perseguidos y se ponían múltiples trabas a la edición y circulación de sus medios de prensa. En las comisarías eran frecuentes las torturas a los detenidos políticos. El diario conservador *La Prensa* fue cerrado y transferido a la CGT. El socialista *La Vanguardia* fue cerrado muchas veces por motivos que iban desde la censura lisa y llana hasta los «ruidos molestos». Líderes como el radical Ricardo Balbín y el socialista Alfredo Palacios sufrieron la cárcel y el exilio. Las críticas de la oposición apuntaban generalmente a la denuncia de casos de corrupción y a los excesos del autoritarismo, expresados por ejemplo en la implantación de la educación católica obligatoria.

Pero además de los opositores honestos, sinceros demócratas con una tradición intachable de defensa de la libertad, aparecieron otros. Es que el peronismo planteó una fractura en la sociedad argentina. Ciertos sectores de las clases medias y altas no toleraban el ascenso de miembros de la clase trabajadora hacia posiciones de poder que creían reservadas para ellos. Algunos personajes que nunca se habían preocupado por la democracia, los derechos humanos y las libertades públicas, que de manera complaciente habían apoyado las represiones conservadoras, aparecían ahora como paladines de la libertad denunciando los atropellos del peronismo. Lamentablemente, este ímpetu libertario les desaparecerá con la caída de Perón y no verán como antidemocráticos ni los fusilamientos ni las detenciones de la llamada «Revolución Libertadora».

Política y económicamente envuelto en las banderas del nacionalismo, y con un efectivo Estado de bienestar para las masas trabajadoras que se traducía en nuevos derechos sociales (períodos de vacaciones y descanso, planes de vivienda, inversiones en salud y educación), el peronismo alcanzó la cima de su éxito. No resulta extraño que Perón y Evita despertaran el apoyo casi unánime de los sectores populares.

Sostenido por sus éxitos iniciales, Perón consagró doctrinariamente su estrategia como Tercera Posición, equidistante tanto del capitalismo como del modelo socialista, haciendo de la justicia social, la independencia política y la soberanía nacional sus principales banderas.

La hora de las mujeres

A poco de regresar de su gira por Europa, Brasil y Uruguay, Evita retomó una causa que se había tornado en sana obsesión, para la que contaba con todo el apoyo de su marido: impulsar la sanción de la ley de voto femenino. Para Evita era una conquista imprescindible y postergada. Para Perón era además la posibilidad de incrementar notablemente su caudal de votantes para su proyecto de reelección que ya comenzaba a tomar cuerpo.

Desde fines del siglo XIX las mujeres argentinas venían luchando por la obtención de sus derechos cívicos.[6] En 1889 Cecilia Grierson participó en Londres del Segundo Congreso Internacional de Mujeres y en septiembre de 1900 fundó el Consejo de Mujeres. En 1907 la socialista Alicia Moreau creó el Comité Pro-Sufragio Femenino. En mayo de 1910, Buenos Aires fue la sede del Primer Congreso Femenino Internacional, con la participación de delegadas chilenas, uruguayas y paraguayas. En él se reclamó enérgicamente el derecho de las mujeres a votar.

Graciela Tejero Coni, bisnieta de Gabriela Laperrière de Coni, una de las pioneras en la lucha por los derechos de la mujer en la Argentina, afirma:

> El gobierno oligárquico de Figueroa Alcorta ordenó al Consejo Nacional de Mujeres la realización de uno paralelo que denominó «Congreso Patriótico y Exposición del Centenario» y, entre otras cosas, votó no aspirar al derecho de sufragio «por reconocer que los derechos cívicos deben ser patrimonio exclusivo del hombre culto y moral».[7]

Otra de las pioneras fue Julieta Lanteri, quien tras un sonado juicio logró la carta de ciudadanía y que se la inscribiera en el padrón electoral porteño en 1911. Se convirtió en la primera mujer de toda Sudamérica en ejercer el derecho al sufragio en las elecciones municipales celebradas el 26 de noviembre de aquel año. En marzo de 1919, lanzó su candidatura a diputada nacional por la Unión Feminista Nacional y contó con el apoyo de Alicia Moreau y Elvira Rawson. El resultado fue magro pero importante simbólicamente: obtuvo 1.730 votos. Hay que destacar que todos esos votantes eran varones.

En 1911 el diputado socialista Alfredo Palacios presentó el primer proyecto de ley de voto femenino en el parlamento nacional. Faltaba aún un año para que se sancionara la reforma electoral conocida como Ley Sáenz Peña de voto secreto, universal (o sea masculino, en el lenguaje político de la época) y obligatorio. El proyecto de Palacios

---

[6] Para un análisis más detallado de estos temas, véase *Mujeres tenían que ser. Historia de nuestras desobedientes, incorrectas, rebeldes y luchadoras. Desde los orígenes hasta 1930*, Planeta, Buenos Aires, 2011, págs. 506 y siguientes.

[7] En Mariana Carbajal, «El centenario del Primer Congreso Femenino Internacional», Página/12, 2 de mayo de 2010.

ni siquiera fue tratado sobre tablas. Las mujeres eran consideradas incapaces por el Código Civil de 1869. Recién en 1926, por la ley 11.357 alcanzaron una mayor igualdad jurídica con los varones, aunque esa igualdad, que estaba muy lejos de ser completa y respetada en los hechos, no incluía el derecho al voto ni la patria potestad compartida. En 1929, un compañero de ideas de Palacios, Mario Bravo, presentó un nuevo proyecto que dormiría —golpe de Estado mediante— el sueño de los justos en los cajones de la Cámara por tres años, hasta que pudo ser debatido a comienzos de septiembre de 1932. En apoyo a la ley llegaron al Congreso 95.000 boletas electorales firmadas por otras tantas mujeres de todo el país, con la siguiente consigna: «Creo en la conveniencia del voto consciente de la mujer, mayor de edad y argentina. Me comprometo a propender a su mayor cultura». Pocos días después, el 17 de septiembre, la Cámara Baja le daba media sanción a la ley propuesta por Bravo. Durante el debate, el diputado derechista Bustillo pidió el voto calificado para la mujer, en medio del abucheo generalizado de cientos de señoras y señoritas que colmaban los palcos del reciento, mientras que el socialista Ruggieri celebraba, en medio del aplauso de las damas presentes, «la coincidencia de todos los sectores en el deseo de libertar a la mitad del pueblo argentino, la parte más delicada y sufrida, y la más oprimida, dándole participación directa en nuestras luchas cívicas».[8] El legislador ultraconservador Uriburu se opuso en estos cavernícolas términos al proyecto: «Cuando veamos a la mujer parada sobre una mesa o en la murga ruidosa de las manifestaciones, habrá perdido todo su encanto. El día que la señora sea conservadora; la cocinera, socialista, y la mucama, socialista independiente, habremos creado el caos en el hogar».[9]

La ley no pudo pasar esa defensa infranqueable del pensamiento retrógrado que era el Senado argentino de los años '30. Pero la bancada socialista, la que más hizo por la concreción del voto femenino a lo largo de nuestra historia, acompañada por el impulso de la mujer del fundador del partido, Alicia Moreau de Justo, insistió sin éxito con proyectos presentados por el diputado Palacios en 1935 y 1938. Este último fue apoyado por una declaración de la Unión de Mujeres Argentinas, firmada por Susana Larguía y Victoria Ocampo.

[8] Revista *Qué*, 29 de agosto de 1946.
[9] Ibídem.

Desde aquel proyecto de Palacios de 1911 se presentaron otras 22 iniciativas legislativas hasta que el 9 de septiembre de 1947 pudo sancionarse finalmente la ley 13.010 que reconocía el carácter de ciudadanas de pleno derecho a las argentinas.

El voto femenino y Evita

Es importante poner en su justo lugar el papel de Evita en la sanción del voto femenino, sin olvidar que éste era un planteo que Perón y quienes lo habían apoyado en la campaña electoral de 1946 estaban dispuestos a concretar. Hay que recordar también que además ya tenía un consenso mayoritario en el país, salvo entre los conservadores recalcitrantes, antecesores genéticos de los futuros gorilas. Desde mediados de 1945, en la Secretaría de Trabajo y Previsión, Perón había impulsado la creación de una Comisión Pro Sufragio Femenino y tanto él como el presidente Farrell se habían referido a la posibilidad de que las mujeres votasen en las elecciones que pondrían término al gobierno de la «Revolución de Junio». En esa oportunidad, las voces en contra habían provenido, llamativamente, de quienes venían reclamando el voto femenino desde hacía más de una década. Como ejemplo puede citarse la convocatoria a una Asamblea Nacional de Mujeres, en la que Victoria Ocampo expresó:

Creo que la mujer argentina consciente, al no aceptar dócilmente ni siquiera la idea del voto por decreto, del voto recibido de manos del gobierno de facto, ha votado por primera vez en la vida política argentina.[10]

Tras las elecciones y la asunción de Perón, Eva se convirtió en portavoz del reclamo por el voto femenino, como puede apreciarse en este discurso que pronunció el 10 de octubre de 1946:

Hablo a todas las mujeres de mi país que trabajan y luchan rudamente por su hogar. A las que la fortuna adversa o el humilde

[10] Estela Dos Santos, *Las mujeres peronistas*, Centro Editor de América Latina, Buenos Aires, 1983, págs. 12-13. El texto del discurso de Victoria Ocampo se encuentra en el diario *La Prensa*, del 4 de septiembre de 1945, y en su folleto *A las mujeres argentinas*, Sur, Buenos Aires, 1945.

destino han llevado allí, al pequeño refugio del taller, de la fábrica, de la oficina. Hablo de mis hermanas del campo, del quebrachal y del ingenio. Para todas ellas el derecho al voto es esencial.[11]

Como vimos anteriormente,[12] desde el inicio del gobierno de su marido, Evita planteaba que se estaba en deuda con la mujer, y así lo reiteraba a comienzos de 1947:

> La descamisada no puede ser olvidada y se le debe conceder el voto que será el arma que hará de nuestros hogares el recaudo supremo e inviolable de una conducta pública. El voto femenino será la primera apelación y la última. En los hogares argentinos de mañana, la mujer con su agudo sentido intuitivo, estará velando por su país, al velar por su familia. Su voto será el escudo de su fe. Su voto será el testimonio vivo de su esperanza en un futuro mejor.[13]

Varios meses antes de su viaje a Europa, Evita había recibido a delegaciones de mujeres peronistas que le solicitaron su apoyo para obtener la sanción de los derechos políticos de la mujer. Ya de regreso de su gira y cuando el proyecto de ley había sido aprobado en el Senado, Eva se reunió con el presidente de la Cámara de Diputados para apurar su sanción que venía injustificadamente demorada.

Rodolfo Decker, primer presidente del bloque peronista en la Cámara de Diputados, recuerda:

> Eva Perón muchas veces habló de la situación desgraciada de la mujer. Estábamos en democracia y la mujer no podía votar, como si fuera una discapacitada. Era inconcebible que, en un país civilizado, la mujer no tuviera derecho a manifestar su voluntad en los comicios. Era la compañera de la vida del hombre, y forjaba también la grandeza de la Nación. Eso determinó que Evita comenzara a luchar.
> En San Juan había votado por primera vez la mujer, pero quedó

---

[11] Pichel, *Evita íntima…*, cit., págs. 97-98.
[12] Véase el capítulo «Eva Perón».
[13] Pichel, *Evita íntima…*, cit., pág. 98.

ahí, relegado por un interés electoral.[14] En cambio, Evita luchó por el derecho legítimo que tenía la mujer de todo el país. Se luchó, se presentó el proyecto y tuve el honor de votarlo.
No sólo pensó en la posibilidad de poder elegir, sino también en que la mujer fuera elegida. De allí comenzó la organización de un movimiento femenino, como un espacio específico para la mujer. [...]
Recuerdo también el acto que se realizó con motivo de la promulgación de la ley; vivimos un ambiente de emoción tremenda porque las mujeres invadieron el Parlamento, ¡por primera vez podían votar y ser elegidas! Pudo ser simplemente una maniobra para hacer propaganda política, pero en la elección de 1951, un gran grupo de bancas fueron ocupadas por las mujeres peronistas ¡Y resultaron muy buenas parlamentarias! Es decir, había que abrirle el camino a la mujer porque estaba preparada para tomar posesión de las nuevas conquistas.[15]

En aquel célebre debate parlamentario, entre los opositores a la ley, merece un cuadro de honor el diputado puntano Reynaldo Pastor, hombre del Partido Demócrata Nacional, que era el nombre oficial del partido conservador. En su discurso —que recordaba al ya citado de su colega Uriburu— decía:

Sé que hay muchas mujeres aisladas en la campaña argentina, a muchas leguas de los lugares de población, que son los lugares de realización de los comicios; que hay mucha mujer que vive incorporada a una vida de lucha y de sacrificio, a la par que su compañero, a veces con hijos pequeños que también participan desde muy chicos del trabajo rural. [...] Yo pregunto a los señores diputados, cuando en plena campaña argentina, en un pequeño

---

[14] El voto femenino y el derecho de las mujeres a ser candidatas a cargos electorales fueron aprobados en San Juan, para el orden provincial y municipal, en septiembre de 1927, durante la gobernación de Federico Cantoni. Pudieron votar en las elecciones de 1928, pero la intervención federal de la dictadura de Uriburu suprimió esos derechos, alegando de manera infame el «principio de igualdad ante la ley»: si las mujeres no votaban en todo el país, no se podía «privilegiar» a las sanjuaninas. Éstas pudieron volver a hacerlo, siempre en el orden local, a partir de 1934. Véase *Mujeres tenían que ser...*, cit., págs. 510-512.

[15] Decker, *op. cit.*, págs. 69-71.

rancho que azotan todos los días los vientos, con un pequeño
capital creado, en el cual, mientras el hombre maneja la mancera
del arado o campea sus animales en plena selva, la mujer atiende
a sus pequeñuelos, contribuye a tareas como la de dar agua al
pequeño rebaño, preparar la comida para todos, cuidar de sus
chicos para que no corran ningún riesgo, qué hacemos nosotros
cuando obligamos a que esa mujer se traslade junto con su marido
a una cantidad de leguas para dar su voto, qué hace cuando no
puede trasladarse durante dos, tres o cuatro días, como ocurre en
muchas partes del país, porque tienen que hacerlo la víspera de
un comicio, quedarse el día del comicio, regresar al día siguiente
sin tener un lugar donde alojarse o teniendo que dormir al raso
como el hombre. Todo eso haciendo abstracción absoluta de los
fenómenos fisiológicos a que está sometida la mujer y a los que
no está sometido el hombre.[16]

Es extraordinaria la naturalidad con que el legislador señala las
desgracias cotidianas de la mujer de campo y sus hijos sin que se le
caiga una sola idea para solucionarlas, dando por cierto que así son
y así deben ser las cosas porque a él y a sus compañeros de clase les
conviene que todo siga igual para mantener su tasa de ganancia en
base al dolor y al sudor ajeno. Es muy impresionante ver al victimario
valerse del dolor y sacrificio provocado por él en su víctima para pri-
varla, además de su derecho a ese voto que, como bien debía suponer
el legislador, no iría precisamente a beneficiar a su partido de patrones
y terratenientes.

Tras dos maratónicas sesiones, la ley fue aprobada con el siguiente
texto:

Artículo 1º - Las mujeres argentinas tendrán los mismos derechos
políticos y estarán sujetas a las mismas obligaciones que les acuerdan o imponen las leyes a los varones argentinos.
Artículo 2º - Las mujeres extranjeras residentes en el país tendrán
los mismos derechos políticos y estarán sujetas a las mismas obligaciones que les acuerdan o les imponen las leyes a los varones
extranjeros, en caso que éstos tuvieren tales derechos políticos.

---

[16] Dos Santos, *op. cit.*, pág. 19.

Art. 3º - Para la mujer regirá la misma ley electoral que para el hombre, debiéndosele dar su libreta cívica correspondiente como un documento de identidad indispensable para todos los actos civiles y electorales.

Art. 4º - El Poder Ejecutivo, dentro de los 18 meses de la promulgación de la presente ley, procederá a empadronar, confeccionar e imprimir el padrón electoral femenino de la Nación, en la misma forma en que se ha hecho el padrón de varones. El Poder Ejecutivo podrá ampliar ese plazo en seis meses.

Art. 5º - No se aplicarán a las mujeres las disposiciones ni las sanciones de carácter militar contenidas en la ley 11.386. La mujer que no cumpla con la obligación de enrolarse en los plazos establecidos estará sujeta a una multa de cincuenta pesos moneda nacional o a la pena de quince días de arresto en su domicilio, sin perjuicio de su inscripción en el registro respectivo.

Art. 6º - El gasto que ocasione el cumplimiento de la presente ley se hará de rentas generales, con imputación a la misma.

Art. 7º - De forma.[17]

El 23 de septiembre, Perón firmó el decreto que promulgaba la ley y en un acto convocado por la CGT, se lo entregó a Eva, en reconocimiento a su lucha a favor de los derechos de la mujer. Ese día Evita debutó en el balcón de la Casa Rosada ante la multitud. Comenzaba a sonar, estridente y metalizada por los altavoces, aquella voz enérgica que quedaría para siempre en el recuerdo de todos los argentinos, los que la amaban y los que la odiaban. Aquella voz inconfundible dijo entonces:

Mujeres de mi Patria:
Recibo en este instante, de manos del Gobierno de la Nación, la ley que consagra nuestros derechos cívicos. Y la recibo, ante vosotras, con la certeza de que lo hago, en nombre y representación de todas las mujeres argentinas. Sintiendo, jubilosamente, que me tiemblan las manos al contacto del laurel que proclama la victoria. Aquí está, hermanas mías, resumida en la letra apretada de pocos artículos una larga historia de lucha, tropiezos y esperanzas. ¡Por

[17] Borroni y Vacca, *op. cit.*, págs. 80-81.

eso hay en ella crispaciones de indignación, sombras de ocasos amenazadores, pero también, alegre despertar de auroras triunfales!... Y esto último, que traduce la victoria de la mujer sobre las incomprensiones, las negaciones y los intereses creados de las causas repudiadas por nuestro despertar nacional, sólo ha sido posible en el ambiente de justicia, de recuperación y de saneamiento de la Patria, que estimula e inspira la obra de gobierno del general Perón, líder del pueblo argentino.[18]

Lejos de alegrarse, las dirigentes opositoras de todo el arco político desde la izquierda a la derecha, que venían luchando por lograr el voto femenino y la total integración de la mujer a la política, sintieron que Evita les arrebataba una reivindicación histórica y una anhelada conquista. Alicia Moreau de Justo, en un ciclo de conferencias de 1948, llegaría a decir con tono escéptico que «las mujeres tenían iguales defectos electorales que los varones y el peor de ellos era la predisposición al caudillismo y a la corrupción electoral».[19]

Evita y Marx

Como dirigente política, el discurso de Evita —siempre en consonancia con el de Perón— tenía bastantes más matices de los que suelen recordarse. Así en sus cursos de la Escuela Superior Peronista, por ejemplo, «rescataba» aspectos de Carlos Marx, sosteniendo que aunque era «un jefe de ruta que equivocó el camino», era un «jefe al fin»:

En él hay dos aspectos fundamentales: primero el organizador o conductor del movimiento obrero internacional y, segundo el creador de una doctrina. Como conductor del movimiento obrero internacional, los pueblos del mundo le deben que les haya hecho entender que los trabajadores deben unirse. Recuerden ustedes que eso mismo repite y repetirá siempre el general Perón a sus trabajadores: «Uni-

[18] Diario *Democracia*, 24 de septiembre de 1947. La transcripción del audio del discurso pronunciado por Eva Perón el 23 de septiembre de 1947 puede consultarse en www.elhistoriador.com.ar/documentos/ascenso_y_auge_del_peronismo/anuncio_de_la_ley_del_voto_femenino_evita.php.
[19] Dos Santos, *op. cit.*, pág. 25.

dos –dice Perón– los trabajadores son invencibles». Es interesante destacar que Marx, como conductor de las primeras organizaciones obreras, interpretó el sentir de las masas, y por este hecho le debemos considerar como un precursor en el mundo. Su doctrina, en cambio, es totalmente contraria al sentimiento popular. Solamente por desesperación o desconocimiento de la doctrina marxista pudo el comunismo difundirse tanto en el mundo; se difundió más por lo que iba a destruir que por lo que prometía construir.[20]

Evita y el capitalismo

De igual modo se refería al capitalismo, al que señalaba como «hijo del liberalismo individualista»:

La concepción del capital, propiedad del trabajo, riqueza y sus falaces postulados, sobre el ejercicio de la libertad, generó el régimen capitalista. Injusto, prepotente y despótico, que acumuló la riqueza y el poder en manos de unos pocos explotando al hombre por el hombre, agravó la cuestión social.

El egoísmo del capitalismo logró que unos pocos explotaran al trabajo y a la riqueza, gobernaran al Estado contemporáneo y moderno y reglaran la vida económica a su voluntad.

Las funestas consecuencias económicas y sociales a causa del régimen capitalista, podrían concretarse en:

a) La libre concurrencia ilimitada impuso al más fuerte, que prepotente utilizó la ley de la oferta y la demanda para establecer el principio del lucro, como fin de la economía.

b) Desprestigió al Estado contemporáneo y moderno (dominada su economía por el capitalismo).

c) El capitalismo se vigorizó en el orden internacional aplastando a su oponente el nacionalismo económico.

d) Se ahondó la cuestión social entre el capital y el trabajo, y encauzó la lucha por la violencia, como único recurso redentor de la Justicia Social: huelgas violentas, guerras.[21]

[20] Eva Perón, *Historia del Peronismo*, cit.
[21] En José Liberal, *Eva Perón, estudio literario y valoración sociológica de* La razón de mi vida, Espiño, Buenos Aires, 1953.

Evita y el feminismo

La relación de Evita con el feminismo es uno de las temas que más polémicas ha despertado. Porque si bien fue sin dudas la mujer más destacada de la historia política argentina, la que impulsó el logro de los derechos cívicos, la que alcanzó mayor poder y renombre, es ciertamente discutible que pueda calificársela como una feminista. Evita denunció como pocas el lugar de doble explotación que sufría la mujer trabajadora y conocía en carne propia el maltrato y la discriminación de una sociedad machista y de doble moral. Pero las feministas y las mujeres que participaban en política, las que por ser liberales, socialistas, comunistas o radicales militaban en la oposición, se negaban a ver en ella algún mérito. Entendían su alto perfil no como el triunfo de una de ellas que había accedido a posiciones de poder, sino simplemente como la versión femenina de Perón. Sostenían que la idea que Eva tenía de la mujer no se alejaba demasiado de la tradicional: que la mujer debía ser esposa, madre, hermana o hija y que su universo ideal era el hogar.

La propia Evita, que contradecía a cada paso esa imagen con sus actitudes, la promovía en casi todas las oportunidades en que se refería al papel de la mujer en la sociedad. En un discurso del 12 de febrero de 1947, por ejemplo, arengaba así a sus compañeras de género:

> ¡Mujer...! Allí donde vivas junto a tu hombre y tu hijo; allí donde concibas y trabajes; allí, en la mesa familiar o en el patio o en la gran cocina patriarcal de la chacra; allí, donde al final han de afluir las noticias de los diarios, el reclamo de la radio o el repertorio de novedades del vecindario, allí mismo, en el centro del país, que es tu hogar, y en el centro del hogar que eres tú misma, es donde está la realización final del programa de redención política y social argentina que Perón inició hace tiempo para el aumento del bienestar de los tuyos.[22]

En *La razón de mi vida*, al tiempo que denuncia las injusticias de la doble explotación, termina reafirmando el rol tradicional:

---

[22] Eva Perón, *La razón de mi vida... cit.*, pág. 248.

En las puertas del hogar termina la nación entera y comienzan otras leyes y otros derechos... la ley y el derecho del hombre... que muchas veces sólo es un amo y a veces también... dictador. La madre de familia está al margen de todas las previsiones. Es el único trabajador del mundo que no conoce salario, ni garantía de respeto, ni límite de jornadas, ni domingo, ni vacaciones, ni descanso alguno, ni indemnización por despido, ni huelgas de ninguna clase... Todo eso —así lo hemos aprendido desde «chicas»— pertenece a la esfera del amor... ¡y lo malo es que el amor muchas veces desaparece pronto en el hogar... y entonces, todo pasa a ser «trabajo forzado»... obligaciones sin ningún derecho...! ¡Servicio gratuito a cambio de dolor y sacrificios! [...] Nacimos para constituir hogares. No para la calle. La solución nos la está indicando el sentido común. ¡Tenemos que tener en el hogar lo que salimos a buscar en la calle: nuestra pequeña independencia económica... que nos libere de llegar a ser pobres mujeres sin ningún horizonte, sin ningún derecho y sin ninguna esperanza![23]

En ese mismo texto diferenciaba su movimiento femenino del feminismo, cayendo incluso en los estereotipos y las caricaturas clásicas:

Confieso que el día que me vi ante la posibilidad del camino «feminista» me dio un poco de miedo.
¿Qué podía hacer yo, humilde mujer del pueblo, allí donde otras mujeres, más preparadas que yo, habían fracasado rotundamente? ¿Caer en el ridículo? ¿Integrar el núcleo de mujeres resentidas con la mujer y con el hombre, como ha ocurrido con innumerables líderes feministas?
Ni era soltera entrada en años, ni era tan fea por otra parte como para ocupar un puesto así... que, por lo general, en el mundo, desde las feministas inglesas hasta aquí, pertenece, casi con exclusivo derecho, a las mujeres de este tipo... mujeres cuya primera vocación debió ser indudablemente la de hombres.[24]

---

[23] Ibídem, págs. 206-207.
[24] Ibídem, págs. 200-202.

Pero también en *La razón de mi vida*, puede leerse esta potente proclama feminista:

> Yo creo que el movimiento femenino organizado como fuerza en cada país y en todo el mundo debe hacerle y le haría un gran bien a toda la humanidad.
>
> No sé en dónde he leído alguna vez que en este mundo nuestro, el gran ausente es el amor.
>
> Yo, aunque sea un poco de plagio, diré más bien que el mundo actual padece de una gran ausencia: la de la mujer.
>
> Todo, absolutamente todo en este mundo contemporáneo, ha sido hecho según la medida del hombre.
>
> Nosotros estamos ausentes en los gobiernos.
>
> Estamos ausentes en los Parlamentos.
>
> En las organizaciones internacionales.
>
> No estamos ni en el Vaticano ni en el Kremlin.
>
> Ni en los Estados mayores de los imperialismos.
>
> Ni en las «comisiones de la energía atómica».
>
> Ni en los grandes consorcios.
>
> Ni en la masonería, ni en las sociedades secretas.
>
> No estamos en ninguno de los grandes centros que constituyen un poder en el mundo.
>
> Y sin embargo estuvimos siempre en la hora de la agonía y en todas las horas amargas de la humanidad.
>
> Parece como si nuestra vocación no fuese sustancialmente de la de crear sino la del sacrificio.
>
> Nuestro símbolo debería ser el de la madre de Cristo al pie de la Cruz.
>
> Y sin embargo nuestra más alta misión no es ésa sino crear.
>
> Yo no me explico pues por qué no estamos allí donde se quiere crear la felicidad del hombre.[25]

El hogar como baluarte peronista

En un artículo publicado en *Democracia* bajo el título «El deber actual de la mujer argentina», de 1948, Evita combinaba esa doble vertiente, a la vez de lucha por sus derechos y de asunción del rol tradicional,

---

[25] Eva Perón, *La razón de mi vida...*, cit., págs. 213-214.

centrado en el hogar. Luego de recordar la sanción de la ley 13.010, decía:

> Esa doble faz multiplica por dos nuestra responsabilidad. Yo sé que todas las descamisadas sabrán comprenderlo así, sentirlo así y obrar oportunamente en consecuencia de ello. La historia de nuestro pueblo y la de todos los pueblos del mundo muestran a la mujer en la vanguardia de todas las grandes gestas colectivas, hombro a hombro con sus hombres, con sus hijos y con las reivindicaciones de su época. [...] las descamisadas de Octubre simbolizan a nuestra mujer, entregada a la producción, consciente de sus derechos sociales y dispuesta a defenderlos contra todos los opresores y contra toda opresión. En aquel entonces, como madre y como esposa trabajadora; ahora como ciudadana también, que ha aceptado nuevos deberes pero que ha logrado conquistar derechos nuevos, entre ellos el de votar.
>
> Ese derecho será ejercido oportunamente y dará un nuevo contenido, más completo y por lo mismo más perfecto, a nuestra vida institucional. Pero el deber que presupone ha de ser cumplido todos los días sin aguardar el momento electoral. El hogar —santuario y célula máter de la sociedad— es el campo propicio y específico en el que el trabajo de la mujer, en bien de la Patria y de sus hijos, se ejerce cotidianamente y ofrece mayores perspectivas de contribuir a moldear hombres dignos del momento histórico que vivimos los argentinos. Hoy, la escuela y el hogar ya no son más términos contradictorios y separados, sino partes de un mismo todo que sigue una misma línea similar, con un solo objetivo único y superior; forjar las generaciones que nos han de seguir en el esfuerzo y la tarea de hacer una patria mayor, una sociedad más justa y una comunidad nacional más unida y más fraterna. En las escuelas reposa sobre los maestros esa misión; en el hogar ese honor le cabe a la mujer.[26]

El llamado era claro, al considerar al hogar como el núcleo básico de formación y como un «baluarte» del peronismo:

[26] Eva Perón, «El deber actual de la mujer argentina», en *Escribe Eva Perón* (recolección de artículos publicados en *Democracia*), Subsecretaría de Informaciones del Estado, Buenos Aires, 1954, págs. 15-17.

Dije en otra oportunidad que Perón necesitaba del baluarte inviolable del hogar para llevar adelante y afianzar su panorama de acción gubernativa. Dije también que nuestros hogares son las cajas de resonancia del país, y que todo aquello que no puede ser discutido, criticado, rechazado o aceptado alrededor de la mesa familiar, no merece pertenecer al número de las preocupaciones del país, porque lo que es ajeno al hogar no puede dejar de ser ajeno a la sociedad y a la Nación. Con eso quise expresar un concepto: que el hogar es el centro sensible por excelencia del corazón de la Patria y el lugar específico para servirla y engrandecerla. Y la mujer es, a su vez, la piedra básica sobre la que se apoya el hogar. Como madre, como esposa y como hija.

Surge de este análisis y de esa valoración del papel de la mujer su tremenda responsabilidad y el imperativo de su deber. Todo lo realizado y por realizar en bien de la total soberanía de la Nación, de nuestra completa liberación y del perfeccionamiento de nuestras relaciones sociales —sobre bases cada vez más justas, más fraternales y más populares— está en gran parte condicionado a la actividad de la mujer en el seno del hogar; al cumplimiento de su deber hacia su pueblo, hacia su época y hacia su patria, inspirándose en la Revolución que proclamó la mayoría de edad del pueblo argentino y los derechos cívicos de todas nosotras para consolidar esa conquista total. Y yo, como mujer y como descamisada, proclamo ante el pueblo y nuestro líder que sabremos cumplir.[27]

Las muchachas peronistas

En julio de 1949, en un acto que colmó la capacidad del Teatro Nacional Cervantes, se creó el Partido Peronista Femenino. En su discurso, Evita sostuvo:

> ¿Cuál era la situación de la mujer en lo económico, lo político y lo social hasta el 17 de Octubre? Madre, hija, hermana del pueblo, la mujer argentina sufrió las mismas negaciones e injusticias que

[27] Ibídem.

caían sobre ese pueblo y sumó a ellas la suprema injusticia de no tener derecho a elegir o a ser elegida, como si ella, la garantía del hogar y de la vida y de la educación de los hijos, desde la cuna hasta la madurez, resultara un peso muerto para el perfeccionamiento político de la colectividad. En lo económico sufríamos directamente y en doble proporción la indignidad económica que pesaba sobre todo el pueblo argentino. No había salario mínimo, convenios colectivos, vacaciones pagas, subsidio por enfermedad, reglamentación del trabajo de menores que fuera cumplida; una ley de accidentes de trabajo que resolviera de una sola vez el problema planteado en beneficio del trabajador. Los despidos que se hacían en masa cada vez que la voluntad patronal así lo requería, estaban a la orden del día. Sin indemnización, sin justicia efectiva, sin garantía de trabajo permanente y sin gobernante ante quien recurrir, porque todos los gobiernos de todas las épocas estuvieron social, política y económicamente al servicio de los intereses del gran capital, de aquí y del exterior. Nuestros trabajadores en muy poco se diferenciaban de los siervos de la Europa medieval. Tal era, a grandes rasgos, el panorama económico. El político se caracterizaba por el fraude, y el social por la negativa sistemática a todo derecho de agremiación. Vivía nuestro pueblo una noche permanente de derechos esenciales. Nosotras, las mujeres argentinas, cuyos hogares habían conocido la miseria conocían ahora el bienestar; cuyos hijos apenas si lograban cursar los estudios primarios, ahora tenían las puertas abiertas de la universidad; cuyos esposos, padres y hermanos, mediante la dignificación del trabajo, conocían efectivamente la alegría de vivir y llenaban la claridad de nuestros derechos cívicos, el honor y la responsabilidad de elegir y ser elegidas de la misma manera que nos habíamos conquistado el derecho y la responsabilidad de trabajar y de sufrir en el seno del pueblo al que pertenecemos sin ninguna diferencia con los varones de la nacionalidad. Todo derecho presupone un deber y nuestros derechos ciudadanos multiplican nuestra responsabilidad que suma ahora a la que surge de nuestra condición de madres, hermanas, esposas y trabajadoras, la que procede de nuestra condición de ciudadanas...[28]

---

[28] En Pichel, *Evita íntima...*, cit., págs. 107-108.

El 30 de julio Evita fue nombrada su presidenta. A partir de allí, el movimiento peronista quedó organizado en tres ramas: el Partido Peronista masculino, el Partido Peronista Femenino y la CGT. A través de sus delegaciones en todo el territorio nacional, la rama femenina funcionó rápidamente como centro de adoctrinamiento y difusión cultural y, por intermedio de sus delegadas y subdelegadas, recabó información que luego transmitía a la Fundación. Evita controlaba con mano férrea las actividades y no dejó que la rama masculina interfiriera en sus propósitos.

Una de sus primeras acciones como presidenta fue la realización de un «censo nacional de mujeres peronistas», que constituyó la campaña de organización partidaria femenina. Para su realización, la propia Evita designó a «delegadas censistas» para cada jurisdicción (provincias y territorios nacionales), dirigentes que a su vez conducirían las tareas de miles de «subcensistas», que formarían la primera camada de cuadros femeninos «orgánicos» del peronismo.[29]

Durante un acto realizado en el Teatro Colón el 16 de diciembre de 1949, Eva dio un mensaje radial, transmitido en cadena nacional, en el que hacía un llamamiento al iniciar el «censo»:

A las compañeras que trabajan a diario, les pido que colaboren con las censistas y subcencistas, porque ellas no tienen más que una misión específica: saber cuántas mujeres estamos enroladas en la causa peronista. Las dirigentes saldrán de la masa. Las más laboriosas, las más abnegadas y las más disciplinadas serán las que surgirán, porque la masa será la que elegirá y yo respaldaré a las elegidas con el cariño y respeto que siento siempre por las decisiones del pueblo. [...] Desde los días en que era una mujer más en las filas del pueblo, y lo mismo ahora en que mi pueblo

---

[29] Las delegadas censistas fueron: Teresa Adelina Fiora (directora de la Escuela de Enfermeras de la Fundación), en la Capital Federal; Catalina Allen, en Buenos Aires; Luisa Komel, en Santa Fe; Juana Larrauri, en Entre Ríos; Celia Argumedo, en Corrientes; Elsa Chamorro, en Córdoba; María Bernard, en Santiago del Estero; Blanca Rodríguez, en San Luis; Teresa Gibelli, en Mendoza; Trinidad Coronel, en San Juan; Delfina Molina, en Catamarca; Juana Baraza, en La Rioja; Ana Macri, en Tucumán; Hilda Castiñeira, en Salta; María Parravicini, en Jujuy; María Silveyra Casares, en Chaco; Susana Míguez, en Chubut; Dora Alderete, en Formosa; Clementina Palumbo, en Neuquén; Rosaura Isla, en Río Negro y Ana María Renzo, en Santa Cruz (Pichel, *Evita íntima...*, cit., pág. 106).

me ha otorgado el privilegio de conducir la bandera de esperanza, siempre he deseado y he soñado que el movimiento político
sea esto que hoy tenemos: la dicha inenarrable de contemplar y
que va ganando voluntades y corazones... Como abanderada del
movimiento peronista femenino, yo no puedo llevar, yo me niego
a llevar otra bandera que no sea la bandera del pueblo. El día que
me sienta incapaz de interpretar a mi pueblo, como lo interpreto fervorosa y fanáticamente, renunciaría antes de defraudarlo.
Agradezco a las compañeras peronistas el cariño que sienten por
mí, que soy la más modesta de las colaboradoras del movimiento
femenino. Yo prefiero seguir siendo lo que tantas veces me han
dicho los descamisados: La Dama de la Esperanza. Y así como
cuando los generales le preguntaron a Alejandro el Grande, después de una gran conquista: ¿qué guardas para ti?, para mí me
guardo la esperanza. Yo le pido al pueblo descamisado y peronista
que a mí me reserve la esperanza de ser la hermana, la amiga de
todos los descamisados de la patria, dispuesta a alentar, a restañar
una herida, a acudir en ayuda de cualquier hermana o hermano
necesitado...[30]

La primera sede partidaria fue inaugurada en la Capital el 29 de
octubre de 1949, en el primer piso de la avenida Corrientes 938. En
el mes siguiente se inauguraron las primeras de La Plata, San Juan,
Formosa, La Pampa, Salta y Córdoba. En enero de 1950, abrió la primera unidad básica femenina en la Capital Federal, dentro del barrio
Presidente Perón de Saavedra, construido por la Fundación. Cada
unidad básica tenía al frente una «subcensista» y dos secretarias. En
total se llegarían a abrir unas 3.600 en todo el país, donde se realizaban distintas actividades. Una de las más típicas eran los «simulacros
de votación», para preparar a las compañeras como autoridades de
mesas y fiscales. También se realizaban cursos de todo tipo, desde los
de alfabetización, ayuda escolar y primeros auxilios, hasta los de corte
y confección, peluquería y taquigrafía. Estaban abiertos casi todo el
día, de 8 a 20, y contaban también con servicios de consultoría jurídica
y médica ginecológica.[31]

[30] Borroni y Vacca, *op. cit.*, pág. 108.
[31] Dos Santos, *op. cit.*, págs. 46-47.

Además de esa acción social, cultural y propagandística, la creación de las unidades básicas femeninas significó una movilización política de la que surgieron «algunas de las primeras legisladoras nacionales y provinciales de la Argentina, como María Rosa Calviño de Gómez, senadora por la Capital en 1951».[32]

Por su acción al frente del Partido Peronista Femenino, Perón decidió felicitarla en un acto celebrado en el Salón Blanco de la Casa Rosada. En esa ocasión reconoció que la organización del nucleamiento partidario era

> [...] tan perfecta y tan completa que en el campo político argentino, en toda nuestra tradición cívica, no ha habido jamás una fuerza más disciplinada, más virtuosa, más moral y más patriótica que esta agrupación.[33]

Para la fecha de ese elogio de Perón se avecinaban las primeras elecciones nacionales que contarían con mujeres votantes y candidatas legalmente reconocidas. Seguramente Evita hubiera querido llevar en las listas del peronismo más senadoras y diputadas. Le sonaba a poco las 6 candidatas al Senado nacional (todas ellas electas) y las 22 a la Cámara de Diputados (15 de las cuales ingresaron al Congreso). Pero era un avance histórico de gran trascendencia si tenemos en cuenta que ningún otro partido llevó ni por aproximación esa cantidad de candidatas en sus listas y, sobre todo, que el radicalismo y los partidos conservadores no incluyeron a ninguna mujer en sus boletas electorales. Fueron las primeras legisladoras nacionales argentinas, todas ellas seleccionadas por Evita.[34]

Es importante recordar que de las tres ramas del peronismo, Evita manejaba dos: la famosa columna vertebral sindical y el Partido Peronista Femenino. Estaba a punto de crear su mayor plataforma de lanzamiento hacia la popularidad, la construcción de poder y la incondicionalidad de sus «grasitas» y «descamisados».

[32] Félix Luna (dir.), *Eva Duarte de Perón*, colección Grandes Protagonistas de la Historia Argentina, cit., pág. 97.

[33] *Democracia*, 23 de febrero de 1951, citado en Marysa Navarro, *op. cit.*, pág. 212.

[34] Pichel, *Evita íntima...* cit., pág. 110; Dujovne Ortiz, *op. cit.*, pág. 394, y Marysa Navarro, *op. cit.*, pág. 213.

La Fundación

Conocedora de la burocracia y de las urgencias del pueblo que ella misma había padecido, organizó la Fundación Eva Perón porque entendió que los trabajadores podían conseguir sus avances sociales a través de la CGT, pero el resto del pueblo, los que estaban fuera del circuito regular del trabajo –como niños, ancianos, mujeres jefas de hogar– debían tener otro ámbito para canalizar sus pedidos y exigir sus derechos que ya no podían esperar más.

A fines de 1947, la Cruzada (también llamada Obra) de Ayuda Social de Ayuda Social María Eva Duarte de Perón comenzó a repartir subsidios a ancianos, a habilitar hogares de tránsito para mujeres desamparadas y a donar viviendas. En la navidad de 1947 la Cruzada repartió unos cinco millones de juguetes y para mayo de 1948 recibía un promedio de 12.000 cartas por día.[35]

La Cruzada u Obra se transformó el 8 de julio de 1948, a través del decreto 20.564, firmado por Perón y por el ministro de Justicia e Instrucción Pública, Belisario Gache Pirán, que le otorgaba personería jurídica a la «Fundación Ayuda Social María Eva Duarte de Perón», que dos años después pasaría a llamarse «Fundación Eva Perón». Según recordaba Rodolfo Decker:

> La Fundación comenzó por algunas pequeñas obras que hizo la señora y, a medida que iba realizando se dio cuenta de que tomaba una magnitud tal que debía tener una organización especial, legalmente organizada. Fueron llegando muchas inversiones y donaciones, y como no quería recibirlas a título personal, se ideó una fundación para que todo fuera controlado.[36]

Su primera sede se instaló en la Secretaría de Trabajo y Previsión, en Perú e Hipólito Yrigoyen, donde había funcionado el Concejo Deliberante de la Ciudad de Buenos Aires. La magnitud de la obra a realizar en una Argentina donde las injusticias sociales eran crónicas, requería que la Fundación tuviera una estructura sólida.

En declaraciones a Tomás Eloy Martínez, para la revista *Panorama* en 1970, Perón hablaba de la Fundación en estos términos:

[35] Marysa Navarro, *op. cit.*, págs. 231-234.
[36] Decker, *op. cit.*, pág. 73.

En nuestro sistema de previsión [...] se filtraban, pese a todo, algunos problemas humanos: había personas que, por ejemplo, no habían trabajado durante su vida y, por lo tanto, no podían jubilarse. No era posible dejarlas en la indigencia: alguien tenía que arrimarles algo para que no se murieran en la calle como perros. O bien, había otras que perdían su trabajo y no se defendían bien dentro de la comunidad para encontrar uno nuevo. Ninguna oficina del Estado atendía esos casos. Le encomendé a Eva la tarea, y ella creó la Fundación de Ayuda Social. Así se organizaron los hogares de ancianos, para los que no podían vivir de una jubilación; los hogares de tránsito, para las familias sin trabajo: allí se instalaba a todos los miembros de la familia, mientras se le buscaba trabajo al padre. La Fundación creó también 16 grandes policlínicos, al advertirse que la previsión del Estado era insuficiente y que mucha gente se moría sin asistencia médica. Esos gastos se cubrían con un cincuenta por ciento de lo que daba el hipódromo y un cincuenta por ciento de Lotería y Casinos: lo que yo llamaba el impuesto a los tontos. Eva se encargó de llevar adelante esa tarea, y lo hizo muy bien. Pudo capitalizar todo el bien que tenía entre sus manos.[37]

Perón se refería irónicamente a la pasión y la intensidad con la que Evita defendía su proyecto:

Una noche, en la mesa, me expuso su programa. Parecía una máquina de calcular. Por fin le di mi asentimiento. Le pregunté:
—¿Y el dinero?
Ella me miró divertida.
—Muy simple —dijo—, comenzará con el tuyo.
—¿Con el mío? —dije—. ¿Y cuál?
—Tu sueldo de Presidente.
El primer decreto ley de protección a la Fundación fue creado por mi mujer en la mesa; no estaba lleno de artículos, pero fue más drástico que cualquier ley escrita.[38]

---

[37] Declaraciones de Juan Perón a Tomás Eloy Martínez, aparecidas el 21 de abril de 1970 en la revista *Panorama*. Véanse también Tomás Eloy Martínez, *op. cit.*, págs. 49-50 y Borroni y Vacca, *op. cit.*, págs. 17-21.

[38] Juan Domingo Perón, *Del Poder al Exilio*, Ediciones Síntesis, Buenos Aires, 1982, pág. 72.

La cuenta bancaria de la Fundación se inauguró con un cheque de 10.000 pesos firmado por Evita, una cifra equivalente a unos veinte salarios mensuales de un obrero industrial en ese momento. También se asignaron a la Fundación los excedentes de las partidas asignadas a los distintos organismos oficiales. Además, se estableció un aporte obligatorio proveniente de dos días, el 1° de Mayo y el 17 de Octubre, de los salarios de obreros y empleados.[39]

Según el testimonio del doctor Ramón Cereijo, ex ministro de Hacienda y ex administrador de la Fundación Eva Perón,

[...] el Estado jamás destinó un solo peso para la Fundación, los aportes financieros –provenientes de los salarios obreros y donaciones espontáneas– llegaron a posibilitar el alud de construcciones y obras. Cuando fue intervenida, la Fundación tenía 600 millones de pesos en la caja. Cuando comenzó –y así se testimonió en el acta que labró el escribano Raúl Gaucherón– sólo diez mil pesos formaban su capital.[40]

Luego del golpe de Estado de 1955, cuando el gobierno antiperonista incautó los bienes de la Fundación, ésta contaba con un presupuesto anual en torno a los mil millones de pesos; sus inmuebles fueron tasados entonces en $ 1.598.538.102,12 y sus activos superaban los tres mil doscientos millones de pesos.[41] La comisión investigadora de las cuentas de la Fundación Eva Perón no pudo encontrar irregularidades. Halló intactos los depósitos bancarios de la Fundación, que sumaban unos 250 millones de dólares al cambio de octubre de 1955,[42] que no fueron depositados en las Cajas de Jubilación como habían prometido los propios «libertadores».

Según el acta de creación de la institución, la obra de Evita tenía como finalidad:

[39] Borroni y Vacca, *op. cit.*, pág. 209.

[40] Ibídem, pág. 221.

[41] Según Marysa Navarro, *op. cit.*, pág. 251, los activos llegaban a $ 3.408.196.550,96. Por su parte, Néstor Ferioli, *La Fundación Eva Perón*, Centro Editor de América Latina, 1990, Buenos Aires, Vol. 1, pág. 37, da una cifra levemente menor: $ 3.280.458.812,12.

[42] Según estimación del Banco Central de la República Argentina.

a) Prestar ayuda pecuniaria o en especie, facilitar elementos de trabajo, otorgar becas para estudios universitarios y especializados a toda persona que carezca de recursos que así lo solicite y que, a juicio de la Fundadora, merezca ser otorgado.

b) Construir viviendas para su adjudicación a familias indigentes.

c) Crear y/o construir establecimientos educacionales, hospitalarios, recreativos o de descanso y/o cualesquiera otros que permitan una mejor satisfacción a los elevados fines que persigue la institución.

d) Construir establecimientos benéficos de cualquier índole, los que podrán ser transferidos con o sin cargo, al Estado Nacional, Provincial o Municipal; y

e) Propender, contribuir o colaborar con todos los medios a su alcance, a la realización de obras de interés general que tiendan a satisfacer las necesidades esenciales para una vida digna de las clases sociales menos favorecidas.[43]

Justicia versus beneficencia

La tradición oral sostiene que, a poco de lanzar su Fundación, las damas de la Sociedad de Beneficencia pidieron una reunión con Evita para hacer las paces y le ofrecieron hacer un «té-bridge» en el Hotel Plaza, «en beneficio de los pobres». Evita rechazó de plano la oferta y les dijo: «En la nueva Argentina se acabó la diversión de los ricos a costa del hambre de los pobres».

La oposición conservadora, que había pasado a su turno por el gobierno y no había cuestionado jamás el manejo de los fondos de la Sociedad de Beneficencia –presidida por las sucesivas primeras damas, desconocidas para el común de la gente en proporción a su nula actividad en la materia–, cuestionaba ahora duramente la acción de la Fundación. Evita les contestaba, en el artículo «Ayuda social, sí; limosna, no», publicado en el periódico *Democracia*:

En las cinco palabras del título de este artículo se encierra la mejor y más categórica respuesta a los detractores de la política

[43] Borroni y Vacca, *op. cit.*, págs. 209-210.

humanista del actual gobierno. Y es que solamente en el espíritu
de los que no quisieron ver, ni oír, ni sentir, puede caber la acu-
sación deliberadamente interesada, o la duda intencionalmente
provocada, que los lleve a confundir ayuda social con limosna.
Para los que acusan, bueno es recordarles que la ayuda social que
ahora se practica nada tiene de común ni tiene antifaz de «pensión
graciable». No se hace presente para quebrar la moral de quien
la recibe, ni para cubrir los gastos que demanda el sostenimiento
de un departamento de lujo o la alimentación y el cuidado de un
perrito de raza. Ésa era la «ayuda social» de antes, que se otorgaba
en pequeña escala, para apuntalar la supervivencia de una clase
que rehuía el trabajo y que estimulaba, por esa simple razón, la
lucha de clases.

Dispuesta a polemizar «un poco», porque «hay que afrontar la
crítica para defender la verdad y la justicia», Eva se ponía a aclarar
los tantos:

Yo no niego la limosna como principio cristiano. Ello sería negar
a la cristiandad misma. Allí donde aparece una necesidad, es
imprescindible cubrirla bajo cualquier forma. Pero aspiro —y a
esto deben aspirar todos los hombres buenos del mundo— a que
la limosna no sea necesaria.
La felicidad de un pueblo, en cuanto a sus medios de vida se refiere, se logra con una adecuada legislación en materia de «justicia
social» y una equitativa distribución de la «ayuda social». Porque
resulta innegable que ésta es complemento de aquélla. La justicia
social juega en el orden de los seres aptos para el trabajo, puesto
que los que dejan de serlo, ya sea por accidentes, por enfermedad o
por causas que la ley contempla, no quedan jamás desamparados.
La ayuda social, en cambio, va dirigida a otro sector humano, que
el Estado y la sociedad no pueden ni deben ignorar. Es un deber
de solidaridad humana que supera todo prejuicio. No reconoce
fronteras, razas ni religiones. Apuntala y preserva el derecho de
vivir para aquellos que por razones de edad, por causas de enfermedad o por incapacidad física, no son aptos para el trabajo. Es
la habitación, el vestido, el alimento, la medicina para el enfermo
que no está capacitado para el trabajo y que no pudo adquirirla.
No es limosna. Es, simplemente, solidaridad humana. La ayuda

social, como se practica ahora, viene como consecuencia de un proceso de estudio debidamente madurado. Está metódicamente organizada. Tiende a restituir a la sociedad, a los que el destino y los malos gobernantes apartaron de ella. La ayuda social, que llega, que se suministra racionalmente, previo examen de las condiciones de vida del que la recibe, protege y estimula. La limosna, dada para la satisfacción de quien la otorga, deprime y aletarga. La ayuda social, honestamente practicada, tiene virtudes curativas. La limosna prolonga la enfermedad. La ayuda social va para mitigar necesidades y restituir a la sociedad, como elementos aptos, a los descendientes de los desamparados. La limosna es accidental. No tiene método ni meta. Y supervive en nuestros tiempos, en nuestro medio, porque algunos sectores necesitan ejercitarla, entendiendo que así lavan culpas en la puerta de una iglesia.[44]

¡Qué horror! ¡Lujo para los pobres!

Los enemigos de Evita se indignaban cuando veían la magnitud de sus logros y decían que la ayuda social de la Fundación era demagógica y «excesiva», partiendo del primitivo y mezquino concepto de que todo aquello era demasiado para «esa gente acostumbrada a conformarse con poco», por la que sentían un indisimulable desprecio, que se iba tornando cada vez más recíproco.

Esta mentalidad egoísta y clasista se expresó claramente en el informe hecho por la comisión que investigó a la Fundación después del derrocamiento de Perón en 1955. Allí se decía:

> Desde el punto de vista material la atención de los menores era múltiple y casi suntuosa. Puede decirse, incluso, que era excesiva, y nada ajustada a las normas de la sobriedad republicana que convenía, precisamente, para la formación austera de los niños. Aves y pescado se incluían en los variados menús diarios. Y en cuanto al vestuario, los equipos mudables, renovados cada seis meses, se destruían.[45]

[44] Eva Perón, *Escribe Eva Perón*, cit., págs. 7-9.
[45] Informe de la Comisión Investigadora de la Fundación Eva Perón, en Erminda Duarte, *op. cit.*

Evita, que conocía bien a sus críticos, tenía muy claro lo que estaba haciendo y por qué lo hacía:

Yo no tengo ningún escrúpulo en hacer las obras que construye la Fundación, incluso con lujo. Tal vez podría cumplir igualmente su misión con menos arte y menos mármoles, pero yo pienso que para reparar en el alma de los niños, de los ancianos y de los humildes el siglo de humillaciones vividas, sometidos por un sistema sórdido y frío, es necesario tener algo de mármoles y de lujo. Es decir, pasarse si se quiere un poquito al otro extremo en beneficio del pueblo y de los humildes.[46]

Y más contundentemente, dejaría escrito:

En cada asilo de la oligarquía se pinta de cuerpo entero el alma explotadora de una raza humana que felizmente morirá en este siglo, víctima de su propio orgullo, de su propio egoísmo. [...] Con sangre o sin sangre, la raza de los oligarcas explotadores del hombre morirá sin duda en este siglo...
Y morirán también todos los conceptos que ellos crearon en la estrechez del alma que llevaban dentro, ¡si es que tuvieron alma! A mí me ha tocado el honor de destruir con mi obra algunos de esos viejos conceptos.
Por eso mis «hogares» son generosamente ricos... más aún, quiero excederme en esto. Quiero que sean lujosos. Precisamente porque un siglo de asilos miserables no se puede borrar sino con otro siglo de hogares «excesivamente lujosos».[47]

Una colaboradora suya recordaba:

Ella pensaba hacer un hogar escuela en Santiago del Estero y nos mandaron, a otra maestra más y a mí, a que trajéramos a la Capital a doscientos chicos de Santiago, hasta que estuviera listo el hogar escuela en la provincia. ¡Si usted supiera la miseria que yo he visto en el Barrio Cárcel! Una cola de chicos con un tarrito

[46] Pichel, *Evita íntima...*, cit., págs. 147-148.
[47] Eva Perón, *La razón de mi vida...*, cit., págs. 160-161.

que esperaban las sobras de la comida de la cárcel. Vivían en unos ranchitos que no se podían concebir que viviera gente allí. Los trajimos. Les compramos zapatillas porque estaban descalzos; todos tenían conjuntivitis. Me acuerdo que el doctor Bagnati los curaba como podía... Los tuvimos que traer con la ropita que tenían. En Constitución nos esperaba Evita. Fue la primera vez que la vi. Tuvieron que traerle una silla para que se sentara porque casi se desmaya. Lloraba Evita. «¿Cómo puede ser que haya tanta miseria?», dijo. Y enseguida los mandó a uno de los hogares de menores para que los bañaran, los pusieran en condiciones y los llevaran después a Harrod's para vestirlos con lo que los chicos quisieran. Así era Evita: de una sensibilidad exquisita, de mucho carácter, muy temperamental. Y de una belleza extraordinaria. Allí la tiene, en esa foto. Era coqueta, pero para estar linda delante de los pobres.[48]

Muchos son los mitos difundidos acerca del origen de los fondos de la Fundación. Marysa Navarro afirma:

Es muy factible que colaboradores de Evita hayan ejercido presiones indebidas ante empresarios para obtener recursos o donaciones forzosas de mercadería. Es de pensar que esto sucediera sin su consentimiento, aunque no es imposible creer que si llegara a enterarse, hiciera la vista gorda pues «así los ricos se veían obligados a devolver lo que pertenecía a los pobres». También es probable que los empresarios no vieran con buenos ojos la obligación de contribuir a la Fundación con cada firma de convenios laborales y lo consideraran una forma de chantaje. Pero si «las contribuciones espontáneas» hubieran existido en gran escala y en forma sistemática, los perjudicados podrían haberlas denunciado públicamente después de septiembre de 1955. Si no deseaban hacerlo de ese modo, seguramente podrían haberlo hecho ante la Comisión encargada de investigar la administración de la Fundación y ésta habría aceptado las denuncias presumiblemente con agrado. Es de creer que no las hubo en cantidades apreciables pues de ser así el informe de la Comisión las habría enumerado

[48] Testimonio de Olga Viglioglia de Torres en «Siempre Evita», *Clarín*, edición especial, viernes 26 de julio de 2002, pág. 16.

y no lo hace. La única denuncia recogida es la de una mueblería, que por otra parte no fue decidida en su favor.[49]

El administrador de la Fundación, Ramón Cereijo, se defendía años después de las acusaciones de coacción sobre los aportantes empresarios:

> Todavía hay gente que me acusa de haber extorsionado a las empresas, y yo les pregunto: ¿para qué íbamos a hacerlo con todo lo que teníamos? Los dos jornales de aporte bastaban. Tampoco hacían falta esos 70 millones de pesos que la Cámara de Diputados aprobó para la Fundación y el Poder Ejecutivo luego vetó. Perón tenía razón en hacerlo: no era justo que los legisladores quisieran quedar bien con la señora a costa del presupuesto nacional.[50]

Para fines de 1948 el capital de la Fundación llegaba a los 23 millones de pesos y el presupuesto y las obras siguieron creciendo geométricamente. Cereijo señalaba:

> Yo firmaba 35 mil cheques por año, por eso al morir la señora, ordené una verificación a fondo de las finanzas y presentamos una memoria completa y al día. Así seguimos hasta septiembre de 1955, en que la Revolución [autodenominada Libertadora] encontró un activo de 3.500 millones de pesos. El nuevo gobierno no integró ese dinero a las cajas de jubilaciones (como lo preveía el estatuto de la Fundación en caso de disolución).[51]

Alicia Dujovne Ortiz recordaba las palabras de una de las «liquidadoras» nombradas por el antiperonismo:

> Una dama católica, doña Adela Caprile, que formó parte de la comisión liquidadora de la Fundación instaurada tras la caída del peronismo, nos ha confesado haber sentido una impresión similar: «Nunca hubiera creído que se pudiera reunir semejante cantidad

---

[49] Marysa Navarro, *op. cit.*, pág. 250.
[50] En Tettamanti, *op. cit.*
[51] Ibídem.

de raquetas de tenis. Era un despilfarro y un delirio, pero no era un robo. No se ha podido acusar a Evita de haberse quedado con un peso. Me gustaría poder decir lo mismo de los que colaboraron conmigo en la liquidación del organismo».[52]

La comisión investigadora nombrada por el gobierno de facto iniciado en 1955 llegó a las siguientes conclusiones:

A pesar de la exhaustiva investigación llevada a cabo no se han llegado a comprobar hechos que estuvieran penados por las leyes, pues el procedimiento técnico y legal al que se ajustaron las licitaciones, concursos de precios y compras han sido realizados en todo momento dentro de las normas administrativas de rutina, pero tampoco cabe duda alguna que ciertos jefes de dichas dependencias se encuentran comprometidos, pues muchos detalles nos llevan a esa presunción, más al ser imposible probarlos por falta de elementos de juicio indispensables, no puede iniciarse acción judicial contra los mismos.[53]

La tarea de la Fundación

Para acceder a la ayuda que brindaba la Fundación, el trámite era muy sencillo. Evita odiaba la burocracia y bastaba con pedir una audiencia o enviar una carta para ser recibido personalmente por ella. Había padecido en carne propia el ninguneo de las antesalas, el desprecio de los que tenían alguna decisión sobre su futuro, la arrogancia de los burócratas cuando atendían a alguien que llegaba sin ninguna «recomendación». Atendía por largas horas a todos, preocupándose incluso por si tenían el dinero suficiente para regresar a sus casas.

A diferencia de lo poco hecho por la Sociedad de Beneficencia, la obra de la Fundación fue monumental: hogares de ancianos, pensiones a la vejez, barrios enteros con todos sus servicios, la «Ciudad In-

[52] Dujovne Ortiz, *op. cit.*
[53] Vicepresidencia de la Nación, Comisión Nacional de Investigaciones, *Documentación, autores y cómplices de las irregularidades cometidas durante la Segunda Tiranía*, Volumen III, Buenos Aires, 1958, citado por Marysa Navarro, en *La Opinión Cultural*, 22 de julio de 1973.

fantil Amanda Allen» y la Ciudad Estudiantil en Capital, la República de los Niños de Gonnet, hogares para madres solteras, policlínicos, el tren sanitario que recorría el país durante cuatro meses al año ofreciendo asistencia médica en los lugares más remotos; hogares de tránsito, colonias de vacaciones, campañas intensivas de vacunación, campeonatos deportivos que permitieron elaborar cientos de miles de fichas médicas de niños de todo el país y atenderlos adecuadamente; reparto de ropa, alimentos, juguetes, becas y subsidios. Los hospitales y barrios como Ciudad Evita fueron construidos con materiales de primera calidad y basados en una moderna concepción arquitectónica.

La Fundación daba trabajo a miles de personas. Según la revista *Careo* en ella trabajaban 14.000 personas entre profesionales, profesores, maestros y empleados. Además trabajaban en las construcciones 6.000 obreros.[54] La Fundación contó con expertos en el área sanitaria como el prestigioso cirujano Ricardo Finochietto. En su Escuela de Enfermeras, creada el 13 de septiembre de 1950, con sede en Callao 1218 de la Capital y regenteada por Teresa Fiora, se graduaban unas 1.300 enfermeras por año, que cumplían funciones en todos los hospitales del país, reemplazando en muchos casos a las tradicionales monjas samaritanas.[55]

Según José Luis Moreno, la Fundación logró modificar el concepto de asilo, quitándole su función de encierro y convirtiéndolo en un hogar. Así el concepto de hogar-escuela reemplazó al de asilo o colegio de huérfanos. Según Moreno,

[...] las dimensiones de este nuevo objeto institucional son diferentes. Surge una nueva arquitectura que reemplaza a los viejos, tristes, grises edificios donde se albergaba a la población infantil sin familia. Las paredes blancas, los amplios ventanales, los techos de tejas, los jardines, los consultorios médicos y odontológicos se correspondían a esa nueva arquitectura.[56]

[54] Silvia Elisabet Mazzuchi, *La Fundación «Eva Perón». Homenaje al cumplirse el cincuentenario de la muerte de la Sra. María Eva Duarte de Perón (1952-2002)*, Ediciones UPCN, La Plata, 2002, pág. 41.

[55] Ibídem, pág. 30.

[56] José Luis Moreno, *Éramos tan pobres... De la caridad colonial a la Fundación Eva Perón*, Sudamericana, Buenos Aires, 2009, págs. 167-168.

Los hogares-escuela estaban distribuidos en las localidades de
Ezeiza, Catamarca, Corrientes, Córdoba, Jujuy, Termas de Reyes (Jujuy), San Juan, Marquesado (San Juan), Mendoza, Salta, Santiago
del Estero, Santa Rosa (La Pampa), Tucumán y Mercedes (San Luis).
Según los datos aportados por Silvia Elisabet Mazzuchi,

> Entre todos los hogares-escuela del país se alojaron aproximada-
> mente 16.000 niños, cuando la población total del país, para esa
> época era de 16 millones de habitantes. La capacidad individual
> de cada hogar dependía de la zona en la cual estuviera inserto,
> por ejemplo, el de San Juan y el de Ezeiza, eran los de mayor ca-
> pacidad de alojamiento, llegando a albergar a 1.300 niños; el de
> Salta albergó hasta 800 niños y el más pequeño, el de Jujuy, tenía
> capacidad para 200 niños.[57]

Según José Luis Moreno, a diferencia de lo actuado por la Sociedad
de Beneficencia, la idea de la Fundación era la de formar hombres y
mujeres libres. Por eso no se los aislaba dentro de los hogares sino que
a cada niño huérfano se le asignaba un tutor y una familia sustituta.[58]

Evita se preocupaba hasta por la decoración de esos hogares y
justificaba por qué encaraba así las obras:

> En cada una de ellas, yo he querido hacer ver, a los que vengan
> detrás nuestro, que era verdad luminosa el cristianismo humanista
> de la doctrina de Perón.
> Por eso cada hogar, así sea de «tránsito», de niños o de ancia-
> nos, está hecho como si fuese para el más rico y exigente de los
> hombres. [...] Yo creo que al dolor de los que sufren es inhumano
> agregar otro dolor, por pequeño que sea. Por eso mis hospitales
> quieren ser alegres: sus paredes decoradas con arte, sin camas
> blancas, sus ventanales son amplios y sus cortinados hogareños...
> ¡como para que ningún enfermo se sienta en un hospital! [...] Son
> detalles tal vez sin importancia aparente. Se necesita haber sufrido
> el problema de los pobres para darles importancia.
> En mis «hogares» ningún descamisado debe sentirse pobre.

[57] Mazzuchi, *op. cit.*, págs. 69-71.
[58] Moreno, *op. cit.*, pág. 168.

Por eso no hay uniformes denigrantes. Todo debe ser familiar, hogareño, amable: los patios, los comedores, los dormitorios...
He suprimido las mesas corridas y largas, las paredes frías y desnudas, la vajilla de mendigos... todas estas cosas tienen el mismo color y la misma forma que en una casa de familia que vive cómodamente. [...]
Así mis descamisados pueden decirme cuando los visito en mis hogares lo que tantas veces ya les he oído:
–Evita: me siento mejor que en mi casa.[59]

Los únicos privilegiados

Otra obra que demostraba la acción hacia los chicos fue la creación de la Ciudad Infantil «Amanda Allen», que llevaba el nombre de una enfermera de la Fundación herida en un accidente aéreo cuando regresaba de un viaje solidario al Ecuador para ayudar a las víctimas de un terremoto. Fue inaugurada el 14 de julio de 1949 y estaba ubicada en el barrio porteño de Belgrano, entre las calles Juramento, Echeverría, Dragones y Húsares. Fue construida en cinco meses y tuvo un costo de un millón de pesos.
    María Marta Aversa describe la vida de los niños dentro de la Ciudad Infantil:

Los pequeños se encontraban rodeados de un número considerable de empleados con tareas definidas y concretas. Por ejemplo, el comedor estaba a cargo de tres mucamas, dos más por cada dormitorio y una encargada de los pasillos. Las enfermeras y sus ayudantes prestaban servicios permanentes en la Enfermería, otras junto a los médicos en los distintos consultorios y en la distribución de medicamentos.
Durante el día los chicos eran contenidos por preceptoras (dos por dormitorio), a partir de la noche quedaban a cargo de las serenas (1 por dormitorio). Además las distintas actividades recreativas o pedagógicas estaban dirigidas por maestras (tres por la mañana y otras tres por la tarde).[60]

[59] Eva Perón, *La razón de mi vida...*, cit., págs. 172-175.
[60] María Marta Aversa, «La política asistencial hacia la infancia popular: modelando el futuro peronista (1946-1955)», en *Primer Congreso de estudios sobre el peronismo: la primera década*, en www.megahistoria.com.ar/tesis/aversa.pdf, págs. 9-10.

Los chicos se levantaban a las 7 de la mañana y llevaban un régimen sumamente pautado en sus horarios, que incluían clases escolares, actividades recreativas, cuatro comidas diarias y aseo.[61]

Era una de las obras preferidas de Evita, como señala Néstor Ferioli, citando el testimonio de Teresa Inés Sáenz de Miera:

> Eva Perón la visitaba mucho. Cuando ya estaba en cama, cuando ya sabíamos que se moría, un día se levantó, sacando fuerzas de donde no las tenía. Se levantó, pidió el auto y se fue a revisar la Ciudad Infantil, y a decirle al personal: «cuídenmela después que yo me muera, que siga igual que hasta ahora».[62]

Al inaugurarla, Evita había planteado que «Olvidar a los niños es renunciar al porvenir»:

> El problema del niño —del niño enfermo y sin recursos, del niño desvalido, del niño abandonado, del niño, en fin, que desconoce el calor del hogar, por infinidad de causas que son en su gran mayoría sociales— es un problema nacional y seguramente el más urgente de esta hora. El país que olvida a la niñez y que no busca solucionar sus necesidades, lo que hace es renunciar al porvenir. Y nosotros no sólo no renunciamos al futuro, sino que no renunciaremos jamás a él y estamos luchando para mejorarlo y valorarlo para los que vendrán después. [...]
> En mis viajes por el país, [...] he podido observar la situación de los niños cuando los padres, por incapacidad económica, por enfermedad o simplemente por ausencia, no podían resolver personalmente el problema de sus hijos.
> Comprobé entonces con horror que hay provincias argentinas donde la mortalidad infantil llega a las cifras de 300 por mil. Verifiqué que había centenas de miles de niños nuestros que casi no conocían ni la carne ni el pan, aunque habían nacido en un país exportador por excelencia de esos dos elementos básicos alimenticios. Vi a millares y millares de criaturas sin educación, sin higiene, sin calor familiar, viviendo en sórdidos rancheríos, siendo pasto

---

[61] Ibídem.
[62] Testimonio de Teresa Inés Sáenz de Miera, en Ferioli, *op. cit.*, pág. 88.

de todas las enfermedades y consumiendo en una desesperación callada todo lo que en otros, más felices, son sueños de la niñez. El porvenir de esos niños era tan incierto como el porvenir de los parias. Y me dije a mí misma que, aunque pareciera mentira, eso pasaba aquí, entre nosotros, en un país lleno de riquezas, en un país de hombres que se llenaban la boca con las palabras más sonoras, barajando los conceptos de justicia, solidaridad, patriotismo, fraternidad y ayuda. Pero allí estaban los necesitados, olvidados y escarnecidos, esperando inútilmente que los señores de la política quisieran preocuparse por los que tenían que fundamentar el provenir de la Nación. Allí estaban los niños que no figuraban en la preocupación de nadie porque no podían votar ni podían prestar sus nombres inocentes para las sucesivas farsas electorales con que se pretendía demorar el despertar de nuestro pueblo. Allí agonizaban, subalimentados, enfermos, los hijos de los mismos que creaban la riqueza y que no tenían ante ellos otro futuro que el hospital, la miseria y la desesperación o el delito. [...] Nosotros, a través de la Ayuda Social, hemos iniciado un camino de solución que nos parece justo, seguro y eficaz. Hemos iniciado el proceso con la venida de algunos centenares de niños, a fin de prepararlos para una juventud capaz, como camino seguro hacia una madurez dignificada y constructiva, y también para inculcarles todo lo que necesita la condición humana y es capaz de asimilar la sensibilidad infantil. Desde los conceptos morales de hogar, patria, familia, solidaridad social y espíritu de justicia, hasta los principios generales de la educación y la especialización en el trabajo. Desde la higiene más rudimentaria hasta los más elevados conceptos de fraternidad. Desde el amor a la tierra que los vio nacer y quiere dejar de ser madrastra de sus hijos, hasta el sentido de su propio deber hacia sus semejantes y hermanos.[63]

El predio ocupaba dos manzanas. En la primera se hallaba el edificio principal construido a escala «adulta». Allí estaban las dependencias: dirección, administración, servicio, aulas, comedores, dormitorios, servicios médicos, sala de espectáculo, sala de circo y un gran vestíbulo central. La Ciudad Infantil era una ciudad en miniatura a la

---

[63] Eva Perón, *Escribe Eva Perón*, cit., págs. 12-14.

que los adultos sólo podían acceder encorvándose. La escala en la que estaba construida era la de un niño de 5 años. Según Néstor Ferioli, estaba formada por: «ocho chalecitos blancos con tejas rojas, un mercado (farmacia, tienda, verdulería, frutería y almacén), una comisaría, la Municipalidad, una estación de servicio con dos surtidores, la plaza «Los derechos del trabajador» y una Capilla».[64] Allí se hospedaban entre 100 y 300 niños de ambos sexos de hasta seis años provenientes de hogares carenciados o en situación de abandono.

La Ciudad Estudiantil

Frente a la Ciudad Infantil, la Fundación construyó otra institución destinada a estudiantes secundarios. Ambas estaban comunicadas por un túnel que atravesaba la calle Dragones. Según María Marta Aversa:

El régimen escolar era idéntico al de los Hogares Escuela. Los alumnos eran trasladados diariamente, en los vehículos de la Fundación, a sus respectivos colegios e institutos secundarios, contando con clases de apoyo escolar dentro de la Ciudad.
Esta experiencia fue presentada como un modelo inédito en la formación de la juventud argentina. Uno de los puntos clave para afirmar su originalidad en la época, era su organización bajo un co-gobierno docente y estudiantil.[65]

En el discurso inaugural de la Ciudad Estudiantil, el 27 de octubre de 1951, transmitido a través de la radio, ya que Evita no pudo asistir personalmente dada la gravedad de su estado de salud, se expresan los objetivos de los institutos:

[...] escuelas donde cada uno de los hijos de los trabajadores argentinos aprenda todo lo que se necesita para ser presidente de la República, si fuera necesario, y que aprenda a ser leales con el pueblo, a fin de que, una vez capacitados para servirlo, no lo traicionen jamás como ha traicionado la clase dirigente anterior

[64] Ferioli, *op. cit.*, pág. 89.
[65] Aversa, *op. cit.*, pág. 15.

a la época de Perón [...]. Mis hogares tienen la misión sagrada de formar hombres humildes que mañana sean abanderados del pueblo, que consoliden la victoria del pueblo sobre sus enemigos. Nosotros prepararemos a los hijos de los trabajadores para que sean conductores de sus masas en la hora de los pueblos.[66]

Los hogares de tránsito

Otra preocupación de Evita era proteger a las mujeres solteras y a los ancianos. Por eso la Fundación creó hogares de tránsito para mujeres solas, madres solteras y mujeres con hijos, a las que se albergaba hasta que consiguieran vivienda y trabajo o hasta que se recuperaran de alguna enfermedad.

En la Ciudad de Buenos Aires funcionaban tres hogares de tránsito. Según Vera Pichel,

El Hogar de Tránsito N° 1 atendió a 732 personas en un año. El número 2 a casi 1.000 personas y el número 3 a 551. Un total cercano a las 2.500 personas a quienes se brindó atención en ambientes cálidos y confortables, donde se resolvieron los problemas que tenían. Problemas de trabajo, pasajes, internación en policlínicos, medicamentos, tratamientos varios, ayudas en ropa y hasta bautismos y comuniones. Fue realmente una experiencia inédita en el país, que nunca se repitió.[67]

Si los lectores desean vivir la muy interesante experiencia de conocer cómo era una de estas instituciones y de palpar de cerca la calidez y el lujo, pueden acercarse a Lafinur 2988 en la ciudad de Buenos Aires, sede actual del Museo Evita, donde funcionaba el Hogar de Tránsito N° 2, que milagrosamente sobrevivió a la furia de los «libertadores».

En 1949, Evita inauguró el primer Hogar de la Empleada creado por la Fundación, en Avenida de Mayo 869, en pleno centro porteño. Estaba destinado a recibir a mujeres que venían del Interior para tra-

---

[66] Mazzuchi, *op. cit.*, pág. 107.
[67] Pichel, *Evita íntima*, cit., pág. 150.

bajar en Buenos Aires. Según Silvia Elisabet Mazzuchi, para acceder a este beneficio, las mujeres debían cobrar un sueldo de hasta 500 pesos y no tener familiares en la ciudad. Las pensionistas debían pagar una mensualidad que se calculaba de acuerdo a sus ingresos.

El edificio de once pisos, nueve de los cuales estaban destinados a dormitorios, tenía capacidad para 500 personas. El «piso de las novias», pintado de blanco, albergaba a las pensionistas próximas a casarse.[68] El Hogar de la Empleada tenía dos comedores, uno con precios muy moderados y otro más lujoso.[69] Evita solía comer allí en sus largas jornadas de labor, haciéndose un rato entre sus tareas al frente de la Fundación, ya entonces instalada en la avenida Paseo Colón (donde hoy funciona la Facultad de Ingeniería de la Universidad de Buenos Aires), sus reuniones con sindicalistas en la Secretaría de Trabajo y en Casa de Gobierno, sus recorridas por las muchas obras de la institución, actos y eventos de todo tipo. Sentía una especial predilección por el Hogar de la Empleada, al que en más de un sentido consideraba «su casa»:

> El edificio [...] revestido en mármol, con imponente escalera de acceso, fue amueblado y decorado con un lujo y buen gusto llamativos. Los regalos que recibió Eva en su viaje a Europa decoraron esta institución, como por ejemplo una valiosa mantilla de Murcia, que se extendía sobre un piano de cola; porcelanas de Sèvres, tapices y pinturas, sillas Luis XV tapizadas en finos brocatos de seda. [Cada piso] tenía un estilo decorativo característico, por lo cual un piso era el vienés, otro el provenzal, otro el francés, otro el moderno, etc. [...] En todos los casos los dormitorios eran dobles pero tenían un anexo con un salón que permitía cierta privacidad a quienes compartían el dormitorio. El último piso estuvo destinado a consultorios médicos y odontológicos para la atención gratuita de las pensionistas. La terraza se ambientó como solarium para disfrutar del sol en sus reposeras y mecedoras. El edificio contaba también con biblioteca, sala de costura (donde también se dictaban cursos), sala de música, donde funcionó el radiofonógrafo, con una completa colección

---

[68] Mazzuchi, op. cit., pág. 30.
[69] Marysa Navarro, op. cit., pág. 238.

de discos de pasta, y también el cinematógrafo sonoro. Cabe aclarar que todas las habitaciones contaban con la imprescindible radio... La sala de música resultó por demás lujosa y lo fue por sus columnas revestidas en espejos, que le daban un aspecto muy selecto y refinado.[70]

Los derechos de la ancianidad

Así como Evita le había dado un toque de humanidad a la protección de los «únicos privilegiados», las madres solteras y los pobres, también decidió hacerlo con los ancianos. En 1948, Evita había comenzado a redactar los Derechos de la Ancianidad, que al año siguiente serían incorporados en la Constitución nacional con la reforma impulsada por el peronismo.[71]

El primero de los artículos establecía «el derecho de protección integral [de los ancianos] por cuenta y cargo de su familia. En caso de desamparo corresponde al Estado proveer a dicha protección ya sea en forma directa o por intermedio de los institutos y fundaciones creadas o que se creen con tal fin».[72]

Para poner en práctica estos preceptos se inauguró el Hogar de Burzaco, en el sur del Gran Buenos Aires, el 17 de octubre de 1948. Como en las instituciones destinadas a menores, Evita había decidido abandonar la idea de «asilar» a los ancianos para otorgarles un nuevo hogar. El Hogar de Burzaco, instalado en un predio de 32 hectáreas, daba casa, comida y ropa a más de 200 personas. También se las estimulaba para que trabajasen, de acuerdo a sus posibilidades, en forma optativa y remunerada.

El concepto innovador de estos hogares rompía con los tradicionales depósitos de ancianos y les devolvía su dignidad. En 1955, las obras de otros tres hogares de la Fundación, en las provincias de Córdoba, Santa Fe y Tucumán, fueron suspendidas por el golpe que derrocó a Perón.[73]

---

[70] Mazzuchi, *op. cit.*, págs. 55-56.
[71] Borroni y Vacca, *op. cit.*, pág. 210.
[72] Pichel, *op. cit.*, pág. 152.
[73] Moreno, *op. cit.*, pág. 170.

Otra acción a favor de los ancianos fue el impulso dado a la sanción de una ley por la cual se otorgaban pensiones a las personas mayores de 60 años sin recursos. El 3 de julio de 1950 Evita entregó en el Teatro Colón las primeras mil pensiones a la vejez.[74]

Los policlínicos

Cuando el peronismo se convirtió en gobierno, la Argentina contaba con cincuenta y siete hospitales. A comienzos de 1950 había 119 centros asistenciales distribuidos estratégicamente en todo el país.

Eva estaba orgullosa de su obra, pero insistía en que la Fundación era un paliativo, que su función terminaría cuando en la Argentina hubiera justicia social para todos. En las sesiones del Primer Congreso Americano de Medicina del Trabajo, realizado en el país el 5 de diciembre de 1949, insistió en cuál era su concepto de ayuda social:

Queremos hacer una diferencia entre lo que juzgamos limosna y ayuda. La limosna humilla y la ayuda social estimula. La limosna no debe organizarse, la ayuda sí. La limosna debe desaparecer como fundamento de la asistencia social. La ayuda es un deber y el deber es fundamento de la asistencia. La limosna prolonga la situación de angustia, la ayuda la resuelve integralmente. La limosna deja al hombre donde está, la ayuda lo recupera para la sociedad como elemento digno y no como resentido social. Por eso, la Fundación encamina toda su obra no como limosna sino como acción de justicia, de justicia bien ganada por el pueblo, y que durante tanto tiempo se le negó.[75]

En ese mismo discurso, una vez más «marcando la cancha», planteaba:

El Campeonato Infantil hace participar a medio millón de niños en una función deportiva y los reúne con una finalidad muy interesante, puesto que son quinientos mil niños que pasan por

---

[74] Pichel, op. cit., pág. 193.
[75] En Pichel, Evita íntima... cit., pág. 146.

exámenes médicos con atención permanente. Tenemos también colonias de vacaciones para nuestros chicos y alegres caravanas de sonrisas infantiles recorren el país en un turismo organizado. [...] yo pretendo al menos que ningún hijo de oligarca, aun cuando vaya al mejor colegio y pague lo que pague, sea mejor atendido ni con más cariño que los hijos de nuestros obreros en los Hogares Escuela de la Fundación. Por eso también ningún oligarca, por más dinero que tenga, podrá ser mejor atendido en ningún sanatorio del país, ni tendrá más comodidad y más cariño, que los enfermos de los Policlínicos de la Fundación. La razón de mi actitud es bien sencilla: hay que reparar un siglo de injusticias... La explicación es muy clara. Nace de un viejo sentimiento que llevo en el corazón desde mi infancia, y es mi sentimiento de indignación ante la injusticia, que muchos han confundido —como dije anteriormente— creyéndome una resentida social. Y yo pienso: benditas sean las resentidas sociales que se dieron a la tarea de trabajar para construir una humanidad más feliz, llevando un poco más de felicidad a todos los hogares de la patria. Al fin de cuentas, la vida alcanza su verdadero valor no cuando se la vive de manera egoísta, nada más que para uno mismo, sino cuando uno se entrega a la vida íntegramente, fanáticamente, en aras de un ideal que vale más que la vida misma.[76]

La Fundación construyó policlínicos en importantes núcleos del Gran Buenos Aires, como los de Avellaneda («Presidente Perón»), Lanús («Evita»), San Martín («Eva Perón») y Ezeiza, y dieciséis regionales en las provincias de Catamarca (dos policlínicos), Jujuy (un policlínico y un hogar escuela), Salta, Tucumán, La Rioja, Mendoza, San Luis, Santiago del Estero, Santa Fe (en Rosario), Corrientes, Entre Ríos (dos policlínicos) y Neuquén. Otros trece policlínicos proyectados, que hubieran cubierto todo el país, no llegaron a ser construidos.[77] La atención de los pacientes, los estudios, los tratamientos y la provisión de medicamentos eran absolutamente gratuitos. Como señala Mazzucchi:

[76] Ibídem, págs. 146-147.
[77] Mazzucchi, *op. cit.*, pág. 124.

El Policlínico en Avellaneda contaba con nuevos servicios en hematología, gastroenterología, cirugía cardiovascular, proctología, kinesiología, fisioterapia y salas de recuperación. Durante un año promedio sus prestaciones asistenciales se cumplieron de acuerdo con las siguientes cifras: consultorios externos, 245.991 pacientes; internaciones, 8.688; odontología, 34.993; radiografías, 4.850; análisis, 214.335, y recetas farmacéuticas, 834.110. El equipo médico de este Policlínico Presidente Perón estaba constituido por prestigiosos profesores encabezados por el doctor Finochietto.

El Policlínico de Lanús en un solo año atendió a 256.044 personas en sus consultorios externos, 10.199 internados, 30.070 placas de radiografías, 54.391 atendidos en odontología, 155.683 análisis y 1.136.621 recetas farmacéuticas. En Ezeiza, el Policlínico atendió a 60.000 pacientes, 2.661 internados, 9.937 atendidos en odontología. Se realizaron 18.808 análisis, 10.137 radiografías y se otorgaron 24.341 recetas de farmacia.[78]

Alicia Dujovne Ortiz, generalmente crítica con el peronismo, reconoce:

Todos esos hospitales eran muy diferentes del viejo modelo de hospital a la francesa que hasta entonces se había imitado. Basta de enormes salas siniestras con las paredes marrones o verde caqui: para Evita, más de tres enfermos por sala era una imagen del infierno. Modernos, luminosos, con excelentes equipos importados de los Estados Unidos y médicos bien remunerados, esos hospitales revestidos de mármol eran absolutamente gratuitos, incluidos los remedios para los pacientes que no estaban internados.[79]

La Fundación colaboró así con los planes de prevención y atención primaria que, desde el Ministerio de Salud Pública, impulsaba el doctor Ramón Carrillo, que venía bregando desde antes del surgimiento del peronismo para que el Estado adoptase políticas sanitarias modernas en todo el país. Como parte de esa labor, la Fundación contribuyó en 1951 con el Tren Sanitario que recorrió la Argentina,

[78] Ibídem, págs. 148-149.
[79] Dujovne Ortiz, op. cit., pág. 357.

completando la obra iniciada con los policlínicos. Durante cuatro meses, el tren, equipado con la última tecnología médica, llegó a los puntos más «abandonados» del país y atendió a hombres, mujeres y niños que jamás habían visto a un médico ni mucho menos a un odontólogo.

La ayuda social directa

Junto con la atención sanitaria, a la minoridad, los ancianos y las mujeres trabajadoras, la Fundación creó unas 200 proveedurías en todo el país, que vendían artículos de primera necesidad a precios muy bajos. Al mismo tiempo, mantenía la labor con la cual había iniciado sus actividades, en los tiempos de la «Cruzada»: la atención de todo tipo de pedidos de ayuda directa, individual o colectiva, a la que Evita dedicaba personalmente una parte considerable de sus jornadas:

> Evita dedicaba todas sus tardes, hasta altas horas de la noche, a la «Ayuda Social directa». Recibía largas filas de ancianos, hombres, mujeres con niños en los brazos y jóvenes que venían a pedirle trabajo, una pensión, materiales para construir una pieza, una máquina de coser, una casa en un barrio o unos gramos de estreptomicina. El procedimiento para llegar hasta ella era muy sencillo. Se pedía una audiencia en su oficina del Ministerio o se le escribía una carta a la residencia presidencial, explicando el problema. Las cartas eran leídas en la calle Austria[80] y allí se contestaban todas por igual, sin hacer cuestión ni por un momento de afiliación política. Cuando la persona empezaba a desesperar, venía la respuesta, conteniendo el día, la hora y el lugar, ya fuera por la tarde en el Ministerio o muy temprano en la residencia. Una vez en el despacho de Evita, la espera no terminaba pues por lo general ella debía interrumpir las entrevistas para cumplir con otras obligaciones, un acto oficial, una reunión sindical, una inauguración o acompañar a un visitante extranjero. Pero siempre

[80] Se refiere a la residencia presidencial de entonces, en Avenida Alvear (a partir de 1950, Avenida del Libertador en ese tramo) y Austria. En ella falleció Evita y, tras el golpe de 1955, fue demolida por el gobierno antiperonista. En la actualidad, el predio está ocupado por la nueva Biblioteca Nacional.

volvía, dispuesta a conversar pacientemente con todos los que la
habían aguardado, preguntándoles uno a uno qué necesitaban.
Enterada del problema, los varios secretarios que se movían a su
alrededor, entre los que infaltablemente se hallaba Renzi, empezaban a cumplir sus decisiones y ella estampaba sus iniciales en
las órdenes que debían ser llevadas a otras dependencias, según el
caso concreto. A veces, ante una madre con un niño en los brazos
y otros dos colgados de las faldas, le preguntaba qué medios tenía
para ir a casa. Si no se quedaba satisfecha con la respuesta, abría
una carpeta en la que guardaba billetes y le daba unos cuantos.
Si era tarde y la carpeta estaba vacía, le pedía a cualquiera de
los ministros o altos funcionarios que estuvieran en su despacho
que sacaran sus carteras y le dieran lo que tenían. Otras veces,
mandaba a su chofer que llevara a un viejito a su casa y no faltó
la ocasión en que cuando le llegó el momento de abandonar el
Ministerio, se tuvo que tomar un taxi pues su auto todavía no
había vuelto.[81]

Evita misma lo relataba en *La razón de mi vida*:

Las audiencias de los pobres son mis descansos en la mitad de
muchas jornadas agotadoras.
Dos veces a la semana, por lo menos, dedico la tarde a esta misión
de intermediaria entre los humildes y Perón, porque aunque la
Fundación soluciona en gran parte los problemas de esta gente,
nada sería y nada haría sin Perón, la causa y el alma de mi ayuda
social. [...]
Los recibo por lo general en la Secretaría, aunque a veces, cuando
no me alcanza el tiempo y hay muchas cuestiones urgentes que
arreglarles, les doy cita en la Residencia. Pero con preferencia los
atiendo en la Secretaría, como un homenaje a Perón, que la creó.[82]

Las anécdotas sobre su trabajo en la Fundación son innumerables.
Rodolfo Walsh cuenta en su notable libro *¿Quién mató a Rosendo?*:

---

[81] Marysa Navarro, *op. cit.*, págs. 239-241.
[82] Eva Perón, *La razón de mi vida...*, cit., págs. 137-138.

Su madre recibió la carta de la Fundación, fue con él, hicieron las horas de espera hasta la medianoche, hasta que ella lo recibió, y la madre pidió la máquina de coser, pero también las chapas para terminar la pieza, y al fin, con un supremo esfuerzo, la dentadura postiza –si no fuera demasiado abuso–. Vio, con esa humildad de todos los humildes, que les parece que siempre piden mucho, y Evita le dice: «No, si eso no lo pide nadie; al contrario, necesitamos gente que pida eso para que los médicos puedan estudiar», y le hizo un chiste como agradeciéndole que se atreviera a pedir los dientes postizos para ella y para el viejo. A los dos o tres días llegó el camión con las chapas, las camas, los colchones, la bolsa de azúcar, las tazas, los platos, la ropa, las hormas de queso, las dentaduras postizas.[83]

Su amiga Vera Pichel contaba:

Había ido al Chaco para presidir una inauguración y en su comitiva estaba el embajador Raúl Margueirat, a cargo de la oficina de ceremonial de la Nación. Eva se había adelantado un poco hacia el público que pugnaba por acercarse y, en ese momento, una mujer muy humilde se le acercó y la besó en la mejilla. Margueirat pegó un salto, sacó su pañuelo e intentó pasarlo por la mejilla besada.
–No me toques, hijo de puta –le dijo Eva con vehemencia–. ¿Encima querés humillarla a esa pobre mujer?
La había besado una mujer con visibles signos de lepra, pero Eva lo aceptó con la entereza y la simpatía que sólo ella sembraba a su alrededor. Contrito, Margueirat guardó su pañuelo, dio un paso atrás y se perdió entre los integrantes atónitos de la comitiva.[84]

De manera similar, una colaboradora de la Fundación recordaba:

un día, mientras besaba a una mujer con llagas, le acerqué un frasco de alcohol para que ella se desinfectara, con un algodón. ¡Me quiso matar! Fue la única vez que se enojó conmigo. Tiró el frasco contra la pared. Creía que me iba a dejar en la calle.[85]

[83] Rodolfo Walsh, *¿Quién mató a Rosendo?*, De la Flor, Buenos Aires, 1985.
[84] En Pichel, *Evita íntima...*, cit., págs. 15-155.
[85] Testimonio de Irma Cabrera de Ferrari, en Borroni y Vacca, *op. cit.*, pág. 223.

Uno de los choferes oficiales, Francisco Molina, relataba:

¿Sabe lo que hacía la señora? Trabajaba hasta muy tarde en Trabajo y Previsión. Entonces, como a las diez, once de la noche, a
veces la llamaba el General. Y ella ponía la mano así en el teléfono,
para que no se escuchara lo que decía. Y le decía: «Sí, Juancito, ya
voy para allá... Es un rato nomás». Y se quedaba atendiendo a la
gente hasta la una y media de la mañana o dos. Y como a las tres
de la mañana me pedía que la llevara a la residencia. Pero no por
la entrada principal, sino por la entrada de atrás, abría la puerta del
auto despacito para no hacer ruido, y no bien se bajaba se sacaba
los zapatitos, porque tenía un pie así de chiquitito, nos saludaba
con la mano y una sonrisa enorme y subía corriendo descalza la
escalera, para que el General no la escuchara.[86]

Evita en Broadway

En septiembre de 1949, una tragedia ocurrida en Ecuador mostró la
capacidad de organización de ayuda solidaria por la Fundación. Un
terremoto afectó a gran parte del país hermano, con un alto número
de víctimas, incluidos 800 muertos. La Fundación reunió medicamentos, ropas, víveres y todo tipo de ayuda, que volaron a Quito en cinco
aviones especialmente fletados por la Fundación.

El gobierno ecuatoriano agradeció el gesto de Evita nombrándo-
la días después «Ciudadana de América». En el regreso, uno de
los aviones se accidentó y resultó herida de gravedad una de las
enfermeras, Amanda Allen, en cuya memoria se puso su nombre
a la Ciudad Infantil.[87]

La ayuda de la Fundación se extendió a Bolivia, Chile, Turquía,
Italia, Checoslovaquia, Hungría, Japón, entre otros 80 países de Amé-
rica, Europa, Asia y África. Quizás el caso más curioso sea el de los
Estados Unidos.

---

[86] Testimonio de Francisco Molina, en *Siempre Evita*, cit., pág. 16.
[87] Pichel, *Evita íntima...*, cit., pág. 183.

En 1949 el reverendo Ralph Faywatters, presidente de la Children's Aid Society de Washington, le solicitó ayuda a la Fundación para los niños pobres de su país. Evita respondió rápidamente enviando ropa de abrigo y calzado para 600 pequeños indigentes, habitantes del país más rico del mundo. La ayuda pegó fuerte en la soberbia y aparentemente opulenta sociedad norteamericana que se sintió, más que agradecida, ofendida al punto de que el gobierno yanqui llegó al absurdo de pedirle explicaciones a la embajada argentina. En una carta, inédita hasta que la publicara recientemente Rogelio García Lupo, Evita explicaba:

> Sirva de ejemplo este acto y esta ayuda que lo hacemos con todo respeto y todo el cariño por el gran pueblo de los Estados Unidos y humildemente le hacemos llegar nuestro granito de arena de ayuda [...] este avión argentino que pronto llegará a Estados Unidos representa la bondad de nuestro conductor y lo que somos capaces de hacer por el desposeído, esté donde esté y se encuentre donde se encuentre.[88]

La cabeza de la columna vertebral

La presencia de Evita ya no era silenciosa y Perón la dejó que se convirtiera en su delegada e intérprete ante los trabajadores representados en la CGT.

Éste fue el segundo y fundamental rol de Evita en el esquema de división de tareas diseñado por Perón. Terminada su jornada en la Fundación, se trasladaba a la CGT, donde se interiorizaba de la marcha de la actividad sindical. Todos los miércoles por la tarde se reunía en la Casa Rosada con Perón y diferentes delegaciones gremiales de todo el país.

Este papel era esencial y tanto Perón como Evita lo tenían en claro. Desde 1943, Perón había utilizado como «técnica de conducción» (como él mismo la llamaba) una relación directa con los líderes sindicales. Ésta le permitía conocer de primera mano la situación de cada gremio y así resolver de manera rápida, ejecutiva y convincente

[88] Rogelio García Lupo, *Últimas noticias de Perón y su tiempo*, Ediciones B, Buenos Aires, 2006.

sus planteos o reclamos, estar al día en el «quién es quién» de esas dirigencias y cuidar un aspecto al que Perón siempre dio gran relevancia en la construcción de su movimiento: la «prédica doctrinaria», que no sólo se cumplía a través de sus discursos, escritos y actos de gobierno, sino en el mano a mano más informal. Esa relación era compleja, sobre todo en la medida en que «viejos» y «nuevos» dirigentes gremiales buscasen mantener algún margen de autonomía respecto de las directivas de Perón, aun sin cuestionar su liderazgo. Entre los primeros signos de alarma se encontraban el rechazo de dirigentes como Cipriano Reyes a la disolución del Partido Laborista y la ola de conflictos planteados en los meses previos e inmediatamente posteriores a la jura del gobierno constitucional en 1946. Como afirmaría Evita en *La razón de mi vida*:

> La técnica de Perón se impuso en dos años de ardorosa lucha. Una vez en la Presidencia, sin embargo, podía darse el peligro de que algunos despechados «especialistas» del sindicalismo tratasen de reagrupar a los trabajadores con la vieja retórica y las viejas ideas tan bien estudiadas por ellos en la cátedra extranjera que los formó... y les pagó; y que para eso, intentasen presentar a la Secretaría como una oficina más del gobierno, fría y burocrática según el estilo del viejo Departamento Nacional del Trabajo [...]. También hubiese podido suceder que, ausente de la Secretaría el creador genial de la nueva doctrina y de la nueva técnica de las reivindicaciones obreras, los mismos dirigentes, aun los peronistas, volviesen a la vieja doctrina y a los viejos métodos, dominados inconscientemente o infiltrados por los otros.
>
> La presencia de un viejo dirigente gremial al frente del Ministerio de Trabajo y Previsión fue el primer paso para evitar que sucediese aquello. Pero no era suficiente todavía, puesto que aquella presencia infundía solamente confianza: la confianza del compañero y del amigo. Para evitar el peligro era necesario algo más. Y creo que ese algo fue y sigue siendo mi presencia, no tanto por lo que pueda saber ni hacer yo, sino porque yo estoy demasiado cerca del Líder, como para que donde yo esté no me acompañe un poco su magnífica presencia.[89]

---

[89] Eva Perón, *La razón de mi vida...*, cit., págs. 92-93.

Evita se convirtió así en la delegada de Perón ante los sindicatos y la CGT, a la vez que en la intermediaria de éstos ante el líder. Parte de esa labor era recibir los pedidos de audiencia con el Presidente formulados por los gremios: «Por supuesto que todos desearían estar siempre de visita en la Presidencia y en esto reside un poco también la dificultad de mi papel de *Evita*».[90] Pero también cumplía el rol que, desde la Secretaría de Trabajo y Previsión, el propio Perón había desarrollado entre 1943 y 1945, recibiendo reclamos, mediando en los conflictos, interviniendo en la resolución de las negociaciones de convenios colectivos, actuando para favorecer a los dirigentes «leales», neutralizar a los menos confiables y desplazar a los «díscolos» y los directamente «contreras». La gran diferencia es que lo hacía sin ningún cargo formal en la estructura estatal, sino como «compañera y amiga» de los obreros, lo que le permitía un mayor margen de maniobra y le otorgaba un co-liderazgo del movimiento:

[Los obreros] saben que yo no soy el Estado, ni mucho menos el patrón.
Por eso suelen decir: «Evita es vasca, pero es leal».
Saben que yo no tengo sino un precio, que es el amor de mi pueblo. [...] Saben que cuando yo les aconsejo «aflojar» lo hago por el bien de ellos, lo mismo que cuando los incito a la lucha.[91]

Mariano Tedesco, dirigente textil, recordaba el papel de Evita en esas ocasiones:

Fue en noviembre de 1947: en la Asociación Obrera Textil se tenía que llevar a cabo una asamblea bastante peleada. Los comunistas estaban por copar la banca y nosotros teníamos miedo de perder posiciones... El día anterior a la asamblea, comentando con Perón y Evita las dificultades [...] ella se entusiasmó con la idea de acompañarnos: «Quedate tranquilo, Marianito, yo voy con vos» —me dijo. Perón, ante el fuerte resfrío que soportaba Evita, se opuso. Sin embargo, el día de la asamblea, Evita me mandó un coche a casa y el chofer me llevó hacia la residencia. Evita se escapó de

[90] Ibídem, pág. 106.
[91] Ibídem, págs. 96-97.

la cama, eludió a su médico personal y se vino conmigo hasta el
Club Sportman de Barracas, donde se realizaría el encuentro con
los bolches. Cuando llegamos, les dijo: «Hay quienes critican al
general Perón y alaban a un mariscal ruso». Ganamos la partida y
volvimos a la residencia. Cuando llegamos, nos encontramos con
Perón, que, enojado, empezó a recriminarle a Evita su escapada.
«Mirá, Juan, es más importante defender a estos grasitas que cuidar
de mi salud», le dijo.[92]

Evita frecuentemente recibía delegaciones obreras de todo el país.
A partir de 1948, su papel en las negociaciones de convenios colectivos de trabajo fue más intenso, no sólo para destrabar situaciones
de conflicto, sino para orientar las tratativas. En muchas ocasiones,
presidía el acto de firma de lo acordado, que a veces incluía concen-
traciones de los trabajadores de los gremios correspondientes. En los
convenios se fue volviendo habitual una cláusula especial: la primera
quincena de los aumentos salariales acordados sería depositada por la
patronal, como aporte obrero, en la cuenta de la Fundación. Al mismo
tiempo, Evita consolidaba su influencia en la conducción de la CGT,
a través del nuevo secretario general de la central obrera, José Espejo.
Según Santiago Senén González, para 1948, «Evita era una experta en
manejar los hilos del sindicalismo; su trabajo fue primordial para que
el movimiento gremial peronista fuera ampliando su dominio».[93] Ya
a principios de 1947 comenzó una serie de visitas a establecimientos
industriales como la Fábrica Fármaco Argentina, Siam, los Talleres
Tamet y la Fábrica de Jabones Delbene Hermanos.[94] En sus visitas
pudo palpar en forma directa las condiciones de trabajo y conocer
de primera mano los reclamos de los trabajadores, a los que pedía su
apoyo al proyecto de Perón que empezaba a plasmarse en el Primer
Plan Quinquenal.

[92] Testimonio de Mariano Tedesco, en Borroni y Vacca, *op. cit.*, pág. 220.
[93] Santiago Senén González, «La abanderada de los trabajadores», *Todo es Historia*, Nº 419, junio de 2002.
[94] Marysa Navarro, *op. cit.*, pág. 198.

La abanderada del movimiento

En sus campos de actuación (la acción social, la jefatura del Partido Peronista Femenino y su papel de «puente» entre Perón y el movimiento obrero), el liderazgo de Evita fue cobrando peso y personalidad propia. La señora de Perón, a la que no se había dejado hablar en representación de su marido durante un acto de la campaña electoral de 1946, se había transformado en una oradora esperada y aclamada en los actos del 1º de Mayo y el 17 de Octubre, en la «Evita capitana» de la marcha de las muchachas peronistas y en la abanderada del movimiento. O, como decía ella misma, la más «fanática peronista», que podía decir en público las cosas que el propio Perón, por su cargo presidencial, no siempre estaba en situación de enunciar con la misma vehemencia.

Una prueba fue el acto del Día de la Lealtad de 1950. En esa ocasión, luego de las palabras de Perón que historiaban la fecha, José Espejo le entregó a Evita, en nombre de la CGT, un collar como «Distinción al Reconocimiento» de parte de los «trabajadores, los niños, los ancianos, los humildes». Luego de un instante de emoción, en el que lloró y se abrazó con su marido y líder, el discurso de Evita fue contundente:

Yo pregunto a los vendepatrias derrotados en aquel luminoso 17 de octubre de 1945, cómo no se sienten avergonzados ante la diferencia de nuestra Patria Justicialista y la que ellos encadenaban a los privilegios, al feudalismo y al capital colonizador. Si lanzamos una mirada retrospectiva al campo argentino, nos encontramos con las murallas de los trusts y de los monopolios, transfigurando en una cadena a trabajos forzados las tareas agropecuarias del pueblo trabajador. Allí, bajo el dominio de hierro de la oligarquía terrateniente y de los monopolistas, los trabajadores del agro estaban atados a la coyunda del semifeudalismo más cínico y más expoliador, sus derechos se regulaban por la voluntad y el capricho de las policías bravas, la prepotencia y la violencia del propietario y de las sociedades anónimas. Somos un pueblo que tiene en sus manos el timón de su propio destino, que es grande porque es popular, que es digno porque es justicialista, que es noble, es argentino y es sublime porque está Perón. Este milagro ha tenido inmensas consecuencias económicas, políticas y sociales. En primer lugar estableció una justicia de ámbito social que reordenó la acción distributiva, importante factor para la movilización de las masas para las grandes batallas de la independencia económica nacional. Este renacer de nuestro espíritu que la oligarquía no pudo vender como vendió nuestras fuentes de riqueza, trajo consigo la suprema dignidad del trabajo y la definitiva liberación del hombre. Derribamos jubilosamente los oscuros orfanatos para levantar las paredes blancas y azules de la Ciudad Infantil, de los hogares escuelas, de los policlínicos, de los hogares de tránsito, de los hogares de la empleada y de los ancianos, de la Ciudad Estudiantil, de las ciudades universitarias, colonias de vacaciones, escuelas y comedores populares. Barrimos con nuestra escoba justicialista por la dignidad social de nuestras masas laboriosas. Desterramos la limosna para exaltar la solidaridad como obra de justicia. Y seguimos alegremente en la lucha, porque su premio es demasiado hermoso y grande como para renunciar a él. Ese premio es la felicidad, el bienestar y el porvenir de nuestro querido pueblo descamisado.[95]

La «contra»

La presencia de Evita en la vida política argentina, su poder e influencia, provocaron reacciones negativas en el conjunto de la oposición política –ciertamente censurada y limitada en su accionar por la política del gobierno– y de dos corporaciones que habían dado su apoyo incondicional a Perón para su llegada al poder y durante la primera etapa de su gobierno.

El malestar de la Iglesia católica con Eva, que no llegó a provocar un enfrentamiento directo, estuvo relacionado fundamentalmente con las funciones de asistencia social que ella desempeñaba, hasta entonces patrimonio exclusivo y conjunto de las damas de la «alta sociedad» y de la Iglesia. Otro punto ríspido fue el montaje iconográfico, todavía en vida de Eva, por el cual las imágenes de la pareja presidencial, y las de ella en particular, quedaron unidas y en un mismo plano con los símbolos religiosos –como cruces y retratos de Jesús– en las paredes de los organismos oficiales de todo el país.

---

[95] En Pichel, *op. cit.*, págs. 198-199.

Perón decía: «Eva Perón, perseguida y calumniada por los curas argentinos, hizo más obra cristiana que todos los sacerdotes de mi país en toda su vida».[96]

Al final de su vida, Evita denunciaría la hipocresía de la jerarquía eclesiástica frente a los problemas del pueblo:

> Entre los hombres fríos de mi tiempo yo señalo a las jerarquías clericales cuya inmensa mayoría padece de una inconcebible indiferencia frente a la realidad sufriente de los pueblos.
>
> Declaro con absoluta sinceridad que me duelen como un desengaño estas palabras de mi dura verdad.
>
> Yo no he visto sino por excepción entre los altos dignatarios del clero generosidad y amor..., como merecía de ellos la doctrina de Cristo que inspiró la doctrina de Perón.
>
> En ellos simplemente he visto mezquinos y egoístas intereses y una sórdida ambición de privilegio.
>
> Yo los acusé desde mi indignidad no para el mal sino para bien.
>
> No les reprocho haberlo combatido sordamente a Perón, desde sus conciliábulos con la oligarquía.
>
> No les reprocho haber sido ingratos con Perón que les dio de su corazón cristiano lo mejor de su buena voluntad y de su fe.
>
> Les reprocho haber abandonado a los pobres; a los humildes, a los descamisados... a los enfermos... y haber preferido en cambio la gloria y los honores de la oligarquía.
>
> Les reprocho haber traicionado a Cristo que tuvo misericordia de las turbas... olvidándose del pueblo... y les reprocho haber hecho todo lo posible por ocultar el nombre y la figura de Cristo tras la cortina de humo con que inciensan...
>
> Yo soy y me siento cristiana... porque soy católica... pero no comprendo que la religión de Cristo sea compatible con la oligarquía y el privilegio.
>
> Esto no lo entenderé jamás. Como no lo entiende el pueblo.
>
> El clero de los nuevos tiempos si quiere salvar al mundo de la destrucción espiritual tiene que convertirse al cristianismo; empezando por descender al pueblo... como Cristo, viviendo con el pueblo, sufriendo con el pueblo... sintiendo con el pueblo.

[96] Juan Perón, *La fuerza es el derecho de las bestias*, Cicerón, Montevideo, 1958.

Porque no viven ni sufren ni sienten ni piensan con el pueblo, estos
años de Perón están pasando sobre sus corazones sin despertar
una sola resonancia...
Tienen el corazón cerrado y frío...
¡Ah! ¡Si supieran qué lindo es el pueblo... se lanzarían a conquis-
tarlo para Cristo que hoy, como hace dos mil años, tiene miseri-
cordia de las turbas![97]

Por su parte, si bien la mayoría de los militares nunca vieron con
buenos ojos la relación de Perón con Eva, en los primeros años de
gobierno les resultaba imposible oponerse a ella. La situación cambió
tras la crisis económica de 1949. A partir de allí el propio ministro de
Guerra, Humberto Sosa Molina, fue el portavoz del descontento de
los oficiales jerárquicos hacia la obra de la esposa del Presidente. Para
ellos, Perón debía forzar el retiro de Evita a la vida privada. Obviamente Perón no aceptó; en cierta medida, subestimaron la lealtad de
Perón hacia su esposa y su sentido de la realidad política. El creciente
poder de Evita estaba respaldado no sólo por la CGT y la Fundación
sino también por funcionarios designados por su intermedio. Esta
pulseada la ganó Evita: el general Franklin Lucero reemplazó a Sosa
Molina, que fue designado ministro de Defensa (en ese momento un
cargo administrativo) y ella continuó con sus funciones habituales.

La crisis del modelo

Los avances alcanzados en materia económica y social no tardarían en
hallar un límite que puso freno a la tendencia distributiva de los primeros años. Perón había apostado a una Tercera Guerra Mundial, que
afortunadamente nunca se produjo, e imaginaba a la Argentina como
gran proveedor del mundo en aquella hipotética posguerra. A pesar
de su notable industrialización, la Argentina seguía dependiendo de

---

[97] Eva Perón, «Mi mensaje», en *Eva en su plenitud. Mi mensaje, el testamento
silenciado de Evita*, Futuro, Buenos Aires, 1994. Se trata del escrito póstumo de
Evita, dictado por ella a colaboradores, entre los que se encontraba el gremialista
docente Juan Jiménez Domínguez. Una versión parcial fue leída por el locutor
oficial, ya muerta Eva, durante el acto del 17 de octubre de 1952. Durante algún
tiempo se cuestionó la autenticidad del texto, lo que llevó incluso a una causa
judicial, resuelta en 2006 a favor de su veracidad.

las divisas que el sector agroexportador aportaba a través del IAPI. La crisis comenzó a hacerse sentir a partir de 1949, cuando la colocación de excedentes agropecuarios de los Estados Unidos en Europa limitó el acceso de la producción argentina a aquellos mercados tradicionales, por lo que la política de distribución social comenzó a verse seriamente afectada. En 1950, el ministro de Finanzas, Alfredo Gómez Morales, aplicó medidas de ajuste del gasto público y de endeudamiento e intentó diversificar la explotación petrolífera con compañías norteamericanas.

La situación económica se estaba complicando. A una mala cosecha y el boicot económico de los Estados Unidos, se sumaba un hecho positivo que traía consecuencias negativas. El mejoramiento notable de los niveles salariales de los sectores populares había provocado un sensible aumento del consumo de bienes de todo tipo a un ritmo que no alcanzaba a ser satisfecho por una industria en expansión pero insuficiente para abastecer el creciente mercado interno. Consumos soñados y postergados comenzaron a concretarse masivamente, generando una demanda inédita que desembocó en inflación y desabastecimiento de ciertos productos. El país se había pensado durante más de un siglo para pocos y de pronto eran muchos, millones, los que accedían a bienes y servicios anteriormente reservados a las clases altas y medias altas. Los trabajadores podían ahora comprar estufas, cocinas y motonetas y por ende demandaban combustible en cantidades inusuales. Se incrementó significativamente el consumo de alimentos, lo que bajó el volumen de los saldos exportables. Cada vez eran más las toneladas de carne y trigo, históricamente destinadas a los mercados europeos, que se quedaban en la Argentina. Se tuvo que recurrir a la exportación de productos primarios y petróleo y hubo que trasladar esos costos al consumidor y empezar a aplicar el freno al modelo distribucionista y de expansión del consumo. Para colmo de males, por una disposición del gobierno norteamericano, los millones de dólares aportados por los Estados Unidos para la reconstrucción europea no podían ser usados por los países de la región para comprar productos argentinos, medida que iba acompañada con un notable incremento de la producción cerealera de la potencia del Norte y de subsidios para sus clientes europeos.

Durante 1949, un acuerdo comercial con Gran Bretaña aseguró el intercambio de carne por petróleo del Oriente Medio, controlado por los británicos. Perón se mostró decepcionado por los precios que había obtenido para nuestras carnes. En este contexto, no sólo la carne argentina perdía cotización: lo mismo ocurría con los cereales. El aumento de producción de los agricultores norteamericanos y la recuperación de la agricultura europea ocasionaron la baja de los precios de nuestras materias primas.

De esta forma, en el período comprendido entre 1949 y 1952 concluyó la fase expansiva del modelo y se inició la crisis. Descendió la producción en el sector agrario, en parte debido a la sequía de 1949, un 8% respecto del año anterior, y continuó descendiendo en 1950.

La severa sequía ocurrida entre 1951 y 1952 complicaba aun más las cosas, obligando a la formulación de un plan económico de emergencia.

El genial Discepolín, respondiendo a su personaje «Mordisquito», representante de la «contra», satirizaba así la situación:

Antes no te importaba nada y ahora te importa todo. Y protestás. ¿Y por qué protestás? ¡Ah no hay té de Ceylán! Eso es tremendo. Mirá qué problema. Leche hay, leche sobra; tus hijos, que alguna vez miraban la nata por turno, ahora pueden irse a la escuela con la vaca puesta. ¡Pero no hay té de Ceylán! Y según vos, no se puede vivir sin té de Ceylán. Te pasaste la vida tomando mate cocido, pero ahora me planteás un problema de Estado porque no hay té de Ceylán. Claro, ahora la flota es tuya, ahora los teléfonos son tuyos, ahora los ferrocarriles son tuyos, ahora el gas es tuyo, pero... ¡no hay té de Ceylán!...[98]

La vuelta al día en ochenta mundos

Los «contreras» de entonces se quejaban de que Evita aparecía «hasta en la sopa», sin advertir que esa ubicuidad no era sólo una cuestión de «propaganda del régimen», como denunciaban, sino ante todo el resultado de una actividad diaria que pocos dirigentes (si es que alguno) han mostrado en toda nuestra historia.

Evita solía levantarse a las siete y después de un desayuno a las apuradas, comenzaba a recibir a sus asistentes: Atilio Renzi, que a su cargo como intendente de la residencia presidencial sumaba los infor-

---

[98] Enrique Santos Discépolo, «Mosdisquito» en Liliana Caraballo, Noemí Charlier y Liliana Garulli, *Documentos para la Historia Argentina*, Eudeba, Buenos Aires, 1998.

males de llevar la «agenda» diaria de Evita y acompañarla en buena parte de su ayuda social directa; Irma Cabrera, su ama de llaves y encargada de su vestuario; su peinador, Julio Alcaraz. Ya para entonces había gente esperando hablar con ella en la residencia, a la que solía atender, y a las nueve iba rumbo al Ministerio de Trabajo y Previsión (al que ella insistía en llamar «la Secretaría»). Allí, con Isabel Enrst y los funcionarios se ponía al tanto de los asuntos del día, y ya para entonces la aguardaban delegaciones gremiales y de la CGT, generalmente con el propio Espejo a la cabeza. Las atendía hasta más allá de las dos o tres de la tarde. A veces, a esa hora volvía a la residencia para almorzar y cruzarse brevemente con Perón (casi el único momento de los días de semana en que se veían). En esas ocasiones, para las cinco de la tarde, ya estaba de nuevo en el Ministerio y luego se dedicaba a las tareas de la Fundación, hasta bien entrada la noche. Otras veces, cuando la agenda le exigía visitar obras de la Fundación, presidir actos de firma de convenios colectivos o distintas actividades protocolares, se pasaba gran parte del día sin comer. La propia Evita diría:

> Termino siempre tarde mi trabajo en estos días de ayuda social. Muchas veces ya no circulan subterráneos, ni trenes, ni ciertas líneas de tranvías o de ómnibus. Entonces las familias que he atendido y que viven lejos de la Secretaría tendrían serios inconvenientes para retirarse a sus domicilios si no contase yo con los coches de mis visitantes.
> Lo gracioso es que a veces se terminan todos los coches y entonces debo utilizar también el mío y más de una vez he tenido que tomar un taxímetro para volver a la Residencia. [...] Por lo general, cuando termino mi trabajo, ceno con algunos amigos de los que me han acompañado.
> A veces cenamos en la Residencia, otras en el Hogar de la Empleada. Durante la cena muchas veces resuelvo con mis colaboradores algún problema que nos va quedando atrás o que se nos ha presentado durante el día. [...]
> Frecuentemente llego a la Residencia cuando Perón se dispone a salir para la Casa de Gobierno.[99]

---

[99] Perón, muy metódico en sus hábitos, regularmente se encontraba en su despacho de la Casa de Gobierno a las 7 de la mañana, por lo que la llegada de Evita a la Residencia sería a eso de las 6.

El general suele enojarse un poco conmigo por estas exageraciones
de mi desordenada manera de trabajar.

Pero... no puedo con mi genio. Él es militar y por eso es amigo
del orden y trabaja siempre con métodos y disciplina.

Yo no puedo hacer eso aunque me lo propusiese, tal vez porque estoy en el frente mismo de la lucha, y él, en el comando supremo.[100]

La actividad de Evita era cada vez más intensa. No paraba. A
sus interminables jornadas en la Fundación se sumaban su agenda
de primera dama acompañando a Perón en los actos oficiales, los
encuentros con sus compañeras del Partido Peronista Femenino y sus
reuniones diarias con sus «muchachos» de la CGT y de los diversos
gremios. De nada servían las advertencias ni los consejos de sus colaboradores y del propio Perón para que descansara. La respuesta era
siempre la misma: «No tengo tiempo, mis grasitas no pueden esperar
más, ya esperaron demasiado».

Así llegó el 9 de enero de 1950. Ese día, el calor se había ensañado
con Buenos Aires y el termómetro marcaba 38 grados. Mientras Evita
inauguraba el nuevo local del Sindicato de Conductores de Taxis,
cerca del puerto, sufrió un desmayo. El diagnóstico para el público
fue apendicitis; para Perón y sus allegados, cáncer de útero. Fue el
ministro de Educación, el doctor Oscar Ivanissevich, quien la atendió
y aconsejó la histerectomía. Evita cometería un error que sería fatal:
«Operaciones, no», repetiría a quien quisiera escucharla. Su salud fue
empeorando mientras se obstinaba en negarse a aceptar lo inevitable:
encarar seriamente el tratamiento de su gravísima enfermedad. Comenzaba la lucha más desigual entre Evita y un enemigo.

---

[100] Eva Perón, *La razón de mi vida...*, cit., págs. 148-149.

Evita

El país en general y sus «grasitas» en particular estaban atentos a la salud de Evita. Unos y otros sospechaban que no era sólo una apendicitis, de la cual fue operada el 12 de enero de 1950 en el Instituto del Diagnóstico, lo que aquejaba a la abanderada de los humildes.

La operación la obligó a guardar unos días de reposo y le impidió asistir a la inauguración del Hogar de la Empleada; pero en esos días de todos modos recibió los informes de sus colaboradores y de delegadas del Partido Peronista Femenino, que estaba por abrir sus primeras unidades básicas.[1] Dos semanas después, ya estaba retomando su ritmo habitual de actividades. Volvió a concurrir diariamente al Ministerio de Trabajo y a la Fundación, entregó viviendas del barrio Presidente Perón en Saavedra, se reunió con los escritores de la Peña Eva Perón, estuvo en la final del Campeonato Infantil de Fútbol, acompañó a Perón en actos por el «Año del Libertador General San Martín», recibió a diplomáticos e inauguró el Parque Los Derechos de la Ancianidad.[2]

A lo largo de ese año, aunque los síntomas se iban haciendo más visibles, todos actuaban como si no pasara nada. Rodolfo Decker recordaba:

> Cuando estaba en público era difícil notarlo porque tenía una entereza extraordinaria, creo que pocas personas eran capaces de resistir el dolor como ella.
> Indudablemente los dolores fueron cada vez más fuertes. Nosotros nunca tratábamos ese tema, éramos muy cuidadosos, hasta que los

[1] Marysa Navarro, *op. cit.*, pág. 255. La inauguración del Hogar de la Empleada fue el 16 de enero de 1950.

[2] Félix Luna (dir.), *Eva Duarte de Perón*, Colección Grandes Protagonistas de la Historia Argentina,, cit., pág. 109, y Borroni y Vacca, *op. cit.*, pág. 239.

signos de su enfermedad comenzaron a notarse, especialmente en los últimos tiempos, pero ya estaba bastante avanzada; de manera que desde ese momento hasta que se produjo el final no fue muy largo el tiempo que pasó.[3]

Por su parte, el doctor Pedro Ara observaba así la presencia de Evita en uno de los multitudinarios actos públicos de entonces:

—Ahora —me dije— se va a poner a prueba la resistencia fisiológica de esta señora. Si —como afirman— sufre de una profunda anemia, la disnea del esfuerzo no ha de permitirle largos y continuos períodos oratorios. Se verá obligada a descansar entre párrafos. Aprovechará para reponerse las largas ovaciones con que constantemente han de interrumpirla. [...] Siempre igual, la señora seguía respirando normalmente, sin disnea ni la menor señal de fatiga, mandando callar a la gente durante las interminables ovaciones que a cada período acompañaban. Al terminar, aún naturalmente agitada como cualquier fuerte varón lo hubiera estado, Eva Perón se conservaba aparentemente fresca y lozana. Ni la mano al pecho, ni la boca forzando el respiro, ni el desorbitado de ojos del anhelante, ni la danza vascular en su cuello..., nada de lo que es propio de anémicos en trance de superarse pudo observar el más próximo espectador del drama. Tras largos minutos de corresponder, brazos en alto, al interminable vítor de la gente, levemente arrebolada, pero firme y segura, con un ágil saltito sobre los cables dejó al general Perón el área de los micrófonos y a mí la perplejidad de la que nunca logré salir. ¿Qué clase de enferma era esa? A posteriori, no podemos ya dudar de que su anemia fue un hecho cierto. ¿Cómo la señora se sobrepuso a ella? ¿De dónde sacó tan frágil mujer fuerzas y aliento para su estentórea proclama lanzada a todo vapor en rapidísima sucesión de palabras y conceptos?[4]

[3] Decker, *op. cit.*, pág. 83.

[4] Pedro Ara, *Eva Perón. La verdadera historia contada por el médico que preservó su cuerpo*, Sudamericana, Buenos Aires, 1996, págs. 43-45.

De eso no se habla

Las versiones sobre cuándo comenzó a manifestarse su enfermedad varían. Según el propio Perón, los primeros síntomas se habrían presentado en 1949, como una «fuerte anemia».[5] Enrique Pavón Pereyra habría escuchado entonces, de labios de Perón, el siguiente comentario cuando se disponía a visitar Formosa: «Está tan débil que tengo miedo de que la maten de un abrazo».[6] Según Robert Crassweller, Evita ya padecía intensas hemorragias vaginales, pero se resistía a que la atendieran los médicos.[7] Por su parte, John Barnes señala que por entonces recibió tratamiento hematológico de una especialista de nacionalidad polaca, la doctora Helen Zawarski, ya que sus glóbulos rojos habían disminuido de manera alarmante.[8]

Oscar Ivanissevich,[9] que intervino en la operación de enero de 1950 por la supuesta apendicitis, habría detectado que no era ése el problema y, tras un nuevo estudio, diagnosticó cáncer. Años después, Ivanissevich diría en una entrevista:

> Le pedí que se sometiera a una nueva revisación y, una vez establecido el mal, sugerí una operación de matriz.[10] No quiso saber nada y se puso furiosa conmigo.
> —Es la misma operación que le hice a su madre —dijo Ivanissevich.
> —Usted a mí no me toca, porque yo no tengo nada. Lo que pasa es que me quieren eliminar para que no me meta en política. ¡Y no lo van a conseguir! —le contestó gritando Evita.

---

[5] Juan Perón, *Del poder al exilio...*, cit., pág. 58.

[6] Citado por Dujovne Ortiz, *op. cit.*, pág. 414.

[7] Robert Crassweller, *Perón y los enigmas de la Argentina*, Emecé, Buenos Aires, 1988, pág. 263.

[8] Barnes, *op. cit.*, pág. 272.

[9] Oscar Ivanissevich (1895-1976) era un destacado cirujano, pero más que por sus reconocidas dotes de médico se haría célebre como expresión de la extrema derecha en la política educativa. Fue interventor de la Universidad de Buenos Aires entre 1946 y 1947, secretario (1948-1949) y luego ministro de Educación (1949-1950) del primer gobierno de Perón. En agosto de 1974, Isabel Perón lo puso nuevamente al frente de la cartera educativa, con la «misión» de «depurar» las aulas de «izquierdistas», tarea que desempeñó hasta agosto del año siguiente, cuando renunció junto con otros miembros del Gabinete vinculados al lopezrreguismo.

[10] En realidad, su cáncer era de útero.

—Pero, señora, nadie quiere eliminarla, lo que queremos es salvarla —insistió el médico.

Pudo salvar su vida, de haberme hecho caso: su madre sufría del mismo mal y todavía vive. Inconscientemente, se suicidó.[11]

En esto tenía razón Ivanissevich. Doña Juana Ibarguren, con un diagnóstico similar de cáncer de cuello de útero, fue operada con éxito y sobrevivirá a su hija.

Según Crassweller:

> Evita se limitó a burlarse del consejo [de Ivanissevich] y lo atribuyó a las maquinaciones de sus enemigos políticos, una reacción no del todo sorprendente, ya que las mujeres argentinas de aquella época consideraban que aquella operación era riesgosa y psicológicamente intolerable. Alberto Dodero, que aún seguía siendo el amigo íntimo de la familia, le dijo al embajador norteamericano que Evita había cerrado las puertas a todos los médicos que habían sido enviados para revisarla. Nadie sabe exactamente qué le dijo el doctor Ivanissevich a Evita o a Perón; jamás dijo si había mencionado la palabra cáncer.[12]

Uno de los médicos que luego atendería a Evita, el doctor Jorge Albertelli, afirma que unos seis o siete meses después de la operación de apendicitis, Ivanissevich le comentó:

> [...] que cuando la operó, el apéndice estaba sano y que pensaba que la dolencia podía asentarse en otro lado. Le sugirió entonces a Evita que se hiciera ver por un ginecólogo. Ella rechazó la idea de manera violenta, con un carterazo al doctor Ivanissevich.[13]

[11] Testimonio de Oscar Ivanissevich, en Hugo Gambini, «Historia del peronismo», *Primera Plana*, N° 210, 3 de enero de 1967; citado también en Nelson Castro, *Los últimos días de Eva. Historia de un engaño*, Buenos Aires, Vergara, 2007, pág. 31.

[12] Crassweller, *op. cit.*, pág. 264.

[13] Testimonio de Jorge Albertelli, en entrevista realizada por Odille Barón Supervielle, *La Nación*, 21 de mayo de 1994.

Comenta al respecto el doctor Daniel López Rosetti:

> Hay pacientes a veces especiales que adoptan una postura de au-
> tosuficiencia en la que menosprecian la necesidad de los cuidados
> en la salud así como también las recomendaciones y el desempeño
> del médico. No es una conducta malintencionada, es una conse-
> cuencia del propio temperamento que les hace creer que el mismo
> poder que ejercen sobre los terceros lo pueden ejercer sobre su
> salud y sus células. El tiempo se encarga de hacerles entender que
> se equivocan y eso siempre es lamentable. Fue el caso de Evita que
> ni siquiera permitió un examen ginecológico luego de la operación
> de apendicectomía. Fue el caso de Perón que sabiendo el posible
> diagnóstico de su esposa desde el comienzo, tampoco intercedió
> para que se realizase lo que correspondía. La falta de un médico de
> cabecera con buena relación médico-paciente y un ámbito donde
> habitaba el poder y el conflicto de intereses imposibilitaron una
> oportunidad de tratamiento.[14]

Una paciente rebelde

Con o sin carterazo de por medio en el rostro del futuro hombre de
confianza de López Rega, lo cierto es que Evita no hizo caso a las indicaciones del médico y no paraba. Como muestra puede leerse este comunicado de la Subsecretaría de Informaciones, del 15 de abril de 1950:

> La tarea de la señora Eva Perón se prolongó hasta cerca de las 16
> horas. La jornada fue de intensa labor, no obstante el medio feriado,
> atendiendo a nuestras delegaciones entre las que figuraban: Federa-
> ción Gráfica Argentina, interventor de los gremios telefónicos, Orga-
> nización Israelita Argentina, Unión Obreros Tintoreros, Sombrereros
> y Lavaderos, Sindicato de Vendedores de Diarios, Revistas y Afines
> y, además, una nutrida delegación de productores de yerba mate del
> territorio de Misiones, quienes le ofrecieron un millón de kilogramos
> de yerba anuales para la Fundación Eva Duarte de Perón.[15]

[14] Daniel López Rosetti, *Historia Clínica. La salud de los grandes personajes a
través de la historia*, Planeta, Buenos Aires, 2011.
[15] En Borroni y Vacca, *op. cit.*, pág. 241.

Su negativa a seguir todo tipo de tratamiento llevó a la renuncia de Ivanissevich al Ministerio de Educación, en mayo de 1950. Se había hartado de seguir recibiendo de Evita negativas e insultos. De nada servían las advertencias de Perón ni los consejos de sus colaboradores más cercanos, que veían que Evita comenzaba a no ser la de antes y le insistían en que descansara y tomara en serio la gravedad de sus dolencias.

Evita estaba enferma y enojada. Le parecía absolutamente injusto que lo que no habían logrado los contreras, los gorilas –que todavía no se llamaban así pero actuaban como tales–, lo consiguiera su precaria salud. No podía ser que perdiera esta guerra a muerte por culpa de un mal que surgía de ella misma, de algo que la atacaba desde adentro, cuando se sentía tan fuerte e invencible para enfrentar y derrotar a todo lo que quisiera destruirla desde afuera. Se enojaba con los que querían cuidarla. Indignada con el mundo y con su suerte, repetía: «No tengo tiempo, los tratamientos son para los oligarcas, para los que no trabajan; mis grasitas no pueden esperar más, ya esperaron demasiado».

Desde la renuncia de Ivanissevich, su actividad aumentó, con viajes a Rosario –donde en dos días llegó a pronunciar siete discursos en distintos actos–, a San Juan –para el funeral del gobernador local, en representación de Perón–, a Tucumán, Jujuy, Catamarca. Recién en octubre tomó unos días de descanso en la quinta de San Vicente, pero a fin de ese mes estuvo presente en la clausura del Congreso Eucarístico Nacional en Rosario,[16] y continuaban sus jornadas agotadoras en Buenos Aires. Según Marysa Navarro, «el 11 de julio de 1950, batió su propio récord, se le hizo las cinco de la mañana en el Ministerio de Trabajo».[17]

Evita era incansable. Trabajaba y hacía trabajar a sus colaboradores de sol a sol, incluso los domingos.[18] Erminda Duarte recordaba:

> Cuando nos enteramos de que estabas enferma, sin conocer aún la gravedad de tu mal, mamá insistía en que te dieras un reposo, en que te cuidaras, en que te hicieras ver por los médicos. Y siempre la misma respuesta:
> –No tengo tiempo, mamá. Los médicos son para los desocupados, no para mí. Yo tengo mucho que hacer.[19]

[16] Borroni y Vacca, *op. cit.*, págs. 243 y 248.
[17] Marysa Navarro, *op. cit.*, pág. 257.
[18] Ibídem, pág. 259.
[19] Erminda Duarte, *op. cit.*, págs. 144 y 163.

Evita y la huelga ferroviaria

Mientras la enfermedad de Evita avanzaba, la situación económica argentina se complicaba, como vimos en el capítulo anterior, a caballo de las malas cosechas, el boicot económico norteamericano contra nuestro país y los límites que evidenciaba en ese momento el modelo que, en los años previos, había permitido la expansión del consumo popular. Para fines de 1950, Perón y su equipo económico ya tenían el borrador de lo que sería el Segundo Plan Quinquenal, mucho más austero y conservador que el primero.

Las consecuencias sociales no tardaron en hacerse ver. Los ferroviarios de la línea Roca se declararon en huelga a fines de 1950. No era el primer conflicto gremial que debía afrontar el peronismo en el poder, ni sería el último. A Evita le sonaba a traición y recordaba las conclusiones del Congreso de la CGT del año anterior, que decían: «la doctrina peronista, magistralmente expuesta por el general Juan Perón, define y sintetiza las aspiraciones fundamentales de los trabajadores argentinos» y recomendaban a las organizaciones afiliadas y a los trabajadores en general, «la eliminación de los elementos comunistas, francos y encubiertos, y de todos aquellos que se solidaricen con su acción».[20]

La bronca de Evita tenía que ver con la idealización de aquella «Nueva Argentina» —en la que ella misma admitía que faltaba tanto por hacer— y con su manejo personal de las cuestiones sindicales. Pensaba que los justos reclamos reivindicativos por condiciones de trabajo o por aumentos salariales iban dirigidos contra ella y Perón e implicaban un desconocimiento de la obra del peronismo y, por lo tanto, una traición. Pero no era así. El peronismo estaba operando una extraordinaria transformación de la Argentina en un sentido progresivo. Pero todo proceso de transformación puede sufrir momentos dinámicos, de estancamiento o aun de retroceso, sobre todo cuando la iniciativa queda limitada a la conducción y se teme o se desalienta, por métodos a veces disuasivos y a veces violentos, la participación activa de las masas en las decisiones y en la orientación del proceso de cambio. La certeza de Evita de que ella interpretaba exactamente

---

[20] Santiago Senén González, «La abanderada de los trabajadores», recuadro «La huelga ferroviaria del 51», *Todo es Historia*, N° 419, junio de 2002.

FELIPE PIGNA

el sentir y las aspiraciones de «todos» los trabajadores no podía sino contrastar con la concientización de las masas y la asunción de los derechos laborales como inherentes y naturales a la simple condición de trabajador. Esta conciencia venía de una larga tradición combativa del movimiento obrero argentino y se había popularizado y extendido incluso a los trabajadores no sindicalizados de todo el país gracias a la propia propaganda peronista.

La huelga se extendió a casi todas las líneas férreas. La reacción del gobierno fue violenta y se concretó en la intervención del gremio y el despido de delegados y activistas. La consecuencia fue la generalización de las medidas de fuerza, que abarcaron a todos los ramales. Los huelguistas desconocieron la intervención de la Unión Ferroviaria y crearon una Junta Consultiva de Emergencia, que decretó un paro general ferroviario por tiempo indeterminado a partir del 7 de enero de 1951. El gobierno, apoyado por la oficialista CGT, declaró ilegal la medida de fuerza.

Evita sintió que su rol de nexo entre Perón y los gremios estaba en juego y decidió pasar a la acción. Recorrió personalmente algunas de las más importantes terminales ferroviarias para hablar con los trabajadores en huelga. Cuando llegó a la estación de Banfield, se encontró con una asamblea de huelguistas a los que les espetó: «Ustedes le están haciendo el juego a los contreras. Vuelvan al trabajo». Los obreros trataron de explicarle que la huelga no era contra ella y le expusieron su lista de reivindicaciones.

Como diría la propia Evita, para ella fue «una semana de amargura»:

Yo sé que malos dirigentes —los viejos dirigentes del anarcosindicalismo y del socialismo y los infiltrados comunistas— han dirigido todo esto.

Sé que la mayor parte del gremio y que todo el pueblo ha repudiado el proceder de esos ingratos, indignos de vivir en esta Nueva Argentina de Perón.

Sé todo eso y sin embargo toda la semana he vivido amargada. Solamente me consolé cuando decidí salir a recorrer los lugares de trabajo y conversar con los mismos obreros en huelga.

Me acompañaron dos obreros de la Confederación General del Trabajo.

Quise hacer esta salida sin guardias ni escoltas que nunca uso y menos en esta ocasión en que iba a ver qué ocurría con los obreros en huelga.

Iba pues como amiga, y como amiga no podría presentarme ante ellos con miedo. [...] Ellos nunca se imaginaron por supuesto verme llegar, y menos a la hora que llegué: el recorrido duró desde las 12 de la noche hasta la 4 y media de la mañana. [...] No niego que mi emoción fue muy grande, al encontrarme en cada sitio de trabajo con hombres leales y abnegados que estaban dispuestos a todo, antes que hacer lo que ellos presentían como una traición al Líder, único e indiscutido de las masas obreras argentinas.
Pero esa emoción no me pudo quitar la amargura del alma. Es que yo no concibo que pueda haber en mi país un solo obrero que no haya comprendido ya lo que es Perón, y todo lo que ha hecho Perón por los trabajadores argentinos.[21]

El 19 de enero, el diario *La Razón* daba cuenta de la intención de Evita de poner paños fríos. El vespertino titulaba: «Al personal de Ferrocarriles del Estado habló la señora Eva Perón». La nota señala:

[...] en una ceremonia realizada en el Ministerio de Trabajo fue firmada el acta por la cual se conceden apreciables mejoras al personal de la institución Cooperativa del Personal de los Ferrocarriles del Estado Limitada. El acto se vio prestigiado con la presencia de la señora Eva Perón y revistió el carácter de homenaje y agradecimiento por su intervención en la concreción de dichas mejoras.[22]

La exhortación de Evita, sin embargo, no logró el resultado buscado. La huelga siguió y se llevó puesto al ministro de Transporte, Juan José Castro. Perón decidió dejar de lado a Eva en este asunto y ocuparse personalmente del tema. Declaró ilegal el paro y a través de un decreto habilitó al personal militar para hacer funcionar los trenes. Centenares de trabajadores ferroviarios fueron despedidos y muchos de ellos, encarcelados y puestos a disposición del Poder Ejecutivo.
Era el primer fracaso de Evita y una prueba más de que no podía hacer política por su cuenta; que su guía pero también su límite seguía siendo Perón. Sin embargo, ese significativo episodio no puso

---

[21] Eva Perón, *La razón de mi vida...*, cit., págs. 177-178.
[22] *La Razón*, 19 de enero de 1951, citado por Borroni y Vacca, *op. cit.*

en duda el espacio que Eva ocupaba dentro del peronismo y que fue transformando en lógica su candidatura a un cargo que ejercía de hecho: la vicepresidencia.

La candidata

En 1951 debían realizarse las elecciones presidenciales, además de la renovación de diputados, senadores y varias gobernaciones. La reforma constitucional de dos años antes, al habilitar la reelección, había convertido al general Perón en «número puesto» para encabezar la fórmula del oficialismo. Hasta ese momento, habían existido expectativas de que Domingo Mercante, principal colaborador de Perón desde 1943, gobernador bonaerense del período 1946-1950 y que había presidido la Convención Constituyente de 1949, pudiese ser su sucesor. Incluso después de la reforma, quedaba abierta la posibilidad de que lo acompañase en la fórmula, en reemplazo del ya muy anciano y enfermo Hortencio J. Quijano. Pero a lo largo de 1950, Mercante fue siendo desplazado, virtualmente dejado de lado y visto como «poco leal» a Perón.[23] Fue surgiendo en el Parlamento un grupo de apoyo a la candidatura de Eva Perón encabezado por Héctor J. Cámpora. A comienzos de 1951, en ocasión de la exposición «Eva Perón y su obra social» organizada por la Subsecretaría de Prensa de la Presidencia pudieron verse por primera vez enormes carteles con la leyenda: «Perón cumple, Evita dignifica».[24]

Desde febrero, muchos gremios comenzaron a movilizarse para solicitar a la CGT que lanzara la candidatura de Evita a la vicepresidencia de la Nación. A este pedido se sumó el esperado del Partido Peronista Femenino y de centenares de agrupaciones políticas y sindicales peronistas de todo el país. El 20 de febrero de 1951, el Partido Peronista Femenino emitió el siguiente comunicado:

Considerando que el 24 de febrero el pueblo argentino celebrará
el quinto aniversario de la elección que llevara al gobierno al

---

[23] Véase, desde el punto de vista de Mercante, la biografía escrita por su hijo, Domingo Alfredo Mercante, *Mercante, el Corazón de Perón*, De la Flor, Buenos Aires, 1995.

[24] Marysa Navarro, *op. cit.*, págs. 267-268.

general Perón, su extraordinario líder, en comicios que fueron la reafirmación absoluta de la voluntad libre y soberana del mismo pueblo que el 17 de octubre de 1945 se jugó la vida por Perón; que las mujeres peronistas no pueden olvidar aquellas dos fechas que fueron las etapas de la aurora que precedió a este mediodía brillante de la Nueva Argentina; y que si bien no pudieron estar presentes el 24 de febrero como lo hicieron en la Plaza de Mayo el 17 de octubre, acompañaron en todo momento al líder, a sus trabajadores y a sus descamisados, como madres, como hijas o como novias infundiéndoles fe en la causa del pueblo y de Perón; que desean declarar la total adhesión del Partido Peronista Femenino al único e indispensable líder de la Nueva Argentina, expresándole en este 24 de febrero y como anticipo de la decisión irrevocable, que las mujeres peronistas quieren tener la gloria irrenunciable de que el primer voto femenino de la historia argentina sea el que exalte a Perón nuevamente a la presidencia de la República.[25]

La propia Evita, como presidenta del Partido, firmaba el comunicado. El diario oficialista *Democracia* daba cuenta de que la solicitud a Perón se oficializó el 24 de febrero, cuando le plantearon «el vehemente anhelo de todos los trabajadores en el sentido de que la señora Eva Perón sea consagrada vicepresidenta de la Nación».[26] De lo que no hablaba el diario era del silencio de Perón sobre el tema.

Es muy interesante lo que señala Carolina Barry:

Evita era, sin duda, la candidata lógica del peronismo a ocupar el cargo de vicepresidenta. El poder con que contaba en ese momento no tenía parangón. Pero hay que tener en cuenta también que estamos ante liderazgos carismáticos, y que las pujas pueden darse siempre debajo del líder y nunca se admite que lo rocen directamente, tal como había sucedido con Mercante. No era la primera vez que Perón tensaba la cuerda hasta el límite de lo posible. Si bien él había incorporado a Evita en su liderazgo y funcionaban como complementarios uno del otro, es probable que Perón haya visto amenazado, de alguna manera, su poder

[25] Borroni y Vacca, *op. cit.*, pág. 251.
[26] En *Democracia*, 27 de febrero de 1951.

ante el extraordinario crecimiento político de ella. El liderazgo carismático es indivisible, señala Panebianco.[27] Aunque Evita nunca compitió con Perón, probablemente él haya visto cercenado su poder. Sin embargo, ella se decía gorrión y a él lo llamaba el cóndor, pero el gorrión volaba a la misma altura que el cóndor. Ella sabía el ascendiente político que tenía y ante el temor de que provocaba en Perón, cada vez que ella creía que él veía amenazado su poder, se embarcaba en un conjunto infinito de ditirambos tranquilizadores que insuflaron en la masa peronista una mística que creó, incluso, un culto a Perón. Pero quizás para Perón, Evita era una amenaza cierta. Si bien estaba muy enferma y él lo sabía, pues ya había pasado la misma situación con su primera esposa, no podía especular con un tema como la muerte.[28]

Era evidente que la idea de la candidatura de Evita resultaba más que atractiva para los peronistas. Comenzó una campaña no oficial para impulsar la formula Perón-Perón para las elecciones del 11 de noviembre de 1951. Según Vera Pichel:

Fue Eva Perón quien personalmente inició la campaña electoral en febrero de 1951. Días antes había recibido del gobierno mexicano el Águila Azteca en el grado de Banda de Primera Clase, oportunidad en la que reunió en la quinta de Olivos a delegadas censistas, subdelegadas y secretarias del Partido Peronista Femenino de la región sureña del país, quienes dieron a conocer una declaración que expresaba su intención de «bregar decididamente por la reelección del general Perón, su único e indiscutible líder. Éste será su único objetivo político hasta alcanzarlo, interpretando así el sentir del verdadero pueblo argentino».

Esta declaración fue suscripta por Eva Perón, en su condición de presidenta del Partido. Pero esas mismas delegadas solicitaron, después, la inclusión de Eva Perón para la vicepresidencia de la Nación, dando con esto comienzo a la campaña semioficial por

[27] Angelo Panebianco, politólogo italiano, autor, entre otras obras, de *Modelos de partido* (primera edición en español, Alianza, Madrid, 1982), de donde está tomado el concepto citado.

[28] Carolina Barry, *Evita Capitana*, Eduntref, Buenos Aires, 2009, pág. 234.

la candidatura. Claro que Eva no veía con malos ojos la iniciativa. En su fuero íntimo la consideraba como la culminación de su ajetreada vida, y como contaba con el aval de Perón, suscribió esos propósitos.[29]

Hubo incluso algunas formas insólitas y, según la oposición y cierta prensa, «plebeyas» de promover su candidatura: dos hombres a los que les faltaba una pierna anduvieron en bicicleta cinco días enteros sin parar. Otro peronista manejó su automóvil 120 horas sin detenerse. El matrimonio formado por Mario Aldo y Delia Tordo caminó con su hijita por las rutas argentinas, recorriendo una cuarta parte del territorio nacional. Él llevaba una remera que decía «Perón cumple» y ella, una camisa con la leyenda «Evita dignifica». Otra travesía fue protagonizada por un paisano que cargaba un saco de trigo y recorrió toda la pampa húmeda. Pero la más incómoda de las proezas peronistas la protagonizó un muchacho que caminó sobre un barril, haciéndolo rodar por la Ruta 9 desde Rosario hasta Buenos Aires.[30]

Evita capitana

En marzo de 1951, la Escuela Superior Peronista comenzó a dar cursos de formación de dirigentes, en su mayoría provenientes del movimiento obrero. Perón se encargó de los correspondientes a *Conducción política* y Evita dio seis conferencias que se dieron a conocer como *Historia del peronismo*.[31] Era su consagración como «voz doctrinaria» del movimiento.

Ya entonces la figura de Evita había alcanzado el rasgo de abanderada del peronismo. En cada acto oficial al que concurría Evita, junto con el Himno y la marcha *Los muchachos peronistas*, con la misma música de ésta se entonaban las estrofas de *Evita capitana*:

[29] Pichel, *op. cit.*, pág. 213.
[30] En Barnes, *op. cit.*
[31] Esos cursos pueden consultarse en Juan Domingo Perón, *Conducción política*, Secretaría Política de la Presidencia de la Nación, Buenos Aires, 1974, y en Eva Perón, *Historia del peronismo*, Freeland, Buenos Aires, 1971, respectivamente.

Las muchachas peronistas
con Evita triunfaremos
y con ella brindaremos
nuestra vida por Perón.
¡Viva Perón! ¡Viva Perón!
Por Perón y por Evita
la vida queremos dar,
por Evita capitana
y por Perón general.

Eva Perón, tu corazón
nos acompaña sin cesar
te prometemos nuestro amor
con juramento de lealtad.

Las muchachas peronistas
por la Patria lucharemos
por la Patria que queremos
con Evita y con Perón.
¡Viva Perón! ¡Viva Perón!
Bandera justicialista
nuestra bandera será
para los pueblos del mundo
bandera de amor y paz.

Eva Perón, tu corazón
nos acompaña sin cesar
te prometemos nuestro amor
con juramento de lealtad.

Para los «contreras», se trataba de un «endiosamiento» insoportable, como dejaría testimoniado el dirigente Américo Ghioldi, quien en 1976 se convertiría en embajador de la dictadura genocida:

Con intermitencias, desde enero de 1951 el Estado organizó el endiosamiento de la Esposa del Jefe, al principio para imponer su nombre como candidato a Vice-Presidente de la República en las elecciones de noviembre de 1951; después para compensarla de la desilusión profunda por no haber sido consagrada para el cargo, y luego para cubrir la imaginación en duros trances de la enfermedad y preparar en vida la pagana canonización.[32]

Pero ni la idolatría de los partidarios ni la diatriba de los «contreras» podían ocultar dos situaciones: que su enfermedad avanzaba y que no estaba dispuesta a dar el brazo a torcer. Según contaría más tarde su confesor, el padre Hernán Benítez, en junio de 1951 «Evita comenzó a sentir un alfilerazo en el bajo vientre», y los médicos comenzaron a «temer lo peor».[33] Al mes siguiente, el 25 de julio de 1951, se integró la Comisión Nacional del Partido Peronista Femenino. Sus miembros eran María Rosa C. de Gómez, secretaria de organización; Dora Gaeta de Iturbe, secretaria de prensa; Juan Larrauri, tesorera, y Delia Degliuomini de Parodi, Amparo Pérez de Ochoa y Águeda G. de Barro, vocales. La presidencia estaba a cargo de Eva Perón.[34]

La «Perona»

Mientras más avanzaba la campaña en favor de su postulación, más era impugnada por las Fuerzas Armadas, sectores de la Iglesia y los grupos económicos más poderosos que le temían y la odiaban.

Eran tiempos en que la guerra fría lucía sus peores galas. El «héroe del Pacífico», aquel general Douglas MacArthur que había supervisado la ocupación del Japón después de los miles de muertos de Hiroshima y Nagasaki, se peleaba con el presidente norteamericano Harry Truman por la estrategia que debían seguir en la guerra de Corea. MacArthur pidió que arrojaran la bomba atómica sobre la recientemente proclamada República Popular China. Truman no estuvo de acuerdo y MacArthur se tuvo que ir con su «heroísmo» a otra parte. Pero aunque el conflicto no salió de las «armas convencionales», lo cierto es que el mundo volvía a estar en guerra y crecía el protagonismo de los círculos castrenses. Los camaradas militares de Perón fueron los primeros en expresar su enojo y preocupación por la candidatura de Evita. Bajo sus gorras bien calzadas, aquellas mentes machistas no querían siquiera

[32] Américo Ghioldi, *El mito de Eva Duarte*, Montevideo, 1952, págs. 17-18.
[33] Marysa Navarro, *op. cit.*, pág. 278.
[34] Borroni y Vacca, *op. cit.*, pág. 258.

imaginarse a una mujer y mucho menos a «esa mujer» presidiendo una ceremonia militar y dando órdenes a los uniformados. Ni mucho menos la hipótesis de máxima, la muerte de Perón violenta, accidental o natural, y la asunción de «la Eva» a la primera magistratura y, por lo tanto, al cargo inherente de comandante en jefe de las Fuerzas Armadas de aire, mar y tierra.

En una entrevista que le realicé, Jorge Antonio recordaba:

> Yo era muy amigo de Lucero, el ministro de Guerra, y él me dice: «Mire, Jorge Antonio, a usted el Presidente lo escucha mucho y sería muy importante que le hiciera llegar nuestra preocupación por la candidatura de la señora para vicepresidente. Eso va a caer muy mal en el Ejército y a mí me cuesta un trabajo bárbaro parar ese malestar, como también me cuesta hablarlo con Perón».[35]

También la Iglesia puso, según su costumbre, el grito en el cielo. La cúpula católica practicaba en silencio una fuerte enemistad con Evita. Unía al desprecio de clase —ya que en su casi totalidad la alta jerarquía del episcopado argentino estaba compuesta por miembros de la más rancia oligarquía— su histórica discriminación, tan anticristiana, por los hijos llamados «naturales» y por las mujeres calificadas como «de la vida», es decir, las prostitutas; incluían a Evita en aquel rubro sin ningún fundamento y olvidaban a la primera mujer «de la vida» que rescata el Nuevo Testamento como la más fiel seguidora de Jesús, María Magdalena, últimamente señalada hipotéticamente como su compañera sentimental. Pero además de estas añejas y reaccionarias consideraciones «morales», la Iglesia argentina estaba muy dolida porque Evita había ocupado un espacio público, por ende político, que antes era un monopolio indiscutido suyo y de sus «damas de beneficencia». Para colmo de males, cada día la obra de Evita —que ella definía como «ayuda social» y caracterizaba como un derecho y no como una dádiva— demostraba su rapidez, eficacia y eficiencia, y denunciaba la ineficiencia, la lentitud, la oscuridad administrativa y la selectividad de más de un siglo de «caridad» católica en la Argentina. Esta operación política de Perón y Evita le quitaba protagonismo social a la Iglesia. La relegaba al rol menor y antipático de señalar

---

[35] Jorge Antonio, entrevista con el autor.

las fallas morales de la sociedad y a predicar su histórico discurso de resignación ante todas las injusticias. Todo esto se daba de patadas con lo que proponía y practicaba Evita: la dignificación de los deseos de superación y la didáctica de los derechos adquiridos frente a la prepotencia oligárquica. En su «testamento político», Evita diría:

> No soy antimilitarista ni anticlerical en el sentido en que quieren hacerme aparecer mis enemigos. Lo saben los humildes sacerdotes del pueblo que también me comprenden, a despecho de algunos altos dignatarios del clero rodeados y cegados por la oligarquía. También lo saben los hombres honrados que en las fuerzas armadas no han perdido contacto con el pueblo. Los que no quieren comprenderme son los enemigos del pueblo metidos a militares. Éstos no. Ellos desprecian al pueblo y por eso lo desprecian a Perón que siendo militar abrazó la causa del pueblo... aun a costa de abandonar en cierto momento su carrera militar. Yo veo no sólo el panorama de mi propia tierra. Veo el panorama del mundo y en todas partes pueblos sometidos por gobiernos que explotan a sus pueblos en beneficio propio o de lejanos intereses... y detrás de cada gobierno impopular he aprendido a ver ya la presencia militar, solapada y encubierta o descarada y prepotente.[36]

Finalmente, la Sociedad Rural, las corporaciones económicas y todo el arco partidario opositor, se mostraron decididamente contrarios a la candidatura de «la Perona», como la llamaban.

Un día muy particular

El 6 de agosto, la convención nacional del radicalismo designó la fórmula Ricardo Balbín-Arturo Frondizi para las presidenciales de noviembre.

Después de muchas idas y vueltas, la CGT decidió que el 22 de agosto de 1951 sería el gran día de la proclamación de la fórmula peronista frente al Ministerio de Obras Públicas, en la intersección de las avenidas 9 de Julio y Belgrano de la Capital. La movilización fue

---

[36] Eva Perón, *Mi mensaje*, cit.

convocada como un «Cabildo Abierto del Justicialismo». Cada gremio
mediría su poder a través de su capacidad de movilización. No se le
podía fallar a Evita. El gobierno puso toda su infraestructura a disposición del acto. Los trenes y los ómnibus desde todos los puntos del
país fueron gratuitos. A los manifestantes llegados de todas partes se
los alojó, se les proveyó de viandas y se los agasajó con asados, bailes,
funciones de cine y teatro. Según John Barnes,

> Miles de personas durmieron la noche anterior al mitin en los gara-
> jes y parkings de la ciudad que habían sido requeridos para tal uso
> por el gobierno. También se proyectaron películas gratuitamente
> y se organizaron competiciones deportivas para entretenerles. La
> CGT decretó una huelga general para que todo el mundo pudiera
> asistir [...] la vida normal de la ciudad se encontró virtualmente
> paralizada.[37]

Un camarógrafo de la Fox norteamericana viajó especialmente a
Buenos Aires para cubrir en colores la concentración. Se habló de una
concurrencia de dos millones de personas,[38] incluidas muchas proce-
dentes de las provincias, donde habían cerrado los comercios varios
días antes para permitir el traslado a Buenos Aires. Desde un enfoque
«contrera», Mary Main destacaba que de «Rosario solamente, llegaron
doce trenes especiales, veinticuatro ómnibus de los transportes públicos, nueve particulares y seiscientos camiones».[39] La Policía Federal
y las agencias internacionales coincidieron en bajar la cifra a 250.000
presentes, pero las fotos de la jornada muestran una marea humana
que iba desde Belgrano y 9 de Julio hasta el Obelisco. Frente al mismo
panorama en 1983, en ocasión de los actos de cierre de la campaña
electoral del radicalismo y el peronismo, se habló de un millón de personas en cada caso. La sexta edición del diario La Razón diría:

> La ciudad, que ya en la víspera había adquirido el pulso que prece-
> de a los grandes acontecimientos, amaneció prácticamente vestida
> de fiesta, profusamente embanderada y recorridas sus calles por

[37] Barnes, op. cit., pág. 266.
[38] Por ejemplo, Erminda Duarte, op. cit., págs. 107-108.
[39] Mary Main, op. cit., pág. 185.

alegres caravanas llegadas desde los más apartados rincones de la República. [...] Por un momento pareció como si el país entero vibrara en una caja de resonancia. La enorme afluencia de ciudadanos del interior indicada en días precedentes hizo imposible materialmente que pudieran ser ubicados en su totalidad. Esto no fue obstáculo para que resolvieran el problema, pernoctando en campamentos improvisados, como lo hizo un numeroso núcleo de mujeres que decidieron no apartarse de la Avenida 9 de Julio, donde se había levantado el palco destinado a las autoridades. Un júbilo contagioso parecía preanunciar que el pueblo se saldría con la suya y que se haría, como lo había proclamado muchas veces el jefe de Estado, «lo que el pueblo quisiere». El enorme recinto de la avenida 9 de Julio y las calles Lima, Bernardo de Irigoyen, Cerrito y Carlos Pellegrini, desde la avenida Belgrano hasta rebasar Corrientes, se hallaba totalmente cubierto por una densa muchedumbre de la que emergían, como un mar de cabezas, los carteles que anticipaban el veredicto de la Asamblea: «Perón - Eva Perón. 1952 - 1958». A la altura de la calle Moreno se levantaba un palco monumental donde había sido colocado un gran cartel con la leyenda «Perón - Eva Perón, la fórmula de la Patria».[40]

Habían venido de todos lados. Eran familias enteras que pugnaban por ver a Evita. No eran pocas las mujeres y los niños que contaban que la habían conocido en persona en la Fundación o en alguna de sus giras por el interior; que los había saludado, que los había besado y que les había solucionado algún problema. Allí estaban, con sus mejores ropas o con las únicas decentes, como se decía entonces, con toda su dignidad y su orgullo peronista para ver a la Eva en su día de gloria, en su merecida proclamación.

Pero las cosas iban a ser diferentes a lo imaginado por la «masa sudorosa» y muy probablemente lo fuesen con el conocimiento previo de sus protagonistas, que sabían perfectamente el final de lo que la oposición no dudó en llamar «aquella puesta en escena». No sería la última vez que el pueblo peronista se llevase una decepción, que se juntara de a cientos de miles con un objetivo y una certeza y se volviera a su casa, por lo menos, desconcertado.

[40] En Borroni y Vacca, *op. cit.*, pág. 260.

La multitud cantaba la marcha peronista y en las pausas que daban los altoparlantes coreaba insistentemente el nombre de Evita. El primero en hablar fue el líder de la CGT, José Espejo, quien dijo en un tono casi teatral:

> Mi general, notamos una ausencia, la ausencia de Eva Perón, que se ha ganado para siempre un lugar en el mundo, en la historia, en el amor y en la veneración del pueblo argentino. Compañeros, es posible que su modestia, uno de sus mayores méritos, la mantenga alejada de esta magna concentración, pero este Cabildo Abierto no puede proseguir sin contar con la presencia de la camarada Evita.

Las palabras de Espejo se fueron perdiendo por el clamor popular, que no cesó y llegó a tapar hasta la voz de Perón. Sólo hubo silencio cuando Evita subió al palco y se acercó al micrófono para decir:

> Es para mí una gran emoción encontrarme otra vez con los descamisados, como el 17 de octubre y como en todas las fechas en que el pueblo estuvo presente. Hoy, mi general, en este Cabildo del Justicialismo, el pueblo, como en 1810, preguntó «que quería saber de qué se trata». Aquí ya sabe de qué se trata y quiere que el general Perón siga dirigiendo los destinos de la patria. [...] Saben también que la oligarquía, que los mediocres, que los vendepatrias todavía no están derrotados y que desde sus guaridas atentan contra el pueblo y contra la nacionalidad. Pero nuestra oligarquía, que siempre se vendió por cuatro monedas, no cuenta en esta época con que el pueblo está de pie y que el pueblo argentino está formado por hombres y mujeres dignas, capaces de morir para terminar de una vez por todas con los vendepatrias y los entreguistas.

Mientras la gente gritaba «Con Evita, con Evita, con Evita...», hizo un balance de la obra del gobierno peronista y fustigó a los oligarcas y a los «contreras». Hasta que comenzó a referirse al tema que había llevado allí a toda esa gente, su gente, su pueblo:

> Yo no soy más que una mujer del pueblo argentino. Yo no soy más que una mujer de esta bella patria. Yo siempre haré lo que diga el pueblo. Pero yo les digo que así como hace cinco años he dicho

que prefería ser Evita antes que la mujer del Presidente, si ese Evita era dicho para aliviar algún dolor de mi Patria, ahora digo que sigo prefiriendo ser Evita. [...] Yo les pido a la Confederación General del Trabajo y a ustedes por el cariño que nos profesamos mutuamente, para una decisión tan trascendental en la vida de esta humilde mujer, me den por lo menos cuatro días.[41]

Y allí se escuchó claramente la palabra que nadie quería escuchar: «Compañeros. Compañeros..., compañeros. Compañeros: yo no renuncio a mi puesto de lucha, yo renuncio a los honores...» y agregó: «Yo haré, finalmente, lo que decida el pueblo. ¿Ustedes creen que si el puesto de vicepresidenta fuera un cargo y si yo hubiera sido una solución no habría contestado ya que sí?» Pero la gente no quería más evasivas y gritaba: «Contestación, contestación». Y Evita respondió: «Compañeros: por el cariño que nos une, les pido por favor no me hagan hacer lo que no quiero hacer. Se lo pido a ustedes como amiga, como compañera. Les pido que se desconcentren». Nada parecía calmar a la multitud y Evita probó: «Compañeros: ¿Cuándo Evita los ha defraudado? ¿Cuándo Evita no ha hecho lo que ustedes desean? Yo les pido una cosa: esperen a mañana». José Espejo no tuvo una muy buena idea cuando dijo por el micrófono: «Compañeros: La compañera Evita nos pide dos horas de espera. Nos vamos a quedar aquí. No nos moveremos hasta que nos dé la respuesta favorable». Se ganó una mirada fulminante de Perón que empezó a repetir insistentemente: «Levanten este acto, ¡basta ya!»

El renunciamiento

El resultado del «Cabildo Abierto del Justicialismo» era confuso, tanto para los peronistas como para los «contreras». En su edición del 23 de agosto de 1951, el diario *Democracia* titulaba en grandes letras «¡Aceptaron!», aunque no había sido así en el caso de Evita. Según Alicia Dujovne Ortiz,

[41] Juan Perón y Eva Perón, *Perón y Eva Perón hablan en el Cabildo Abierto del Justicialismo*, Presidencia de la Nación, Subsecretaría de Informaciones, Buenos Aires, 1951.

Al día siguiente del triunfo más grande de su vida, que fue también su más terrible fracaso, Evita le confesó a Ana Macri: «Hace tres noches que no duermo. Perón me ha abandonado. Mil veces le pregunté lo que debía hacer y mil veces me contestó: "Escuchá la voz de tu conciencia"».[42]

Por su parte, Vera Pichel señala:

Al día siguiente no fue a la Secretaría. La gente seguía los hechos sucedidos y muchos afirmaban que Evita había aceptado. Ella, en cambio, debido a las fuertes emociones, estaba en cama luchando contra su debilidad. Le prescribieron una transfusión de sangre. Una más entre tantas.[43]

El 28 de agosto, el Partido Peronista Femenino e integrantes del secretariado de la CGT proclamaron oficialmente la candidatura de Eva Perón. Pero aún faltaba oír su respuesta, que finalmente se escucharía tras largos días de especulaciones políticas y expectativas. Recién a las 20.30 del 31 de agosto de 1951, anunció por la cadena nacional de radiodifusión su

[...] irrevocable decisión de renunciar al honor que los trabajadores y el pueblo de mi patria quisieron conferirme en el histórico Cabildo Abierto del 22 de agosto. Ya en aquella misma tarde maravillosa que nunca olvidarán mis ojos y mi corazón, yo advertí que no habría cambiado mi puesto de lucha en el movimiento peronista por ningún otro puesto. Ahora quiero que el pueblo argentino conozca por mí misma las razones de mi renuncia indeclinable. En primer lugar declaro que esta determinación surge de lo más íntimo de mi conciencia y por eso es totalmente libre y tiene toda la fuerza de mi voluntad definitiva. Porque el 17 de Octubre formulé mi voto permanente, ante mi propia conciencia: ponerme íntegramente al servicio de los descamisados, que son los humildes y los trabajadores; tenía una deuda casi infinita que saldar con ellos. Yo creo haber hecho todo lo que estuvo en mis manos para cumplir

---

[42] Dujovne Ortiz, *op. cit.*, pág. 431.
[43] Pichel, *Evita íntima...*, cit., pág. 222.

con mi voto y con mi deuda. No tenía entonces, ni tengo en estos momentos, más que una sola ambición, una sola y gran ambición personal: que de mí se diga, cuando se escriba el capítulo maravilloso que la historia dedicará seguramente a Perón, que hubo al lado de Perón una mujer que se dedicó a llevar al Presidente las esperanzas del pueblo y que, a esa mujer, el pueblo la llamaba cariñosamente Evita.[44]

Ante el anuncio, la CGT propuso que el 31 de agosto fuese declarado «Día del Renunciamiento», mientras que la dirección de La Fraternidad en un comunicado destacaba el «generoso desprendimiento de la señora de Perón».[45] El renunciamiento a cargos y honores, pero no al puesto de lucha, será como se recordará la figura de Evita de ahí en adelante. Retomando la frase final de su discurso, en *La razón de mi vida* afirmará que sólo la movía una «sola y gran ambición personal»:

[...] quisiera que el nombre de Evita figurase alguna vez en la historia de mi Patria. Quisiera que de ella se diga, aunque no fuese más que en una pequeña nota, al pie del capítulo maravilloso que la historia ciertamente dedicará a Perón, algo que fuese más o menos esto: «Hubo, al lado de Perón, una mujer que se dedicó a llevarle al Presidente las esperanzas del pueblo, que luego Perón convertía en realidades». Y me sentiría debidamente, sobradamente compensada si la nota terminase de esta manera: «De aquella mujer sólo sabemos que el pueblo la llamaba, cariñosamente, Evita...»[46]

Las causas del renunciamiento

Desde entonces se tejieron diversas interpretaciones sobre las causas del renunciamiento, que en muchos casos vuelven sobre las razones y los alcances de su precandidatura a la vicepresidencia y el apoyo que habría tenido o no de parte de Perón. Ya en su época se señalaba la

[44] En *Democracia*, 1 de septiembre de 1951.
[45] Pichel, *Evita íntima...*, cit., pág. 224.
[46] Eva Perón, *La razón de mi vida...*, cit., pág. 77.

firme oposición de parte de los militares y la Iglesia, que habría llevado a Perón a pedirle que la retirase. Desde una óptica antiperonista,
Mary Main decía que fue

> [...] el ejército el que provocó la renuncia de Eva y resulta evidente
> que amenazaron a Perón con retirarle su apoyo en el caso de que
> retuviera la candidatura.[47]

También Otelo Borroni y Roberto Vacca señalan esas presiones
como factores determinantes, y señalan que ya «se alzaban voces de
protesta» entre la oficialidad, tanto en guarniciones del Interior como
en Campo de Mayo.[48] Por su parte, Marysa Navarro combina el peso
de la oposición militar con otros factores, al señalar:

> [...] seguramente influyeron en [Evita] otros factores que los
> de su propia voluntad, por ejemplo la situación de las fuerzas
> armadas, su salud y la posición que adoptó Perón en esta ins-
> tancia. [...] Las relaciones de Perón con las fuerzas armadas
> habían entrado en un período de enfriamiento desde hacía por
> lo menos dos años. Los sectores de las fuerzas armadas que se
> habían opuesto a su gestión ya en el tiempo en que ocupaba la
> Secretaría de Trabajo y Previsión, no habían olvidado sus preven-
> ciones contra él, y de hecho, éstas se habían intensificado a raíz
> de la reforma de la Constitución y la posibilidad de su reelección.
> En este contexto, la candidatura de Evita se presentaba como
> un factor irritativo pues reavivaba viejos odios. [...] El tema fue
> ciertamente discutido entre los oficiales, aunque por el momento
> no ha sido posible determinar si hubo un planteo directo a Perón.
> [...] La otra razón que puede haber afectado la decisión de Evita
> era su salud, pues para esa fecha ya había empezado a decaer.
> Se la veía delgada, pálida y demacrada. Parecía estar agotada y
> en realidad tenía desde hacía tiempo fuertes hemorragias y una
> fiebre persistente.[49]

[47] Mary Main, *op. cit.*, pág. 188.
[48] Borroni y Vacca, *op. cit.*, pág. 264.
[49] Marysa Navarro, *op. cit.*, pág. 275.

Sin embargo, la autora señala que es

[...] mucho más probable que [Perón] la persuadiera de renunciar a la candidatura a la vicepresidencia no tanto por razones de salud, como por la situación política. Renunciando Evita, se aliviaría la tensión en los medios castrenses y los haría menos proclives a unirse a los partidos políticos cuyas maniobras habían quedado al descubierto durante la huelga ferroviaria.[50]

Para las versiones que acabamos de mencionar, Evita renunció a la candidatura a vicepresidente contra su voluntad. Pero otras interpretaciones, provenientes de figuras destacadas del peronismo de entonces, señalan que Evita no quería ocupar ese cargo y que su precandidatura fue un modo de impedir las «internas» por la vicepresidencia. Así lo indicaba Rodolfo Decker:

En realidad la fórmula Perón-Eva Perón tenía un objetivo especial, porque Evita nunca hubiera aceptado ser Vicepresidente. Las funciones de Evita iban mucho más allá de un cargo público, pero hubo un momento en que fue necesario anunciar su postulación. Para el año '50, varios candidatos pujaban para ocupar ese cargo, por eso se pensó en Evita. Nadie podía pretender ser Vicepresidente si ella era la candidata, y así se tapaban las aspiraciones de muchos individuos que, impulsados por núcleos de poder, querían llegar a ese cargo. Pero Evita nunca pretendió ser Vicepresidente, en lo más profundo de su corazón no quería, porque les reitero, la Vicepresidencia para Evita quedaba chica.[51]

Decker, sin dar nombres, señala que entre esos postulantes había dirigentes «de origen radical y algún militar» y que «los gremialistas pretendían que el candidato surgiera de su sector».[52] Al cumplirse

---

[50] Ibídem, pág. 278.

[51] Decker, *op. cit.*, pág. 77.

[52] Ibídem, pág. 78. Por su parte, Mary Main (*op. cit.*, págs. 188-189), además de señalar las presiones militares, enmarcaba el renunciamiento de Evita en la disputa con los sectores del peronismo bonaerense que apoyaban al gobernador Mercante. Al respecto, Decker señala que la posibilidad de que Mercante fuese candidato a la presidencia, en lugar de Perón, se vio frustrada por intrigas de «algunos altos fun-

veintidós años del renunciamiento de Evita, Dardo Cabo daría una versión en un sentido similar, acaso a partir de relatos de su padre:[53]

> Cuando los cuatro miembros del secretariado de la CGT: José Espejo, Isaías Santín, Florencio Soto y Armando Cabo llegaron a la residencia de la calle Austria y Las Heras para comunicar la propuesta de los trabajadores, que sí en esos momentos estaban representados por la CGT, la oposición de Evita y Perón fue inmediata. «No, yo no, para eso no», dijo Evita inmediatamente «yo, muchachos, no sirvo». De inmediato se inició una puja que tuvo en Evita y los delegados obreros un no y un sí sostenido. [...] La CGT sostuvo que no había fuerza posible y organizada que pudiera oponerse seriamente a todo el Movimiento y al gobierno peronista. Evita siguió negando. Perón se mantuvo escuchando un largo rato hasta que con gran atención se le pidió que por favor opinara. «No puede ser un matrimonio la fórmula presidencial del peronismo», contestó el general y Evita estuvo absolutamente de acuerdo. Esto ocurrió mucho antes que políticos y militares tuvieran noticias sobre la postulación de Evita a la vicepresidencia. Evita nunca quiso ser vicepresidente de la República [...]. Evita renunció porque no quería ser, no porque no pudiera. Si no, ¿por qué los peronistas exaltamos el gesto?: si renunció por presiones, la renunciaron, y esto es otra cosa.[54]

La idea de promover la fórmula Perón-Eva Perón, sabiendo que no llegaría a feliz término, le servía a Perón para obturar el segundo término del binomio, un lugar conflictivo que parecía ocupado indis-

---

cionarios, entre los cuales se encontraba Román Subiza, a los que no les resultaba simpática la figura de Mercante, tal vez por envidia» (Decker, *op. cit.*, págs. 79-81).

[53] Dardo Cabo era hijo del dirigente metalúrgico Armando Cabo, tesorero de la CGT entre 1948 y 1952 y uno de los sindicalistas que frecuentemente se reunían con Evita. En su juventud, Dardo Cabo había sido miembro de grupos nacionalistas y participado en el llamado «Operativo Cóndor» de 1966 (cuando un grupo desvió un avión comercial para aterrizar en Malvinas); luego integró un grupo que se fusionó con Montoneros, fue director de su publicación *El Descamisado* y fue secuestrado en abril de 1975; se lo vio en la cárcel de La Plata, de donde fue sacado y asesinado en enero de 1977.

[54] Dardo Cabo, «La verdad de la candidatura», *El Descamisado*, 21 de agosto de 1973.

cutiblemente por su mujer y que le permitiría, tras el «renunciamiento», presentar el hecho consumado de la postulación del veterano e inofensivo Hortencio Quijano. La candidatura del viejo radical antipersonalista y vicepresidente decorativo en ejercicio desmentía, a quien quisiera verlo, la versión de que Evita no sería candidata por razones de salud, ya que don Hortencio padecía un cáncer tan fulminante que no lo dejaría asumir su cargo. Murió el 3 de abril de 1952, dos meses antes de que Perón asumiera, por segunda vez y sin vice, la presidencia.[55]

El complot contra Perón

La confirmación de la renuncia de Evita a la candidatura no frenó la inercia de un movimiento militar contra Perón que se había puesto en marcha a partir de la postulación de su esposa y que ahora encontraba un norte en impedir la reelección del «tirano». Los servicios de inteligencia informaron a Perón acerca de los cabecillas del complot. Estaba encabezado por el general Benjamín Menéndez (numen de una familia golpista que nos legó a miembros tan «ilustres» como Luciano Benjamín Menéndez, jefe del Estado terrorista en Córdoba entre 1976 y 1983, y Mario Benjamín Menéndez, gobernador militar de Malvinas en 1982), los oficiales del Ejército Lanusse, Larcher, Guglialmelli, Sánchez de Bustamante y Álzaga y el capitán de navío Vicente Baroja, quien proponía «darle muerte al tirano en su guarida».

En medio de los aprestos militares, el general Menéndez convocó a una reunión secreta para transmitirles a importantes referentes de la oposición los pasos a seguir. Asistieron Arturo Frondizi de la UCR, Américo Ghioldi por el PS, Reynaldo Pastor por los demócratas nacionales —o sea, los conservadores— y Horacio Thedy en representación de los demócratas progresistas. El jefe golpista les dijo a sus atentos contertulios que su objetivo era derrocar a Perón antes de los comicios de noviembre, reimplantar la vigencia de la Constitución de 1853 y

---

[55] Recién el 25 de abril de 1954, tras casi dos años de ejercer Perón su segunda presidencia, se realizaron las elecciones para designar vicepresidente. Triunfó el candidato oficial, el contralmirante Alberto Teissaire. Su actitud después del derrocamiento de Perón, denunciando a sus compañeros de movimiento, haría que los peronistas lo apodaran «Antonio Tormo», por ser «el cantor de las cosas nuestras».

anular la de 1949.[56] Según declaraciones de Menéndez al diario *La Prensa*,[57] los políticos comprometieron su apoyo al golpe. Con ese respaldo, el general decidió reunirse con su colega Lonardi. Pero allí aparecieron las diferencias que se mantendrían cuatro años más tarde, cuando le tocase a Lonardi el turno de encabezar el golpe triunfante contra Perón: mientras Menéndez quería desarmar por completo el Estado peronista y quitarles todas las conquistas sociales a los trabajadores, retrotrayéndolos al régimen de semiesclavitud que regía antes de 1943, Lonardi sostenía que debía mantenerse la legislación social vigente y garantizar los derechos y mejoras alcanzadas por los asalariados. Cuando todavía no habían llegado a un acuerdo y temiendo que Lonardi le arrebatara la conducción del golpe, Menéndez se lanzó a la ofensiva.

El movimiento estalló en las primeras horas del 28 de septiembre. Como corresponde a todo golpista que se precie, Menéndez redactó su proclama, que decía:

> He resuelto asumir hoy ante el pueblo de mi Patria la extraordinaria responsabilidad de encabezar un movimiento cívico-militar, que por sintetizar un sentimiento casi unánime deberá conducirnos, indefectiblemente, a dar término a una situación que no puede ya ser sostenida ni defendida. Cuento para ello con el apoyo de las fuerzas de tierra, mar y aire, y el respaldo de la ciudadanía representada por figuras prominentes de los partidos comprometidos a una tregua política que asegure la más amplia obra de conciliación nacional y el retorno a una vida digna, libre y de verdadera democracia.[58]

Tuvo su tímido epicentro en Campo de Mayo, donde los «revolucionarios» sólo alcanzaron a poner en marcha dos o tres tanques. El Presidente declaró el estado de guerra interno. La CGT dispuso una huelga general y el estado de alerta y llamó a una concentración en Plaza de Mayo. Rodolfo Decker recordaba:

[56] En Robert Potash, *El Ejército y la política en la Argentina 1945-1962. De Perón a Frondizi*, 10ª edición, Sudamericana, Buenos Aires, 1994, págs. 183-184.
[57] *La Prensa*, 28 de septiembre de 1961.
[58] Volante arrojado en la mañana del 28 de septiembre de 1951, archivo del autor.

El general Perón, en conocimiento [del complot], tomó las medidas necesarias. No quiso hacerlo antes, para evitar que la prensa saliera a decir que existía tal levantamiento. Entonces los dejó salir a la calle para conocerlos, pero ya estaban rodeados prácticamente.

Cuando la gente se enteró, se empezó a reunir en Plaza de Mayo, pero como todavía no había terminado la rendición, Perón no quiso salir a los balcones de la Casa de Gobierno.

Tuve oportunidad de estar en los balcones de la Casa Rosada, y junto al diputado Eduardo Colom, nos dirigimos a la multitud para que no se retirara porque iba a hablar el General. El retrato salió en el diario *La Prensa* del otro día,[59] de manera que me sentí muy orgulloso por dirigirme y dar aliento a esa multitud que estaba agolpada en la Plaza de Mayo queriendo saber qué pasaba. Estaban dispuestos a dar la vida por el General y por el Movimiento.[60]

A las tres de la tarde todo había terminado y Perón pudo dirigirse a una Plaza de Mayo colmada de simpatizantes. Había bautizado al movimiento como una «chirinada» recordando al sargento Andrés Chirino que había dado muerte por la espalda nada menos que a Juan Moreira el 30 de abril de 1874 contra los tapiales del boliche «La Estrella» en Lobos. Fiel a su «tercera posición», Perón culpó a «las oscuras fuerzas del capitalismo y del comunismo» y agregó:

Un grupo de malos argentinos ha deshonrado el uniforme de la patria [...]. Cuando comenzaron a sonar los primeros disparos, levantaron la bandera blanca para darse por vencidos. Son unos cobardes porque no tuvieron el coraje de morir en el momento en que debían haber sacrificado sus vidas por salvaguardar su honor. Por esto sufrirán la pena que se debe imponer a los cobardes. El oprobio de ser ejecutados.[61]

[59] El diario *La Prensa* había sido expropiado por la ley 14.021, sancionada el 12 de abril de 1951, y luego fue entregado a la CGT.
[60] Decker, *op. cit.*, pág. 82.
[61] *Democracia*, 29 de septiembre de 1951.

La gente gritaba «leña» y «a la horca». Perón respondió:

Esto es exactamente lo que haré. Y servirá como ejemplo. Todo el mundo debe saber que los que en el futuro se arriesguen a enfrentársenos tendrán que matarnos, porque de otra forma nosotros seremos los que les mataremos a ellos.[62]

Pero en este caso, como le recordaría furiosamente Evita días más tarde, primó su pertenencia a la corporación militar y su temor a las consecuencias del anunciado ajusticiamiento de los golpistas, antes que su fidelidad a la consigna «Perón cumple».

No bajar los brazos y luchar

Evita estuvo al margen de los hechos. Su salud se iba apagando. En la residencia presidencial —el Palacio Unzué, ubicado donde hoy funciona la Biblioteca Nacional, en Libertador y Austria, demolido por la «Revolución Libertadora» empeñada en borrar toda huella de Perón y Evita de la faz de la tierra— se montó una clínica con todo lo necesario para atenderla, en su habitación del primer piso. Estaba a cargo del doctor Jorge Albertelli, un prestigioso ginecólogo, jefe de la sala VII del Servicio de Oncología del Instituto de Maternidad, quien debió instalarse en la residencia.

Justo una semana antes del levantamiento, el 21 de septiembre de 1951, los médicos tenían los resultados concluyentes de la enfermedad irreversible que aquejaba a Evita. Cuenta el doctor Albertelli que ese día

Llama el teléfono: una voz del otro lado pidiendo por mí. La conversación fue breve: era el doctor Méndez San Martín, ministro de Educación, quien solicitaba verme esa misma tarde por algo de suma importancia, que no podía ser comunicado telefónicamente. Ante mi aquiescencia, anunció que pasaría por mí a las 15. Así fue. Se hizo presente en su coche ministerial. Estaba solo. Tras los saludos usuales, me dijo, algo preocupado:

[62] Ibídem.

«La señora del Presidente está enferma gravemente, necesitamos su ayuda... Mayores datos le daremos con el doctor Raúl Mendé (ministro de Asuntos Técnicos) quien tiene en su poder el resultado de la biopsia efectuada a la señora Eva, con la cual empezará a orientarse. Vamos a verlo a Casa de Gobierno ahora mismo». Llegamos a la Casa Rosada... A no muchos metros de la entraba se hallaba el despacho del ministro. [...] Me alargó un papel plegado y dijo: «Me lo han entregado al mediodía». Era el protocolo de un informe de biopsia de cuello uterino a nombre supuesto, pero que correspondía a la persona de quien habíamos hablado con el doctor Méndez. Desplegué el papel y sufrí un impacto emocional. Decía casi textualmente: «Membrete: Instituto Argentino de Diagnóstico y Tratamiento; Firma: J. C. Lascano González (distinguido patólogo, bien conocido por mí). Epitelioma espino-celular con acentuada inflamación del estroma.[63] Se observan células con activas mitosis y en vasos del tumor múltiples embolias de células neoplásicas. Médico remitente: doctor Humberto Dionisi» (a quien yo conocía, profesor titular de Ginecología de la Universidad de Córdoba).[64]

El 22 de septiembre, Albertelli y Dionisi le hicieron el examen ginecológico y coincidieron en el diagnóstico: se trataba de un carcinoma endofítico de cuello uterino, grado III con compromiso parcial del parametrio izquierdo y bóveda vaginal del mismo lado. Era un tumor maligno de cuello de útero que ya había alcanzado e invadido vagina, trompa izquierda, posiblemente ovario izquierdo, ganglios y pared pelviana. El diagnóstico era grave; sólo quedaba la esperanza

---

[63] «"Epitelioma espinocelular" es un tipo de células malignas, que de hecho es el más común que produce cáncer de cuello de útero. Este tipo de células tumorales tiene tendencia a producir metástasis a distancia viajando a través de los vasos linfáticos o sanguíneos. Cuando hace referencia a la "acentuada inflamación del estroma" significa que buena parte del tejido que forma la pieza que se envió a analizar presenta fenómenos inflamatorios dando una noción de afectación celular más avanzada. En cuanto a la presencia de "células con activas mitosis" significa que las células malignas se están reproduciendo a ritmo acelerado, lo cual habla de gravedad del proceso. Lo mismo sucede cuando el patólogo informa "en los vasos del tumor múltiples embolias de células neoplásicas", es decir que en los vasos sanguíneos ya se han instalado células malignas» (López Rosetti, *op. cit.*).

[64] Jorge Albertelli, *Los cien días de Eva Perón*, Editorial Cesarini Hnos., Buenos Aires, págs. 13-16.

de que no hubiese producido aún una metástasis que comprometiera otros órganos.[65]

Ese mismo día se enteró Perón. Jorge Albertelli fue el encargado de comunicárselo:

> Lamento mucho ser el vocero de noticias que le han de resultar penosas, pero me veo obligado a decirle la descarnada verdad, que usted debe conocer en carácter de esposo y Jefe de Estado [...]. El caso de su señora esposa es sumamente serio, tanto por el carácter de la enfermedad en sí, como por los factores concurrentes que lo agravan respecto del pronóstico a no largo plazo. Su mujer padece un cáncer cuyo punto de partida está en el cuello del útero, tumor maligno relativamente frecuente, habitualmente agresivo de difícil curación con los medios que tenemos hoy en día en las manos. Cuando el diagnóstico se hace temprano existe un porcentaje de curación. No es éste el caso. La propagación del proceso es importante, lo que retacea las posibilidades favorables. La variedad de células malignas que presenta es desfavorable. Por el gran número de divisiones celulares, como se puede determinar en la biopsia, indican una actividad intensa en su crecimiento, que es condición negativa. La presencia de células malignas en la luz de las venas hace presumir que en un futuro no lejano se produzcan metástasis, de lo cual no hay evidencias por el momento. Por último, es sabido que la virulencia del tumor es tanto mayor cuanto menor es la edad. Su señora es muy joven. Éste es el lamentable cuadro que presenta ante nuestros ojos. No obstante, no creemos todo perdido y la obligación es no bajar los brazos y luchar. Por lo tanto, hemos discutido y preparado un plan de tratamiento que no es otra cosa que utilizar los conceptos clásicos universalmente admitidos y que consiste en la inmediata aplicación de un radium[66] para detener el crecimiento del tumor, lapso conveniente para que los tejidos se repongan de modo de soportar un acto quirúrgico calculado en aproximadamente cuarenta días, y ulteriormente completar con radioterapia, esta vez externa. Si usted lo aprueba, deseamos no

---

[65] López Rosetti, *op. cit.*

[66] Según aclara el propio Albertelli (*op. cit.*, págs. 37 y 48) se trataba de un «dispositivo portador de una fuente radiactiva» que se colocaba en la zona afectada por el tumor.

perder tiempo para iniciar este plan». La cara del general trasuntaba su estado de ánimo. No interrumpió mi exposición en ningún momento. Su tristeza era evidente; hasta me pareció entrever una lágrima furtiva. Un manto de plomo nos abrumaba a todos los presentes y las palabras no salían de la boca.[67]

Según Albertelli, hubo un silencio prolongado, hasta que Perón dijo:

«Lo que acabo de conocer, si bien lo intuía, me ha afectado profundamente. Quiero que sepan que Eva representa algo muy grande como esposa, como compañera, como amiga, como consejera y como punto de apoyo leal en la lucha en la cual estoy empeñado. No puedo juzgar la parte médica; confío en ustedes y apruebo lo que aconsejen, así que procedan. Deseo ardientemente que la suerte no sea esquiva».

Con Dionisi hicimos un acuerdo. [...] Yo quedaba entonces como jefe del equipo médico, función que mantendría hasta terminar el tratamiento propuesto, lo que así ocurrió. Méndez me acompañó hasta la salida... Me solicitó en nombre del Presidente y demás colegas, que durante los diversos pasos a realizar fuera residente en su casa...[68]

El 28 de septiembre, mientras se desbarataba el intento golpista de Menéndez, a Evita, bajo anestesia total, se le implantó un radium en la zona afectada por el tumor.[69] Su ausencia en los acontecimientos de ese día fue explicada por un escueto comunicado de la Subsecretaría de Informaciones de la Presidencia que decía:

La enfermedad que aqueja a la señora Eva Perón es una anemia de regular intensidad que está siendo tratada con transfusiones de sangre, absoluto reposo y medicación general.[70]

[67] Albertelli, *op. cit.*, págs. 31-33.

[68] Ibídem, pág. 33.

[69] Según Albertelli (*op. cit.*, págs. 30, 37 y 48), todo salió dentro de lo previsto. El radium le fue retirado cinco días después, el 3 de octubre de 1951; cuarenta días después vendrían la operación y la radioterapia externa.

[70] En Borroni y Vacca, *op. cit.*, pág. 266.

Recién al final de la tarde, cuando emergió de los efectos de la anestesia que le había aplicado el doctor Roberto Goyenechea, fue informada por Perón de lo ocurrido en el país. Según Albertelli:

> Apenas tomó conocimiento de los hechos, quiso participar de alguna manera en ellos. A pesar del trauma físico y psíquico que había sufrido, la reacción que tuvo fue increíble, verbal y físicamente. Se desesperó y, sacando fuerzas de sus flaquezas, exteriorizó su deseo de poder actuar activamente en lo ocurrido. Me opuse enérgicamente, apoyado por el Presidente. Pero la insistencia fue abrumadora y, por fin, conseguimos que todo se limitara a una grabación que hizo en su mismo lecho, transmitida por Radio Nacional, en cadena, alrededor de las 21. Me admiró la energía tanto física como psíquica que desplegó esa mujer en un día tan traumático como ése, revelando una convicción tan intensa en sus ideales.[71]

En su mensaje, tras disculparse por no haber podido estar en la Plaza, la voz firme aunque dolorida de Evita arengó a sus «descamisados»:

> [...] no quiero que termine este día memorable sin hacerles llegar mi palabra de agradecimiento y homenaje, uniendo así mi corazón de mujer argentina y peronista al corazón de mi pueblo, que hoy ha sabido probar, una vez más, la grandeza de su alma y el heroísmo de su corazón.
> El pueblo argentino tiene derecho a ser respetado y a ser defendido en su voluntad soberana, en sus derechos y en sus conquistas, porque es lo mejor de esta tierra; y lo mejor de este pueblo que es Perón, tiene que ser defendido así, como hoy, por todo su pueblo: por los trabajadores, que han sabido convertirse en escudo y trinchera de Perón; por las mujeres que han dado en esta jornada histórica una lección de fortaleza y de fervor por la causa de Perón; y por las Fuerzas Armadas, que han sabido ser dignas de la grandeza de su pueblo.
> Yo les doy a todos las gracias en nombre de los humildes, de los descamisados, por quienes he dejado gustosa en mi camino jirones

---

[71] Albertelli, *op. cit.*, pág. 41.

de mi salud, pero no de mi bandera; y les pido con todas las fuerzas de mi alma que sigan siendo felices con Perón, como hoy, hasta la muerte, porque Perón se lo merece, porque se lo ha ganado y porque tenemos que pagarle con nuestro cariño las infamias de sus enemigos, que son los enemigos de la patria y del pueblo mismo. Yo espero estar pronto en la lucha con ustedes, como todos los días de estos años felices de esta nueva Argentina de Perón, y por eso les pido que rueguen a Dios para que me devuelva la salud que he perdido, no para mí, sino para Perón y para ustedes, para mis descamisados.

A todos les dejo un gran abrazo de mi corazón. Para mí no hay otra cosa en el mundo que el amor de Perón y de mi pueblo.[72]

Las milicias populares

Aunque postrada, no había perdido su capacidad de iniciativa. En esas horas, según su médico,

Constantemente requería noticias de cómo marchaban las cosas. Ansiosamente pedía que se interrumpiera el tratamiento –una verdadera catástrofe de hacerlo–, para ocupar su puesto en las filas del movimiento, como entendía que era su obligación. –Mi pueblo, mis descamisados me necesitan y me esperan –era su repiqueteo constante. No encontraba resignación a su impotencia. –Mirá, Negrita –le dijo Perón a su mujer– la sublevación ha fracasado rotundamente ya desde ayer a la tarde, de manera que tu preocupación es infundada. Es más, te diría que esto me ha venido como anillo al dedo para poder hacer una limpieza de toda la gente que no me quiere. Debés hacerle caso a las indicaciones de tus médicos.

[...] Después de eso, las demandas se esparcieron. Seguramente había comprendido.[73]

---

[72] Discurso de Eva Perón transmitido el 28 de septiembre de 1951, en http://doctrinaperonista.com.ar/textos/evita%20discurso%20del%2028%20de%20septiembre%201951.html.

[73] Albertelli, *op. cit.*, pág. 46.

Sin embargo, no habían pasado veinticuatro horas del intento golpista cuando Evita, tras insistirle sin éxito a Perón con la pena de muerte para los complotados, convocó a la cúpula de la CGT y les encargó la compra de cinco mil pistolas automáticas y mil quinientas ametralladoras con sus municiones correspondientes, para formar milicias obreras de autodefensa. Todos los gastos correrían por cuenta de la Fundación. Un grupo selecto de oficiales y suboficiales de comprobada lealtad estaría a cargo del entrenamiento militar. La operación se concretó a través del príncipe Bernardo de Holanda, quien había visitado el país hacía pocos meses y había probado el Pulqui, el primer avión militar a reacción producido íntegramente en el país.

El tema de esas armas ha dado motivo a más de una polémica. Rodolfo Decker descartaba la cuestión:

> Eva había querido llevar adelante una verdadera revolución social pero incruenta, una revolución pacífica, donde se imponía la voluntad de transformar a favor de las clases necesitadas.
> Las fuerzas combativas la colocaron en ese lugar, y aún hoy muchos la colocan allí, pero para mí se equivocan porque yo que tuve el honor de conocerla personalmente, tuve una gran amistad y respeto por Eva Perón. [...] Eva Perón fue una revolucionaria en el buen sentido, quiso hacer una revolución en paz para darle a los necesitados, uniéndose a Perón que estaba en esa misma dirección. Eso es lo que muchos no se dan cuenta, ése es el verdadero sentido. [...] Ella hubiera estado dispuesta a dar su vida pero no como una guerrillera en una trinchera, sino para defender esas conquistas sociales, tengan la absoluta seguridad.[74]

Lo que pocos saben o recuerdan es que las milicias se formaron y comenzaron a entrenar. Recuerda una de sus integrantes:

> En el diario *La Prensa*, controlado por aquel entonces por la central obrera, se creó una comisión de milicias obreras, entre cuyos integrantes figuraba quien esto escribe. Algunos sectores de las milicias efectuaron trabajos de adiestramiento con armas, impartidos por suboficiales del Ejército. Esto llegó a conocimiento de Perón, que no ocultó su descontento. Él no era adicto a una

[74] Decker, *op. cit.*, págs. 110-111.

movilización armada del pueblo. Las cosas siguieron lentamente y sin estridencias, debido a que la enfermedad de Evita se agravaba día a día. La única corazonada de esta gran luchadora, que intentó que el pueblo tuviera protagonismo real de la forma que fuera, quedó frustrada. Esas armas llegaron al país, pero el mismo Perón ordenó, después de su muerte, que se archivaran en el Arsenal Esteban de Luca y se destinaran más tarde para reequipar a la Gendarmería Nacional.[75]

Las milicias también se formaron en el Chaco, impulsadas por su gobernador Felipe Gallardo. La fuerza llegó a contar con más de mil hombres y mujeres que entrenaron en la Isla del Cerrito y esperaron en septiembre de 1955 una orden de Perón que nunca llegó, la de resistir con las armas el golpe de Estado. Gallardo pagó muy cara la osadía y fue encarcelado por varios años. Todos los documentos relativos a su gestión fueron quemados en la ciudad de Resistencia para no dejar rastros de su gobernación progresista, que incluyó expropiaciones al grupo Bunge y Born. La quema fue tan «eficiente» que Gallardo nunca pudo jubilarse por no contar con la documentación adecuada.

La razón de mi vida

El 15 de octubre de 1951, la editorial Peuser publicó la primera edición de *La razón de mi vida*, el libro que Evita le había dictado a Manuel Penella de Silva, un periodista español que cobró 50.000 pesos (unos 4.000 dólares a la cotización de entonces) por su labor.

La primera tirada fue de 300.000 ejemplares divididos en tres ediciones: una económica de 9 pesos (unos 60 centavos de dólar), otra de 16 pesos (1,20 dólar) con tapa dura y una edición de lujo destinada a ser obsequiada a visitantes ilustres y miembros del cuerpo diplomático. Su pésimo estado de salud no le permitió a Evita concurrir a la editorial el día del lanzamiento. Cuenta su médico:

La Señora [...] vivía casi recluida en su habitación. Pasaba mucho tiempo en la cama o en una reposera, en deshabillé. Se vestía –sen-

---

[75] Pichel, *Evita íntima...* cit., págs. 226-227. Según Eva Pichel, Perón le dio la orden a Cereijo, pocos días después de la muerte de Evita.

284   FELIPE PIGNA

cillamente– en oportunidades en que recibía visitas no íntimas: alguna delegación sindical o grupos políticos.[76]

Prefirió guardar sus fuerzas para estar presente en la Plaza de Mayo en el acto por el sexto aniversario del 17 de octubre.

El último 17 de octubre

Sería su último 17 de octubre. Eva seguramente lo presentía y por eso su discurso tuvo tanto sabor a despedida. Su estado era extremadamente delicado y había discutido fuertemente con sus médicos y enfermeras, que le recordaban lo imprescindible que era su reposo absoluto. Llegó con dificultad al balcón y tuvo que hacer enormes esfuerzos para mantenerse de pie durante el acto. Antes de que comenzara a hablar a sus descamisados, lo hizo Perón, que la sostuvo durante gran parte de la ceremonia desde la cintura, le impuso la Distinción del Reconocimiento de Primera Categoría y Gran Medalla Justicialista en Grado Extraordinario y dijo:

Nunca podría haberse resuelto un homenaje más justiciero, más hondo y más honorable que esta dedicación del 17 de octubre a Eva Perón [...]. Ella no es sólo la guía y la abanderada de nuestro movimiento, sino que es también su alma y su ejemplo. Por eso, como jefe de este Movimiento Peronista, yo hago pública mi gratitud y mi profundo agradecimiento a esa mujer incomparable de todas las horas. [...]
Ella, con una capacidad natural para el manejo político de las masas, le ha dado a este movimiento peronista una nueva orientación, una mística y una capacidad de realizaciones en el campo político, que ha puesto a la mujer casi a la par del antiguo movimiento cívico argentino, con muchos años de tradición y de existencia.
Ella, durante estos seis años, me ha mantenido informado al día de las inquietudes del pueblo argentino. Ese maravilloso contacto de todos los días en la Secretaría de Trabajo y Previsión, donde ha dejado jirones de su vida y de su salud, ha sido un holocausto

[76] Albertelli, *op. cit.*, pág. 60.

a nuestro pueblo, porque ha permitido que, a pesar de mis duras tareas de gobierno, haya podido vivir todos los días un largo rato en presencia y contacto con el pueblo mismo.

Aparte de todo ello, ella ha tenido, con su tino maravilloso, la guarda de mis propias espaldas, confiadas en su inteligencia y en su lealtad, que son las dos fuerzas más poderosas que rigen el destino y la historia de los hombres.[77]

Cuando Perón terminó de hablar, Evita lo abrazó llorando, como puede verse en las filmaciones de la época y en una foto que ha quedado para la historia. La gente cantaba «mañana es San Perón», reclamando el feriado del día siguiente, a lo que Perón respondió: «como este 17 de octubre fue dedicado a mi esposa, en vez de San Perón, hagamos Santa Evita».[78]

Ese día nacía la televisión en la Argentina. LS82 TV Canal 7 inauguraba sus emisiones con la transmisión, para los escasísimos televidentes del país, del aniversario del «Día de la Lealtad». Evita comenzó:

Mis queridos descamisados: Éste es un día de muchas emociones para mí. Con toda mi alma he deseado estar con ustedes y con Perón en este día glorioso de los descamisados. Yo no podré faltar nunca a esta cita con mi pueblo de cada 17 de octubre. Yo les aseguro que nada ni nadie hubiera podido impedirme que viniera, porque yo tengo con Perón y con ustedes, con los trabajadores, con los muchachos de la CGT, una deuda sagrada: a mí no me importa si para saldarla tengo que dejar jirones de mi vida en el camino.

La emoción le quebraba la voz, al decir que había venido para agradecer a «Perón, a la CGT, a los descamisados y a mi pueblo»:

Yo no valgo por lo que hice, yo no valgo por lo que he renunciado; yo no valgo por lo que soy ni por lo que tengo. Yo tengo una sola cosa que vale, la tengo en mi corazón, me duele en el alma, me duele en mi carne y me duele en mis nervios. Es el amor por este pueblo y por Perón. Y le doy las gracias a usted, mi general,

[77] En *Democracia*, 18 de octubre de 1951; citado también en Marysa Navarro, *op. cit.*, págs. 282-284.
[78] Pichel, *Evita íntima...*, cit., pág. 242.

por haberme enseñado a conocerlo y a quererlo. Si este pueblo me pidiese la vida se la daría cantando, porque la felicidad de un solo descamisado vale más que toda mi vida.

Jirones de su vida

Pero no era sólo un acto de agradecimiento por haberle «dedicado a esta humilde mujer este glorioso día». Era un llamado de lucha:

> Y tenía que venir para decirles que es necesario mantener, como dijo el general, bien alerta la guardia de todos los puestos de nuestra lucha. No ha pasado el peligro. Es necesario que cada uno de los trabajadores argentinos vigile y que no duerma, porque los enemigos trabajan en la sombra de la traición, y a veces se esconden detrás de una sonrisa o de una mano tendida. Y tenía que venir, para agradecer a todos ustedes, mis queridos descamisados de todos los rincones de la Patria, porque el 28 de septiembre ustedes han sabido jugarse la vida por Perón. Los enemigos del pueblo, de Perón y de la Patria, saben también desde hace mucho tiempo que Perón y Eva Perón están dispuestos a morir por este pueblo. Ahora también saben que el pueblo está dispuesto a morir por Perón.
> Yo les pido hoy, compañeros, una sola cosa: que juremos todos, públicamente, defender a Perón y luchar por él hasta la muerte. Y nuestro juramento será gritar durante un minuto para que nuestro grito llegue esta vez al último rincón del mundo: ¡La vida por Perón!

Fue mucho más de un minuto lo que resonó el grito de la multitud, hasta que Evita pudo proseguir y pronunciar una de sus frases más recordadas:

> Que vengan ahora los enemigos del pueblo, de Perón y de la Patria. Nunca les tuve miedo porque siempre creí en el pueblo. Siempre creí en mis queridos descamisados porque nunca olvidé que sin ellos, el 17 de octubre hubiese sido fecha de dolor y de amargura, porque estaba destinado a ser de ignominia y de traición. Pero el valor de este pueblo lo convirtió en un día de gloria y de felicidad. Yo les agradezco, por fin, compañeros, todo lo que ustedes han

rogado por mi salud. Se los agradezco con el corazón. Espero que Dios oiga a los humildes de mi Patria, para volver pronto a la lucha y poder seguir peleando con Perón, por ustedes y con ustedes, por Perón hasta la muerte. Yo no quise ni quiero nada más para mí. Mi gloria es y será siempre el escudo de Perón y la bandera de mi pueblo y aunque deje en el camino jirones de mi vida, yo sé que ustedes recogerán mi nombre y lo llevarán como bandera a la victoria.

Al finalizar, su voz volvió a quebrarse:

Mis descamisados: yo quisiera decirles muchas cosas, pero los médicos me han prohibido hablar. Yo les dejo mi corazón y les digo que estoy segura, como es mi deseo, que pronto estaré en la lucha, con más fuerza y con más amor, para luchar por este pueblo, al que tanto amo, como lo amo a Perón. Yo les pido una sola cosa: estoy segura que pronto estaré con ustedes, pero si no llegara a estar por mi salud, cuiden al general, sigan fieles a Perón como hasta ahora, porque eso es estar con la Patria y con ustedes mismos. Y a todos los descamisados del interior, yo los estrecho muy cerca de mi corazón y deseo que se den cuenta de cuánto los amo.[79]

Con los ojos llenos de lágrimas se volvió a abrazar a Perón, mientras la Plaza coreaba su nombre. De regreso en la residencia presidencial, tuvo que volver a acostarse.

La operación

Según el plan elaborado por los doctores Albertelli y Dionisi, Evita debía ser operada dentro de los cuarenta días del inicio del tratamiento. El gobierno consultó al director del Instituto Oncológico Ángel Roffo, el doctor Abel Canónico, para que recomendara un cirujano que dirigiera la intervención quirúrgica. El doctor Canónico recomendó al cancerólogo George Pack, un renombrado médico estadounidense

---

[79] *Democracia*, 18 de octubre de 1951; citado también en Marysa Navarro, *op. cit.*, págs. 284-286, y en Pichel, *Evita íntima...*, cit., págs. 240-242.

que ese año había estado en la Argentina para asistir a un Congreso Mundial de Cáncer. Según Canónico, él personalmente se comunicó con Pack, lo fue a buscar a Nueva York y lo convenció de hacerse cargo de la operación. Sin embargo, a pedido de la familia de Evita, debía mantenerse oculta su participación: «usted no podrá figurar frente a la enferma porque no quiere ver a nadie que no sean sus médicos regulares». Fue así que el doctor Ricardo Finochietto,[80] en acuerdo con Pack, figuró como el cirujano que operó a Evita.[81] Según la enfermera de Evita, María Eugenia Álvarez:

> A Evita la operó el estadounidense Pack, el doctor Albertelli ayudó. La operó Pack pero ella nunca, nunca lo supo; la prueba está en que escuché cuando ella le dijo al General que debían darle una medalla a Finochietto por haberla operado. En ese momento Perón asintió. Ella nunca supo que la operó Pack, se fue al cielo sin saber.
> Tampoco lo sabía yo, en ese momento pensaba que la operaban el doctor Albertelli, el maestro Finochietto y el doctor O'Connor. Todos ellos estaban asistiendo pero el primer cirujano fue Pack.[82]

El secreto, según el doctor Canónico, tenía un motivo: en ningún momento mencionaron la palabra «cáncer» ante Evita. «La palabra que más se usó fue una úlcera de cuello de útero, una úlcera sangrante que había que eliminar».[83] María Eugenia Álvarez relataba que

> La historia clínica estaba en la habitación y un día ella pidió por la historia pero alguien ya se la había llevado. Al responder que no la tenía, ella pensó que yo la había perdido. Tuve que callarme, pero sabía quién se la había llevado. Fue Mendé, él se llevó la

---

[80] El doctor Ricardo Finochietto (1888-1962), al igual que su hermano Enrique (fallecido en 1948), era ya un célebre cirujano y formador de profesionales. Había sido además un renovador de la capacitación en residencia hospitalaria y servicios de enfermería.

[81] Testimonio de Abel Canónico, entrevistado por Ana D'Onofrio, *La Nación*, 23 de julio de 2000, citado en Castro, *op. cit.*, págs. 87-117.

[82] María Eugenia Álvarez, *La enfermera de Evita*, Instituto Nacional de Investigaciones Históricas Eva Perón, Buenos Aires, 2010, pág. 48.

[83] Testimonio de Abel Canónico citado.

historia clínica de Eva Perón y no la devolvió. Y encima le dijo que yo la había perdido.

Ella quería saber, indagaba. A pesar que un paciente jamás lee su historia clínica, ella pedía por la historia, no tenía nada de tonta.[84]

Pack se trasladó a la residencia y, previo pago de 10.000 dólares, revisó a Evita —a la que se había anestesiado totalmente— junto con los doctores Albertelli y Dionisi. Como estaba previsto, Evita fue internada en el Policlínico Presidente Perón ubicado en Avellaneda, que dirigía el doctor Finochietto.[85]

Eva Perón ya hacía tiempo que sabía que debía ser operada. No sin protestas, marchas y contramarchas, había terminado por aceptarlo [...]. Creo que ayudó a no encontrar mayores resistencias el hecho de efectuarse en un hospital de su querida Fundación y demostrar al pueblo que lo que se había hecho para él, era apto también para los más encumbrados.[86]

Desde antes de su llegada, las calles adyacentes habían comenzado a llenarse de gente. Eran mujeres, hombres y niños que portaban carteles que decían «Dios te salve, Evita» e improvisaban cadenas de oraciones que durarían varias semanas. A la mañana siguiente grabó un mensaje proselitista para apoyar la candidatura de Perón. Dos días después fue sometida a una intervención quirúrgica por los doctores Pack, Albertelli y su ayudante, el doctor Horacio Mónaco. El quirófano tenía un mirador desde el que observaban la operación los doctores Finochietto, Méndez y Dionisi. El diario *Democracia* contaba que antes de caer bajo los efectos de la anestesia Evita alcanzó a decir «Viva Perón».

El doctor Albertelli criticó la metodología usada por Pack en la intervención:

[...] el Dr. Pack se situó a la derecha de la enferma, los ginecólogos diestros lo hacen a la izquierda para poder utilizar la mano

---

[84] María Eugenia Álvarez, *op. cit.*, pág. 45.

[85] Albertelli (*op. cit.*, págs. 76-77) señala que la internación se realizó el 5 de noviembre, «al día siguiente» de haberla revisado Pack. Otras fuentes difieren en cuanto a las fechas.

[86] Albertelli, *op. cit.*, pág. 80.

hábil en dirección a la pelvis. [...] Utilizó un separador costal, mamotreto gigante que no es apto para una operación abdominal; ciertamente incomodó bastante. Se extirparon algunos ganglios de apariencia inflamatoria.[87]

• Albertelli señala que Pack también se equivocó en la elección de los hilos de sutura, cosiendo con material no reabsorbible, lo que le provocaría a Evita una molesta inflamación que derivaría en una infección. El comunicado de la Subsecretaría de Informaciones decía:

> Los médicos que asisten desde hace más de un mes a la señora Eva Perón, han resuelto someterla a un tratamiento quirúrgico. Por tal motivo, la señora Eva Perón fue internada en el Policlínico Presidente Perón de Avellaneda, que dirige el profesor doctor Ricardo Finochietto. El estado general de la enferma es actualmente bueno y permite esperar que sobrellevará satisfactoriamente el riesgo quirúrgico.[88]

Durante la operación, que duró varias horas, los médicos pudieron comprobar cuán avanzado estaba el cáncer y el estado de extrema vulnerabilidad de la paciente. No tenía esperanzas de sobrevida más allá de marzo de 1952. Perón recordaría:

> La señora —me dijo el Dr. Pack— puede morir de un momento a otro. Está gravísima. No hay nada peor que curar a un enfermo que no quiere seguir las indicaciones del médico. Es mi deber advertirle que solamente un largo período de reposo puede prolongarle la vida. Traté de intervenir pero sin éxito. Eva continuaba aferrada a sus tareas, recibiendo gente, interiorizándose de sus problemas y necesidades, brindando consuelo, esperanzas y soluciones... y, como de costumbre, regresando a casa a altas horas de la noche, cuando no al alba. En una oportunidad en que la reprendí muy severamente, me respondió: —Sé que estoy muy enferma y sé también que no me salvaré. Pero pienso que hay cosas más importantes que la propia vida y si no las realizase me parecería no dar cumplimiento a mi destino.[89]

[87] Ibídem.
[88] *Clarín*, 3 de noviembre de 1951.
[89] Juan Domingo Perón, *Obras completas*, cit.

El doctor Albertelli le envió a su amigo y colega, el patólogo Grato Bur, los elementos extirpados en la operación para que los analizara. La conclusión fue terminante. Los tejidos adyacentes a los ganglios determinaban la existencia de una metástasis a nivel del hilio ovárico.[90] Albertelli anotó: «Pronóstico sumamente sombrío. Plazo: corto. Tratamiento: utópico».[91]

Un cuarto oscuro

Evita estaba convaleciente pero no dejaba de pensar en las elecciones del domingo 11 de noviembre. Confiaba plenamente en el voto de las mujeres y hasta había ordenado la realización de un cortometraje al Noticiero Panamericano para alentarlas a cumplir con su deber y ejercer su derecho. La película fue dirigida por Luis Moglia Barth y contó con las actuaciones de Perla Mux, Patricia Castell, María Armand, Guillermo Battaglia y Darío Garzay. El corto mostraba el living de una casa, cuya radio transmitía la noticia de que la Cámara de Diputados de la Nación, «accediendo al pedido de la Presidenta del Partido Justicialista Femenino, señora Eva Perón», había sancionado una amnistía a la Ley de Enrolamiento Femenino. Entonces se producía el siguiente diálogo:

HOMBRE 1: —¿Irás a votar?

MUJER 1: —Eso no es para mí.

MUJER 2: —Es una ley. Hay que cumplirla.

HOMBRE 2: —Sí, señora. Por los derechos cívicos de la mujer se ha luchado años y años en todo el mundo. Esta es una conquista.

MUJER 1: —Pero innecesaria.

HOMBRE 1: —Te imagino pensando en candidatos y votando (riéndose).

MUJER 3: —Ésas son cosas de hombres.

MUJER 2: —No. Ésas son cosas de nosotras también.

---

[90] El hilio ovárico es el conjunto de arterias, venas y nervios que llegan y salen del ovario. La presencia de células tumorales en sus vasos sanguíneos indicaba que el cáncer estaba ya en una vía de diseminación hacia otros órganos (López Rosetti, *op. cit.*).

[91] Albertelli, *op. cit.*

Hombre 2: —Y del mayor o menor acierto de una elección puede depender la suerte de los hogares.

Mujer 3: —Lo que es yo, no pienso molestarme por nada de eso.

Mujer 2: —¡Ah no! ¡Esta indiferencia de ustedes es absurda! ¡Antipatriótica! ¡La mujer puede y debe votar! Debe elegir, apoyar y votar a quienes crea más capacitados para cuidar y procurar el bienestar presente nuestro y el futuro de nuestros hijos. Para que la Argentina sea socialmente justa, económicamente libre y políticamente soberana, como dice el preámbulo de la Constitución.

Mujer 1: —¿Quiere decir, entonces, que nosotras también decidiremos?

Hombre 2: —Sí. Ustedes ahora también decidirán quiénes serán los más capaces de llevar a la Argentina a los grandes destinos que tiene asignados.

Mujer 3: —Pero para nosotras es mucha responsabilidad.

Mujer 2: —Ése es el gran honor que se nos ha dispensado gracias a la lucha de Eva Perón: reconocer que nosotras, las mujeres argentinas, merecemos la enorme responsabilidad de decidir también el destino de la Patria.[92]

Según cuenta Perón:

«Tenía demasiado que hacer para ocuparme de mí misma... y no quería entregarme a los médicos hasta después del 11 de noviembre... porque sabía que mi enfermedad era cuestión de operar», decía Evita explicando su tardanza en procurar remedio a su mal, pero las exigencias del tratamiento impusieron que la operación se efectuara entre el 6 y el 10 de noviembre, así que fue ella quien eligió el 6 para poder votar el 11; y sólo aceptó la fecha fijada cuando se le aseguró que el 11 votaría de cualquier manera. De lo contrario, la operación debería anticiparse o postergarse y las dos circunstancias estaban fuera del dictamen médico.[93]

[92] Archivo fílmico del autor.
[93] Juan Perón, *Obras completas*, cit.

El 11 de noviembre la iba a encontrar en su lecho del Policlínico que llevaba el nombre de uno de los candidatos a Presidente. Evita quería votar, para lo cual debía conseguir de la Junta Electoral dos cosas: que le permitieran hacerlo en Avellaneda, a pesar de tener domicilio en la calle Teodoro García 2106 del barrio de Belgrano en la Capital; y que le facilitaran hacerlo desde su cama en el sanatorio. Los radicales y los socialistas se opusieron, pero los comunistas estuvieron de acuerdo porque habían formulado igual solicitud para que su candidato a Presidente, Rodolfo Ghioldi, pudiera votar desde la clínica en que se encontraba internado en Rosario. La Junta aprobó ambos pedidos y Evita pudo, como millones de mujeres argentinas, votar por primera vez en su vida. En su caso, sería la única.

Según María Eugenia Álvarez, la urna la llevó «una chica de la Unión Cívica Radical, pero quedó sola en la habitación con ella».[94]

El triunfo de Perón fue contundente: obtuvo el 63,9% de los sufragios, seguido de lejos por la fórmula Balbín-Frondizi de la Unión Cívica Radical con el 30,8%. En total habían votado 4.225.467 mujeres, que representaban el 48% del padrón. El entusiasmo de la primera vez se hizo sentir y la concurrencia femenina llegó al 90,32%, mientras que la de los varones fue del 86,08%. Fueron elegidas 23 diputadas y 6 senadoras nacionales, y 58 diputadas y 19 senadoras provinciales.

Una lucha desigual

El 14 de noviembre, Evita dejó el Policlínico Presidente Perón y regresó a la residencia presidencial. La ambulancia de la Fundación que la trasladaba fue escoltada por miles de personas que la acompañaron durante todo su trayecto en camiones, autobuses y automóviles vivando su nombre.

Cuenta su médico:

Eva Perón, visiblemente conmovida, saludaba fatigosamente con la mano. Lloraba. Cayeron flores. La multitud, casi todas mujeres, se acercaban de manera peligrosa al vehículo. El cuadro era realmente emocionante, sin la más mínima intención de homenaje orques-

[94] María Eugenia Álvarez, *op. cit.*, pág. 48.

tado. Era el pueblo que estaba presente, con su emoción, alegría
y pena. [...] El vehículo se puso lentamente en marcha y se formó
de inmediato una larga fila de carruajes, colectivos, camionetas,
autos, que acompañaron por un largo trecho a Eva Perón. Un gentío emplazado a ambos lados en las primeras cuadras del trayecto,
demostraba su alegría y adhesión. [...] llegamos a la Residencia. [...]
Depositada en la cama, rompió en sollozos y llanto, posiblemente
reprimidos para no dar muestra de flaqueza y se abrazó largamente
con su esposo, también visiblemente emocionado.[95]

Dos días después, la CGT organizó una enorme manifestación
popular para festejar el resultado de las elecciones. Culminó con una
enorme procesión de antorchas que marchó a la residencia para acompañar a Evita y expresarle su afecto incondicional.

Evita lo necesitaba. Comenzaban las interminables y desesperanzadas sesiones de rayos, aumentaba su deterioro físico, crecían los dolores insoportables que le hacían formular la retórica y estremecedora
pregunta «¿cómo puede caber tanto dolor en un cuerpo tan chiquito?».

Según María Eugenia Álvarez, Evita

[...] sabía que se moría mucho tiempo antes, eso se los garantizo.
Sin embargo tratábamos de que no se preocupara. Incluso cuando
quería pesarse Renzi le ponía una balanza y la engañaba para que
no se diera cuenta de la rapidez de su descenso de peso.
Sin embargo no paraba. Uno de esos días me pidió que le pidiera
unos escudos peronistas a Renzi porque ella quería regalárselos
al doctor Albertelli, con quien hablaba mucho de política y del
peronismo, a pesar de que el doctor no compartiera todas sus ideas
porque ¿quién era peronista al principio? Albertelli trabajaba para
la Fundación y era profesor de la Escuela de Enfermeras desde
los inicios, pero no se decía peronista. Hasta último momento
Evita lo convocaba a grandes charlas para explicarle cómo era la
política de Perón.
La visitaba regularmente la familia, su mamá y hermanos. La
señora Blanca, una señora adorable, educada. La señora Elisa
venía menos. [...]

[95] Albertelli, *op. cit.*, págs. 91-92.

Hablaba de su infancia, de Junín y Los Toldos. De cómo su mamá los organizaba para ayudar en las tareas del hogar, por ejemplo ella lavaba los platos y Chicha los secaba. En una de esas charlas le confesé que de niña cortaba sus fotografías de las revistas de actrices, como *Radiolandia* por ejemplo y las pegaba en un cuaderno. Muy emocionada me pidió que le llevara el mismo y por supuesto que lo busqué por todos lados hasta que pude encontrarlo.[96]

Así la recuerda Pedro Ara:

La brava naturaleza de Eva Perón no era, sin embargo, difícil de vencer. Durante semanas y semanas, mientras la cadena de agoreros transmitía de la corte a los barrios las más tristes y desesperanzadas noticias sobre la salud de la señora, aparecía ésta repentinamente en público ya fuera en algún acto político o bien en atenciones sociales. Aparentando la negación de su fatal destino, se le atribuían bromas con los menesterosos o airados retos a los más encopetados de sus colaboradores; o la sentían disponer y ordenar, hasta volver a caer exhausta y reponerse de nuevo arrastrada por su ansia de lucha; y así, una y otra vez, dejando entre sus combates largas y crueles pausas de dolor, implacables devoradoras de hasta su menor fuente de potencia vital. Si su espíritu pareció seguir lúcido y vibrante hasta el fin, su cuerpo habíase reducido —según sus médicos— al simple revestimiento de sus laceradas vísceras y de sus huesos. En 33 kilos parece que llegó a quedar aquella señora tan fuerte y bien plantada en vida.[97]

Crecía en ella la ansiedad, que se iba convirtiendo en desesperación por todo lo que le quedaba por hacer. También sentía bronca por la certeza del inmenso alivio, de la perversa alegría que provocaba su sufrimiento y su inevitable final en sus enemigos, que no habían dudado en pintar en una pared cercana a la residencia «Viva el cáncer».

[96] María Eugenia Álvarez, *op. cit.*, págs. 49-50.
[97] Pedro Ara, *op. cit.*, págs. 53-54.

La eterna vigía

El domingo 2 de diciembre de 1951 amaneció soleado en Buenos Aires. Eran los últimos días de una primavera que Evita no había podido ver más que desde los ventanales de su habitación de la residencia, donde prácticamente había estado recluida desde el alta de su operación. Tenía ordenado absoluto reposo y le practicaban transfusiones de sangre con bastante frecuencia.

Pero ese domingo quería respirar el aire de la ciudad a la que había llegado para triunfar hacía casi 16 años. Quería recibir sobre su piel otros rayos menos lacerantes y más vitales. Le pidió a Perón que la llevara a pasear en auto. Los médicos acordaron que le haría bien la salida, con los permisos que otorgaba la duda de que pudiera ser la última. Tomaron por la Avenida del Libertador y Evita miraba todo intensamente con la misma duda de los médicos: ¿Sería la última vez que vería la Plaza Francia, el Palais de Glace, aquellos árboles que le gustaban tanto y esos elegantes edificios en cuyos lujosos departamentos ya se estaban aprovisionando de champagne para festejar su muerte? ¿Sería la última vez que les vería las caras a sus queridos descamisados, que al enterarse de su presencia en las calles comenzaron a salir a su paso a saludarla? ¿Qué sería de ellos cuando «la flaca», como le gustaba llamarse, se fuera para siempre? ¿Tendría Perón la paciencia, la constancia para escucharlos y para solucionarles sus problemas? Siguieron por la avenida 9 de Julio y recorrieron algunas librerías de Corrientes y de Avenida de Mayo para ver en los anaqueles y en las mesas los ejemplares nuevitos de *La razón de mi vida*.

Cinco días después, habló por LRA Radio del Estado. Aunque comenzó señalando que estaba «dispuesta a la lucha con más fe y más cariño por el pueblo», ese 7 de diciembre su voz tenía tono y palabras que sonaban a despedida:

> Mi vida ya no es mía; ahora pertenece a todos ustedes. [...] Ustedes son el pueblo. Ustedes son los hombres y mujeres humildes

de mi patria. Ustedes son los que me oyen esta noche porque han comprendido que yo los quiero de verdad... y también me quieren un poco. Ustedes son los niños que Perón proclamó los únicos privilegiados. Ustedes son los ancianos que están tan cerca de mi corazón. Son los trabajadores con quienes he luchado en los días sin pausa de la Secretaría de Trabajo y Previsión para que siguiesen adelante por el mismo camino que nos marcó el coronel. Ustedes son el pueblo y yo estoy otra vez con ustedes. Con ustedes, las mujeres del movimiento peronista, heroicas y fanáticas mujeres del corazón bien puesto. Con ustedes, humildes descamisados de los barrios humildes y de los pueblos lejanos...[1]

Y dijo una frase que ninguno de los millones de «ustedes» que escuchaban por radio querría haber oído:

> Puedo morir tranquila, pues cada peronista ha tomado como suyo mi propio trabajo de eterna vigía de la Revolución.[2]

La última Navidad

Comenzó entonces a sentir una leve mejoría, que no duraría mucho. Para Navidad, estuvo en condiciones de grabar su tradicional mensaje por radio, y después recibir a una delegación de chicos, a los que repartió juguetes y con los que paseó por los jardines de la residencia presidencial. Era su última Navidad. Por radio, decía:

> No puede haber amor donde hay explotadores y explotados. No puede haber amor donde hay oligarquías dominantes llenas de privilegios y pueblos desposeídos y miserables. Porque nunca los explotadores pudieron ser ni sentirse hermanos de sus explotados y ninguna oligarquía pudo darse con ningún pueblo el abrazo sincero de la fraternidad. El día del amor y de la paz llegará cuando la justicia barra de la faz de la tierra a la raza de los explotadores y de los privilegiados, y se cumplan inexorablemente las reali-

---

[1] Eva Perón, discurso por LRA Radio del Estado, 7 de diciembre de 1951, en *La razón de mi vida y otros escritos*, cit., págs. 302-303.
[2] Ibídem.

dades del antiguo mensaje de Belén renovado en los ideales del Justicialismo Peronista:
Que haya una sola clase de hombres, los que trabajan;
Que sean todos para uno y uno para todos;
Que no exista ningún otro privilegio que el de los niños;
Que nadie se sienta más de lo que es ni menos de lo que puede ser;
Que los gobiernos de las naciones hagan lo que los pueblos quieran;
Que cada día los hombres sean menos pobres y
Que todos seamos artífices del destino común.[3]

Para alegría de sus descamisados y para horror y mofa de sus enemigos, esa Navidad la Fundación repartió dos millones de pan dulce y de botellas de sidra y cuatro millones de juguetes que llegaron hasta los últimos rincones del país.

La palabra tan temida

El 4 de enero, Evita volvió a salir de la residencia para estar presente en un homenaje que le brindaba la CGT al doctor Finochietto, al que se distinguió con una medalla de oro «por la intervención que realizó para la curación de la más grande de las mujeres de nuestra época y la de la historia: Eva Perón».[4] Pero en el homenaje se cometían dos errores: como vimos en el capítulo anterior, el doctor Finochietto no había operado a Evita y «la más grande mujer» no estaba curada, aunque por esos días se sentía mejor. Incluso, a mediados de mes, se animó a hacer un recorrido por el Tigre, en el yate presidencial *Tacuara* y fue recibida por los pobladores del Delta con una «lluvia de pétalos».[5]

Pese a la orden de reposo, reinició sus conversaciones con dirigentes gremiales, colaboradores de la Fundación y funcionarios que iban a visitarla a la residencia presidencial. El padre Hernán Benítez, confesor de Evita, le dirá a Lillian Lagomarsino:

---

[3] Eva Perón, *Mensaje de Navidad de 1951*, Presidencia de la Nación, Subsecretaría de Informaciones, Buenos Aires, 1952.
[4] *Democracia*, 5 de enero de 1952.
[5] Dujovne Ortiz, *op. cit.*, pág. 438.

Insensiblemente la residencia se fue convirtiendo en el Ministerio de Trabajo. Entraban y salían funcionarios, políticos, gremialistas, y trabajadores. La convalecencia no era la que debía ser. En el mes de enero de 1952 me dijo dolorida:

—Padre... ¡de ésta no me saca nadie! Tengo los mismos dolores que antes de operarme.

—Evita... ¡no se lo diga al General! —le supliqué.

—Es que no sé si voy a poder ocultarlo por más tiempo.

Pedí que le hicieran una biopsia... allí estaba nuevamente: ¡cáncer! Al informarle al General, solicitó que me comunicara inmediatamente con el doctor Pack en los Estados Unidos. El especialista regresó a nuestro país a los pocos días y le realizó otra biopsia, que dio el mismo resultado.

Estaba consternado, no lo podía creer.

—Padre Benítez... no llega a fines de marzo —me comunicó el doctor Pack.

Al hablar con Perón, me confesó:

—Padre... igual que Aurelia... Aurelia Tizón ¡Igual! —se refería a su primera esposa, que había muerto a causa del mismo mal.

Después me mandó llamar Evita, hizo salir a todos de la habitación:

—¡Éstos me engañan!... ¡Pero usted! ¿Por qué usted no me dijo que tengo cáncer? —me increpó.[6]

Según declarará muchos años después el doctor Abel Canónico, una posterior radiografía de tórax mostró metástasis en los pulmones. Consultaron nuevamente con el doctor Pack, que recomendó un tratamiento que entonces todavía estaba en la fase experimental: la quimioterapia.

El doctor Pack mandó 20 ampollas que yo entregué a Mendé, con todas las indicaciones. Finochietto y sus médicos le aplicaron por vía endovenosa lo que luego se llamó quimioterapia. Por eso yo digo que Eva fue la primera enferma que usó quimioterapia en el país.[7]

[6] Testimonio del padre Hernán Benítez, en Lagomarsino de Guardo, *op. cit.*, pág. 182.

[7] Testimonio de Abel Canónico, entrevistado por Ana D'Onofrio, *La Nación*, 23 de julio de 2000, citado en Castro, *op. cit.*, pág. 164. La sustancia aplicada, según el doctor Canónico, era mostaza nitrogenada.

Junto con aquellas ampollas de mostaza nitrogenada se aumentaron todo lo posible las aplicaciones de morfina que intentaban disimular aquellos dolores terribles.

«*Cosas más importantes*»

En ese verano caluroso volvieron los fuertes dolores y las hemorragias. Eva debía pasar días acostada. No pudo ir a la inauguración de la ronda definitoria de los Torneos Infantiles, el 2 de febrero de 1952, pero cuando las puntadas la dejaban un poco en paz, veía películas en el salón de la residencia o recibía visitas, en especial las de los dirigentes sindicales Espejo, Soto y Santín, de las legisladoras electas que estaban a punto de jurar en el Congreso, de sus colaboradores de la Fundación, de políticos, diplomáticos y hasta de personalidades de paso por el país.

Aunque los médicos que la atendían, los doctores Finochietto, Jorge Taiana y Alberto Taquini trataban de limitar esas visitas, Evita aprovechaba las horas en que Perón estaba en la Casa Rosada para atenderlas. El General empezó a quedarse por las tardes en la residencia, para acompañarla y cuidar que hiciera reposo. Entonces, Eva tomó la costumbre de recibirlas de noche, cuando Perón ya se había acostado.

Con bastante esfuerzo, el 5 de marzo de 1952 presenció la final del Torneo Infantil de Fútbol, en el estadio Monumental de River, y a fin de ese mes participó de su último acto sindical. El día 28, habló para presentar el Plan Agrario, patrocinado por la Fundación, en el cierre del Congreso de Trabajadores Rurales. El Plan otorgaba facilidades para la adquisición de maquinaria e implementos agrícolas, como parte de las medidas que buscaban enfrentar la crisis del sector. Evita fue reiteradamente ovacionada mientras decía que la ayuda brindada por la Fundación «es como ofrecerles mi corazón».[8]

El 3 de abril asistió al velorio de su reemplazante en el segundo término de la fórmula presidencial, el «viejo» Hortencio Quijano.[9]

[8] En Eva Perón, *La razón de mi vida...*, cit., págs. 307-308.
[9] Hortencio J. Quijano estaba por cumplir 68 años cuando falleció, pero además daba la imagen de ser mucho mayor por su aspecto de «hombre de otra época». Había nacido cerca de Curuzú Cuatiá el 1º de junio de 1884, adhirió de joven al

Todos trataban de disimular el dolor y de mantener la ilusión de su pronta sanación. Atilio Renzi, el intendente de la residencia y uno de sus más cercanos colaboradores, contará años más tarde:

> No me gustaba su pérdida permanente de peso, pero tratábamos de hacerle creer que mejoraba. Todos los días trabajaba sobre la balanza, dándole dos o tres vueltas de rosca para alterar el registro. A veces se me iba la mano y ella se ponía contenta porque había aumentado varios kilos.[10]

En esos días, Evita tuvo la mayor satisfacción por su labor al frente del Partido Peronista Femenino. El 25 de abril, las primeras legisladoras argentinas juraron en el Congreso de la Nación y recibieron sus diplomas: 6 senadoras, 23 diputadas y 3 «delegadas» correspondientes a territorios nacionales, que en virtud de la Constitución de 1949 comenzaban a tener representación, aunque acotada. Además, en las legislaturas de diez provincias se sumaron 19 senadoras y 58 diputadas. En total, 109 mujeres, todas ellas peronistas, que se incorporaban a la actividad parlamentaria argentina.[11]

Ese mismo mes lució sus mejores galas para recibir condecoraciones otorgadas por los gobiernos de Siria y del Brasil.[12] Pero Eva sabía

---

radicalismo, primero en las filas yrigoyenistas y luego en las del antipersonalismo, por el cual fue candidato a gobernador correntino en 1918. En la década de 1920 se radicó en la provincia del Chaco, donde fue empresario forestal y presidió la Sociedad Rural local. Junto con otros antiguos alvearistas, como Juan I. Cooke y Armando Antille, colaboró con el gobierno militar desde 1944, del que fue ministro del Interior, y fundó la UCR Junta Renovadora.

[10] En Otelo Borroni y Roberto Vacca, «Los últimos días de Eva Perón», *Siete Días*, 27 de julio de 1969.

[11] Dos Santos, *op. cit.*, pág. 59. Véanse también «Entrevista con dos de las primeras legisladoras que tuvo el país» (entrevistas a Esther Mercedes Fadul de Sobrino y Seferina del Carmen Rodríguez de Copa), *Clarín*, 8 de marzo de 2002, y Susana Colombo, «Argentina: primeras diputadas nacionales», en http://ecosaltahistoria. blogspot.com.ar/2012/01/argentina-primeras-diputadas-nacionales.html.

[12] El 17 de abril de 1952, Evita recibió la Orden de los Oméyades, otorgada por Siria; el 24, la Gran Cruz de la Ordem do Cruzeiro do Sul. En esta última ceremonia estuvieron presentes dos personajes que, con el tiempo, se harían tristemente célebres: como edecán del jefe de Estado Mayor brasileño vino el entonces teniente coronel y años más tarde general Ernesto Geisel, futuro dictador del Brasil entre 1974 y 1979; entre los oficiales argentinos, estaba el entonces capitán de navío Isaac Francisco Rojas.

y sentía que su final se acercaba. Ya no la distraían de sus dolores ni los bocetos que le alcanzaba Paco Jaumandreu, de los modelos que nunca estrenaría ni la visita cotidiana de su manicura Sara Gatti y su peinador Julio Alcaraz.

«Yo saldré, muerta o viva»

Aunque estaba extremadamente débil y con la piel llagada por la radioterapia, Evita decidió participar en el que sería su último contacto directo con sus descamisados. Tuvo que pelearse con todos (sus médicos, Perón, sus colaboradores y amigos) para concurrir a la conmemoración del 1º de Mayo de 1952.

El acto estaba enteramente dedicado a Evita. La Plaza de Mayo estaba colmada como en los mejores días, los días peronistas, y la concurrencia era absolutamente consciente de que podría ser la última vez que viera y escuchara a su abanderada.

Primero tomó la palabra Perón:

Sería injusto con mi propia conciencia si no expresase, con la mejor palabra de mi cariño, mi cordial gratitud hacia una mujer de cuya personalidad no sé qué título merece más el agradecimiento del presidente de la República: si su condición de líder del extraordinario movimiento peronista femenino, su carácter de presidenta de la Fundación de Ayuda Social que dirige, su apasionado amor por la causa de los trabajadores o su incansable lucha por el bienestar de los humildes. A ella, que ha sacrificado todo en aras de nuestros ideales, mi gratitud y mi homenaje, junto con mi cariño, lo mejor de mi corazón.[13]

Tras una cerrada ovación se escuchó un ensordecedor «Evita, Evita...», y por los parlantes resonó otra vez aquella voz inconfundible:

Mis queridos descamisados: otra vez estamos aquí reunidos los trabajadores del pueblo en esta plaza histórica del 17 de octubre de 1945 para decirle y darle respuesta al líder del pueblo que hoy, en

[13] En Erminda Duarte, *op. cit.*

sus últimas palabras dijo «quienes quieran oír que oigan; quienes quieran seguir que sigan»... Aquí está la respuesta, mi general, es el pueblo, es el pueblo trabajador, es el pueblo humilde de la patria, que aquí y en todo el país está de pie y lo seguirá a Perón, el líder del pueblo y el líder de la humanidad, porque ha levantado la bandera de la redención y de justicia de las masas trabajadoras. Lo seguirá contra la presión de los traidores de adentro y de afuera, que en la oscuridad de la noche quieren dejar el veneno de sus víboras en el alma y en el cuerpo de Perón.

Y yo le pido a Dios que no les permita a esos insensatos levantar la mano contra Perón porque ¡guay de ese día!, ¡guay de ese día! Ese día, mi general, yo saldré con las mujeres de mi pueblo, yo saldré con los descamisados de la patria, muerta o viva, para no dejar en pie ningún ladrillo que no sea peronista. Porque nosotros no nos vamos a dejar aplastar jamás por la bota oligárquica y traidora de los vendepatrias que han explotado a la clase trabajadora. [...]

Yo quiero hablar hoy, a pesar de que el general me pide que sea breve, porque yo quiero que mi pueblo sepa que estamos dispuestos a morir por Perón, y que sepan los traidores que ya no vendremos aquí a decirle ¡Presente!, a Perón, como el 28 de septiembre,[14] sino que iremos a hacernos justicia por nuestras propias manos.

Compañeros y compañeras, otra vez estoy en la lucha; otra vez estoy con ustedes; como ayer, como hoy y como mañana. Estoy con ustedes para hacer un arco iris de amor entre el pueblo y Perón, estoy con ustedes para hacer ese puente de amor y de felicidad que tracé siempre entre ustedes y el líder de los trabajadores.

Antes de finalizar, compañeros, yo quiero darles un mensaje: que estén alertas. El enemigo acecha. Los vendepatrias de adentro, que se venden por cuatro monedas, están también al acecho para dar el golpe en cualquier momento. Pero nosotros somos el pueblo, y yo sé que estando el pueblo alerta somos invencibles, porque somos la Patria misma.[15]

---

[14] Se refiere al intento de golpe del 28 de septiembre de 1951, narrado en el capítulo anterior.

[15] *Democracia*, 2 de mayo de 1952.

Durante gran parte del discurso, Perón la sostuvo de la cintura y al finalizarlo, ella tenía 40 grados de fiebre. Así salió del balcón, sostenida por el general, que recordaría así ese momento:

> En la sala detrás de las ventanas, a través de las cuales llegaba todavía la voz de la multitud que la llamaba, se oía solamente mi respiración; la de Eva era imperceptible y fatigada. Entre mis brazos no había más que una muerta.[16]

Sólo treinta y tres

Seis días después, el 7 de mayo, cumplía 33 años. Pesaba 37 kilos y le pesaba horriblemente ese saberse morir, esa maldita sensación de irse con tantas cosas por hacer, con tantos hospitales, hogares y escuelas por inaugurar. Se preguntaba y preguntaba: *¿Por qué me tengo que morir yo? ¿Por qué me estoy muriendo y no se mueren tantos hijos de puta que no hacen otra que pensar en sí mismos y en cómo joder a los demás?* Evita sabía que no habría más cumpleaños, que aquél sería el último, el número 33; *como Jesús*, se atrevió a pensar. Hubo un austero festejo en la residencia y quiso tomarse algunas fotos donde puede verse la huella que había ido dejando en ella su enemigo interno, aquel «bendito cangrejo», como lo llamaban algunos y algunas exaltadas «contreras». Sindicatos, legisladores, dirigentes partidarios llenaron la casona de la calle Austria con ramos de flores enviados como obsequio. Por Avenida del Libertador, 130 taxis emprendieron una caravana, haciendo sonar las bocinas; los encabezaba una camioneta con altoparlantes, de los que se oía «¡Feliz cumpleaños, Evita!» Al festejo se sumó la banda de la Policía Federal, con un concierto. Evita tuvo que asomarse al balcón para saludar a la multitud que se fue congregando.[17]

Aquel día recibió del Congreso un título que terminaría de enardecer a la Iglesia católica: el de «Jefa Espiritual de la Nación». La iniciativa había sido del presidente de la Cámara de Diputados, Héctor Cámpora, y fue refrendada por otros siete legisladores peronistas.

---

[16] Juan Perón, *Del poder al exilio...*, cit., pág. 60.
[17] Marysa Navarro, *op. cit.*, pág. 294, y Borroni y Vacca, *La vida...*, cit., pág. 280.

Esa noche le confesó a su hermana Erminda:

Yo quisiera volver a la Secretaría. Pienso que es necesario. Al principio voy a atender tres horas por día a los pobres. ¡Quiero sanarme pronto para atender a los pobres! Quiero tranquilizar a mis «grasitas» porque me creen muy enferma. Para eso lo mejor será que vaya al Congreso todas las mañanas y que luego les diga en la plaza un discurso incendiario. ¡Después me entrego![18]

Elogio del fanatismo

Evita no se entregaba, aunque tampoco estaba en condiciones de salir de la residencia. El 28 de mayo, recibió a gobernadores y legisladores provinciales electos. Una vez más, sus palabras eran las de la «fanática» que tanto odiaban los «contreras». Les pedía que siempre tuvieran «a flor de labios la palabra peronista», y daba el ejemplo:

Deseo que se sientan muy felices y les pido que sean fanáticos peronistas. Únicamente los movimientos de fanáticos del bien, son los que perduran. Tenemos que olvidarnos un poco de los que nos hablan de prudencia, y ser fanáticos. Los que proclaman la dulzura y el amor se olvidan que Cristo dijo: «He venido a traer fuego a la tierra porque quiero que arda más». Él nos ha dado el ejemplo de fanatismo y por eso debemos ser fanáticos con Perón hasta la muerte. Hoy que tengo la oportunidad de verlos a todos reunidos, les quiero pedir como peronista, que no se olviden de los descamisados. De esos descamisados a quienes deben ustedes querer mucho y tratar de ayudar [...] porque son los más cercanos a nuestros corazones de peronistas.
La Revolución es peronista; la Constitución es peronista; el Gobierno es peronista y el Movimiento es peronista. Nosotros debemos ser fanáticos del peronismo, no peronistas vergonzantes.[19]

[18] En Erminda Duarte, *op. cit.*
[19] Eva Perón, *Dijo Eva Perón: «Siempre debemos tener a flor de labios la palabra peronista»*, Presidencia de la Nación, Subsecretaría de Informaciones, Buenos Aires, 1952.

Y una vez más, su saludo tenía aire de despedida:

Les dejo mi corazón de amiga y compañera que lucha por ideales comunes y que comparte vuestra felicidad. El camino a recorrer es largo y, a veces, un poco arduo. No todas van a ser alegrías; a veces, habrá muchas espinas. Pero piensen que poco importa dejar en el camino jirones de nuestra vida si lo hacemos por el bien de los demás, si nuestro fruto ha de ser la grandeza y felicidad del país.[20]

Una versión reciente

Sus últimos meses fueron y siguen siendo motivo de especulaciones, rumores y reinterpretaciones. Pese al tiempo transcurrido, siempre parece surgir una nueva «vuelta de tuerca» en torno a su agonía. Sin duda, es una muestra más del interés que sigue y seguirá despertando la figura de Evita. Una versión divulgada recientemente señala que entre fines de mayo e inicios de junio se la habría sometido a una lobotomía prefrontal,[21] buscando aliviarle el dolor. La lobotomía era un procedimiento neuroquirúrgico bajo anestesia general, en el cual se realizaban dos orificios en el cráneo (trepanación) a ambos lados de la cabeza. La ubicación aproximada de los orificios es un poco por delante y arriba de ambas orejas. A través del orificio de la trepanación ósea se pasaban instrumentos quirúrgicos que destruían mecánicamente parte de los lóbulos frontales de ambos lados del cerebro. Esta técnica estaba indicada en pacientes con enfermedades psiquiátricas y neurológicas diversas, tales como la esquizofrenia, trastornos severos de ansiedad, epilepsias, depresión extrema con riesgo de suicidio y en dolores crónicos intratables por otros medios.

[20] Ibídem. Fragmentos del texto se encuentran en Pichel, *Evita íntima...*, cit., Marysa Navarro, *op. cit.*, pág. 295 y Borroni y Vacca, *La vida...*, cit., pág. 281.

[21] El procedimiento consistía en una sección (corte) en los lóbulos prefrontales del cerebro. Estas y otras prácticas quirúrgicas similares, iniciadas hacia 1936, fueron habituales en Estados Unidos en las décadas de 1940 y 1950 (se calcula que se practicaron unas 50.000 lobotomías de distinto tipo en esa época) para disminuir la agresividad en pacientes psicóticos y eliminar la percepción del dolor en enfermos terminales. Desde fines de la década de 1960, por los trastornos que ocasiona, en la mayoría de los países su práctica está prohibida.

En agosto de 2011, en la Universidad Nacional de Cuyo, el neurocirujano Daniel Nijensohn dio a conocer esa hipótesis, que luego publicó
en una revista especializada y fue divulgada por distintos medios.[22] En
un reportaje del diario *La Nación*, el doctor Nijensohn, nacido en la Argentina y profesor de la estadounidense Universidad de Yale, señalaba:

> Nuestra investigación comenzó en 2005, cuando el cirujano hún-
> garo George Udvarhelyi, que vivió en la Argentina entre 1948 y
> 1953, declaró al diario *Baltimore Sun* que había participado de
> una lobotomía que se le realizó a Eva Perón. [...] No sabemos
> la fecha exacta, pero sospechamos que para su última aparición
> pública, cuando Perón asumió su segunda presidencia, ya había
> sido operada.[23]

Aunque la única forma de saber si esto es cierto sería mediante
una exhumación y estudio del cuerpo de Evita, Nijensohn asegura haber encontrado evidencia en la reproducción de unas radiografías, que
están perdidas:

> Sabíamos que el cuerpo de Eva Perón, que había sido momifica-
> do, fue radiografiado en 1955 a pedido del gobierno militar de la
> Revolución Libertadora, para comprobar su identidad. Contacta-
> mos al hijo del radiólogo que tomó las radiografías, que nos envió
> radiografías de tórax, abdomen y extremidades de Eva Perón, que
> confirmaban el cáncer que padecía, pero las radiografías de cráneo
> se habían «traspapelado».
> Sin embargo, agregó Nijensohn, esas radiografías han quedado
> registradas en el documental «Evita: una tumba sin paz» (1997),

---

[22] Daniel Nijensohn, «Recent evidences of prefrontal lobotomy in the last months
of illness of Eva Perón» («Evidencias recientes de lobotomía prefrontal en los
últimos meses de enfermedad de Eva Perón»), *World Neurosurgery*, diciembre
de 2011 (http://www.worldneurosurgery.org/article/S1878-8750(11)00190-2/
fulltext). Véase también el artículo de Barron H. Lerner «Health report on Eva
Perón recalls time when lobotomy was embraced» («Informe de salud sobre Eva
Perón recuerda el tiempo en que se adoptó la lobotomía»), *The New York Times*,
20 de diciembre de 2011 (http://www.nytimes.com/2011/12/20/health/report-
on-eva-peron-recalls-time-when-lobotomy-was-embraced.html). Ambos textos
tuvieron repercusión en los medios de prensa argentinos.
[23] Sebastián Ríos, «Eva Perón. Una lobotomía contra el dolor», *La Nación*, 23 de
diciembre de 2011.

del cineasta Tristán Bauer [...]. Allí se pueden ver dos radiografías de cráneo colgadas de un negatoscopio. Congelamos mediante computadora el *frame* [cuadro] en que se ven las radiografías, y en una de ellas se pueden observar dos imágenes radiolúcidas circulares a nivel de la sutura coronal [que son] compatibles con los agujeros de trepanación del cráneo que se realizan en una lobotomía prefrontal para introducir el instrumental en el lóbulo frontal.[24]

Cabe señalar dos cuestiones. La primera es que estas imágenes «indirectas» no pueden ser confrontadas con las radiografías originales, que desaparecieron. En segundo término, si asumiéramos como reales esas imágenes, también podrían corresponder a los orificios realizados y descriptos por el doctor Pedro Ara, quien se encargó del embalsamamiento del cuerpo de Evita. Hasta aquí lo que tenemos como evidencia.

Según el doctor Nijensohn, la operación habría sido realizada por James L. Poppen, un célebre neurocirujano estadounidense que visitó la Argentina en varias oportunidades y tenía muy buenas relaciones con el peronismo.[25] El propio Poppen, en 1955, publicó un libro en que, a contrapelo de lo que era corriente en los medios de su país, valoraba positivamente a Perón y a su gobierno.[26] Pero en esa obra, Poppen menciona haber estado en la Argentina y tratado a Perón en tres ocasiones, en los años 1949, 1950 y 1954. En las dos primeras visitas tuvo oportunidad de ver también a Evita, pero en ningún momento menciona viaje alguno en 1952. Más aún, al contar en *Perón, el hombre* su tercer viaje a Buenos Aires en 1954, cuando recibió la

---

[24] Ibídem.

[25] Nacido en el estado de Michigan en 1903, Poppen inició en 1933 sus trabajos de neurocirugía y para la década de 1950 era considerado un «gigante» de la especialidad. Fue autor de un *Atlas de técnicas de neurocirugía*, que en su tiempo se convirtió en un clásico. Una circunstancia de su profesión, ocurrida en 1943, después le daría una fama inesperada; ese año había operado y «salvado» la columna vertebral de un joven marino herido durante un combate en el Pacífico; el paciente luego sería célebre: John Fitzgerald Kennedy, elegido presidente de Estados Unidos en noviembre de 1960.

[26] James L. Poppen, *Perón, el hombre. Impresiones de un neurocirujano que durante varias visitas a la República Argentina ha estado en estrecha vinculación con el presidente del país*, sin datos de edición. La edición original, del propio autor, *Perón, the Man*, es de 1955.

condecoración de la Orden del Mérito del gobierno argentino, deja en claro que hacía cuatro años que no visitaba el país.[27]

Curiosamente, la única referencia a una lobotomía que hace Poppen en su libro —en el contexto de su primer viaje, en 1949— es para contar una broma de Perón, que suena a humor negro. Al presentarle a Evita, Perón le habría dicho

> [...] en tono jocoso que sería conveniente para ella ser sometida a una lobotomía, porque entonces podría resistir con más facilidad la tensión de su intenso trabajo. Su frase, desde luego, fue motivada por el hecho de que había visto mi nombre en los periódicos argentinos, asociado a las lobotomías.[28]

El doctor Udvarhelyi, única fuente primaria sobre la supuesta lobotomía, falleció en 2010; Poppen, a quien se le atribuye la operación, murió en 1978. Ninguna otra persona vinculada al cuidado de la salud de Evita, ni nadie de quienes estuvieron a su alrededor en esos meses finales, en sus muchas declaraciones y testimonios a lo largo del medio siglo pasado desde entonces hizo referencia alguna a otra intervención quirúrgica fuera de la operación de noviembre de 1951 y las biopsias de comienzos de 1952. De haber ocurrido, se trataría de la operación más secreta de la historia de la medicina, y por los testimonios sobre los últimos días de Eva, sin el resultado buscado.

Consultado especialmente para este libro sobre el tema, señaló el doctor Daniel López Rosetti:

> La paciente cursó su enfermedad durante dos años y medio. Del seguimiento de la sintomatología resulta evidente que clínicamente empeoró sensiblemente en los últimos dos o tres meses. A la pérdida de peso se agregó la falta de aire debido a metástasis pulmonares. Los dolores eran tratados con dosis crecientes de morfina, que seguramente estaba dimensionada a los requerimientos en términos de disminuir el dolor producido por el tumor y sus metástasis, como así también proveer la sedación necesaria. La morfina es una sustancia analgésica sumamente potente, sobre

[27] Ibídem, págs. 54-57.
[28] Ibídem, pág. 48

todo en una paciente que hacia el final de sus padecimientos pesaba tan sólo 36 kg. No parece razonable optar en ese momento por una lobotomía para el tratamiento del dolor, ya que la morfina resultaba suficiente y el cuadro clínico era claramente terminal y el pronóstico de vida era muy malo a cortísimo plazo. Por otro lado, la lobotomía iba acompañada de efectos colaterales claros en la conducta y las funciones emocionales e intelectuales superiores. Los pacientes sometidos a lobotomía cambian de carácter. Los lóbulos frontales resultan ser la parte del cerebro donde anida el ser mismo. La propia identidad, el modo de ser, la emocionalidad, el autocontrol. La persona «lobotomizada» deja de ser quien es. Al menos deja de ser quien era. No la reconoceríamos como tal, no sería la misma. Es aquí donde la historia clínica nos aporta más datos. Quienes interactuaron socialmente con la paciente hasta sus últimos momentos, la describen como coherente y consecuente al temperamento y el carácter con el cual la habían conocido. Son varios los testimonios que avalan esta conducta clínica. Pero hay uno que me consta en forma personal y que aporta datos clínicos de interés. Se trata de María Eugenia Álvarez, enfermera personal de la paciente y que acompañara a la misma hasta el último momento de su vida. Entrevisté a dicha profesional en tres oportunidades. Dos en forma personal y una en forma telefónica. Durante las entrevistas tomé la precaución de repetir preguntas «clave» de un cuestionario previamente formulado. En las tres oportunidades la enfermera tratante respondió coherente y coincidentemente al cuestionario, otorgando verosimilitud al relato en todos sus detalles. Hay algo más. También le consulté, puntualmente, si a la paciente le habían realizado una lobotomía con la finalidad de disminuir los dolores. Respondió negativamente y con argumentos clínicos sólidos. Además de la respuesta formal al cuestionario, del cual se desprende el mantenimiento de la conducta intelectual y emocional de la paciente hasta el final, hay algo más, le creí. En medicina hay un principio rector, «la clínica es soberana». Esto significa que el examen clínico del paciente en su aspecto intelectual, emocional y físico arroja una impresión diagnóstica relevante. En este caso, el mantenimiento de la intelectualidad, la emocionalidad y el estilo conductual hasta el final de la historia clínica es incompatible con los efectos colaterales de una neurocirugía de lobotomía. En consecuencia, teniendo en cuenta la evidencia

testimonial circunstancial por un lado y la historia clínica por el
otro, considero sumamente improbable que la paciente hubiera
sido sometida a una lobotomía.[29]

La última aparición pública

Ni la hipótesis de una lobotomía alcanza para explicar de dónde sacó
fuerzas, con su estado físico ya tan deteriorado, para asistir a la asunción de su marido a su segundo mandato presidencial en aquella gélida
tarde del 4 de junio de 1952. Inundada de calmantes,[30] cubierta por
un grueso abrigo de piel y sostenida por una estructura metálica, Evita
recorría, en el auto presidencial, por última vez las calles de Buenos
Aires. No quería fallarles a Perón y a su gente, aunque su cuerpo le
fallara a ella. Ahora sí, no quedaban dudas, sus intensas miradas eran
definitivas, eran las últimas. Su enfermera recuerda:

> Ella quería ir a toda costa, quería ver asumir a su esposo y se
> respetó su decisión. Estaba muy débil y sentía mucho dolor, sin
> embargo fue estoica. Salió en coche cerrado desde la residencia,
> en el coche de la presidencia y luego los ubicaron en un auto
> descapotable.[31]

Ya todos eran conscientes de lo que estaba ocurriendo, empezan-
do por la propia Evita. Su hermana Erminda recordaría:

> No puedo precisar la fecha en que nos mandaste llamar a todos
> para que nos reuniéramos contigo; sólo sé que fue poco después
> del 4 de junio.
> Fuimos, y de pie rodeamos tu lecho. Nos miraste a uno por uno,
> y detuviste tu mirada en mamá. En seguida dijiste sencillamente:
> —Los he reunido para decirles que me voy a morir.[32]

---

[29] Texto escrito especialmente para este libro por el doctor López Rosetti, a pedido
del autor.

[30] Según señala José Capsitski (*op. cit.*), tuvieron que aplicarle tres inyecciones
de analgésicos.

[31] María Eugenia Álvarez, *op. cit.*, pág. 50.

[32] Erminda Duarte, *op. cit.*

El mensaje de Evita

Ya no volvería a dejar en vida la residencia presidencial. Sus días pasaban en un círculo cada vez más íntimo, que incluía a su enfermera, María Eugenia Álvarez, quien recordaba:

> Ya en los últimos momentos solamente la visitaban el General, su mamá, sus hermanas y hermano, el padre Benítez, Atilio Renzi y algún que otro ministro muy poquito tiempo.
>
> El General la veía todos los días, no hubo un minuto en que pudiera estar con ella que se hubiera perdido. ¡Perón amó a esa mujer! En todo momento estuvo a su lado. Cuando él llegaba por supuesto que yo me retiraba para que pudieran charlar tranquilos.[33]

Hacía algún tiempo que venía dictando fragmentos de un nuevo libro, destinado a llamarse *Mi mensaje*, a un grupo de colaboradores, entre ellos, el gremialista docente Juan Jiménez Domínguez. Según Ana Macri, una de las «censistas» que habían fundado con Eva el Partido Peronista Femenino y entonces diputada nacional:

> La vi dos meses antes de su muerte. Me dijo: «Peti, estoy escribiendo *Mi mensaje*, lástima que Perón no me lo quiere hacer editar porque dice que es muy fuerte lo que digo sobre la jerarquía eclesiástica y militar...»[34]

En efecto, el texto no sería publicado por Perón y por mucho tiempo se lo dio por perdido. Cuando en 1987 aparecieron 79 carillas mecanografiadas, con las iniciales *E.P.* manuscritas en cada una de ellas, se pudieron conocer frases incendiarias como éstas:

> Solamente los fanáticos —que son idealistas y son sectarios— no se entregan. Los fríos, los indiferentes, no deben servir al pueblo.

---

[33] María Eugenia Álvarez, *op. cit.*, pág. 45. Véanse también págs. 40-42, donde menciona las visitas de Perón a Evita en sus últimos días de vida.

[34] Testimonio de Ana Macri, en *Siempre Evita*, cit., pág. 16. María Eugenia Álvarez (*op. cit.*, págs. 40-42) confirma que Evita «quería escribir un nuevo libro y, en ocasiones, dictaba sus recuerdos para que sus descamisados supieran la verdad».

No pueden servirlo aunque quieran. Para servir al pueblo hay que estar dispuestos a todo, incluso a morir. [...]

Los ambiciosos son fríos como culebras pero saben disimular demasiado bien. Son enemigos del pueblo porque ellos no servirán jamás sino a sus intereses personales. Yo los he perseguido en el movimiento peronista y los seguiré persiguiendo implacablemente en defensa del pueblo. [...]

Yo no comprendo [...] por qué, en nombre de la religión y en nombre de Dios, puede predicarse la resignación frente a la injusticia. Ni por qué no pueden en cambio reclamarse, en nombre de Dios y en nombre de la religión, esos supremos derechos de todos a la justicia y a la libertad. La religión no ha de ser jamás instrumento de opresión para los pueblos. Tiene que ser bandera de rebeldía. [...]

Cuando todos sean trabajadores, cuando todos vivan del propio trabajo y no del trabajo ajeno, seremos todos más buenos, más hermanos, y la oligarquía será un recuerdo amargo y doloroso para la humanidad. Pero mientras tanto, lo fundamental es que los hombres del pueblo, los de la clase que trabaja, no se entreguen a la raza oligarca de los explotadores. Todo explotador es enemigo del pueblo. ¡La justicia exige que sea derrotado![35]

El original, guardado por el escribano general de gobierno, Jorge Garrido, luego del derrocamiento de Perón, y vendido en subasta por sus hijos en 1987, fue dado a conocer por el historiador Fermín Chávez. Otra edición, realizada en 1994, dio pie a un largo juicio, promovido por Blanca y Erminda, hermanas de Evita, que culminó cuando los tribunales, sobre la base de peritajes caligráficos y testimonios, resolvieron que el texto era auténtico.[36]

---

[35] Eva Perón, *Eva en su plenitud. Mi mensaje...*, cit.

[36] Sobre el juicio véanse los artículos de Liliana Moreno, «El texto más encendido de Eva Perón», *Clarín*, 10 de diciembre de 2000, y de César Calcagno y Alberto Schprejer, «El último mensaje de Eva Perón», *Página/12*, 26 de julio de 2010. Schprejer fue el responsable de la edición de 1994, demandado por las hermanas de Evita.

El testamento de Eva

El 29 de junio de 1952, Evita redactó su testamento. Se lo daría a conocer el 17 de octubre de 1952, leído por un locutor de la Subsecretaría de Informaciones y presentado como si se tratase de un capítulo titulado «Mi voluntad suprema» de *Mi mensaje*, anunciado como un «anticipo» del libro que quedaría inédito.[37]

En esas páginas Evita declaraba:

Quiero vivir eternamente con Perón y con mi pueblo.

Ésta es mi voluntad absoluta y permanente y es, por lo tanto, mi última voluntad.

Donde está Perón y donde estén mis descamisados allí estará siempre mi corazón para quererlos con todas las fuerzas de mi vida y con todo el fanatismo que me quema el alma.

Si Dios lo llevase del mundo a Perón, yo me iría con él, porque no sería capaz de sobrevivir sin él, pero mi corazón se quedaría con mis descamisados, con mis mujeres, con mis obreros, con mis ancianos, con mis niños para ayudarlos a vivir con el cariño de mi amor, para ayudarlos a luchar con el fuego de mi fanatismo y para ayudarlos a sufrir con un poco de mis propios dolores. [...]

Pero si Dios me llevase del mundo antes que a Perón yo quiero quedarme con él y con mi pueblo, y mi corazón y mi cariño y mi alma y mi fanatismo seguirán con ellos, seguirán viviendo en ellos haciendo todo el bien que falta, dándoles todo el amor que no les pude dar en los años de mi vida, y encendiendo en sus almas el fuego de mi fanatismo que me quema y me consume como una sed amarga e infinita.

Yo estaré con ellos para que sigan adelante por el camino abierto de la Justicia y de la Libertad hasta que llegue el día maravilloso de los pueblos. Yo estaré con ellos peleando en contra de todo

---

[37] Con notable «olfato» de periodistas de investigación, Otelo Borroni y Roberto Vacca (cuya obra *La vida de Eva Perón* fue escrita antes de que se recuperaran los originales de *Mi mensaje*) dudaban que ese testamento fuese parte del texto inédito de Evita: «la caligrafía de Eva Perón, la iniciación como carta y el sentido de la redacción [...] hacen difícil pensar que se tratara de los originales de un libro» (*La vida...*, cit., pág. 284). Efectivamente, «Mi voluntad suprema» no estaba incluida en las 79 páginas del original de *Mi mensaje*.

lo que no sea pueblo puro, en contra de lo que no sea la raza de los pueblos.[38]

Con en ese mismo sentido, advertía:

Quiero que sepan, en este momento que lo quise y lo quiero a Perón con toda mi alma y que Perón es mi sol y mi cielo. Dios no me permitirá que mienta si yo repito en este momento una vez más: «no concibo el cielo sin Perón».

Pido a todos los obreros, a todos los humildes, a todos los descamisados, a todas las mujeres, a todos los niños y a todos los ancianos de mi Patria que lo cuiden y acompañen a Perón como si fuese yo misma.[39]

Nombraba como herederos a Perón y al pueblo:

Quiero que todos mis bienes queden a disposición de Perón como representante soberano y único del pueblo.

Yo considero que mis bienes son patrimonio del pueblo y el movimiento peronista, que es también del pueblo, y que todos mis derechos como autora de *La razón de mi vida* y de *Mi mensaje*, cuando se publique, sean también considerados como propiedad absoluta de Perón y del pueblo argentino.

Mientras viva Perón, él podrá hacer lo que quiera de todos mis bienes [...] Pero después de Perón el único heredero de mis bienes debe ser el pueblo, y pido a los trabajadores y a las mujeres de mi pueblo que exijan, por cualquier medio, el cumplimiento inexorable de esta voluntad suprema de mi corazón que tanto los quiso.[40]

Y preveía qué destino debían tener sus bienes:

Quisiera que se constituya con todos esos bienes un fondo permanente de ayuda social para los casos de desgracias colectivas que afecten a los pobres y quisiera que ellos lo acepten como una

---

[38] Eva Perón, «Testamento», en *La razón de mi vida y otros escritos*, cit., págs. 313-314.

[39] Ibídem, pág. 315.

[40] Ibídem, págs. 315-316.

prueba más de mi cariño. Deseo que en estos casos, por ejemplo, se entregase a cada familia un subsidio equivalente a los sueldos y salarios de un año, por lo menos.

También deseo que, con ese fondo permanente de Evita, se instituyan becas para que estudien hijos de los trabajadores y sean así los defensores de la doctrina de Perón, por cuya causa gustosa daría mi vida.

Mis joyas no me pertenecen. La mayor parte fueron regalos de mi pueblo. Pero aun las que recibí de mis amigos o de países extranjeros, o del General, quiero que vuelvan al pueblo. No quiero que caigan jamás en manos de la oligarquía y por eso deseo que constituyan, en el museo del Peronismo, un valor permanente que sólo podrá ser utilizado en beneficio directo del pueblo. Que así como el oro respalda la moneda de algunos países, mis joyas sean el respaldo de un crédito permanente que abrirán los bancos del país en beneficio del pueblo, a fin de que se construyan viviendas para los trabajadores de mi Patria.[41]

Las joyas y los joyitas

Tras el derrocamiento de Perón en 1955, los conductores de aquel golpe autodenominado «Revolución Libertadora» montaron con gran promoción nacional e internacional una notable exposición destinada a mostrar al público cómo vivía la «pareja gobernante». Allí podían verse, en directo o a través de una edición especial del noticiero cinematográfico *Sucesos Argentinos*, la decena de autos del General y centenares de zapatos y sombreros de Evita. Un espacio especial estaba dedicado a las joyas de la ex Primera Dama. La muestra fue un éxito y las colas para ingresar se medían por decenas de cuadras, en las que se mezclaban sin decírselo antiperonistas deseosos de comprobar que hacían bien en odiar al «régimen depuesto» con peronistas nostálgicos que podían volver a ver objetos e íconos vinculados a sus referentes políticos.

Años más tarde, Perón daría su versión sobre el asunto:

[41] Ibídem, pág. 316.

Esas joyas estaban guardadas y a disposición de la Comisión del
Monumento a Eva Perón, designada y costeada por suscripción
popular, para servir de garantía a préstamos para la vivienda obrera, según lo dispusiera Eva Perón en su testamento, que fue leído
en la Plaza de Mayo ante un millón de personas el 17 de octubre
de 1952. A esos fines, las alhajas fueron inventariadas y valuadas
por técnicos designados por la joyería Ricciardi, de Buenos Aires.
De ese inventario y valuación, un ejemplar estaba en las joyas, y
otro obra en poder de la Comisión del Monumento (ambos han
sido ocultados por los «investigadores» con fines inconfesables).
Según la valuación aludida, esas joyas podrían representar un
valor máximo de trece millones de pesos. Ahora ellos han hecho
una exhibición de alhajas, atribuidas a Eva Perón, de un valor de
cuarenta a cien millones, según se ha publicado. El truco es simple: se agregaron joyas por un valor de 27 a 87 millones. Hemos
visto algunas fotografías de la exposición, y no reconozco en ellas
las joyas pertenecientes a Eva Perón, que conocía perfectamente.
¡Quién sabe qué joyerías habrán cooperado en esa superchería![42]

Hasta el día de hoy nada se supo ni se sabe con certeza sobre el
destino de aquellos objetos. Lo cierto es que no sirvieron para cumplir
el testamento de Evita sino para engrosar o iniciar algunas fortunas de
personajes vinculados con el poder «libertador», verdaderas «joyitas»
que venía a moralizar la gestión pública y la sociedad argentina. Cada
tanto emergen en alguna galería de Londres o Nueva York porciones
de aquel testamento convertido en botín de guerra.

Entre homenajes y rezos

En el país, dividido entre peronistas y «contreras», la idea de que el fin
de Evita estaba cercano iba ganando terreno, aunque no se publicaran
noticias inquietantes sobre su salud. Una expresión de esto era lo que
Atilio Renzi, con disgusto, llamaba «una verdadera competencia entre
altos funcionarios para congraciarse con la enferma».[43] Los artículos

[42] Juan Domingo Perón, *La fuerza es el derecho de las bestias*, cap. IV, en *Obras completas*, cit., tomo 20.
[43] Testimonio de Atilio Renzi, en Borroni y Vacca, *La vida...*, cit., pág. 299.

que publicaba el diario *Democracia* eran cada vez más laudatorios, al igual que los comentarios de la prensa peronista sobre *La razón de mi vida*. El 25 de junio, el gobierno bonaerense estableció que el libro fuese texto oficial de las escuelas, en la materia de Educación Cívica. El 17 de julio, una ley del Congreso lo convirtió en texto obligatorio en todos los establecimientos de enseñanza dependientes del Estado nacional.

En esos meses, bustos de Evita comenzaron a adornar reparticiones públicas. Anticipándose a lo que ocurriría después con La Plata, la ciudad de Quilmes adoptó un nuevo nombre: Eva Perón. A mediados de junio, el diputado Héctor Cámpora presentó un proyecto de ley para condecorar a Evita con el collar de la Orden del Libertador General San Martín, que fue aprobado dos días después.[44]

Pero entre sus descamisados, en lugar de homenajes, había un fervor religioso que rogaba por su restablecimiento. Altares y capillas improvisadas se levantaban en todo el país para rezar por su salud. Atilio Renzi, testigo de primera mano de esos días, recordaba:

Cuando la señora se empeoró, muchos viajaron al interior en busca de manosantas, brujas y hechiceros. Llegaba gente desde muy lejos para rezar en los jardines de la residencia. A la custodia le enviaban permanentemente para su archivo, amuletos, piedras milagrosas y estampitas con propiedades curativas... Era gente del pueblo. Algo de no creer. Se evitó siempre decir que Evita estaba muy mal, para no traer inquietud a la gente. Se trataba de evitar las aglomeraciones frente a las verjas de la residencia. Muchas personas tenían ataques de desesperación y de locura. Era algo impresionante. El día que fue el padre Benítez a darle la extremaunción, en plena lluvia, la gente se arrodillaba a rezar en la calle. Hasta las habitaciones llegaba el murmullo de las oraciones. Yo pensaba que muchos se iban a agarrar una pulmonía.[45]

El 20 de julio, la CGT se hizo eco de lo que venía ocurriendo y organizó una misa en el Obelisco. La concurrencia, estimada en un millón de personas, se congregó bajo una llovizna fría en torno a un

[44] Ibídem, págs. 297-298, y Borroni y Vacca, *La vida...*, cit., pág. 290.
[45] Testimonio de Atilio Renzi, en Borroni y Vacca, *La vida...*, cit., pág. 298.

gran altar levantado para la ocasión, donde ofició el sacerdote y diputado peronista Virgilio Filippo. El confesor de Eva, el padre Benítez, tenía una difícil misión en el transcurso de esa misa. A Perón, que «tenía la obsesión de que Evita iba a morir en ese momento»,

> [...] se le ocurrió poner un teléfono directo hasta la cabina donde yo estaba, que era un enredijo de cables y chispas. Habíamos quedado en que si él me llamaba, era porque había muerto, para que yo preparase a la gente y dijese claramente: «Ha muerto Eva Perón». Yo temblaba de tener que decir eso. De repente, suena el teléfono. Se me escapó: «Murió». Era el General y me dice: «Ella ha querido oír la misa. Está muy bien. Pero el que está mal soy yo, estoy llorando de emoción. Quisiera morirme antes que ella».[46]

Un ambiente de desolación y tristeza comenzaba a invadir los barrios populares, mientras manos anónimas –como mencionamos en el capítulo anterior– pintaban «¡Viva el cáncer!». Eran manos que venían de otros barrios donde le deseaban larga vida al cáncer y corta vida a su odiada enemiga.

Los últimos días de Evita

El testimonio de Olga Viglioglia de Torres da cuenta de que, hasta último momento, Evita no daba el brazo a torcer:

> [...] vi a Evita por última vez, cuando llamó a un grupo de mujeres porque quería que nos metiéramos en política, pero eso no era para mí. Eso fue el 12 de julio, ella murió el 26. Unos días antes me había recibido a solas. Estaba muy débil pero igual seguía trabajando. En eso llegó Perón, que no quería que ella se agitara. Se armaba un revuelo bárbaro en la residencia cuando llegaba el general. Entonces me dijo: «Metete en el baño y dejá la puerta entornada para que crea que no hay nadie...» Y el general subía apurado las escaleras y preguntaba: «¿Cómo está Eva... cómo está Eva...?» Y la besaba mucho, la abrazaba. Por eso cuando

---

[46] Norberto Galasso, *Yo fui el confesor de Eva Perón. Conversaciones con el padre Hernán Benítez*, Homo Sapiens, Rosario, 1999, pág. 58.

dicen que no la quería... Dos días después de eso recibió a un grupo de mujeres. Allí la vi ya muy mal. Nos habló a todas. Nos dijo: «Cuando yo ya no esté, traten de seguir con la política de Perón», pero pocas la escuchaban: todas estábamos llorando.[47]

Su salud seguía empeorando y para mejorar su atención, se preparó como si fuera una habitación de hospital el cuarto de vestir de Perón. Allí estaban la cama de Evita y la de su enfermera.
Perón recordaba así aquellos días finales:

> Aquellos días de cama fueron el infierno para Evita. Estaba reducida sólo a piel, a través de la cual se percibía ya el blancor de los huesos. Sólo los ojos parecían vivos y elocuentes. Se posaban sobre todas las cosas, interrogaban a todos; a veces estaban serenos, a veces me parecían desesperados. Las fuerzas la habían abandonado. Cuando sintió cercano su fin, quiso escribirme una carta que yo conservo todavía entre las pocas cosas que representan mi mundo de ahora y mi fortuna de siempre. La dictó a una secretaria, después agregó algo ella misma con una caligrafía vaga y trémula. [...]
> A mediados de julio arreciaron sus dolores. Las crisis se sucedían de manera agobiadora. Eran tan intensas que a veces pedía morir. Unos días antes de su muerte, y mientras sufría una crisis dolorosa dijo: «Yo he besado a mis descamisados sabiendo que muchas veces eran enfermos, tuberculosos y leprosos. Siempre pensaba y decía que Dios no me mandaría tanto dolor porque yo todo lo hacía por los pobres... y ahora Dios me manda todo esto. Es demasiado. Pero si Dios lo manda, bien está». El 16 de julio nos dijo: «Anoche hice un examen de conciencia y estoy tranquila con Dios. Yo no hice otra cosa que atender a los pobres, a los trabajadores, y quererlos y trabajar fanáticamente por Perón. ¿Qué mal puede haber en eso? Si alguna falta he cometido en mi vida, con estos dolores ya he pagado suficiente».[48]

Perón no sabía cómo levantarle el ánimo. La noche del 21 al 22 de julio, se le ocurrió que llamaran al modisto de Evita, Paco Jauman-

[47] Testimonio de Olga Viglioglia de Torres, en *Siempre Evita*, cit., pág. 16.
[48] Juan Perón, *Del poder al exilio...*, cit.

dreu, para que se presentara en la residencia. Jaumandreu recordaba
así los hechos:

> Volé a la cita. Por el camino me hice mil conjeturas. Llegué. Perón
> ahora no lucía aquella sonrisa que yo recordaba tanto. Fue breve:
> −Eva se muere. Tengo que apelar a tus sentimientos. Aunque no
> te hemos visto últimamente te recordamos con mucho cariño. Lo
> que te voy a pedir es muy importante para mí: quiero hacerle creer
> a Eva que preparamos un largo viaje y que vos le estás diseñando
> ya la ropa. Si vos me hicieras en seguida, para hoy mismo (eran las
> dos de la mañana) unos dibujos en colores, yo haría que abrieran
> sederías para que puedas elegir las telas. Aunque no será fácil el
> hacérselo creer. Pero trataremos de levantarle su ánimo. ¿Te das
> cuenta? Una mentira piadosa. [...]
> Le llevé los diseños yo mismo a la mañana siguiente. De la recá-
> mara escuché la voz apagada de Eva Perón:
> −¡En qué poco tiempo ha hecho los diseños! ¡Qué bonitos! Debería
> ser modisto en París. Allí tendría mucho éxito. Tenés que expli-
> carle que ahora estoy muy flaca. Tendrá que achicar las medidas.
> Que empiece con deshabillés. Después seguiremos con los otros.
> Perón salió a despedirme. Había lágrimas en sus ojos:
> −Ya ves. La hemos hecho feliz. Te llamaré. Prepará algunos ves-
> tidos. No creo que llegués a probárselos, pero hacé algo. Te estoy
> muy agradecido, pibe.[49]

Pero Eva no se dejaba engañar por esas mentiras piadosas, sabía lo
que estaba ocurriendo. Así se lo hizo saber a uno de sus más antiguos
conocidos, de los tiempos de Junín, Oscar Nicolini:

> Me marcho. Sin remedio. Lo sé. Aparento vivir en un sopor per-
> manente para que supongan que ignoro el final. Es mi fin en este
> mundo y en mi patria. Pero no en el recuerdo de los míos. Ellos
> siempre me tendrán presente, por la simple razón de que siempre
> habrá injusticias y, entonces, regresarán a mi recuerdo todos los
> tristes desamparos de esta querida tierra. Has sido, Nico, hombre
> de una sola pieza y tu afecto y solidaridad entibiaron muchas veces

---

[49] Jaumandreu, *op. cit.*, pág. 104.

mi alma dolorida. Por eso ahora, cuando voy a mostrarme ante Dios, te digo (en este instante no cabe sino la verdad desnuda): poseí dos vidas. Antes de Perón y con Perón. La primera no cuenta. La otra, en cambio, ha sido maravillosa. Me posibilitó el amor al pueblo y del pueblo. De esta vida seguiré conversando en el cielo. ¡Hasta la eternidad, Nico![50]

Las veinte y veinticinco

Existen distintas versiones sobre los momentos finales de Evita. Según su enfermera, la última vez que la oyó hablar fue «unos días antes de su fallecimiento, casi a las tres de la mañana», cuando le pidió que la acompañara al baño y al volver le dijo:

–Ya queda poco.
A lo que respondí: –Sí, señora, queda poco para ir a la cama.
–No, María Eugenia. No, querida. A mí me queda poco.
Volvimos despacito caminando y la acosté. La arropé bien, puse la ropa de cama debajo del colchón. Fui volando a buscar al médico y le expliqué lo que había pasado. Le tomó el pulso, la revisó y le hicimos un inyectable. Nunca más escuché la voz de Eva Perón. [...] Después de ese momento Evita entró en un sopor... para mí era la agonía y si en algún momento habló no la escuché. Su hermana Chicha dice que en un momento habló con ella, no lo recuerdo, puedo aceptar que a lo mejor fue así, quizá cuando fui al baño o me cambié el uniforme.[51]

Perón, en cambio, asegurará:

Un día antes de morir me mandó llamar porque quería hablar a solas conmigo. Me senté sobre la cama y ella hizo un esfuerzo por incorporarse. Su respiración era apenas un susurro: «No tengo mucho por vivir –dijo balbuceante–. Te agradezco lo que has hecho por mí. Te pido una cosa más –las palabras quedaban muertas

---

[50] En Borroni y Vacca, *La vida...*, cit., pág. 294.
[51] María Eugenia Álvarez, *op. cit.*, págs. 38-39.

sobre sus labios blancos y delgados; su frente estaba brillante de transpiración; volvió a hablar en tono más bajo, su voz era ahora un susurro–: ...no abandones nunca a los pobres. Son los únicos que saben ser fieles».[52]

Finalmente, hay quienes aseguran que las últimas palabras de Evita habrían sido pronunciadas en aquella fría mañana del sábado 26 de julio de 1952, cuando le dijo a su mucama Hilda Cabrera de Ferrari: «Me voy, la flaca se va, Evita se va a descansar». Después, entró en coma.[53]

Todas las fuentes coinciden, en cambio, en el instante de su deceso: las veinte y veinticinco, que por años sería recordado puntualmente en todas las radios del país como la «hora en que la Jefa Espiritual de la Nación pasó a la inmortalidad». En torno de Eva, además de su enfermera, estaban

> [...] el General, Apold, Nicolini, Juancito Duarte, el doctor Taquini, el doctor Mendé, el padre Benítez, Renzi y el maestro Finochietto que lloraba desconsoladamente. En el cuarto contiguo estaban la mamá y las hermanas.
>
> Fue un momento muy fuerte, pero muy fuerte... para mí muy fuerte... Quedó como angelada... bella... en paz. No tuvo estertor como lo tienen otros enfermos, fue como si se hubiera dormido, hasta que no hubo más pulso, ni más respiración. Se fue tranquila, en una paz absoluta.
>
> El maestro Finochietto le tomó el pulso para tener la seguridad absoluta, y en ese momento vi que los ojitos de Evita lagrimearon y pensé «serán sus últimas lágrimas, ¿hacia dónde irán?» Recordé que debajo de la almohada estaba su pañuelo. Lo saqué y sequé sus lágrimas pero no opté por ponerlo otra vez debajo de la almohada sino que lo guardé en mi bolsillo.
>
> Hoy he decidido dejarlo donde debe estar, en el Museo Evita.
>
> En su mesita de luz estaba la banderita de brillantes que le había obsequiado la CGT, un prendedor con forma de loro que le había

---

[52] Juan Perón, *Del poder al exilio...*, cit.

[53] Borroni y Vacca, Marysa Navarro y otras fuentes (posiblemente basadas en las dos anteriores) señalan que ocurrió en horas de la tarde, después de un comunicado oficial de las 16.30, que anunciaba: «El estado de salud de la señora Eva Perón ha declinado sensiblemente».

regalado la mujer de Franco y una fotografía suya como protagonista de la película *La Pródiga*. Adoraba ese film y por eso tenía la fotografía en su mesa de luz. En el momento de su muerte vi la foto y la metí en el bolsillo de mi delantal. Me dije: «Yo me robo la foto», así lo pensé y así lo hice.

En ese momento pensé en tomar la banderita y dársela al General pero finalmente no lo hice, quizás así se hubiera salvado del saqueo. [...][54]

Después de guardar sus lágrimas en un pañuelo y su foto, vi que el General lloraba como un niño y llegó a decirme:

–Qué solo me quedo, María Eugenia.

¡Qué razón tenía ese hombre! A partir de ese momento su más fiel compañera ya no iba a estar más, la mujer que más lo amaba y respetaba en el mundo ya no estaba. Y este hombre lloraba, es tremendo ver llorar a un hombre, nunca había visto llorar a alguien así. Ese hombre de la República ¡cómo lloraba sentado en la silla de su dormitorio![55]

A las 21.36, una voz destinada a pasar a la Historia, la del locutor oficial Jorge Furnot, le confirmaba al mundo la noticia a través de la Cadena Nacional:

Cumple la Subsecretaría de Informaciones de la Nación el penosísimo deber de informar al pueblo de la República que a las 20.25 horas ha fallecido la señora Eva Perón, Jefa Espiritual de la Nación.

La noche eterna

Esa misma noche, según relatará Perón, se decidió que Evita tendría los funerales más masivos que recuerde la historia argentina:

Eva Perón había expirado dos horas atrás; alguien proyectó despedir sus restos entre severas y refinadas ceremonias fúnebres,

[54] María Eugenia Álvarez, *op. cit.*, pág. 39.
[55] Ibídem., págs. 59-60.

FELIPE PIGNA

sin calor popular, sin marginar el plano de la diplomacia y de las alfombras de palacio. De esa manera, centenares de altos funcionarios visitarían por última vez lo que quedaba de Evita en el orden físico. El féretro sería emplazado de manera que los visitantes pudieran observar el rostro de la desaparecida, desde una altura de tres metros. Fui terminante: «¡De ninguna manera!» Y mis palabras, que tuvieron confirmación en los hechos, aún resuenan como un eco de la voluntad popular: «Evita debe permanecer entre los suyos hasta el último instante, porque esa fue su última voluntad y yo cumpliré religiosamente. Su pueblo tiene derecho a disponer de quien más lo amaba. Y ese pueblo será depositario de sus despojos así como fue depositario de su cariño. Antes de expirar, Eva me había recomendado que no la dejase consumir bajo tierra. Quería ser embalsamada».[56]

Una semana antes de su muerte los colaboradores más cercanos de Perón tomaron contacto con el médico aragonés Pedro Ara, uno de los mayores expertos mundiales en embalsamamiento. A las diez de la noche del 26 de julio, Ara llegó a la residencia y se vio con Perón. En la biblioteca, acordaron y firmaron el contrato.[57] Sus honorarios fueron de 100.000 dólares, pagaderos en diez cuotas.[58] Después entraron juntos en la habitación donde estaba Evita. María Eugenia Álvarez lo ayudó a pasar el cuerpo a una camilla y lo llevaron al baño para comenzar su tarea. Perón dio la orden de «que se cerrara todo», para que Ara y un ayudante trabajasen a solas, sin testigos.[59] Así lo hicieron desde cerca de la medianoche hasta la mañana siguiente, preparando el cuerpo de Eva para su velatorio:

Ante nosotros yacía la mujer más odiada y más amada de su tiempo, había luchado fieramente contra los grandes y había caído derrotada por lo infinitamente pequeño. Amaneció; el cadáver

Juan Perón, *Del poder al exilio...*, cit.

[57] Testimonio de Atilio Renzi, en Borroni y Vacca, *La vida...*, cit., pág. 323.

[58] La última de esas cuotas «fue abonada por la senadora Juana Larrauri el mismo día en que cayó Perón: 16 de septiembre de 1955» (Borroni y Vacca, *La vida...*, cit., pág. 317).

[59] María Eugenia Álvarez, *op. cit.*, págs. 59-60.

ya era incorruptible, pero faltaban muchos meses de trabajo para conservarlo intacto.[60]

Ara había reemplazado toda la sangre de Evita por alcoholes, para luego inyectarle glicerina a través de dos cortes que había realizado en el talón y detrás de una oreja, a una temperatura promedio de 60 grados centígrados.

No fue abierta ninguna cavidad del cuerpo. Conserva por tanto todos sus órganos internos sanos o enfermos, excepto los que le fueran extirpados en vida en actos quirúrgicos. De todos ellos podría hacerse en cualquier tiempo un análisis microscópico con técnica adecuada al caso. No le ha sido extirpada la menor partícula de piel ni de ningún tejido orgánico; todo se hizo sin más mutilación que dos pequeñas incisiones superficiales ahora ocultas por las sustancias de impregnación.[61]

Según recordará Atilio Renzi:

A las 8 de la mañana del domingo 27 se dio por terminado el embalsamamiento provisorio que aseguraba la incorrupción por espacio de dos semanas. El trabajo definitivo lo realizó en la CGT. Tardó unos diez meses. Fue algo admirable. No extirpó órgano alguno. El cuerpo estaba tan natural que Evita parecía dormida...[62]

Terminada la tarea de Ara, entraron el peinador Julio Alcaraz y la manicura Sara Gatti. Evita ya estaba lista para ser velada. Se la colocó en un sólido ataúd de la casa Lázaro Costa, que fue cubierto con una tapa que tenía un vidrio blindado en su parte superior para que pudiera verse su rostro. Perón recordaba años más tarde:

Vi el cadáver de Evita cuando el trabajo estuvo terminado. Tuve la impresión de que dormía. No podía retirar la vista de su pecho porque de un momento a otro esperaba que se levantase y se

[60] Testimonio del doctor Pedro Ara en el documental *Evita, una tumba sin paz* (1997), dirigido por Tristán Bauer.
[61] Pedro Ara, *op. cit.*
[62] Testimonio de Atilio Renzi, en Borroni y Vacca, *La vida...*, cit., pág. 324.

repitiera el milagro de la vida. Eva vestía una túnica blanca, muy larga, que le cubría los pies desnudos. Sobre la túnica, casi a la altura de la espalda, lucía el distintivo peronista en oro y piedras preciosas que llevaba en vida. Las manos salían de las amplias mangas y estaban unidas; entre las manos tenía un crucifijo. Su rostro era de cera, lúcido y transparente; los ojos estaban cerrados, como en el sueño. Sus cabellos bien peinados la hacían radiante. El cadáver estaba extendido sobre un minúsculo lecho forrado de raso y seda dentro de una campana de vidrio.[63]

Quince días de duelo popular

El país quedó paralizado. El gobierno decretó duelo nacional por dos días, que de hecho se prolongaría durante la larga despedida popular a Evita, que superó todo lo imaginable. La CGT, en un comunicado, en el que declaraba a Eva «mártir del trabajo, única e imperecedera en el movimiento obrero de nuestra querida Patria», dispuso un paro general por 48 horas y treinta días de duelo. El Consejo Superior del Partido Peronista decidió que sus adherentes usaran corbata negra por tres días y luto en la solapa por un mes.[64]

Ya desde la noche del sábado 26 de julio la ciudad se vistió de negro. Los faroles fueron encrespados y enlutados, las calles quedaron casi desiertas y solamente comenzaron a llenarse cuando se decidió el lugar donde se la velaría y, hacia allí, hacia el Ministerio de Trabajo, la «Secretaría» como siempre lo había llamado Evita, fueron enfilando las multitudes. En el edificio del antiguo Concejo Deliberante porteño (actualmente, de la Legislatura de la Ciudad) comenzaba el velatorio más imponente de la historia argentina y uno de los más notables de la historia universal. Las colas para acceder a la capilla ardiente se contaban por kilómetros. La Fundación y el Ministerio de Salud Pública instalaron cuarenta puestos sanitarios, con un millar de camillas. Cocinas móviles del Ejército proveyeron de comida y bebidas calientes a la multitud.

Las larguísimas filas se extendían por Diagonal Sur, por Avenida de Mayo, la 9 de Julio, hasta llegar al Obelisco, bajo la persistente

[63] Juan Perón, *Del poder al exilio...*, cit.
[64] *Democracia*, 27 de julio de 1952.

lluvia y el frío de esos días. Estaban pobladas por hombres, mujeres y niños, abuelos y abuelas. Lloraban como se llora ante la muerte de un familiar muy cercano. No había consuelo. Las zonas aledañas al velatorio se fueron inundando de flores y las flores comenzaron a escasear, hasta acabarse en todo el país. Hubo que traerlas de Uruguay y de Chile. No había espectáculos públicos ni restaurantes.

Las radios emitían solamente música sacra. Frente al ataúd de Evita se sucedían los desmayos: la gente caía entre sollozos y era atendida por las enfermeras de la Fundación y la Cruz Roja. En aquellos días murieron unas veinte personas por aplastamientos, avalanchas e infartos.

En la misma ciudad, en algunos barrios selectos escaseaba el champagne demandado por los enemigos de «la yegua» que no paraban de brindar, lejos de la peligrosa mirada de la servidumbre que «insolentemente» se había tomado franco por su cuenta para estar junto a su abanderada.

El 29 de julio, una multitudinaria muestra de dolor, organizada por el Consejo Superior del Partido Peronista, impactó en toda la ciudad. Al anochecer, desde distintos puntos, grandes columnas de silenciosos manifestantes que portaban antorchas avanzaron hacia la Plaza de Mayo, donde estaba emplazado un retrato gigante de Evita. A las 20.25, el clarín de la fanfarria de la escolta presidencial, el Regimiento de Granaderos a Caballo, tocó a silencio, mientras se apagaban las antorchas.

Para entonces, los homenajes se habían extendido por todo el país. En barrios, ciudades y pueblos sus «grasitas» levantaban altares callejeros: una mesa, velas, flores, con un retrato de Evita, ante el cual se reunían a rezar y expresar su dolor.

El 30 de julio, aunque se reanudaron las clases y la CGT dispuso el regreso normal a las actividades, las filas para despedir a Evita seguían siendo multitudinarias. La Subsecretaría de Informaciones, buscando contener al «público», llegó a comunicar que

> [...] el general Perón ha dispuesto que el velatorio continúe en el Ministerio de Trabajo y Previsión un mes o dos, si fuera necesario, hasta que el último ciudadano pueda ver los restos de la compañera Evita.
> En consecuencia se ruega al público de la Capital Federal y alrededores, que no se apresure a trasladarse hasta la capilla ardiente, a fin de que no se vea dificultada la formación de filas de acceso al Ministerio de Trabajo y Previsión. Se procura, de esta forma,

evitar inconvenientes a los ancianos y niños que forman en las columnas del pueblo para rendir su postrer homenaje a la Jefa Espiritual de la Nación.[65]

Sin embargo, ante la insistencia del doctor Ara de que el procedimiento que había realizado en la residencia no era el embalsamamiento definitivo, Perón decidió dar fin al velatorio en el Ministerio de Trabajo el 9 de agosto. Se había prolongado once días más que los previstos inicialmente.

El ataúd fue trasladado al Congreso Nacional, donde se le rendirían los últimos honores a Evita, propios de un Presidente fallecido en el ejercicio de su cargo. Se lo colocó sobre una cureña de dos metros de altura, traccionada por 35 hombres y 10 mujeres que a pesar del frío de agosto vestían solamente una camisa blanca y pantalones negros. Eran los secretarios generales de los sindicatos más importantes y dirigentes del Partido Peronista Femenino. Alumnos de la Ciudad Estudiantil, enfermeras de la Fundación y cadetes militares iban a su lado y, detrás, Perón, los familiares de Evita, funcionarios y autoridades. El cortejo estaba custodiado por 17.000 soldados. La multitud que lo vio pasar fue estimada en dos millones de personas. Al llegar al Congreso, enlutado por crespones y con la escalinata llena de flores, el féretro fue colocado en el «Salón de la Constitución Justicialista», donde nuevamente fue despedido por miles de personas.

Al día siguiente, el arzobispo de Buenos Aires, cardenal Santiago Copello, dio el responso final, antes de que el ataúd fuese nuevamente puesto sobre la cureña y llevado a la sede de la CGT.

Los descamisados que transportaban a Evita llevaban sobre sus pechos crespones negros, que se convirtieron en obligatorios para todos los empleados de la administración pública y los alumnos, maestros y profesores de escuelas y colegios de todo el país. No usar el luto les trajo a los distraídos u opositores consecuencias que iban de la sanción grave al despido.

Tras un lento recorrido que demandó casi tres horas, filmado íntegramente en colores por el camarógrafo de la Fox Edgard Cronjagar,[66]

---

[65] *Clarín*, 30 de julio de 1952.

[66] Con ese material, la Subsecretaría de Informaciones editó el documental *Y la Argentina detuvo su corazón*, difundido al mes de la muerte de Evita (Borroni y Vacca, *La vida...*, cit., pág. 334).

el cortejo llegó a su destino. El cuerpo de Evita fue depositado en el edificio de la CGT en Azopardo e Independencia, a la espera de que se construyera el monumento funerario en su honor.

Las repercusiones en el mundo

La prensa de todo el mundo le dedicó sus portadas y editoriales a la muerte de Evita.

> La desaparición de esta hermosa mujer es una verdadera catástrofe política. Todos los hombres llevan brazaletes y corbatas negras. Las mujeres con mantillas, llevan un ramito de violetas, que depositan sobre el ataúd. «Hubiera dado con gusto mi vida por la de ella» −dice una. La fila interminable se mantiene a lo largo de varios kilómetros. Es una fila silenciosa. […] Lo que es extraño y paradojal, en este excepcional destino de mujer, es quizá que Evita Perón ha sabido conciliar sus gustos de lujo y ostentación nacidos en el curso de una juventud desdichada, con un irrebatible apostolado (*Paris Match*, 2 de agosto de 1952).[67]

> Una mujer que jamás se olvidará: Eva Perón. Acaba de caer en los brazos de la muerte una de las mujeres más importantes del mundo (*Diario de Nueva York*, 10 de agosto de 1952).[68]

> No ha habido ni habrá muchas mujeres iguales a ella en el mundo y la Argentina, por todo lo que le debe, no la olvidará jamás (*A Gazeta*, Río de Janeiro, 29 de julio de 1952).[69]

> Todo un pueblo ha llorado su muerte y ningún sofista nos podrá hacer creer que esas gentes que se han apretujado para verla una única vez en su féretro, hayan venido por orden o cortesía. Vienen porque la quieren, para manifestar el amor y el reconocimiento que experimentaban para aquella que, en pocos años, había sabido sacarlos del espantoso abismo donde los había sumergido y mantenido el reino de los «caciques» apellidados injustamente liberales (*Liège Magazine*, Lieja, Bélgica, septiembre de 1952).[70]

[67] En Pichel, *Evita íntima...*, cit., pág. 293.
[68] Ibídem, pág. 310.
[69] Ibídem, pág. 311.
[70] Ibídem, pág. 315.

Eva Duarte de Perón, sin dejar de ser argentina, pasa a la posteridad como una figura continental, ingresa al mundo de los inmortales como Eva de América (*Economía*, La Paz, Bolivia, 5 de septiembre de 1952).[71]
Obtuvo la igualdad jurídica y legal de la mujer argentina, y a pesar de la oposición de la alta burguesía, logró dar a su país una legislación social femenina, de la cual se inspiran no solamente la América Latina sino muchos otros países del mundo (*La Patria*, Montreal, Canadá, 28 de julio de 1952).[72] Eva de América, tus legiones mundiales de descamisados están en pie, listos para librar las batallas por la supervivencia del espíritu, por el reinado de la justicia social, seguras del triunfo porque llevan a Cristo y a ti por bandera (*Claridad*, Bogotá, Colombia, 31 de octubre de 1952).[73]
El país hermano se ha puesto de luto y todos los pueblos del mundo se asocian en el duelo de la Argentina, porque el mundo sabe que ha perdido a una mujer extraordinaria, a la mujer que quizá, cuando, pasados unos años, la historia de esta década esté madura, califiquen como la mujer del siglo. [...] Renunció a ser una mujer de sociedad para entregarse por entero a mejorar la sociedad de su país. Y en su corazón inmenso hallaron acogida todas las pequeñas y grandes tragedias de los descamisados («Una mujer extraordinaria», *¡Hola!*, Barcelona, España, 2 de agosto de 1952).[74]
Se dice que donde entra la política todo se corrompe, pero Eva Perón demostró que donde entra el amor la política se subyuga. Aseguramos que su obra y su amor por el pueblo quebrarán todas las normas existentes en esa materia y su obra quedará grabada para siempre en todos los corazones sin distinción de credos, razas o ambiciones («Eva Perón», *Al Amal*, Beirut, Líbano, 29 de agosto de 1952).[75]
Para los historiadores Eva Perón será, indiscutiblemente, la mujer más extraordinaria en las crónicas latinoamericanas, hasta nuestro

[71] En Fernando De Virgilio, *Eva Perón, heroína y mártir de la patria*, Buenos Aires, 1974.
[72] Ibídem.
[73] Ibídem.
[74] Ibídem.
[75] Ibídem.

tiempo. [...] Era encantadora y murió en el cenit de su belleza [...]. En su tumba como en su vida Eva Perón continúa siendo una potencia en su patria (*New York Times*).[76]

Hasta la revista *Life*, que no se caracterizaba por sus simpatías con el peronismo, en su edición del 11 de agosto de 1952 admitió que el dolor popular no podía atribuirse a

> [...] las exigencias de ningún dictador, como lo es su marido Juan Perón. Fue genuino y profundo y reveló que Evita, que contribuyó poderosamente a llevar a su pueblo hacia el totalitarismo y la bancarrota, había ganado también su amor.[77]

También en la Argentina, uno de los pocos medios claramente opositores que seguían distribuyéndose en los kioscos, el diario *La Nación*, se sentía obligado a reconocer:

> Conmueve hoy profundamente al país la muerte de Eva Perón. En las calles metropolitanas, en todas las ciudades y pueblos de la República, [...] a aquel sentimiento de dolor ha de sumarse una sensación de perplejidad. Y mientras la inmensa masa de sus partidarios la llora, su alejamiento definitivo no puede dejar indiferente al resto de la sociedad, tan amplio lugar ha ocupado ella en la existencia argentina de los tiempos recientes. Es que Eva Perón, objeto de exaltaciones antes nunca suscitadas entre nosotros por una personalidad femenina −acaso porque ninguna antes tampoco adoptó las modalidades de su acción avasalladora, y blanco asimismo de oposiciones tan hondas como la solidaridad de sus partidarios−, ha constituido en su breve paso por la vida colectiva de la Nación un acontecimiento cuya dilucidación y juicio corresponde desde luego al futuro, pero ante el que nadie pudo, sin duda, permanecer impasible. Muere en plena juventud. Su obra, y más extensamente todo un movimiento que la reconoció su abanderada pertenece aún a los hechos del día [...] y a esta hora de su inmovilidad, de su silencio, no existe pues la

[76] En Erminda Duarte, *op. cit.*
[77] En Marysa Navarro, *op. cit.*

FELIPE PIGNA

perspectiva necesaria para formar un juicio al que esté ajena la actuación personal de quien lo formule. Cabe, eso sí, señalar ya [...] el carácter excepcional de su figura, revelado a través de sucesos que se reflejan sobre ella, o en los que ella fue una voluntad decisiva. Nadie podrá olvidarla al evocar este período. Su nombre queda al frente de una fundación de ayuda social, e inscripto dentro y fuera del país en calles, en plazas, en el título de una de las nuevas provincias, en una declaración legislativa que la proclamó Jefa Espiritual de la Nación y una ley de Estado que ha dispuesto erigirle monumentos recordativos en la Capital Federal y en todas las capitales de provincia. Queda unido a iniciativas y campañas como la del sufragio femenino, o a declaraciones destinadas a postular principios que le fueron caros.[78]

Como cuando estaba viva

El cuerpo de Evita, tras una salva de 21 cañonazos y un nuevo toque de silencio, fue ingresado al edificio de la CGT. Su destino final debía ser el monumento cuya creación, semanas antes de la muerte de Evita, había aprobado el Congreso por ley 14.124.[79] Pero hasta tanto se construyese ese mausoleo había que definir dónde permanecería. Inicialmente, la intención de Perón era enterrarla en la iglesia de San Francisco, de la esquina de Alsina y Defensa, a una cuadra de Plaza de Mayo. En la misma noche del 26 de julio, el presidente envió al intendente porteño, Jorge Sabaté, y al jefe de Ceremonial, Raúl Margueirat, para hablar con los superiores de la Orden Franciscana en Buenos Aires, que aceptaron el pedido y destinaron un sitio junto a un confesionario lateral de la iglesia. Pero ante el reclamo de una delegación de la CGT, integrada por Espejo, Santín y Soto, Perón cambió de parecer. Según recordaba Florencio Soto:

> Lograr que Eva Perón fuera depositada en la CGT costó bastante: ni Perón ni la madre estaban de acuerdo. Nosotros recurrimos a varios discursos de Evita donde claramente había expresado esa voluntad.[80]

[78] *La Nación*, 27 de julio de 1952.
[79] Véase el capítulo final de este libro.
[80] Testimonio de Florencio Soto, en Borroni y Vacca, *La vida...*, cit., pág. 325.

Fue así que, el 10 de agosto de 1952, Evita quedó en custodia de la Confederación General del Trabajo. En la mañana siguiente, el doctor Pedro Ara llegó para iniciar el embalsamamiento definitivo. En el segundo piso se habilitó una habitación, con todo el equipo necesario para su labor, que culminó en 1953.

Para entonces, las obras del monumento-mausoleo recién estaban comenzando, por lo que Evita continuó en la CGT. En el segundo piso del edificio, cerca del «laboratorio» del doctor Ara, una habitación fue reacondicionada como capilla. Según recordará Perón:

> Las paredes de aquel sepulcro estaban recubiertas de paño de color azul y dentro había una pequeña mesa sobre la cual el doctor Ara tenía sus ácidos e implementos. La cámara estaba casi a oscuras; la iluminaba apenas una luz mortecina que venía de la buhardilla. Una puerta de madera con dos ventanas de vidrio opaco daba acceso a aquel lugar en el que ninguno podía entrar. Existía una sola llave y la tenía el médico español [...].[81]
> Fui tres veces a ver a Evita. Cada vez experimenté una emoción distinta. Delante de la puerta sentí un extraño sudor descenderme de la espalda; el rumor de la llave que giraba en el picaporte llegaba a parecerme un llanto. Después seguía un gran silencio como si las hojas de aquella puerta fuesen las puertas de la eternidad. Eva estaba rígida, blanca como una nube. Alargué la mano pero la retiré de inmediato; temía que el calor de mi mano la redujera a polvo como sucede con el aire en los sepulcros antiguos. Ara se me acercó y me dijo en voz alta: «No tema. Está tan intacta como cuando estaba viva».[82]

---

[81] En cambio, Borroni y Vacca (*op. cit.*, pág. 321) señalan que también Perón y el secretario general de la CGT, José Espejo, tenían llaves de ese recinto.

[82] Juan Perón, *Del poder al exilio...*, cit., pág. 70.

Esa mujer

Si, como aseguraba el doctor Ara, el cuerpo de Evita permanecía «intacto», todo alrededor comenzaba a cambiar. Los signos de la crisis económica que se venía incubando desde hacía más de dos años empezaban a volverse indisimulables. La expansión masiva del consumo, al que por primera vez había tenido acceso la amplia mayoría de la población, no había estado acompañada de inversiones que aumentasen la producción en la medida necesaria, lo que se hacía más notorio en las actividades agrícolas y ganaderas. El país iniciaba los tiempos sin Evita con un Plan de Emergencia Económica, al que pronto se sumaría la puesta en marcha del Segundo Plan Quinquenal, orientado al aumento de las inversiones (incluidas las extranjeras) y de la «productividad», con incrementos salariales que empezaban a retrasarse con respecto al costo de la vida.[1] Se trataba de una reorientación de las políticas que los trabajadores habían identificado con el peronismo, y su líder debería encararla sin contar a su lado con su «mejor compañera», portavoz y «puente de amor» con el pueblo. La prosperidad parecía haberse ido con la muerte de Evita, y para sus «descamisados» los mejores años de sus vidas quedarían indisolublemente ligados a los tiempos en que «la abanderada de los humildes» estaba viva.

Si Evita viviera

A pedido de Perón, las cartas que solicitaban ayuda a la Fundación siguieron fluyendo a la residencia, dirigidas a Evita como siempre. Pronto quedó en claro que su figura era insustituible. Ni el General estaba en condiciones de ocupar ese rol.

---

[1] Sobre los cambios ocurridos en el peronismo tras la muerte de Evita y sobre el Segundo Plan Quinquenal, véase *Mitos de la historia argentina 4...*, cit., págs. 285-287.

Al principio, Perón trató de atender personalmente todo lo relativo a la Fundación, dedicándole cuatro horas por la tarde, dos días a la semana. Pero no tenía ni el tiempo, ni la paciencia, ni la sensibilidad de Evita para esos menesteres. Poco después, Atilio Renzi debió hacerse cargo de recibir a quienes anteriormente atendía directamente la «dama de la esperanza». De manera similar, Perón asumió la presidencia del Partido Peronista Femenino, pero pronto tuvo que delegar esa conducción en la diputada Delia Degliuomini de Parodi.

Incluso en la relación con el movimiento obrero, donde Perón reforzó su vínculo directo con los dirigentes de la CGT y de los sindicatos, las cosas ya no eran las mismas. No habían pasado tres meses de la muerte de Evita, cuando los sindicalistas más estrechamente ligados a ella cayeron en desgracia. El 17 de octubre de 1952, durante el mismo acto en que se leyó el testamento de Eva, el secretario general de la CGT, José Espejo, recibió una silbatina al iniciar su discurso. Los chiflidos y abucheos fueron incentivados por sectores del sindicalismo y del Partido Peronista que a partir de la muerte de Evita habían iniciado una sorda pero feroz «interna» por ganar posiciones, a expensas de quienes habían sido los más estrechos colaboradores de la Señora.[2] Pero encontraron eco en el descontento por el retraso salarial que empezaba a notarse, a partir de la inflación y las medidas de ajuste del Plan de Emergencia. A consecuencia de esa rechifla pública, Espejo tuvo que renunciar, al igual que los demás integrantes de la conducción ejecutiva de la CGT.[3]

Desde entonces, las relaciones con el movimiento obrero no serían las mismas. Las nuevas autoridades cegetistas, encabezadas por Eduardo Vuletich, también avalaron las nuevas políticas salariales del gobierno, pero no lograron imponer en toda la línea las medidas tendientes al aumento de la «productividad». La discusión de los convenios colectivos se volvió más áspera, y como señala Vera Pichel:

[2] Esa «lucha de posiciones» también tendría lugar dentro de las estructuras políticas del movimiento, con el desplazamiento de hombres como Héctor J. Cámpora. También la muerte de Juancito Duarte, aunque en ella intervinieron otros factores, se puede relacionar con la embestida contra la dirigencia más próxima a Eva Perón a partir de la segunda mitad de 1952, todo en el contexto de las crecientes dificultades y la ausencia de Evita. Sobre estos temas, véase *Mitos de la historia argentina 4...*, cit., págs. 287-299.

[3] Al respecto, véase Louise M. Doyon, *Perón y los trabajadores. Los orígenes del sindicalismo peronista, 1943-1955*, Siglo XXI, Buenos Aires, 2006, págs. 369-370.

[...] sus consecuencias determinaron una especie de desazón en sectores obreros, que comenzaron a sentir la ausencia de Evita. Los pobres más pobres empezaron a saberse desprotegidos. Los dirigentes sindicales acostumbrados a festejar con ella sus conquistas, percibieron la valla que imponían las nuevas autoridades de la CGT.[4]

Sin Evita, Perón no tenía en quién delegar el papel de abanderada del movimiento, y él mismo, como Presidente, no estaba en condiciones de asumirlo plenamente. La figura de Evita como expresión más intransigente del peronismo se fue forjando en esos años. El propio General, a la larga, contribuyó a reforzar esa imagen. En las entrevistas concedidas a Tomás Eloy Martínez en 1970 dirá:

Si Eva hubiera estado viva el 16 de junio de 1955, quizá hubiera exigido el fusilamiento de los rebeldes. Ella era así, peronista fanática, sectaria. No quería transar con nada que no fuese peronista. Pero había que medir con cuidado esas decisiones: en la tarea política, el sectarismo es negativo porque resta simpatías.[5]

El retrato de Evita, presente en las casas de quienes habían vivido su nombre, para más de un peronista resultaba un recordatorio de los años previos, los de las grandes transformaciones sociales, casi como un contraste con todo lo que vino después.

El monumento que no fue

Entretanto, el nombre y el retrato de Eva Perón se generalizaban en todos los ámbitos públicos, exacerbando el rencor que siempre le habían tenido los «contreras». Sin embargo, el mayor homenaje que se pensaba rendirle, su monumento y mausoleo, nunca llegaría a completarse.

Desde 1946 rondaba la idea de levantar un «Monumento al Descamisado», que Evita retomó en 1951, con anuencia de Perón. El dise-

[4] Pichel, *Evita íntima...*, cit., pág. 274.
[5] Declaraciones de Perón de 1970 a Tomás Eloy Martínez, en *Las memorias del general*, cit., pág. 50.

ño fue encargado a Leone Tommasi, escultor italiano que por entonces estaba realizando las estatuas monumentales que debían coronar la fachada del edificio de la Fundación sobre la avenida Paseo Colón (convertida luego en la sede principal de la Facultad de Ingeniería de la Universidad de Buenos Aires). Según afirmarían fuentes oficiales, en su lecho de enferma Evita llegó a ver la maqueta presentada por Tommasi; le habría hecho sugerencias de cambios y manifestado la intención de que se convirtiese, también, en su mausoleo:

> Que sea el mayor del mundo. Tiene que culminar con la figura del descamisado. En el monumento mismo haremos el Museo del Peronismo. Habrá una cripta para que allí descansen los restos de un descamisado auténtico. De aquellos que cayeron en las jornadas de la Revolución. Lo buscaremos y él representará a todos los descamisados. Allí, espero descansar yo cuando muera.[6]

La idea de convertir el «Monumento al Descamisado» en uno destinado a Evita se oficializó cuando ella todavía estaba viva. El 18 de junio de 1952, la diputada Celina Rodríguez de Martínez Paiva presentó un proyecto de ley en ese sentido. Más de ochenta intervenciones llenaron unas doscientas páginas del Diario de Sesiones de la Cámara de Diputados, en un torneo de oratoria en que todos exaltaban la personalidad y la obra de Eva Perón.[7] Así, la diputada nacional Celfa Argumedo decía:

> ¡Plásmese en mármol y bronce la efigie de nuestra Madre Eva! [...] Que quede junto a estas realizaciones, para contemplación y veneración de las generaciones venideras, el monumento que el pueblo agradecido le levantará muy pronto a Eva Perón, frente al cual presiento, en un día muy lejano, se encontrará uno de los privilegiados de hoy, un niño del presente, peinando canas sobre la arrugada frente que albergará un recuerdo feliz de la hora actual, para mostrar a su nieto la figura grácil y bella del ángel que veló su infancia, y al preguntarle el niño: «¿Quién es?», responderá,

[6] *Monumento a Eva Perón*, Presidencia de la Nación, Subsecretaría de Informaciones, Buenos Aires, 1953, pág. 3. Véanse también Marysa Navarro, *op. cit.*, pág. 298, y Borroni y Vacca, *La vida...*, cit., págs. 287 y siguientes.
[7] Pichel, *Evita íntima...*, cit., pág. 256.

sin poder impedir que unas lágrimas empañen sus pupilas: «Es la Patria».[8]

Un mes antes de que Evita muriese, el proyecto fue aprobado en Diputados y pasó al Senado. Finalmente, el 4 de julio de 1952 quedó aprobada la ley 14.124, promulgada tres días después por el Poder Ejecutivo:

Artículo 1° - El Poder Ejecutivo Nacional procederá a erigir en la ciudad de Buenos Aires un monumento a Eva Perón, como homenaje del pueblo argentino al espíritu que impulsa su obra de bienestar colectivo y su acción de mejoramiento social.

Art. 2° - El monumento se erigirá en la Plaza de Mayo o lugares adyacentes o en otros sitios de la ciudad vinculados, si fuera posible de acuerdo con la naturaleza del mismo, a los hechos históricos sobresalientes de la vida nacional.

Art. 3° - La réplica del monumento a que se refiere el artículo primero deberá erigirse en la Capital de cada provincia y de cada territorio nacional.

Art. 4° - La ejecución de la presente ley estará a cargo de una comisión nacional [...].[9] La Comisión deberá iniciar sus tareas dentro de los treinta días de promulgada esta ley y terminarlas en el plazo de dos años de iniciadas sus funciones.

Art. 5° - El gasto que origine el cumplimiento de esta ley se costeará íntegramente por aportes del pueblo. Los fondos que se recauden serán depositados en una cuenta especial en el Banco de la Nación Argentina a la orden de la comisión.

Art. 6° - La comisión podrá invertir para gastos administrativos la cantidad de $ 20.000 anuales, pudiendo recabar para el cumplimiento de sus tareas la adscripción de empleados nacionales.

[8] En *Eva Perón en el bronce*, Presidencia de la Nación, Subsecretaría de Informaciones, Buenos Aires, 1952, págs. 65-70.

[9] La Comisión quedó integrada fundamentalmente por legisladoras nacionales: las diputadas Celina Rodríguez de Martínez Paiva, Dora Matilde Gaeta y Delia Degliuomini de Parodi, y las senadoras Juana Larrauri, Hilda Nélida Castañeira y María Rosa Calviño de Gómez. A ellas se sumaron varios hombres: como representantes del Consejo Superior del Partido Peronista, Alberto Teissaire y Héctor Cámpora; en representación de la CGT, Florencio Soto; y por el Poder Ejecutivo, el subsecretario de Informaciones de la Presidencia de la Nación, Rául Alejandro Apold, y el ministro de Obras Públicas, ingeniero Roberto M. Dupeyrón.

Art. 7º - Autorízase al Poder Ejecutivo Nacional a entregar de rentas generales a la comisión la suma de $ 4.000.000 como anticipo, con cargo de reintegro.

Art. 8º - Comuníquese al Poder Ejecutivo.[10]

La Comisión comenzó a tratar con Tommasi varios cambios en el proyecto. Una primera modificación propuesta fue que, en lugar de la figura monumental del obrero que debía rematar el monumento, se emplazase una escultura de Eva Perón, nueva destinataria del homenaje. Tommasi tuvo que convencerlos de que no era conveniente, argumentando que «las formas gráciles y delicadas del cuerpo de Evita no pueden reemplazar las dimensiones colosales y el volumen que ocupará la estatua del descamisado». En cambio, se llegó a un acuerdo para que la cripta destinada a Evita se ubicase en el centro de la sala, bajo la cúpula principal.[11]

Aunque el artículo 2º de la ley sugería su emplazamiento en el centro de la capital, se prefirió otro lugar vinculado a Evita: frente a la residencia presidencial, donde había fallecido. Las dimensiones de la obra exigían un predio de esas proporciones, como era el parque aledaño a la Facultad de Derecho, en el corazón de uno de los barrios más exclusivos de Buenos Aires. El monumento proyectado tenía 137 metros de altura. El mausoleo demandaría 42.000 toneladas de material. La estatua que remataba la obra sería esculpida en el mejor mármol de Carrara y alcanzaría los 61 metros. En su parte inferior estaría la tumba-altar de Evita, que descansaría junto al sepulcro de un descamisado anónimo, en representación de todos los caídos en la lucha popular, y junto a los restos de Perón, que deberían ser depositados allí cuando «pasara a la inmortalidad». Toda su base estaría cubierta de frisos conmemorativos de los grandes momentos de la historia peronista y de monumentales bustos de Evita y Perón. El proyecto fue presentado en público en una exposición de las maquetas. Una edición especial del noticiero cinematográfico *Sucesos Argentinos* lo describía como el monumento más alto del mundo, al superar ampliamente los 91 metros de la Estatua de la Libertad de Nueva York y los «humildes» 38 metros del Cristo del Corcovado de Río de Janeiro.

[10] En *Eva Perón en el bronce*, cit., págs. 499-502.
[11] Borroni y Vacca, *La vida...*, cit., pág. 289.

Pocos meses después de la muerte de Eva Perón, se inició una gran colecta nacional para reunir los fondos necesarios. La CGT dispuso destinar a esa campaña los salarios del día 22 de agosto, «Día del Renunciamiento» de Evita. Los trabajos comenzaron recién a fines de 1954, con una excavación de 60 metros de profundidad que significó la remoción de 18.000 metros cúbicos de tierra. Era el inicio de la «platea de fundación» del monumento en la que se emplearon 400.000 kilos de hierro y 4.000 metros cúbicos de hormigón. En abril de 1955 se anunció que a fin de ese mes se iniciarían las obras de «la estructura elevada». Se trataba de una serie de esculturas que representaban los símbolos máximos del peronismo: «La Razón de mi vida», «el Justicialismo», «el conductor», «los derechos del trabajador», «la independencia económica».[12]

Al producirse la llamada «Revolución Libertadora», el proyecto estaba en plena ejecución; pero en diciembre de 1955 el escultor Tommasi recibió una visita inesperada: un comando llegó hasta su atelier del pequeño pueblo de Pietrasanta en los Apeninos, para destruir su obra. La emprendió a pico y martillo contra los bustos monumentales de Evita y Perón, que quedaron seriamente dañados. Pero no llegaron a ubicar los frisos, que habían sido colocados en las paredes del comedor de los obreros de la cantera donde trabajaba el escultor. Hoy, los obreros piamonteses de la Henraux almuerzan todos los días bajo la mirada protectora de Evita.

Si los libertadores vivieran

Perón fue derrocado por el golpe de Estado autodenominado «Revolución Libertadora», iniciado el 16 de septiembre de 1955 en unidades del Ejército en el interior y en la base naval de Puerto Belgrano. Junto con los militares actuaron «comandos civiles» integrados por militantes de partidos de la oposición y de grupos católicos. Por varios días la situación estuvo indefinida. En Córdoba se habían hecho fuertes los «insurrectos» dirigidos por el general Eduardo Lonardi, pero el intento de Pedro Eugenio Aramburu de tomar la guarnición de Curuzú Cuatiá fracasó. Entretanto, la flota salida de Puerto Belgrano bombardeaba

[12] Revista *Mundo Peronista*, año IV, número 85, mayo de 1955.

Mar del Plata y amenazaba hacer lo mismo con la destilería de Ensenada. Según dirá Perón:

> Pude haber resistido, provocando así la muerte de un millón de compatriotas. Teníamos cómo hacerlo. Nos bastaba con entregar las armas al pueblo. Para mí el asunto era muy simple: decretaba la movilización general, formaba una división en Buenos Aires (para lo cual contaba con las armas necesarias), marchaba sobre Córdoba y fusilaba a todos lo que intervinieron en el golpe. Para mí, un general, todo eso era muy simple.
>
> ¿Pero qué resolvíamos haciéndolo? La sinarquía internacional se nos iba a echar encima furiosamente. Quizá nos iban a enviar los marines. ¿Qué favor le hacíamos al país? ¿Liberábamos así al continente? Nos iban a aplastar de una manera o de otra, sacrificando al pueblo y destruyendo lo que habíamos hecho durante diez años [...].[13]

Mientras Perón aún confiaba en que las fuerzas «leales» se impondrían, el doctor Pedro Ara se preocupaba por el destino del cuerpo de Evita. Se comunicó con el secretario del Presidente, el mayor Alfredo Renner. Perón «le mandó decir que ya lo llamaría» para darle instrucciones.[14] Pero el 19 de septiembre delegó el mando militar en una junta de altos oficiales, envió su renuncia al Congreso y al día siguiente pidió asilo al Paraguay, país al que finalmente partiría el 3 de octubre de 1955, comenzando más de 17 años de exilio.[15]

El 23 de septiembre había asumido la presidencia el golpista general Eduardo Lonardi. Al hacerlo reiteró una frase que, más allá de sus intenciones, tenía tristes antecedentes en la historia argentina: que no habría «ni vencedores ni vencidos». En 1852 la había pronunciado Justo José de Urquiza, al derrocar a Juan Manuel de Rosas. Para los antiperonistas se trataba de identificar a esas dos figuras como las de la «primera» y la «segunda tiranías».

El plan de Lonardi y su sector, integrado por nacionalistas y ca-

---

[13] Declaraciones de Perón de 1970 a Tomás Eloy Martínez, en *Las memorias del general*, cit., págs. 55-56.

[14] Dujovne Ortiz, *op. cit.*, pág. 460.

[15] Sobre el derrocamiento de Perón, véase *Mitos de la historia argentina 4...*, cit., págs. 355-363.

tólicos, era rescatar la estructura política peronista y su base social, fundando un «peronismo sin Perón». Aunque en todo el país comenzaba una ola revanchista, en manos de los «comandos civiles» y los sectores antiperonistas más recalcitrantes, Lonardi y sus colaboradores más cercanos limitaban sus ataques y denuncias contra el «régimen depuesto» a la persona de Perón y unos pocos funcionarios. También adoptaron esa actitud «moderada» respecto del cuerpo de Evita. Por varios días, la custodia siguió a cargo de los mismos guardias que antes, y el doctor Ara siguió concurriendo al edificio de la CGT, sin que nadie se lo impidiera. El gobierno se limitó en ese momento a encargarles al nuevo ministro de Asistencia Social y Salud Pública, el general médico Ernesto Alfredo Rottger, y a su subsecretario, el doctor Francisco Elizalde, que ordenasen un peritaje para determinar si, efectivamente, se trataba de Eva Perón. Innecesariamente, ya que podrían haber tomado las impresiones en el lugar, los peritos seccionaron un pulgar para analizar las huellas dactilares, y el resultado fue positivo: a pesar de los «trascendidos» que había hecho circular la «contra» en los pasados tres años, su cuerpo, preservado por la labor del doctor Ara, se encontraba en Azopardo 802.[16]

En octubre, las hermanas de Evita hicieron llegar a Lonardi una solicitud formal para que fuese entregado a la familia, a fin de darle sepultura. En su libro *Mi padre y la revolución del 55*, Marta Lonardi señala:

> Hubo una reunión de gabinete para tratar su destino final y allí escucharon distintas opiniones, que proponían desde la cristiana sepultura hasta la cremación o la disolución del cadáver en ácidos especiales. Pero fue corta, el general Lonardi puso término sosteniendo que se le daría cristiana sepultura en el momento oportuno; mientras tanto quedaría donde estaba.[17]

Pero el momento oportuno no llegó y el pedido de la familia Duarte quedaría eternamente sin respuesta.

---

[16] Borroni y Vacca, *La vida...*, cit., pág. 339. Según Alicia Dujovne Ortiz (*op. cit.*, pág. 461), el peritaje fue realizado por los doctores Nerio Rojas, Julio César Lascano González y Osvaldo Fustinoni.

[17] Marta Lonardi, *Mi padre y la revolución del 55*, Cuenca del Plata, Buenos Aires, 1981, pág. 204.

Gorilas en la niebla

La actitud conciliatoria del Presidente fue rápidamente atacada por los sectores liberales, encabezados por el vicepresidente Isaac Rojas. El general Lonardi fue desplazado por el general Pedro Eugenio Aramburu, representante del sector liberal del Ejército, el 13 de noviembre de 1955. El almirante Rojas conservó su cargo de vicepresidente.

La segunda etapa de la «Revolución Libertadora», encabezada por el binomio Aramburu-Rojas, se caracterizó en el terreno político por su decidida acción contra el peronismo depuesto. La CGT fue intervenida y se lanzó una persistente persecución de militantes o simples simpatizantes peronistas, que incluyó el encarcelamiento de más de 4.000 personas, la tortura sistemática y el fusilamiento de 33 civiles y militares en junio de 1956.

El gobierno de la llamada «Revolución Libertadora» en febrero de 1956 decidió el ingreso de la Argentina al Fondo Monetario Internacional y aplicó el «Plan Prebisch», el primer programa de «ajuste» del FMI practicado en nuestro país. El plan atacó la regulación económica, desmanteló el IAPI y las instituciones destinadas al bienestar social de la población, promovió algunas privatizaciones de empresas del Estado, estimuló las inversiones externas y congeló, o sea rebajó, los salarios.

La nueva política perjudicó a la clase obrera. Su masiva afiliación peronista la convertía en objeto de persecuciones encubiertas o abiertas en los barrios y en los centros laborales.

Se dio rienda suelta a un revanchismo con un fuerte acento de odio de clase. Se formaron inmensas fogatas en los hogares y policlínicos de la Fundación Eva Perón, donde se quemaron miles de libros y más de 100.000 frazadas, sábanas, cubrecamas, platos y cubiertos porque llevaban el sello de la institución. Decenas de pulmotores fueron destruidos por la misma sinrazón. Pocos meses después, una gravísima epidemia de polio se abatió sobre el país. Muchos chicos argentinos murieron por falta de aquellos equipos y, ante la tragedia consumada, los «libertadores» tuvieron que importar veintiún aparatos desde los Estados Unidos.

Miles de automóviles, camiones, camionetas y colectivos pertenecientes a la Fundación pasaron a instituciones militares y a las cocheras de oficiales de las tres fuerzas.

La Ciudad Infantil, conocida y admirada en el mundo como un ejemplo de contención y educación de la infancia desvalida, fue asaltada por las tropas. Sus pequeñas casitas, que reproducían los edificios clásicos de una ciudad, y un enorme comedor que alimentaba a centenares de niños por día fueron aplastados por los tanques y sus piscinas fueron cegadas con cemento.

La residencia presidencial de Austria y Libertador, el Palacio Unzué, un edificio histórico que lo era aún más desde que Evita había muerto allí, fue demolida para evitar que se convirtiese en un lugar de peregrinación peronista. En su lugar se proyectó la construcción de la Biblioteca Nacional que tardaría más de tres décadas en concretarse. La idea se asemejaba a la instalación del monumento a Sarmiento en donde se encontraba la también demolida residencia de Rosas en lo que, recordando el día de su derrota en Caseros, se llamó el parque «Tres de Febrero». Era la erección de símbolos de la «civilización» donde había habitado la «barbarie», aunque eso significara la bárbara destrucción de monumentos históricos. En la misma línea de pensamiento, Aramburu ordenó la demolición de la que fue la casa de Eva Perón en la calle Teodoro García.

El último sueño de Eva Perón fue la construcción del Hospital de Niños mejor equipado y más grande de Sudamérica, que comenzó a construirse en un predio de 94.000 hectáreas en el barrio de La Paternal, sobre la calle Warnes. Los «libertadores» evaluaron que iba a ser un monumento a la obra de Evita y decidieron desistir de la construcción. Prefirieron salvaguardar sus miserias políticas a la atención de la salud infantil. El lugar fue abandonado en avanzado estado de construcción y lentamente fue ocupado por familias que lo bautizaron como el «albergue Warnes». Casi como alegoría, un presidente de origen peronista pero que había «evolucionado» hacia el autodenominado «neoliberalismo», el mismo que fue a visitar en su lecho de enfermo al almirante Rojas y se despidió con un recordado beso, fue el encargado de demoler, entre otras cosas, lo que quedaba del esqueleto del Hospital Pediátrico María Eva Duarte de Perón.

La furia de la «desperonización» alcanzó grados inauditos bajo el gobierno de Aramburu. Si ya en los días inmediatos al golpe de septiembre se habían destruido bustos, retratos e inscripciones que tuviesen que ver con «el tirano depuesto» y su esposa, desde fines de 1955 las medidas de los «libertadores» apuntaban a no dejar nada en pie que recordase a Perón y a Evita. Por decreto-ley los adalides de la «democracia» inhabilitaron para ocupar cargos (incluidos los electivos) y hasta para ser empleados en la administración pública, en todos los órdenes (nacional, provincial y municipal), a quienes hubiesen desempeñado funciones desde el 4 de junio de 1946. El decreto-ley 4161 del 9 de marzo de 1956 llevó la persecución al colmo: nombrar a Perón y Evita, usar las expresiones «peronismo», «peronista», «justicialismo», «justicialista», «tercera posición» y hasta la abreviatura «P.P.», poseer una «fotografía, retrato o escultura de los funcionarios peronistas o sus parientes» o cualquier símbolo del peronismo constituían delitos, con penas que iban de treinta días a seis años de cárcel.

Secuestro y «desaparición» del cadáver de Evita

Para quienes querían borrar hasta del habla a Perón y al peronismo, el cuerpo de Evita era un serio «problema». Tras arduos debates sobre qué debía hacerse con él –que incluyeron proposiciones premonitorias, como arrojarla al mar desde un avión de la Marina o incinerar el cadáver–, se decidió que, ante todo, debía sacársela de la CGT para evitar que el edificio de la calle Azopardo se transformara en un lugar de culto y por lo tanto de reunión de sus fervientes partidarios. Como se le escuchó decir al subsecretario de Trabajo del gobierno golpista: «Mi problema no son los obreros. Mi problema es "eso" que está en el segundo piso de la CGT».

La misión fue encomendada a un personaje que, desde su mismo nombre, tenía resonancias siniestras: el teniente coronel Carlos Eugenio Moori-Koenig,[18] cuyo apellido se puede traducir como «rey de la ciénaga».[19] Moori-Koenig estaba a cargo del Servicio de Informaciones del Ejército (SIE), órgano que como su análogo de la Marina, el SIN, tendría desde entonces una larga trayectoria en la persecución ideológica, la «guerra sucia» y el terrorismo de Estado.

A las diez de la noche del 23 de noviembre de 1955, Moori-Koenig y su lugarteniente, el mayor Eduardo Antonio Arandía, ordenaron a los capitanes Lupano, Alemán y Gotten que abandonaran sus puestos de guardia en la CGT, sobre la puerta que separaba a Eva Perón

[18] El teniente coronel Carlos Eugenio Moori-Koenig había ingresado al Servicio de Informaciones del Ejército en 1941 y había dado sobradas muestras de su antiperonismo fanático.
[19] María Seoane y Matilde Sánchez, «Evita, entre la espada y la cruz», *Clarín*, 21 de diciembre de 1997.

del mundo exterior. El teniente coronel, el mayor y la patota que los acompañaba (unas veinte personas, todas de civil) traían la orden de secuestrar el cadáver de la mujer más amada y más odiada —aunque claro, no en las mismas proporciones— de la Argentina.

El primer sorprendido fue el interventor de la CGT, capitán de navío Alberto Patrón Laplacette. Aunque lo habían llamado para avisarle de la «visita» fuera de hora, seguramente para evitar que el «comando» fuese recibido a los tiros por los infantes de marina que custodiaban el edificio, no le habían dicho de qué se trataba. Recién cuando entró a su despacho, Moori-Koenig le informó al marino que, «en cumplimiento de una orden confidencial y verbal» de Aramburu, venía a llevarse el cadáver de Eva Perón. Hubo una agria discusión entre los dos militares. Para dejarle cumplir su cometido, Patrón Laplacette reclamó que «el rey del pantano» le firmase un recibo.[20]

Entretanto, Arandía había hecho subir al segundo piso el ataúd en que Evita había sido velada en el Ministerio de Trabajo y el Congreso. Luego encaró al doctor Ara. El mayor Arandía, «sin más preámbulos», le reclamó que le entregara «todos los papeles, clichés, fotografías y cualquier otra clase de documentos que posea sobre este asunto, pues "queremos" quemarlo todo como un paso más hacia la destrucción del mito».[21] El médico, apenas repuesto del susto, negoció con los militares conservar algunos documentos «por si tuviera que defender mi dignidad personal y profesional». Por su parte, se ofreció a ayudarlos a preparar el cuerpo para el traslado. «Se me daría recibo de lo que entregara y podría retirar libremente del segundo piso de la CGT lo que fuera de mi propiedad».[22] Finalmente, Moori-Koenig hizo que cuatro gremialistas se encargasen de colocar a Evita en el féretro y fuesen testigos «del trato respetuoso que se dará al cadáver».

Era más de la una de la madrugada del 24 de noviembre de 1955 cuando los pocos actores y los muchos espectadores o testigos fuimos convergiendo en la capilla ardiente de Eva Perón. [...] Si no recuerdo mal [...] sumarían en conjunto más de veinte personas las que allí nos encontrábamos reunidas en silencio.

[20] Carlos De Napoli, *El misterio del cadáver se resuelve*, Norma, Buenos Aires, 2003, pág. 59.
[21] Pedro Ara, *op. cit.*, pág. 253.
[22] Ibídem, pág. 254.

[...] Hombres de la CGT y soldados de la custodia, tras apartar la barrera de flores —las últimas, las que pocos días antes habían llevado mi mujer y mis hijas—, situaron el sarcófago al pie de la plataforma funeraria. La bandera nacional que durante tres años la cubrió había desaparecido [...] cuando en el asalto nocturno de los marinos fue violentamente abierta la puerta de la capilla. De todos modos —explicó Moori-Koenig— no hubiera podido ser incluida, porque la bandera de guerra no debe ser enterrada en ningún caso. Pero quedaba la del partido peronista; retiróla el teniente coronel. Al levantarla, el cuerpo de Eva apareció cubierto por la nueva túnica que desbordaba sus desnudos pies. Comprendo que el espectáculo impresionara vivamente aun a sus enemigos. Estilizada y alargada su figura bajo aquellos pliegues, de entrelazados dedos, como ligadas por las vueltas del rosario pontificio, recordaba las imágenes yacentes esculpidas en los viejos túmulos europeos. [...]

A una seña mía dos obreros se acercaron para ayudarme. Uno de ellos, sin descubrirla, la levantó tomándola con su túnica por los tobillos; entre el otro y yo levantamos por los hombros. Y así transportamos su delgado cuerpo, lentamente, con cuidado sumo, de la plataforma al fondo del ataúd, sin desordenar su peinado ni su vestido, quedando bien patente sobre él la cruz de su rosario. Mis improvisados ayudantes estaban pálidos y sudorosos por la emoción y el respetuoso temor. Más de una rebelde lágrima rodó, y no sólo de sus fanáticos adictos. Inmediatamente, el teniente coronel depositó a los pies del cadáver el plegado estandarte del peronismo.[23]

Faltaba soldar la caja metálica del ataúd, pero Moori-Koenig no había llevado soldadores entre los miembros de su patota. Ante la insistencia de Ara, preocupado por la falta de protección del cuerpo, el teniente coronel le prometió que «mañana haremos todo lo que falta».

Ese mañana no llegó nunca. Al día siguiente me telefoneó aplazando nuevamente la reunión; y al otro, igual. Traté de verlo inútilmente en su despacho de Viamonte y Callao; comprendí y no volví más. Tampoco pude volver a subir al segundo piso de la CGT [...].

[23] Ibídem, págs. 256-258.

Unos días o unas semanas después del 24 de noviembre de 1955 [...] me despertó, aún de noche, la insistente llamada del teléfono. [...] Una voz que no me era del todo desconocida dijo:

—Profesor: ya se la llevaron.[24]

En 1961, frente al periodista Raúl Jassen, el coronel Moori-Koenig dará su versión de los hechos:

Sí, yo estaba entre los que llevaron el cadáver. Me daba asco todo aquello. No entendía por qué, si estaba el país esperando otras medidas más urgentes, el gobierno había de ocuparse de una muerta. Pero yo fui porque me lo ordenaron los superiores y no podía indisciplinarme [...].
Lo sacamos de la CGT, y fuimos con él hasta la calle Sucre. Cuando yo la vi, por primera vez en aquella noche, no parecía muerta. ¡Al contrario!; estaba como cuando vivía. Parecía, simplemente, que dormitaba con un sueño profundo que en nada se parecía a la muerte. Era como si estuviera descansando luego de una jornada de mucha tarea. Algunos propusieron hacer el «trabajo» allí mismo. Primero era necesario cortarle un dedo. Era un trámite judicial para establecer si verdaderamente se trataba de su cuerpo. Pero no había, entre nosotros, nadie que supiera hacerlo. Uno de los presentes propuso hacer un tajo con un cuchillo. Pero aquello no resultaba científico. Además, yo me opuse a que así fuera. Arandía insistía en que todo tenía que hacerse rápidamente. Estaba poseído por una fiebre. Manrique se acercaba al cadáver y lo tocaba, no sé todavía con qué finalidad [...].
Al fin, fuimos al servicio. Bajamos el cajón, que no era un ataúd, sino una especie de envase para una única vez hecho al efecto. Llamamos a un médico que también pertenecía a Informaciones. Aquel asqueroso, cuando vio a Eva Perón allí, ¡comenzó a prodigarle caricias! Era un enfermo, y yo le pegué un puñetazo. Le cortó el pulgar derecho, envolviéndolo cuidadosamente. Entonces me di cuenta, no había reflexionado antes que se trataría de hacer desaparecer el cuerpo. Porque la impresión de las huellas digitales se hubieran podido tomar allí mismo.

---

[24] Ibídem, págs. 259-261.

Después, llenaron una bañera con agua y, entre los otros tres y aquel médico, metieron el cadáver en ella. Me dijeron que era para probar si verdaderamente podía resistir la corrupción. Mientras tanto, se destapó una botella de whisky y se hicieron brindis. ¡Estábamos brindando por la desaparición de un cadáver!, pero tengo la seguridad de que nadie reparaba, de verdad, en ello. En todo esto había mucho de degradante. Al principio yo me opuse. Pero no pude hacer nada y terminé como los demás. Desde entonces llevo padeciendo. Intentaron matarme en tres oportunidades; y, cuando duermo o ando por la calle, una metralleta descansa debajo de la almohada o se esconde en los pliegues del abrigo cuando voy por las calles...[25]

Como una maldición

Según dirá el dictador Alejandro Agustín Lanusse, «la desaparición de los restos de Eva Perón» fue «uno de los episodios más negativos» de la llamada «Revolución Libertadora», aunque curiosamente justificará el hecho en el interés de «protegerlos»:

La intención de quienes sustrajeron o retiraron el cadáver de Eva Perón no fue sólo quitarlo del calor popular, sino también de la ira popular. Es que nadie puede dudar de que antiperonistas enceguecidos estaban en aptitud para realizar un desastre en los primeros tiempos posteriores a la caída de Perón.[26]

Las órdenes de los jefes golpistas curiosamente denominados «libertadores» eran muy precisas: había que darle al cuerpo «cristiana sepultura», lo cual no podía significar otra cosa que un entierro clandestino. Y así, por aquellas cosas de la «obediencia debida» y del propio odio de clase, cumplieron acabadamente con su misión. El cadáver fue subido a un camión militar manejado por el capitán de navío Rodolfo Fráscoli.

[25] Raúl Jassen, «Historia póstuma de Eva Perón», publicado en 1966, en www.udel.edu/leipzig/texts2/evita01.html.

[26] Alejandro Agustín Lanusse, *Mi testimonio*, Lasserre Editores, Buenos Aires, 1977.

Pero el «rey de la ciénaga» no era sólo el jefe del SIE: era un fanático antiperonista. Sentía un particular odio por Evita, que se fue convirtiendo en una necrófila obsesión que lo llevó a desobedecer al propio presidente Aramburu, que había dado instrucciones de que el cuerpo fuese enterrado en el nicho 275 de la sección B del Cementerio de la Chacarita.[27]

Moori-Koenig sometió el cuerpo a insólitos paseos por la ciudad de Buenos Aires en una furgoneta de florería e intentó depositarlo en el Regimiento 1 de Infantería de Marina. Pero el jefe de la unidad, el capitán de fragata Enrique Green, lo rechazó. El camión, con su carga secreta, fue estacionado momentáneamente en la esquina de Viamonte y Rodríguez Peña y luego en Riobamba y Tucumán. De allí, el cadáver pasó a una casa operativa de la SIE ubicada en Sucre 1835. Finalmente fue a parar al altillo de la casa de su compañero y confidente: el mayor Arandía. A pesar del hermetismo de la operación, la resistencia peronista parecía seguir la pista del cadáver.

Hay dos versiones sobre esta cuestión tan interesante. La primera señala una información precisa brindada a la resistencia por un ministro del destituido general Lonardi y la otra, que excluye la primera, habla de la vigilancia secreta que los peronistas montaron sobre la CGT para velar por los restos de Evita. Jassen cita el relato de César Villaurrutia, de veinte años, estudiante de Filosofía y Letras y miembro de la resistencia peronista:

> [...] alrededor de las tres de la mañana vimos salir a los cuatro hombres con mucha dificultad, [con] un cajón alargado. Entonces no dudamos de que, efectivamente, retiraban el cuerpo de Eva Perón [...].
> Seguimos al camión cuando se puso en marcha. Al principio se metió por algunas calles céntricas. Pero después retomó la Avenida del Libertador, y a gran velocidad, tomó la dirección de Belgrano. Cuando pasamos por las barrancas, doblaron a la izquierda y continuaron por la calle Juramento. Nosotros les seguíamos lo más cerca posible. Pero, como no queríamos ser descubiertos, íbamos a menos velocidad que ellos. Así fue como, en una de las vueltas, los perdimos de vista. Desesperados, «inspeccionamos» el

[27] Dujovne Ortiz, *op. cit.*, pág. 466.

barrio casi calle por calle. Al fin, como a las cinco de la mañana, encontramos el camión azul. Estaba detenido en la calle Sucre, cerca del río, ante una casa de aspecto lujoso. Con todas las precauciones del caso, nos acercamos al lugar: había luz en la casa y ésta se asomaba a través de las ventanas.

Arrastrándose, pegado a la pared, uno de los nuestros llegó hasta el camión y consiguió abrir sus puertas posteriores. ¡El cajón ya no estaba allí...![28]

Por donde pasaba, a las pocas horas aparecían velas y flores. La paranoia no dejaba dormir al mayor Arandía, que escuchó ruidos en su casa de la avenida General Paz 542 y, creyendo que se trataba de un comando peronista que venía a rescatar a su abanderada, tomó su pistola reglamentaria y vació el cargador. Apuntó a un bulto que se movía en la oscuridad: era su mujer, Elvira Herrera, embarazada de ocho meses, quien cayó muerta en el acto.

Moori-Koenig intentó llevar el cuerpo a su casa; pero su esposa, María, se opuso terminantemente. Así lo recordaba hace unos años junto a su hija, Susana Moori-Koenig: «Papá lo iba a traer a nuestra casa, pero mamá se puso celosa». María, su madre, la interrumpe: «Y cuando lo quiso traer, yo dije no, en casa el cadáver no. Todo tiene un límite».[29]

Todo, salvo su marido, que trasladó el cadáver a su oficina del cuarto piso del edificio del SIE, en Viamonte y Callao. Los testimonios coinciden en afirmar que colocaba el cuerpo en posición vertical en su despacho, guardado dentro de una caja de madera que originariamente contenía material para transmisiones, bajo el rótulo *La Voz de la Libertad, Córdoba*, el nombre de la radio con la que transmitieron los «libertadores del 55»; que manoseaba y vejaba el cadáver y que lo exhibía a sus amigos como un trofeo. Una de sus desprevenidas visitantes, la futura cineasta María Luisa Bemberg,[30] no pudo creer lo que vio. Espantada por el desparpajo de Moori-Koenig, corrió a comentarle el hecho al amigo de la familia y jefe de la Casa Militar, el capitán de navío Francisco Manrique.

---

[28] Jassen, *op. cit.*

[29] Testimonio de María y Susana Moori-Koenig en el documental *Evita*, dirigido por Roberto Pistarino para la RAI, 1995.

[30] Seoane y Sánchez, *op. cit.*

Enterado Aramburu del asunto, dispuso el relevo de Moori-Koenig
y su traslado a Comodoro Rivadavia. El coronel Héctor Cabanillas[31]
se hizo cargo del SIE y se encontró con una ingrata sorpresa:

> El coronel Moori-Koenig había cometido unas fallas muy gra-
> ves, irresponsables y muy imprudentes y hasta anticristianas con
> respecto al cadáver. Lo conocía del Colegio Militar, siempre un
> hombre perfectamente normal pero a partir del momento que
> tuvo el cadáver en sus manos enloqueció aparte con alcohol. El
> tipo tomaba mucho y se enloquecía. Él decía «que esa mujer era
> de él, que le pertenecía a él». [...] Al tomar posesión del Servicio
> de Informaciones, me encuentro que al lado de mi despacho, en
> un cuarto que estaba destinado a unos armarios con distinta do-
> cumentación, se encontraba el féretro con los restos de la señora
> María Eva Duarte de Perón. Fue una impresión bastante intensa,
> una emoción bastante violenta también, ver ese cadáver porque
> era prácticamente una muñeca, estaba intacto, ni siquiera era una
> momificación. El trabajo que hizo el doctor Ara era tan perfecto
> que tenía todos los movimientos, la carne era como si fuera viva,
> era perfecta como una muñeca no de cera, de carne y hueso.
> Yo me levantaba muy temprano, porque tenía que dar cuenta
> a los ministros de las actividades y me encontraba que frente a
> las puertas donde estaban los restos de esta señora había velas
> encendidas y flores, lo que era una señal evidente de que había
> gente que conocía perfectamente bien que el cadáver estaba ahí.[32]

María Maggi de Magistris

A los dictadores autodenominados «libertadores» se les presentaban
dos graves problemas. Por una parte, sabían que la ruta del cadáver
era seguida de cerca por los comandos peronistas, que obtendrían un

---

[31] El coronel Cabanillas del SIE, ostentaba hasta su muerte, en 1998, un curioso
récord: fue el autor intelectual de tres atentados fallidos contra la vida de Perón:
el primero en Buenos Aires en 1945, el segundo en Paraguay en 1956 y el tercero
en Panamá en 1957. Véase Tomás Eloy Martínez, «La tumba sin sosiego», serie
de notas publicadas en *La Nación* desde el 28 de julio al 6 de agosto de 2002. En
ellas incluye partes de las entrevistas que le realizó a Cabanillas en 1989.

[32] Testimonio de Héctor Cabanillas en el documental *Evita, una tumba sin paz*, cit.

triunfo incontrastable si lograban recuperar el cuerpo de la abanderada. De concretarse, el hecho adquiriría mucha más fuerza después de los recientes fusilamientos de militantes peronistas en junio de 1956 tras el alzamiento encabezado por el general Juan José Valle. Por otra parte, Aramburu debía enfrentar cotidianamente a los sectores ultragorilas que proponían hacer desaparecer el cuerpo para siempre. Según Cabanillas:

> Uno de los proyectos era prácticamente destrozarlo y arrojarlo al medio del río, otro era volar el edificio de Informaciones del Ejército para que desaparecieran los restos. Ésas fueron las terribles presiones que tuve que soportar para evitar que se impusiera una u otra posición. Y de ahí surge la necesidad que yo le impongo al teniente general Aramburu de sacar el cadáver del país. Gracias a la activa y muy especial intervención de la Iglesia es posible llevar a cabo la operación de evasión del cadáver de Eva y mandarla a Italia, ahí intervino directamente un delegado de Su Santidad para allanarme el camino, tomó todos los recaudos correspondientes para el ingreso del cadáver a Milán.[33]

La intervención de la Iglesia católica en la «operación evasión» habría comenzado por obra del confesor del entonces jefe del Regimiento de Granaderos a Caballo, Alejandro Lanusse. El capellán Francisco «Paco» Rotger, de la Compañía de San Pablo, interesó al entonces superior de su Orden, el padre Giovanni Penco, para que Evita tuviera «cristiana sepultura»... lo más lejos posible de sus descamisados. Aunque según una versión Rotger habría actuado sin que el Vaticano lo supiese,[34] lo cierto es que el sacerdote paulino era amigo personal del papa Pío XII. Según diría la viuda de Lanusse, que tenía trato frecuente con él, «Paco iba a Roma y el Papa lo recibía sin pedido de audiencia ni nada».[35] Le decía Cabanillas a Tomás Eloy Martínez:

[33] Ibídem.
[34] Según el ex superior general de la Compañía de San Pablo, el sacerdote italiano Giulio Madurini, en entrevista con Julio Algañaraz y Sergio Rubin (recuadro «Yo la cuidé y la desenterré», en Seoane y Sánchez, *op. cit.*), «Paco tuvo que actuar por su cuenta», lo que, como señalan sus entrevistadores, es difícil de creer.
[35] Declaraciones de Ileana Bell de Lanusse a Daniel Juri, «Habla la viuda de Lanusse», *Clarín*, 21 de diciembre de 1997. El padre Rotger había casado a Lanusse y su señora, y conservaban amistad desde entonces.

Por fortuna, el Santo Padre era entonces Pío XII [...]. Estaba muy enfermo y murió al año siguiente. Había sido misericordioso con los alemanes que huían en 1947. ¿Cómo no iba a serlo con una mujer a la que había conocido en vida? Nunca tuve la menor duda de que de esos hombres jamás saldría una sola palabra. Si la Iglesia fuera incapaz de guardar secretos, habría desaparecido hace mucho.[36]

El plan consistía en trasladar el cuerpo a Italia y enterrarlo en un cementerio de Milán con nombre falso. La clave era la participación de la Compañía de San Pablo, que se encargaría de custodiar la tumba. El padre Penco viajó a Buenos Aires y cerró los detalles. Para su interlocutor, el coronel Cabanillas, estaba claro que se trataba de un enviado del Vaticano, en misión estrictamente confidencial.

Cabanillas puso entonces en práctica el «operativo». El cuerpo de Evita había sido trasladado en el más absoluto secreto desde el SIE al Cine Rialto, de Córdoba y Lavalleja, donde fue escondido detrás de la pantalla. Desde allí fue retirado y llevado a una «casa de seguridad», donde permaneció dos noches hasta el día de la partida.

Embarcaron el féretro en el vapor *Conte Biancamano* con destino a Génova, bajo el nombre falso de María Maggi de Magistris, nacida en Dalmine, Bergamo, Italia, y fallecida en un accidente de autos en Rosario en 1951. Acompañaban la misión el oficial Hamilton Díaz,[37] bajo la falsa identidad de Giorgio Magistris, viudo de María, y el suboficial Manuel Sorolla. Según le confesaría Cabanillas a Tomás Eloy Martínez, los pasaportes necesarios para la operación fueron robados del Consulado italiano.[38]

[36] En Tomás Eloy Martínez, «La tumba sin sosiego», cit.

[37] El coronel Hamilton Díaz había nacido en Buenos Aires en 1920. Con las mejores recomendaciones de sus superiores, en mayo de 1951 fue incorporado a Escuela de Inteligencia del Ejército y el 28 de septiembre de ese año participó en el intento de golpe de Menéndez contra Perón, lo que le costó una condena de tres años de prisión con la accesoria de destitución.

[38] «"¿Se acuerda de un robo que denunció el cónsul italiano en marzo de 1957?", pregunta el coronel, con los ojos brillantes de astucia. No, no lo recuerdo, digo. "Salió en los diarios. Fue un robo con fractura. Se llevaron dos cuadros, máquinas de escribir y pasaportes en blanco. Lo hicimos nosotros. Nos importaban sólo dos de los documentos. Nos apropiamos de todo lo demás para disimular".» Declaraciones de Cabanillas a Tomás Eloy Martínez, «La tumba sin sosiego», cit.

El barco partió el 23 de abril de 1957 a las 16 horas. Pasó por Santos, Río de Janeiro y Cartagena (España). Al llegar al puerto de Génova, los servicios de inteligencia argentinos se pegaron un susto que no olvidarían en sus vidas: los muelles estaban repletos de gente exultante. Se asustaron, creyendo que el secreto ya no lo era. Cuando la desesperación los iba ganando, llegó la información: toda esa gente no estaba allí para saludar nuevamente a Evita, como hacía nueve años. Habían ido a recibir las partituras del recientemente fallecido Arturo Toscanini que venían de Río de Janeiro.

Aliviados, Hamilton Díaz y Sorolla fueron recibidos por el padre Giovanni Penco. El cuerpo de Evita fue enterrado con el nombre de María Maggi de Magistris, el 13 de mayo de 1957 a las 15.40 horas en el Cementerio Mayor de Milán, en presencia del padre Penco y Hamilton Díaz. Una laica consagrada de la Orden de San Pablo, llamada Giuseppina Airoldi, conocida como la «Tía Pina», fue la encargada de llevarle flores durante los 14 años que el cuerpo permaneció sepultado en Milán, en la tumba 14 del campo 86. Pina nunca supo que le estaba llevando flores a Eva Perón.[39]

El secreto de Estado mejor guardado

Para los peronistas, durante el largo período de proscripción y resistencia, la figura de Evita fue cobrando una nueva dimensión. No sólo su nombre era tomado como bandera, como había anticipado en su discurso del 17 de octubre de 1951, sino que la restitución de su cuerpo, «secuestrado», «desaparecido», «rehén» de los sucesivos gobiernos antiperonistas, pasó a ser un reclamo insoslayable. Ya a fines de 1955, se había formado una «Comisión Pro Recuperación de los Restos de Eva Perón», presidida por Elsa Chamorro en representación del líder que en esos días, ante la presión de la dictadura de Aramburu, debía alejarse aún más del país, mudando su lugar de exilio del Paraguay a Panamá.[40] En diciembre de 1958 hubo un pedido formal del peronismo ante la Justicia y el Congreso para obtener información sobre el paradero del cadáver, presentado por Isidoro Ventura Mayoral, sin ningún

[39] María Seoane, «El último misterio de Eva Perón», *Clarín*, 23 de enero de 2005.
[40] Borroni y Vacca, *op. cit.*, pág. 339.

resultado. Pero fuera de las reiteradas demandas de sus hermanas y de figuras del movimiento, parecía ser una «cuestión cerrada», salvo para hombres como Rodolfo J. Walsh, que intentó seguir las huellas. En este caso, su investigación lo llevó a un punto muerto, ya que no consiguió que el «coronel» (personaje en que se reconoce a Moori-Koenig, a quien llegó a entrevistar) pudiese decir más de lo que sabía. Walsh se tuvo que limitar a poner el tema de nuevo sobre el tapete, en su cuento «Esa mujer» que contiene momentos memorables como el siguiente:

—Esa mujer —le oigo murmurar—. Estaba desnuda en el ataúd y parecía una virgen. La piel se le había vuelto transparente. Se veían las metástasis del cáncer, como esos dibujitos que uno hace en una ventanilla mojada. [...] Éramos cuatro o cinco y no queríamos mirarnos. Estaba ese capitán de navío, y el gallego que la embalsamó, y no me acuerdo quién más. Y cuando la sacamos del ataúd —el coronel se pasa la mano por la frente—, cuando la sacamos, ese gallego asqueroso... se le tiró encima, ese gallego asqueroso. Estaba enamorado del cadáver, la tocaba, le manoseaba los pezones. Le di una trompada, mire —el coronel se mira los nudillos—, que lo tiré contra la pared. Está todo podrido, no respetan ni a la muerte. [...]
Tuve que buscar ayuda para cambiarla de ataúd. Llamé a unos obreros que había por ahí. Figúrese cómo se quedaron. Para ellos era una diosa, qué sé yo las cosas que les meten en la cabeza, pobre gente. [...] Uno se desmayó. Lo desperté a bofetadas. Le dije: «Maricón, ¿esto es lo que hacés cuando tenés que enterrar a tu reina? Acordate de San Pedro, que se durmió cuando lo mataban a Cristo». Después me agradeció. [...]
—Teléfono.
—Deciles que no estoy. [...] Es para putearme —explica el coronel—. Me llaman a cualquier hora. A las tres de la madrugada, a las cinco.
—Ganas de joder —digo alegremente. —Cambié tres veces el número del teléfono. Pero siempre lo averiguan. —¿Qué le dicen? —Que a mi hija le agarre la polio. Que me van a cortar los huevos. Basura. [...]
—La sacamos en un furgón, la tuve en Viamonte, después en 25 de Mayo, siempre cuidándola, protegiéndola, escondiéndola. Me la querían quitar, hacer algo con ella. La tapé con una lona, estaba en mi despacho, sobre un armario, muy alto. Cuando me preguntaban qué era, les decía que era el transmisor de Córdoba, la Voz de la Libertad. [...]

—¿La sacaron del país? —Sí. —¿La sacó usted? —Sí. —¿Cuántas personas saben? —Dos. —¿El Viejo sabe? Se ríe. —Cree que sabe. [...] Mientras sé que ya no me interesa, y que justamente no moveré un dedo, ni siquiera en un mapa, la voz del coronel me alcanza como una revelación.

—Es mía —dice simplemente—. Esa mujer es mía.[41]

Solamente Aramburu, Cabanillas, el superior de la Orden Paulista y quienes habían participado directamente en el entierro en Milán sabían exactamente dónde estaba Evita. Así lo confirmó Ileana Bell, la viuda de Lanusse en un reportaje:

> Mi marido, Aramburu y el padre Rotger eran los únicos que sabían dónde estaba. Yo tampoco lo sabía: sabía, sí, que estaba en Italia, pero no en qué lugar. Me enteré cuando resolvieron devolvérsela a Perón. [...] Lo supe porque un buen día había unos amigos de mi marido acá en casa y ellos le preguntaron qué había pasado con Evita. Él comentó que no estaba en el país porque habían preferido llevarla a Italia. No dijo el lugar exacto, a pesar de que sus amigos querían saberlo. [...] Para llevársela [de Milán, en 1971] le avisaron al Papa que la iban a sacar y a entregársela a Perón y él estuvo de acuerdo. Nada se hizo sin conversar con él. El coronel Cabanillas se ocupó de llevarla a España.[42]

Los servicios en acción

Desde que se concretó exitosamente el traslado de los restos a Italia, los servicios de inteligencia de la marina se dedicaron a «vender pescado podrido», como se dice en la jerga periodística, para despistar a la resistencia peronista que le mordía los talones. Una de las primeras

---

[41] El cuento, escrito en 1964, apareció en el libro de Walsh, *Los oficios terrestres*, De la Flor, Buenos Aires, 1965. Walsh dirá «comencé a escribir *Esa mujer* en 1961, lo terminé en 1964, pero no tardé tres años sino dos días, un día de 1961 y un día de 1964»; en María Seoane, *Walsh, la palabra no se rinde*, Caras y Caretas, Buenos Aires, 2007, pág. 57.

[42] Declaraciones de Ileana Bell de Lanusse a Daniel Juri, «Habla la viuda de Lanusse», *Clarín*, 21 de diciembre de 1997.

operaciones montadas fue una carta dirigida supuestamente por un integrante de la inteligencia naval «arrepentido» al padre Filippo, de conocida militancia peronista, en la que le confesaba con lujo de detalles cómo el cuerpo de Evita había sido conducido por él y sus compañeros hasta el cementerio de la Chacarita e incinerado. La otra versión que desmentía intencionalmente lo señalado por Moori-Koenig a Walsh, quien había admitido que Evita había sido sacada del país, y los dichos de Frondizi —quien había sido más preciso indicando que había sido enterrada en Italia—, cobró fuerza en enero de 1966 a partir de una investigación de los periodistas María Cristina Terrier, Ramón Nodaro, Antonio Monsi y Rolando Hanglin, publicada bajo el título «Aquí yace Eva Perón» en la Revista *Panorama* en ese mes. La nota es muy reveladora y podría decirse que es la primera que se aproxima a la verdad después del trabajo de Walsh. Hacían una excelente crónica detallada del recorrido del cuerpo en Buenos Aires, reproducían algunas frases textuales de Moori-Koenig y señalaban:

> La última información, que data de octubre de 1965, asegura que Eva Fournier, enviada especial de *France Soir*, conoce el destino final del cuerpo de Eva Perón. Su versión indica que fue enterrada en la campiña romana —¿un cementerio, un convento?— por un diplomático, luego de permanecer algunos meses en Martín García. Hasta este punto, parece probado que Eva Perón fue sepultada en Italia.[43]

Pero en algún momento de la investigación apareció la intoxicación de los servicios de inteligencia para desmentir aquella realidad que los quemaba y la nota concluye que el cuerpo fue fondeado en el Río de la Plata, a 25 metros de profundidad. Unos meses después aparecerían las notas de Jassen que también tienen muy buena información pero que coinciden con los periodistas de *Panorama* en que Evita fue arrojada al río. Algún servicio se había encargado de dar datos falsos pero muy precisos que inducían al error, provocando el efecto deseado: alejar lo más posible a los militantes peronistas de la pista italiana, o sea de la verdad.

---

[43] María Cristina Terrier, Ramón Nodaro, Antonio Monsi y Rolando Hanglin, «Aquí yace Eva Perón», revista *Panorama*, enero de 1966.

El asunto volvió a los primeros planos en 1970, cuando los Montoneros secuestraron a Aramburu y exigieron la restitución del cuerpo de Evita. En los interrogatorios se le preguntó insistentemente al jefe de la «Libertadora» por el destino del cadáver. En una entrevista que le realicé al líder montonero Mario Firmenich en Villanova i la Geltrú (cerca de Barcelona), señaló sobre el tema:

> Evita en su juventud tenía una inclinación personal más contestataria, más revolucionaria que la que podía tener Perón con sus 55 años, hombre de las Fuerzas Armadas y hombre de Estado. Pero para nosotros Evita era un símbolo de la revolución inconclusa, de lo inconcluso de la revolución peronista. El intento de las milicias obreras es un poco el símbolo de eso. El poder del pueblo no sólo debía defenderse con discursos agresivos contra una oligarquía reaccionaria, rentística, antiindustrialista, antipopular, racista inclusive contra los cabecitas negras, sino que había que construir algún poder alternativo. Y yo no sé francamente desde el punto de vista histórico el grado de seriedad o el proyecto que haya tenido Evita sobre milicias obreras, pero es famosa la compra de armas que hizo para la CGT, que luego no se concreta. El proyecto existió por lo menos como idea y para nosotros esa idea era la idea revolucionaria para cambiar el esquema de poder. De ahí: «Si Evita viviera, sería montonera». Y tan desacertados no deberíamos estar porque nadie nos dijo: «¡Qué estúpidos, miren lo que piensan!» En todo caso nos salieron a combatir duramente, pero nadie nos vino a decir que Evita no tenía nada que ver con lo que nosotros pensábamos. También sería una extrapolación, una exageración decir: «Si Evita viviera, sería montonera». Pero era una consigna política y lo que esto sí significaba era que dentro del peronismo existían los elementos más transformadores, más profundos, más revolucionarios, que en nuestra opinión había que profundizar. No era un injerto que nosotros hacíamos. No éramos los zurdos infiltrados. Era el desarrollo de cosas que ya existían desde siempre y que habían quedado truncas. [...]
> Nosotros le preguntábamos a Aramburu por el cadáver de Evita. Dijo que estaba en Italia y que la documentación estaba guardada en una caja de seguridad del Banco Nación, y después de dar muchas vueltas y no querer decir las cosas, finalmente dijo

que el cadáver de Evita tenía cristiana sepultura y que estaba
toda la documentación del caso en manos del coronel Cabanillas, y además se comprometió a que si nosotros lo dejábamos
en libertad él haría aparecer el cadáver de Evita. Pero nosotros
decíamos que esto no era una negociación, que era un juicio.
Para nosotros no estaba en discusión la pena [de muerte]. Pero
además nos interesaba averiguar sobre el cadáver de Eva Perón.
Por eso, no planificamos un simple atentado callejero, sino
una acción de más envergadura, de más audacia, que era como
decir: «nos vamos a jugar, vamos a hacer lo que el pueblo ha
sentenciado».[44]

El Comunicado Número 3 de Montoneros, fechado el 31 de mayo
de 1970, dice en su punto 4 que Aramburu se declaró responsable «de
la profanación del lugar donde descansaban los restos de la compañera Evita y la posterior desaparición de los mismos para quitarle al
pueblo hasta el último resto material de quien fuera su abanderada».
Seguidamente señala:

El tribunal revolucionario resuelve condenar a Pedro Eugenio
Aramburu a ser pasado por las armas [...]. Dar cristiana sepultura
a los restos del acusado que sólo serán restituidos a sus familiares cuando al pueblo argentino le sean devueltos los restos
de su querida compañera Evita. Perón o Muerte ¡Viva la Patria!
Montoneros.

En un minucioso relato hecho por Cabanillas al doctor Raúl Ma-
tera, señalaba el militar:

Producido el secuestro del teniente general Pedro E. Aramburu, el
29 de mayo de 1970, el coronel (ya en situación de retiro) Héctor
Cabanillas pone a disposición del entonces comandante en jefe
del Ejército, teniente general Lanusse, toda la documentación
«secreta» de la que era el único depositario, relativa a los restos
de Eva Perón, de manera de hacer conocer a la opinión pública
en general y la Organización terrorista (Montoneros), responsable

[44] Mario Firmenich, reportaje del autor publicado en Felipe Pigna, *Lo pasado
pensado*, Planeta, Buenos Aires, 2005.

del secuestro y posterior asesinato del teniente general Aramburu, que el cadáver estaba perfectamente preservado y en condiciones de ser entregado a su deudo Juan D. Perón, de inmediato.[45]

La devolución

La aparición del cadáver de Aramburu le puso final al gobierno de Juan Carlos Onganía, abrió paso a la breve y conflictiva presidencia de Roberto Marcelo Levingston y finalmente instaló en la Casa Rosada al hombre fuerte del Ejército, el general Alejandro Agustín Lanusse, quien le señalaría al documentalista de la RAI Roberto Pistarino:

A Eva Perón la utilizaban como bandera, tal es así que en los primeros días que asumí la presidencia de la República, recibí en audiencia a los miembros de la CGT, sin, digamos, tema del día concreto para instaurar un primer diálogo. Y con un poco de sorpresa, de una forma elocuente, lo primero que me pidió la CGT fueron los restos de Eva Perón. No me plantearon problemas de salario... todo el resto era secundario. Lo primero que me pidieron fueron los restos de Eva Perón.[46]

En 1971, durante su presidencia y en plena formación del Gran Acuerdo Nacional, Lanusse comenzó a negociar con Perón y recibió el siguiente informe del embajador argentino en Madrid:

[...] entre las posibles concesiones que se le podrían hacer al señor Perón figuraban: a) La entrega del pasaporte argentino, b) el reconocimiento de la pensión de ex presidente de la Nación, c) devolución o reconocimiento a su valor actual de los bienes que Perón tenía al asumir la presidencia. Los procesos penales incoados en su contra podrían quedar cerrados por resolución judicial que recayera sobre los mismos; y la repatriación de sus restos en el caso de que muriera en el extranjero. Además, se incluyó la repatriación de los restos de la señora María Eva Duarte

[45] En Sergio Rubín, *Secreto de confesión*, Vergara, Buenos Aires, 2001.
[46] Testimonio de Alejandro Agustín Lanusse en el documental de Roberto Pistarino, RAI, 1995.

de Perón, en el momento que la Junta lo juzgara conveniente, y la colocación de su busto en el Salón Blanco de la Casa de Gobierno en su carácter de ex presidente de la Nación.[47]

A pedido de Lanusse, Rotger viajó a Milán y obtuvo el permiso para exhumar el cadáver. Cabanillas y Manuel Sorolla[48] (en el rol del supuesto Carlo Maggi, hermano de María Maggi de Magistris) viajaron a Italia para cumplir con el «Operativo Devolución». El cuerpo fue exhumado el 1° de septiembre de 1971 en presencia de Sorolla y del padre Giulio Madurini. Sorolla recordaría décadas más tarde:

> Los tres empleados del cementerio que estaban ahí no nos dejaban abrir el cajón. Decían que no se podía. Terminé convenciéndolos con la excusa de que yo le había prometido a ella en vida que cuando se muriera le iba a poner en el cajón una manta que había hecho nuestra madre. Entonces lo abrieron. Y ella estaba ahí. Entera. Tanto es así que los empleados del cementerio empezaron a gritar «¡Miracolo! ¡Miracolo!» y con Cabanillas empezamos a repartir liras para que se callaran.[49]

Madurini rememoraba:

> Yo lo vi en buen estado. No estaba vestido. El cadáver estaba desnudo. Se veía claramente que era un cuerpo embalsamado. Los

---

[47] Citado en Alejandro Agustín Lanusse, *Protagonista y testigo*, Marcelo Lugones S.A. Editores, Buenos Aires, 1988.

[48] La dupla Cabanillas-Sorolla se había vuelto a juntar para atentar contra la vida de Perón en Caracas el 25 de mayo de 1957. Cabanillas fue el cerebro de la operación desde Buenos Aires y Sorolla, el brazo ejecutor que colocó el explosivo bajo el motor del auto del general exiliado, a quien se había presentado tiempo atrás como un miembro de la resistencia peronista perseguido. Perón lo puso a cargo de su auto junto a su chofer Isaac Gilaberte. Decía el diario *El Nacional* de Caracas, del 28 de mayo: «Una bomba de tiempo, que se supone fue conectada a medianoche al sistema de encendido del motor, estalló a las siete y cinco de la mañana del día sábado dentro del automóvil del ex presidente Juan Domingo Perón. El proyectil estalló ruidosamente haciendo volar la tapa del motor del vehículo cuando el chofer Isaac Gilaberte iba en busca del ex mandatario. El pequeño carro se incendió a medias por la explosión y 82 ventanas se fragmentaron en 17 departamentos de tres edificios de la cuadra».

[49] Algañaraz y Rubin, *op. cit.*

operarios del cementerio se miraron sorprendidos. Yo les dije, para que no sospecharan, que el embalsamamiento era una costumbre en Sudamérica. Me puse a charlar con el director del cementerio para distraerlo y evitar que concentrara su atención en los restos. Después lo volví a ver en la casa de Perón en Puerta de Hierro. Para mí estaba en buen estado de conservación. En Madrid, sobre una mesa, lo vi bien y estaba prácticamente intacto.[50]

Los sepultureros, azorados todavía por lo que habían visto, trasladaron el cadáver hacia una cámara mortuoria del cementerio, donde quedó depositado hasta la mañana siguiente.

La operación estuvo a punto de fracasar, como señala Tomás Eloy Martínez en la nota citada, porque un comando peronista, encabezado por el coronel Osinde, les seguía muy de cerca los pasos a los enviados del gobierno argentino. Incluso llegó a infiltrar tres hombres, que se hicieron pasar por inspectores del cementerio de Milán y pidieron presenciar la exhumación. Pero fueron detectados a tiempo por los servicios argentinos.[51]

El 2 de septiembre de 1971 se puso en marcha la última etapa del operativo. El gobierno argentino había solicitado y obtenido la ayuda de los servicios de inteligencia de tres países —Italia, Francia y España— para que el coche que trasladaba los restos no fuera detenido ni revisado en los puestos aduaneros y policiales. La camioneta fúnebre partió del Cementerio Mayor de Milán por la mañana, conducida por el chofer italiano Roberto Germani, quien iba acompañado por el supuesto Carlo Maggi. La furgoneta Citroën iba escoltada discretamente por miembros del SIE. Germani recordaba:

El 2 de septiembre de 1971, con la difunta María Maggi de Magistris y el hermano Carlo, partimos para España, exactamente Madrid, con dirección a la frontera de Ventimiglia. Noté en la calle muchos autos con muchas personas que estaban de pie y se cuidaban cuando yo pasaba o sacaban armas. Yo estaba un poco preocupado porque el ataúd llevara cualquier cosa importante como contrabando, como cualquier documento secreto. Cierta-

[50] Ibídem.
[51] Tomás Eloy Martínez, «La tumba sin sosiego», cit.

mente no pensaba otra cosa porque en la documentación figuraba aquella que he mencionado antes. En consecuencia no pensaba fuese esa la Evita Perón que tuve el honor de transportar.[52]

La comitiva llegó a los alrededores de la residencia de Perón pasadas las 20.20 y el embajador Rojas Silveyra hizo detener el vehículo para no ingresar al número 6 de Navalmanzano, del barrio de Puerta de Hierro en Madrid, a las veinte y veinticinco, hora en que «Evita había entrado a la inmortalidad» como decían los locutores de radio cada día a esa hora hasta 1955. No quería darle ese gusto ni a Perón ni a la memoria de «esa mujer». Con él estaban Cabanillas, Madurini y dos sacerdotes mercedarios. Los recibieron Perón, María Estela «Isabel» Martínez de Perón, José López Rega y Jorge Daniel Paladino (en ese momento, delegado personal de Perón). Según Rojas Silveyra, Perón se puso a llorar una vez que reconoció el cuerpo y le dijo «Yo he sido con esta mujer mucho más feliz de lo que todo el mundo cree».[53]

Por pedido de Perón, el doctor Pedro Ara revisó el cadáver y dejó una detallada descripción de lo que vio en su libro:

A primera vista el espectáculo impresionaba lastimosamente: humedad y suciedad. [...] Sin el menor desorden en el peinado, la cabellera aparecía mojada y sucia. Las horquillas inoxidables, herrumbradas, se quebraban entre nuestros dedos. Ni la túnica ni el ligero camisón habían sido movidos; pero todo estaba cubierto de grandes manchas, seguramente de los óxidos metálicos y de la tierra. [...] Siguiendo con el examen superficial, lo primero que saltaba a la vista era el aplastamiento de la nariz, producido por la fuerte presión del cristal de la tapa. [...] Dos ligeras marcas, también de presión, aparecían en la frente, sobre todo en el lado derecho. Los labios, el mentón y las mejillas, al igual que todo el resto de la cabeza, conservaban la misma forma que tenían a fines de noviembre de 1955. La túnica-mortaja no había sido desplazada. Las puntas de sus dedos aparecían erosionadas ligeramente por roces o presiones. Faltaba el extremo distal del dedo medio de la mano derecha que el día 1º de noviembre de 1955 sirvió

[52] Testimonio de Roberto Germani, en el documental de Roberto Pistarino, *op. cit.*
[53] Reportaje a Jorge Rojas Silveyra, de Daniel Juri, en Seoane y Sánchez, *op. cit.*

a la Policía Federal para estudiar la huella digital descrita en el informe de los peritos.[54]

Las hermanas de Eva no estuvieron de acuerdo con los dichos de Ara y realizaron el siguiente informe:

> Nuestra intención no es reavivar antiguas heridas que nos siguen haciendo sufrir. Pero no podemos ni debemos permitir que la historia sea desnaturalizada. Por eso damos testimonio aquí de los malos tratos infligidos a los despojos mortales de nuestra querida hermana Evita:
> - varias cuchilladas en la sien y cuatro en la frente,
> - un gran tajo en la mejilla y otro en el brazo, al nivel del húmero,
> - la nariz completamente hundida, con fractura del tabique nasal,
> - el cuello, prácticamente seccionado,
> - un dedo de la mano, cortado,
> - las rótulas, fracturadas,
> - el pecho, acuchillado en cuatro lugares,
> - la planta de los pies está cubierta por una capa de alquitrán,
> - la tapa de zinc del ataúd tiene las marcas de tres perforaciones, sin duda intencionales. En efecto, el ataúd estaba completamente mojado por dentro, la almohada estaba rota y el aserrín del relleno, pegado a los cabellos,
> - el cuerpo había sido recubierto de cal viva y mostraba en algunas partes las quemaduras provocadas por la cal,
> - los cabellos eran como lana mojada,
> - el sudario, enmohecido y corroído.[55]

El doctor Tellechea, que estuvo a cargo de la restauración del cadáver en 1974, declaró que lo encontró muy deteriorado.

> Hay desde pequeñas lesiones superficiales hasta de bastante profundidad inclusive cortando algunos músculos importantes, huesos en algunos casos, a pesar de que como se sabe un cadáver momificado es un material sumamente duro y mucho más resistente

---

[54] Pedro Ara, *op. cit.*
[55] En Dujovne Ortiz, *op. cit.*

que el cuerpo humano en vida. La característica de la rotura de la
nariz deja claro que se trata de un golpe manifiestamente fuerte o
de una presión no normal que también quebró parte del cuello.[56]

Aun después de muerta

Perón regresó al país con Isabel y su secretario privado, «el brujo»
López Rega, pero sin los restos de Evita. Ya muerto Perón, la organización Montoneros secuestró el 15 de octubre de 1974 el cadáver del
general Aramburu exigiendo para su restitución la repatriación del
cuerpo de Evita.

El «parte de guerra» montonero decía:

> En el día de la fecha, las Unidades de Combate Juan José Valle y
> Fernando Abal Medina de nuestra Organización, procedieron a
> recuperar el cadáver del vendepatria Aramburu. [...] Las condicio-
> nes para su devolución son: 1) Que el gobierno proceda a entregar
> a su legítimo y único heredero, el pueblo, el cadáver de nuestra
> compañera Evita. 2) Garantía absoluta de que los compañeros
> de todo el país puedan rendir homenaje a la abanderada de los
> humildes. 3) El gobierno deberá comprometerse en forma pública
> ante el pueblo a que los restos del General Perón y Evita no serán
> sepultados en el denominado Altar de la Patria,[57] junto a fusilado-
> res y vendepatrias. 4) Este parte de guerra, como el comunicado
> que lo acompaña, deberá ser difundido textualmente por todos
> los medios de difusión. Perón o Muerte - Viva la Patria - Hasta la
> victoria, mi General. Montoneros, 15 de octubre de 1974.[58]

---

[56] Testimonio del doctor Domingo Tellechea en el documental *Evita, una tumba
sin paz*, cit.

[57] El «Altar de la Patria» era un proyecto de «panteón nacional» elaborado por
López Rega, aprobado por ley luego de la muerte de Perón en julio de 1974, al que
se planteaba llevar los restos de las figuras más destacadas de nuestra historia, como
San Martín, Yrigoyen, Facundo Quiroga y el propio Perón, entre muchos otros. El
predio destinado al «Altar», sobre la avenida Figueroa Alcorta, en parte coincidía
con el del proyectado Monumento al Descamisado y mausoleo de Evita. En él,
en 1978, se levantó el edificio de Argentina Televisora Color (ATC), hoy Canal 7.

[58] En Roberto Baschetti (comp.), *Documentos 1973-1976. Volumen II: De la
ruptura al golpe*, De la Campana, La Plata, 1999, pág. 258.

Isabel, que ya había sucedido a Perón en la presidencia, accedió al canje y dispuso el traslado, que se concretó el 17 de noviembre (día del militante peronista, en recuerdo del primer regreso de Perón a la Argentina). El cuerpo de Evita fue depositado junto al de Perón en una cripta diseñada especialmente en la Quinta de Olivos para que el público pudiera visitarla. El ataúd que contenía los restos de Evita se exhibía abierto, cubierto con un vidrio que permitía ver perfectamente su cadáver. A su lado, el de Perón estaba cerrado y cubierto con la bandera argentina.

Al producirse el golpe de Estado de 1976, tanto el dictador Videla como su esposa se negaron a mudarse a la Quinta de Olivos hasta que no sacaran de allí los cuerpos de Evita y Perón.

El 9 de octubre de 1976, tras largos conciliábulos entre los jerarcas de la dictadura, que incluyeron —según cuenta *Clarín* en su edición del 30 de julio de 1995— la propuesta del almirante Massera de arrojar, según su costumbre, el cadáver al mar, se decidió entregarlo a sus hermanas. A las 17.55 del 24 de octubre de 1976, el cuerpo de Evita fue depositado en la bóveda de la familia Duarte en la Recoleta. El traslado fue accidentado. En pleno viaje y, dándoles más argumentos a los partidarios de la «maldición de Evita», el chofer de la ambulancia encargada del traslado, Justo Fernández, sufrió un infarto y estuvo a poco de estrellarse con su valiosa carga. Fernández murió a las pocas horas en el Hospital Militar.

En la nota mencionada le preguntaron a un alto jefe de la represión ilegal, muy cercano a Videla, testigo de aquellos conciliábulos: «¿Por qué urgía más a la Junta trasladar el cadáver de Evita que el de Perón?» La respuesta no se hizo esperar: «Tal vez porque a ella es a la única que siempre, aun después de muerta, le tuvimos miedo».[59]

[59] María Seoane y Silvana Boschi, «El último viaje de Evita», *Clarín*, 30 de julio de 1995.

Bibliografía

BIBLIOGRAFÍA ESPECÍFICA

ALBERTELLI, Jorge, *Los cien días de Eva Perón*, Cesarini Hnos., Buenos Aires, 1994.

ÁLVAREZ, María Eugenia, *La enfermera de Evita*, Ediciones del Instituto Nacional de Investigaciones Históricas Eva Perón, Buenos Aires, 2010.

ARA, Pedro, *Eva Perón. La verdadera historia contada por el médico que preservó su cuerpo*, Sudamericana, Buenos Aires, 1996.

BARNES, John, *Eva Perón (La vida legendaria de una mujer –la más amada, la más odiada– que todo el mundo conoce como Evita)*, Ultramar, Barcelona, 1979.

BARRY, Carolina, *Evita capitana*, Eduntref, Buenos Aires, 2009.

BORRONI, Otelo y VACCA, Roberto, *La vida de Eva Perón. Testimonios para su historia*, Tomo I, Galerna, Buenos Aires, 1970.

CASTIÑEIRAS, Noemí, *El ajedrez de la gloria. Evita Duarte actriz*, Catálogos, Buenos Aires, 2002.

CASTRO, Nelson, *Los últimos días de Eva. Historia de un engaño*, Buenos Aires, Vergara, 2007.

CHÁVEZ, Fermín, *Eva Perón sin mitos*, Fraterna, Buenos Aires, 1990.

CIPOLLA, Damián; MACEK, Laura y MARTÍNEZ, Romina, *La embajadora de la paz. La gira internacional de Eva Perón*, Ediciones del Instituto de Investigaciones Históricas Eva Perón, Buenos Aires, 2008.

DE NAPOLI, Carlos, *El misterio del cadáver se resuelve*, Norma, Buenos Aires, 2003.

DE VIRGILIO, Fernando, *Eva Perón, heroína y mártir de la patria*, Buenos Aires, 1974.

DUARTE, Erminda, *Mi hermana Evita*, Ediciones Centro de Estudios Eva Perón, Buenos Aires, 1973.

DUJOVNE ORTIZ, Alicia, *Eva Perón. La biografía*, Aguilar, Buenos Aires, 1995.

FERIOLI, Néstor, *La Fundación Eva Perón*, Centro Editor de América Latina, 1990.

372   FELIPE PIGNA

GALASSO, Norberto, *Yo fui el confesor de Eva Perón. Conversaciones con el padre Hernán Benítez*, Homo Sapiens, Rosario, 1999.

GHIOLDI, Américo, *El mito de Eva Duarte*, Montevideo, 1952.

LUNA, Félix (dir.), *Eva Duarte de Perón*, Colección Grandes Protagonistas de la Historia, Planeta, Buenos Aires, 2000.

MAIN, Mary, *La mujer del látigo. Eva Perón*, Buenos Aires, La Reja, 1956.

MAZZUCHI, Silvia Elisabet, *La Fundación «Eva Perón». Homenaje al cumplirse el cincuentenario de la muerte de la Sra. María Eva Duarte de Perón (1952-2002)*, Ediciones UPCN, La Plata, 2002.

MIGNONE, Eduardo, *Quien quiera oír que oiga*, Legasa, Buenos Aires, 1984.

NAVARRO, Marysa, *Evita*, edición definitiva, Planeta, Buenos Aires, 1994.

PERÓN, Eva, *Dijo Eva Perón: «Siempre debemos tener a flor de labios la palabra peronista»*, Presidencia de la Nación, Subsecretaría de Informaciones, Buenos Aires, 1952.

PERÓN, Eva, *Escribe Eva Perón* (recolección de artículos publicados en *Democracia*), Presidencia de la Nación, Subsecretaría de Informaciones, Buenos Aires, 1954.

PERÓN, Eva, *Eva en su plenitud. Mi mensaje, el testamento silenciado de Evita*, Futuro, Buenos Aires, 1994.

PERÓN, Eva, *Historia del Peronismo*, Freeland, Buenos Aires, 1971.

PERÓN, Eva, *La razón de mi vida*, Peuser, Buenos Aires, 1951.

PERÓN, Eva, *La razón de mi vida y otros escritos*, Planeta, Buenos Aires, 1997.

PERÓN, Eva, *Mensaje de Navidad de 1951*, Presidencia de la Nación, Subsecretaría de Informaciones, Buenos Aires, 1952.

PERÓN, Juan y PERÓN, Eva, *Perón y Eva Perón hablan en el Cabildo Abierto del Justicialismo*, Presidencia de la Nación, Subsecretaría de Informaciones, Buenos Aires, 1951.

PICHEL, Vera (comp.), *Evita. Testimonios vivos*, Corregidor, Buenos Aires, 1995.

PICHEL, Vera, *Evita íntima. Los sueños, las alegrías, el sufrimiento de la mujer más poderosa del mundo*, Planeta, Buenos Aires, 1997.

PRESIDENCIA DE LA NACIÓN, *Eva Perón en el bronce*, Subsecretaría de Informaciones, Buenos Aires, 1952.

PRESIDENCIA DE LA NACIÓN, *Monumento a Eva Perón*, Subsecretaría de Informaciones, Buenos Aires, 1953.

SEBRELI, Juan José, *Eva Perón, ¿aventurera o militante?*, Siglo Veinte, Buenos Aires, 1966.

SUCARRAT, María, *Vida sentimental de Eva Perón*, Sudamericana, Buenos Aires, 2006.

TETTAMANTI, Rodolfo, *Eva Perón*, colección «Los Hombres de la Historia», Centro Editor de América Latina, Buenos Aires, 1968.

WALSH, Rodolfo, «Esa mujer», en *Los oficios terrestres*, De la Flor, Buenos Aires, 1965.

ZANATTA, Loris, *Eva Perón, una biografía política*, Sudamericana, Buenos Aires, 2011.

BIBLIOGRAFÍA GENERAL

ALIFANO, Roberto, *El humor de Borges*, Alloni-Proa, Buenos Aires, 1995.

BASCHETTI, Roberto, *Documentos 1973-1976. Volumen II: De la ruptura al golpe*, De la Campana, La Plata, 1999.

BELLOTTA, Araceli, *Las mujeres de Perón*, Planeta, Buenos Aires, 2005.

CORREA LUNA, Carlos, *Historia de la Sociedad de Beneficencia 1823-1852*, Sociedad de Beneficencia, Talleres Gráficos del Asilo de Huérfanos, Buenos Aires, 1923.

CRASSWELLER, Robert, *Perón y los enigmas de la Argentina*, Emecé, Buenos Aires, 1988.

D'ARINO ARINGOLI, Guillermo, *La propaganda peronista (1943-1955)*, Maipue, Buenos Aires, 2006.

DECKER, Rodolfo, *Arreando recuerdos*, Ediciones del Instituto Nacional de Investigaciones Históricas Eva Perón, Buenos Aires, 2008.

DEL CARRIL, Bonifacio, *Memorias dispersas. El coronel Perón*, Emecé, Buenos Aires, 1984.

DOS SANTOS, Estela, *Las mujeres peronistas*, Centro Editor de América Latina, Buenos Aires, 1983.

DOYON, Louise M., *Perón y los trabajadores. Los orígenes del sindicalismo peronista, 1943-1955*, Siglo XXI, Buenos Aires, 2006.

FRANCO, Eva, *Cien años de teatro en los ojos de una dama*, El Francotirador Ediciones, Buenos Aires, 1963.

GAMBINI, Hugo, *Historia del peronismo. El poder total (1943-1951)*, Planeta, Buenos Aires, 1999.

GARCÍA LUPO, Rogelio, *Últimas noticias de Perón y su tiempo*, Ediciones B, Buenos Aires, 2006.

GOÑI, Uki, *La auténtica Odessa*, Paidós, Buenos Aires, 2002.

GUIBOURG, Edmundo, *Al pasar por el tiempo (Memorias contadas a Marcelo Bonnin)*, Fundación Banco Provincia, Buenos Aires, 1985.

JAUMANDREU, Paco, *La cabeza contra el suelo. Memorias*, Nueva edición corregida y aumentada, Corregidor, Buenos Aires, 1981.

LAGOMARSINO DE GUARDO, Lillian, *Y ahora... hablo yo*, Sudamericana, Buenos Aires, 1996.

LAMARQUE, Libertad, *Autobiografía*, Javier Vergara, Buenos Aires, 1986.

LANUSSE, Alejandro Agustín, *Mi testimonio*, Lasserre Editores, Buenos Aires, 1977.

LANUSSE, Alejandro Agustín, *Protagonista y testigo*, Marcelo Lugones S.A. Editores, Buenos Aires, 1988.

LLAMBÍ, Benito, *Medio siglo de política y diplomacia (Memorias)*, Corregidor, Buenos Aires, 1997.

LONARDI, Marta, *Mi padre y la revolución del 55*, Cuenca del Plata, Buenos Aires, 1981.

LÓPEZ ROSETTI, Daniel, *Historia Clínica. La salud de los grandes personajes a través de la historia*, Planeta, Buenos Aires, 2011.

LUNA, Félix, *El 45. Crónica de un año decisivo*, Editorial Jorge Álvarez, Buenos Aires, 1969.

LUNA, Félix, *Perón y su tiempo*, Sudamericana. Buenos Aires, 1984.

MARTÍNEZ, Tomás Eloy, *Las memorias del General*, 2ª edición, Planeta, Buenos Aires, 1996.

MERCANTE, Domingo Alfredo, *Mercante, el Corazón de Perón*, De la Flor, Buenos Aires, 1995.

MORENO, José Luis, *Éramos tan pobres... De la caridad colonial a la Fundación Eva Perón*, Sudamericana, Buenos Aires, 2009.

OCAMPO, Victoria, *A las mujeres argentinas*, Sur, Buenos Aires, 1945.

PAGE, Joseph A., *Perón. Una biografía. Primera parte (1895-1952)*, Javier Vergara, Buenos Aires, 1984.

PAVÓN PEREYRA, Enrique, *Vida íntima de Perón. La historia privada según su biógrafo personal*, Planeta, Buenos Aires, 2011.

PAVÓN PEREYRA, Enrique, *Yo, Perón*, M.I.L.S.A., Buenos Aires, 1993.

PEICOVICH, Esteban, *El último Perón*, Cambio 16, Madrid, 1975.

PERELMAN, Ángel, *Cómo hicimos el 17 de Octubre*, Coyoacán, Buenos Aires, 1962.

PERÓN, Juan, *La fuerza es el derecho de las bestias*, Cicerón, Montevideo, 1958.

PERÓN, Juan Domingo, *Conducción política*, Secretaría Política de la Presidencia de la Nación, Buenos Aires, 1974.

PERÓN, Juan Domingo, *Del poder al exilio. Cómo y quiénes me derrocaron*, Ediciones Síntesis, Buenos Aires, 1982.

PERÓN, Juan Domingo, *Obras completas*, Fundación pro Universidad de la Producción y el Trabajo/Fundación Universidad a Distancia Hernandarias, Editorial Docencia, Buenos Aires, 1999.

PERÓN, Juan Domingo, *Yo, Juan Domingo Perón. Relato autobiográfico recogido por Torcuato Luca de Tena, Luis Calvo y Esteban Peicovich*, Planeta, Buenos Aires, 1976.

PIGNA, Felipe, *Lo pasado pensado*, Planeta, Buenos Aires, 2005.

PIGNA, Felipe, *Los mitos de la historia argentina 3. Desde la ley Sáenz Peña a los albores del peronismo*, Planeta, Buenos Aires, 2006.

PIGNA, Felipe, *Los mitos de la historia argentina 4. La Argentina peronista (1943-1955)*, Planeta, Buenos Aires, 2008.

PIGNA, Felipe, *Mujeres tenían que ser. Historia de nuestras desobedientes, incorrectas, rebeldes y luchadoras. Desde los orígenes hasta 1930*, Planeta, Buenos Aires, 2011.

POPPEN, James L., *Perón, el hombre. Impresiones de un neurocirujano que durante varias visitas a la República Argentina ha estado en estrecha vinculación con el presidente del país*, sin datos de edición.

POTASH, Robert A., *Perón y el GOU*, Sudamericana, Buenos Aires, 1984.

POTASH, Robert A., *El Ejército y la política en la Argentina 1945-1962. De Perón a Frondizi*, 11ª edición, Sudamericana, Buenos Aires, 1994.

PRESIDENCIA DE LA NACIÓN, *La Nación Argentina: Justa, libre y soberana*, Secretaría de Información de la Presidencia, Buenos Aires, 1950.

REIN, Raan, *Juan Atilio Bramuglia. Bajo la sombra del líder. La segunda línea de liderazgo peronista*, Universidad de Tel Aviv/Lumière, Buenos Aires, 2006.

TORRES, José Luis, *La década infame*, Freeland, Buenos Aires, 1973.

ULANOVSKY, Carlos; MERKIN, Marta; PANNO, Juan José y TIJMAN, Gabriela, *Días de radio. Historia de la radio argentina*, Espasa Calpe, Buenos Aires, 1999.

WALSH, Rodolfo, *¿Quién mató a Rosendo?*, De la Flor, Buenos Aires, 1985.

PUBLICACIONES PERIÓDICAS

ARES, Carlos, «La supuesta hija de Evita», *El País*, Madrid, abril de 1999.

BORRONI, Otelo, y VACCA, Roberto, «Los últimos días de Eva Perón», *Siete Días*, 27 de julio de 1969.

BRA, Gerardo, «Eva Duarte actriz», *Todo es Historia*, N° 231, agosto de 1986.

CABO, Dardo, «La verdad de la candidatura», *El Descamisado*, 21 de agosto de 1973.

CAPSITSKI, José, «Prehistoria de Eva Perón», *Todo es Historia*, N° 14, junio de 1968.

Cichero, Marta, «Hernán Benítez, el confesor de Evita», *Todo es Historia*, N° 352, noviembre de 1996.

Martínez, Tomás Eloy, «La tumba sin sosiego», serie de notas en *La Nación*, del 28 de julio al 6 de agosto de 2002.

Ríos, Sebastián, «Eva Perón. Una lobotomía contra el dolor», *La Nación*, 23 de diciembre de 2011.

Sánchez, Edwin, «Obsesionado por Evita», reportaje a Tomás Eloy Martínez, *El Nuevo Diario* (Managua, Nicaragua), 9 de mayo de 2004.

Senén González, Santiago, «La abanderada de los trabajadores», *Todo es Historia*, N° 419, junio de 2002.

Seoane, María, «El último misterio de Eva Perón», *Clarín*, 23 de enero de 2005.

Seoane, María; Sánchez, Matilde y otros, «Evita, entre la espada y la cruz», *Clarín*, 21 de diciembre de 1997.

Soffici, Mario; entrevista realizada por Osvaldo Soriano; *La Opinión*, Suplemento Cultural, 21 de enero de 1973.

Vargas, Héctor Daniel, «¿Dónde y cuándo nació Evita?», *Todo es Historia*, N° 384, julio de 1999.

Varios autores, «Siempre Evita», *Clarín*, edición especial, 26 de julio de 2002.

Publicaciones digitales

Aversa, María Marta, «La política asistencial hacia la infancia popular: modelando el futuro peronista (1946-1955)», en *Primer Congreso de estudios sobre el peronismo: la primera década*, en www.megahistoria.com.ar/tesis/aversa.pdf.

Camarasa, Jorge y O'Donnell, Santiago, «El secreto de Eva», en http://www.lanacion.com.ar/209103-el-secreto-de-eva.

Colombo, Susana, «Argentina: primeras diputadas nacionales», en http://ecosaltahistoria.blogspot.com.ar/2012/01/argentina-primeras-diputadas-nacionales.html.

Jassen, Raúl, «Historia póstuma de Eva Perón», en www.udel.edu/leipzig/texts2/evita01.html.

Lerner, Barron H., «Health report on Eva Perón recalls time when lobotomy was embraced», www.nytimes.com/2011/12/20/health/report-on-eva-peron-recalls-time-when-lobotomy-was-embraced.html.

NIJENSOHN, Daniel, «Recent evidences of prefrontal lobotomy in the last months of illness of Eva Perón», *World Neurosurgery*, www.world-neurosurgery.org/article/S1878-8750(11)00190-2/fulltext.

PERÓN, Eva, «Discurso al recibir la ley del voto femenino», 23 de septiembre de 1947, www.elhistoriador.com.ar/documentos/ascenso_y_auge_del_peronismo/anuncio_de_la_ley_del_voto_femenino_evita.php.

PERÓN, Eva, «Discurso del 28 de septiembre de 1951», http://doctrina-peronista.com.ar/textos/evita%20discurso%20del%2028%20de%20 septiembre%201951.html.

PERÓN, Juan Domingo, «Discurso de despedida de la Secretaría de Trabajo y Previsión, 10 de octubre de 1945», www.elhistoriador.com.ar/ documentos/ascenso_y_auge_del_peronismo/discurso_de_despedida_de_la_secretaria_de_trabajo_y_prevision.php.

DOCUMENTALES

Evita (1995), dirigido por Roberto Pistarino para la RAI.
Evita, una tumba sin paz (1997), dirigido por Tristán Bauer.
Evita, una vida, dirigido por Armando Tosin, con libro de Ramón Bolla.

ENTREVISTAS REALIZADAS POR EL AUTOR

Jorge Antonio
Mario Firmenich
Lillian Lagomarsino de Guardo

COLECCIONES DE DIARIOS Y PERIÓDICOS

Ahora
Antena
Clarín
Crítica
Democracia
El Mundo
El Descamisado
La Nación

La Opinión
La Prensa
Página/12
Panorama
Primera Plana
¿Qué?
Radiolandia
Siete Días
Sintonía

Índice